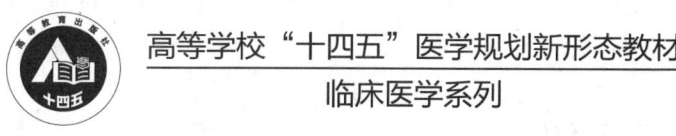
高等学校"十四五"医学规划新形态教材
临床医学系列

（供临床、基础、预防、护理、检验、口腔、药学等专业用）

医学心理学

Yixue Xinlixue

（第2版）

主　编　刘传新　薛云珍

副主编　杨艳杰　杨世昌　刘可智

编　委（按姓氏拼音排序）

程宇琪（昆明医科大学）　　　　崔永华（首都医科大学附属北京儿童医院）

董再全（四川大学）　　　　　　段熙明（济宁医学院）

凤林谱（皖南医学院）　　　　　韩洪瀛（中山大学）

胡　燕（徐州医科大学）　　　　李　勇（南京医科大学）

刘传新（济宁医学院）　　　　　刘　健（浙江大学）

刘可智（西南医科大学）　　　　沈宗霖（昆明医科大学第一附属医院）

吴俊端（广西医科大学）　　　　薛云珍（山西医科大学）

杨世昌（河南医药大学第二附属医院）　杨艳杰（哈尔滨医科大学）

张卫华（北京大学第六医院）　　张云淑（河北大学）

赵阿勐（齐齐哈尔医学院）

编写秘书　段熙明　张傲雪（济宁医学院）

中国教育出版传媒集团

高等教育出版社·北京

内容简介

　　本教材分为基础篇、临床篇和技能篇三篇，共十二章。基础篇包括绪论、心理学基础知识、心理学基本理论、心理发展与心理健康、心理应激五章，临床篇包括心身疾病、异常心理、患者心理、医患关系与医患沟通四章，技能篇包括心理评估、心理干预、心理治疗主要方法与技术三章。每章以关键词和导语开端，同时辅以知识导图，从而对本章结构层次和知识脉络进行明晰的展示。全书纸质内容与数字资源一体化设计，数字资源包括视频、拓展阅读、基础链接、研究进展、本章小结、自测题、教学 PPT 等，内容丰富，形式多样。

　　本教材适用于高等学校临床、基础、预防、护理、检验、口腔、药学等专业学生，也是学生执业医师资格考试及住院医师规范化培训的参考资料，还可供临床医务工作者和医学研究人员阅读借鉴。

图书在版编目（CIP）数据

医学心理学 / 刘传新, 薛云珍主编 . -- 2 版 .

北京 : 高等教育出版社，2025. 9. -- ISBN 978-7-04
-063145-6

Ⅰ. R395.1

中国国家版本馆 CIP 数据核字第 2024TG8449 号

策划编辑　瞿德竑	责任编辑　李远骋	封面设计　张　楠	责任印制　耿　轩

出版发行	高等教育出版社	网　　址	http://www.hep.edu.cn
社　　址	北京市西城区德外大街4号		http://www.hep.com.cn
邮政编码	100120	网上订购	http://www.hepmall.com.cn
印　　刷	山东百润本色印刷有限公司		http://www.hepmall.com
开　　本	889mm×1194mm　1/16		http://www.hepmall.cn
印　　张	20.25	版　　次	2016 年 8 月第 1 版
字　　数	510 千字		2025 年 9 月第 2 版
购书热线	010-58581118	印　　次	2025 年 9 月第 1 次印刷
咨询电话	400-810-0598	定　　价	48.60元

新形态教材网
Abooks

数字课程（基础版）

医学心理学

（第 2 版）

主编　刘传新　薛云珍

abooks.hep.com.cn/63145

使用方法：

1. 电脑或移动设备访问课程网站。

2. 注册并登录后，进入"个人中心"。

3. 刮开图书封底防伪码涂层，通过扫描二维码或
   手动输入 20 位密码，完成防伪码绑定。

4. 绑定成功后，即可开始本数字课程的学习。

如有使用问题，请点击页面下方的"疑问"按钮。

"医学心理学" 数字课程编委会

（按姓氏拼音排序）

程宇琪（昆明医科大学） 崔永华（首都医科大学附属北京儿童医院）

董再全（四川大学） 段维维（济宁医学院）

段熙明（济宁医学院） 凤林谱（皖南医学院）

韩洪瀛（中山大学） 胡　燕（徐州医科大学）

李青青（济宁医学院） 李　勇（南京医科大学）

刘传新（济宁医学院） 刘　健（浙江大学）

刘可智（西南医科大学） 沈宗霖（昆明医科大学第一附属医院）

王　言（济宁医学院） 吴俊端（广西医科大学）

徐芳芳（济宁医学院） 薛云珍（山西医科大学）

杨世昌（河南医药大学第二附属医院） 杨艳杰（哈尔滨医科大学）

张傲雪（济宁医学院） 张卫华（北京大学第六医院）

张云淑（河北大学） 赵阿勐（齐齐哈尔医学院）

前　言

2016年8月，在高等教育出版社的统筹安排及指导下，全国多所高等医学院校专家、教授，编写并出版了首版《医学心理学》新形态教材。首版教材遵循结构体系优化、教学内容丰富、数字资源结合的编写原则，使用至今已有多年，被全国多所院校作为医学心理学课程的教材采用，获得了学生和授课教师的广泛好评和认可。

结合时代进步和学科发展，在高等教育出版社的统一规划下，我们对教材进行了修订。本次修订贯彻《国务院办公厅关于加快医学教育创新发展的指导意见》文件精神，旨在建成切实满足高等医学教育教学需求、反映基础医学类教改成果和学科发展、纸质出版与数字资源紧密结合的新形态教材和优质教学资源。

本次修订参考执业医师资格考试医学心理学考试大纲要求，在内容上做了适当调整，将全书分为三篇十二章。基础篇包括绪论、心理学基础知识、心理学基本理论、心理发展与心理健康、心理应激五章，临床篇包括心身疾病、异常心理、患者心理、医患关系与医患沟通四章，技能篇包括心理评估、心理干预、心理治疗主要方法与技术三章。与上一版相比，本次修订优化了知识架构，调整了章节顺序，力求内容更适合教学及临床使用，同时也便于学生学习和掌握。

本次修订传承了上一版教材的编写特色和优秀成果，保留并丰富了各章节的导语、知识导图、复习思考题等内容，同时进一步完善了视频、拓展阅读、基础链接、研究进展等数字资源，并配有本章小结、自测题、教学PPT等学习资源。我们力求将本教材打造成一本既可读、又可视，既有声、又有色；既便于教师授课解惑，又利于学生自主学习；既能拓宽学生视野及知识面，又能培养学生技能及素养的优秀教材。

在本教材的编写、修订过程中，全体编委和出版社编辑付出了辛勤的劳动，在此向各编委老师及出版社表示真诚的感谢。囿于编者能力水平，教材中难免有疏漏和不当之处，恳请各位专家及广大师生批评指正，以期再版时进行修正。

刘传新　薛云珍

2025年4月

目 录

基础篇

第一章
绪 论

关键词

医学心理学　　　临床心理学　　医学模式　　生物医学模式

生物－心理－社会医学模式　　观察法　　个案研究法

调查法

医学心理学是医学与心理学相结合的交叉学科，兼有心理学和医学的特点，旨在研究和解决人类在健康或疾病及两者转化过程中的心理变量，在临床工作中有重要的应用。作为绪论，本章将介绍医学心理学的概念、性质、内容和任务等，阐释医学模式转变与医学心理学的关系，回顾医学心理学的学科历史，简要阐释医学心理学常用的研究方法。通过本章的学习，希望学习者能够理解医学心理学在当代医学界的重要地位和在医学实践中所起的重要作用，对医学心理学的发展历程有基本的了解，并对医学心理学的学习、研究有基本的认识，在今后的工作中能够学以致用。

知识导图

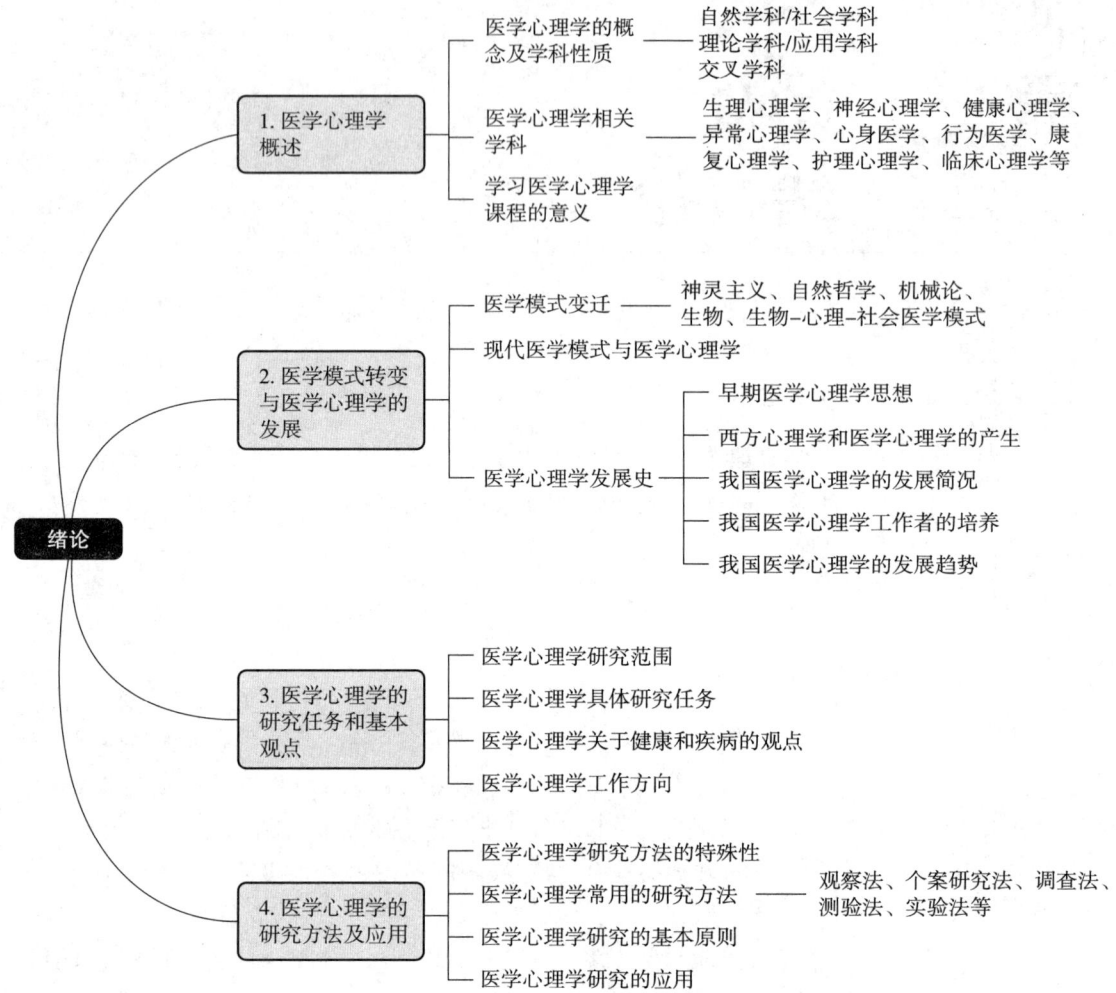

第一节 医学心理学概述

一、医学心理学的概念及学科性质

医学心理学（medical psychology）是医学与心理学相结合的一门交叉学科，它研究心理变量与健康或疾病变量之间的关系，研究并解决医学领域中有关健康和疾病的心理行为问题。

医学与心理学之所以可以交叉，是因为医学是研究人体健康和疾病及其相互转化规律的科学，医学所研究的都是有关"人"这一有机体的健康和疾病的问题。而心理学是研究人的心理现象及其规律的科学，其研究对象同样是人。既然研究的对象都是人，就能看到，人是一个完整的个体，由两个部分组成：人不仅是一个有血、有肉、有完整生理活动的动物，而且是一个有意识、有情感、有

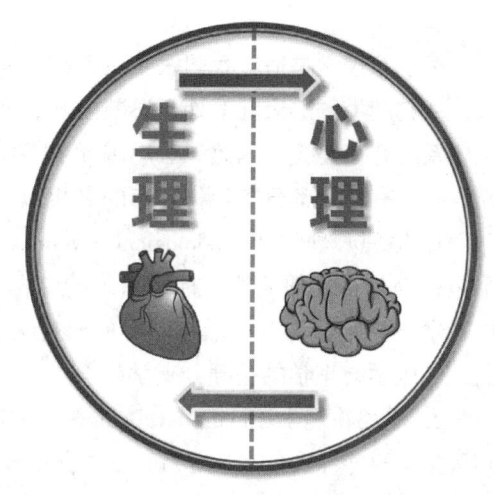

图 1-1 完整的人

性格、有各种心理活动的高等智慧体（图 1-1）。生理活动异常可以导致人体疾病的发生，同样，心理活动异常也可以导致人体疾病的发生。人的心理活动和生理活动一样反映在健康和疾病问题上。

随着我国经济社会快速发展，生活节奏明显加快，心理应激因素日益增加，焦虑症、抑郁症等常见精神障碍及心理行为问题也随之逐年增多。人们越来越多地注意到不良的心理因素可诱发疾病，而积极向上的、良好的心理状态不仅能预防疾病，而且能促进疾病的康复。大量研究结果表明，心理过程中的认知、情绪情感、意志过程和人格特征中的能力、气质、性格等均与健康和疾病关系密切。医学心理学是医学和心理学两个学科发展到一定阶段必然结合的产物，是顺应生物 – 心理 – 社会医学模式的出现和发展而逐渐形成的一门新兴医学教育课程（图 1-2）。

视频 1-1
健康、心理、行为

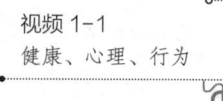

拓展阅读 1-1
老鼠和猫

医学心理学既是自然科学也是社会科学，其研究范围涵盖了医学与心理学的许多内容，与基础医学、临床医学、预防医学和康复医学等密切相关，还与人类学、社会学、生态学等学科密切相关。因此，只有自觉地将医学心理学与上述学科的有关内容联系起来，加强它们之间的沟通，

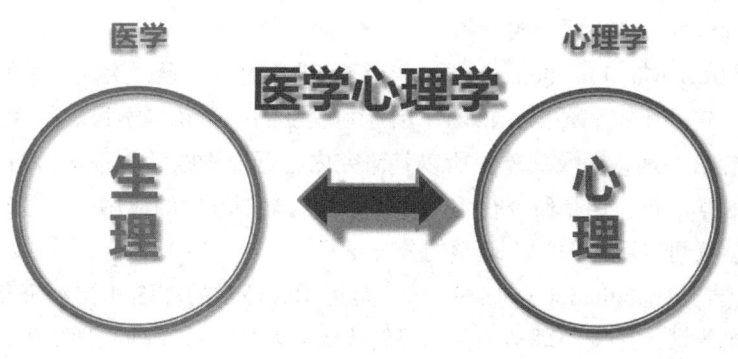

图 1-2 医学心理学与
医学、心理学的关系

才能更好地理解医学心理学。

医学心理学既是基础学科也是应用学科。它既关注心理、社会因素在健康和疾病中的作用，也重视解决医学领域中有关健康和疾病的心理或行为问题。其任务是将心理学的知识和方法应用于医疗实践，探讨和解决医学领域中的各种心理问题，并通过对医疗实际问题的探讨推动心理学基础理论研究。

二、医学心理学相关学科

医学心理学是适应我国医学教育需要而逐步建立和形成的、具有中国特色的一门新兴交叉学科，从它产生的那天起就处于不断发展、变化和完善之中。由于研究范围广、涉及内容多，其分支体系还有待完善，因此无法用国际上某单一学科来替代。有的学科与医学心理学存在交叉的研究内容，有的是其分支学科，有的是相似学科，目前与医学心理学关系较近的相关学科有：

1. 生理心理学（physiological psychology） 探讨心理活动的生理基础和脑的机制。其研究内容包括脑与行为的演化、神经系统的结构和功能、内分泌系统的作用、情绪和情感、需求与动机、学习与记忆等。生理心理学的研究为探讨医学心理学的心身中介机制提供了重要的理论依据，是医学心理学的基础分支学科。

2. 神经心理学（neuropsychology） 是心理学与神经解剖学、神经生理学、神经病理学等基础医学学科相结合的分支学科。其主要研究心理活动的脑机制，包括实验心理学、行为神经病学和临床神经心理学。神经心理学的研究成果为医学心理学提供了理论基础，是医学心理学的基础分支学科。

3. 健康心理学（health psychology） 是运用心理学的知识和技术增进心身健康和预防疾病的学科。它主要研究影响人类健康或致病的某些心理行为因素，运用心理学知识改进医疗与护理制度，建立合理的保健措施，节省医疗保健费用和减少社会损失，为有关的卫生决策提出建议。健康心理学是心理学与预防医学相结合的产物，健康心理学和医学心理学可以看作相似学科。

4. 异常心理学（abnormal psychology）或变态心理学 是研究和揭示异常心理活动与病态行为发生、发展及演变规律的学科。一方面，异常心理学的某些研究成果是医学心理学理论的重要来源；另一方面，异常心理学研究的内容是医学心理诊断、咨询、治疗服务的内容。因此，一般认为它是医学心理学的交叉学科。

5. 心身医学（psychosomatic medicine） 狭义上讲，心身医学主要指研究心身疾病——"心理生理疾病"的病因、病理、临床表现、诊治和预防的学科。当代社会，随着心身疾病的发生率越来越高，这一学科的研究范畴也在不断扩大，所以广义上讲，心身医学研究人类同疾病斗争中的一切心身相关现象，探讨"心"与"身"之间互为因果的转化关系及其中介机制。因而这门学科已成为医学心理学的一个重要分支学科。

6. 行为医学（behavioral medicine） 是研究行为科学中与健康、疾病有关的知识和技术，并把这些知识和技术应用于疾病预防、诊断、治疗和康复的一门新兴学科。行为医学上的"行为"是广义的行为，包含心理特征及现象，所以其研究内容近似于医学心理学，两者属于相似学科。但实际上，行为医学的核心还是研究行为治疗体系在医学领域中的应用，其理论归属医学心理学的行为主义学派，又可以看作医学心理学的分支学科。

7. 康复心理学（rehabilitation psychology） 是运用心理学的理论和技术研究揭示康复过程中心理活动及规律的学科。康复心理学的目的是解决康复对象的一系列心理障碍，帮助他们接受并

基础链接 1-1
生理心理学学科介绍

研究进展 1-1
大脑决定你是不是吝啬鬼？

基础链接 1-2
健康心理学学科介绍

基础链接 1-3
异常心理学学科介绍

基础链接 1-4
心身医学学科介绍

基础链接 1-5
行为医学学科介绍

逐渐适应残疾现实，挖掘他们的潜能，重新回归社会。具体来说，康复心理学是以各种疾病、意外事故和老龄化等因素造成的躯体和心理伤残或处于长期慢性疾病状态中患者的心理行为问题为对象的一门学科。目的在于应用心理学和医学的知识与技术来帮助患者恢复自信，树立与疾病做斗争的乐观态度，降低伤残程度，争取身心康复，帮助患者更好地适应生活、工作、学习和社会环境。康复心理学是康复医学与心理学相结合的一门交叉学科，属于医学心理学的分支学科。

基础链接 1-6
康复心理学学科介绍

8. 护理心理学（nursing psychology） 是将心理学的知识、原理、方法应用于现代护理领域，解决护理工作中实际问题的一门学科，是心理学中一门新的应用学科。其主要任务是以心理学的知识和技术满足患者的心理需要，促进其身心健康。护理心理学是心理学和临床护理工作结合的学科，是医学心理学在护理工作中的一个分支学科。

基础链接 1-7
护理心理学学科介绍

9. 临床心理学（clinical psychology） "临床心理学"这一术语由美国心理学家韦特默于 1896 年首次提出。它的主要工作目标是维护心理健康、治疗心理障碍和心理疾病。该学科借助心理测验对患者的心理和行为进行评估，并通过心理咨询和心理治疗等途径调整和解决个体的心理问题。该定义中的"临床"含义是一种心理援助活动，亦指处理和解决个体心理问题的社会实践活动。除习惯上所指的医院病床旁的心理援助工作外，还包括在家庭、学校、企事业单位、社区、司法部门等场所实际进行的心理辅导工作。根据我国目前医学心理学定义的内涵与外延，可将临床心理学作为医学心理学的一个分支，但国外临床心理学上的"临床"含义更宽泛。

10. 心理诊断学（psychodiagnosis） 是通过评估个体的心理状态、心理差异、智力水平、人格特征等，以确定其性质和程度的学科。心理诊断学不仅可作为一种辅助手段应用于医学临床，还可用于其他领域中个人智力、个性倾向、性格特征等的评估，为分类培训和选拔人才提供参考。在医学心理学中主要指对患者进行心理诊断，最常用的诊断方法有晤谈法、心理测验和临床评定量表等。心理诊断学是医学心理学重要的应用分支学科。

11. 咨询心理学（counseling psychology） 是运用心理学的理论与方法，通过建立特殊的人际关系，帮助来访者发挥其潜能、解决心理问题、提高适应能力、促进人格发展的学科。主要研究如何帮助正常人处理婚姻、家庭、教育、职业及生活习惯等方面的心理学问题。在医学心理学领域，主要指对心身疾病、异常心理、神经症和精神疾病恢复期的患者及家属进行疾病的诊断、治疗和康复等方面的指导。咨询心理学与医学心理学有较多的重叠和交叉。

基础链接 1-8
咨询心理学学科介绍

12. 治疗心理学（therapeutic psychology） 是指在心理学理论指导下，应用多种技术治疗各种心理行为障碍的学科。在医学心理学领域，治疗心理学主要指以医学心理学理论为指导，以良好的医患关系为桥梁，应用各种心理学技术或通过某些辅助手段，按照一定的程序，改善患者的心理条件，达到消除心身症状、重新获得身体与环境平衡的目的。本学科也可以看作医学心理学的应用分支学科或交叉学科。

本教材各章节主要内容及可参考相关学科见表 1-1。

表 1-1 本教材各章节主要内容及可参考相关学科列表

章节	主要内容	可参考相关学科
1. 绪论	医学心理学绪论	医学心理学、心理学史
2. 心理学基础知识	心理学基本概念和基础知识	普通心理学、人格心理学
3. 心理学基本理论	心理学各个理论流派	心理学史、人格心理学
4. 心理发展与心理健康	各个阶段的心理卫生	健康心理学、发展心理学、行为医学、社会医学

续表

章节	主要内容	可参考相关学科
5. 心理应激	心理应激的机制及管理	医学心理学、压力管理心理学
6. 心身疾病	心身疾病的诊疗及心理因素	医学心理学、心身医学、行为医学
7. 异常心理	异常心理的诊断治疗	变态心理学、精神病理学
8. 患者心理	患者常见心理问题及一般干预策略	医学心理学、护理心理学、康复心理学
9. 医患关系与医患沟通	医患关系模式及医患沟通技术	医学伦理学、医患沟通学、社会心理学
10. 心理评估	心理诊断技术	临床心理学、心理测量学、心理诊断学
11 ~ 12. 心理干预和心理治疗	心理干预技术	临床心理学、咨询心理学、治疗心理学

三、学习医学心理学课程的意义

党的二十大报告提出，"重视心理健康和精神卫生"，对新时代做好心理健康和精神卫生工作提出了明确要求。在我国现有的医学教育模式下，学生在进入医学院校前，没有接受过系统的心理学知识训练。面对教科书中所描述的"病人"，往往只看到"病"而忽略了"人"。对每一个医学生来说，系统学习医学心理学的学科内容，是未来成为一名合格医生所必需的知识素养要求。

1. 转变医学模式，确立心身统一的整体观　近代医学教育主要以生物医学模式为导向，片面地强调人的生物学方面，而忽视人的心理和社会方面。在医学研究、实践中往往"见病不见人"。因此，在医学院校开设医学心理学课程，是促进医学模式从生物医学模式向生物 – 心理 – 社会医学模式转变的关键。学习医学心理学课程的目的就是要帮助医学生转变医学模式，确立心身统一的整体观念，既要掌握个体生理的发生、发展，人体正常和异常结构及生理规律，也要清楚人类心理的发生、发展，正常和异常的心理规律，还要知道心理和生理的相互作用，以及心理因素如何对健康和疾病起作用等。

2. 促进医学和心理学知识的融合　传统的生物医学模式缺乏整体观，使医学的发展受到了很大的限制。医学心理学涉及对医学领域中各种心理现象及其规律的认识，以及生物、心理、社会三方面与健康和疾病的相互关系。医学心理学不仅涉及大部分与生命有关的心理学分支学科，如临床心理学、生理心理学、异常心理学、神经心理学及健康心理学等，而且涉及基础医学的有关学科，如神经生物学、病理生理学、免疫学等；不仅涉及临床医学的几乎所有学科，如内科、外科、妇产科、儿科、耳鼻咽喉科、皮肤科、神经科、精神科等，还涉及预防医学和康复医学有关的知识和技能，并与社会学、人类学、生态学等人文学科密切相关。通过医学心理学的连接，生物学科和人文学科将会展开更加深入和持久的科学研究，这必将进一步促进医学和心理学的发展。

3. 掌握医学心理学的基本技术，形成合理的知识结构　随着生物 – 心理 – 社会医学模式的深入人心，心理诊断和治疗的基本方法不但应用于心理门诊、精神科等传统的领域，也会在临床各科中广泛使用。现代医学模式要求医务人员不仅会用生物的、化学的和物理的诊断方法，还要掌握心理评估、心理咨询与心理治疗等医学心理学常用的研究方法和临床应用技术。只有如此，才能了解患者的心理状态、认知特点和文化因素与疾病的关系，才能从生物 – 心理 – 社会医学模式上去理解和解释疾病现象，制订相应的防治措施。因此，医学生要通过学习和实践，学会相应的医学心理学的研究方法和技术手段，形成适应社会需要的、合理的知识结构。

4. 提高自身心理素质及应对能力 医疗行业本身高风险、高压力，自身具备抗压的能力和良好的心理素质也是行医的必备条件。通过学习心理学的知识，医学生可以提高自身的心理素质，培养良好的心理品质和健全的人格，掌握适应和应对心理问题的方法，培养积极乐观的人生态度。学会不断地调整自己的心理状态来应对工作和生活中的压力，处理好医患关系，成为一名优秀的医学人才。

拓展阅读 1-2
美国的医学生培养模式

第二节　医学模式转变与医学心理学的发展

医学模式（medical model）又称医学观，指医学的主导思想，是人们考虑和研究医学问题时所遵循的总原则和出发点，即人们从总体上认识健康和疾病及其相互转化的哲学观点，包括健康观、疾病观、诊断观、治疗观等，它影响着某一时期整个医学工作的思维及行为方式，从而使医学带有一定的倾向性、习惯化的风格和特征。作为一种理论框架，医学模式规定和影响着医学教育、研究、实践的工作方向。

医学心理学既是医学模式转变的思想结晶，也是医学模式转变的动力。医学心理学被认为是现代医学理论的三大支柱之一，其观点与生物 - 心理 - 社会医学模式一致。在医学模式转变的过程中，医学心理学扮演着非常重要的角色，在其中发挥了积极的作用。

一、医学模式的变迁

（一）神灵主义医学模式

最早出现的医学模式为原始社会的神灵主义医学模式（spiritualism medical model）。神灵主义医学模式基本观点：生命和健康由神所赐；疾病是由超自然的力量所引起的；人触犯神灵后，疾病代表神灵的惩罚；疾病是妖魔鬼怪附体。故把患病称为"得"病，对待疾病则依赖巫术驱凶祛邪。把人类的健康与疾病、生与死都归因于无所不在的神灵。因此，对于疾病的治疗手段主要采取对神灵或恶魔的"软硬兼施"，如祈祷神灵的保佑或宽恕，或者采取驱鬼或避邪的方式免除疾病。公元 5—15 世纪，欧洲基督教的宗教思想占统治地位，与宗教神学自然观相适应，神灵主义医学模式盛行。即使它是一种古老而落后的医学模式，仍然影响着现代社会。

拓展阅读 1-3
塞勒姆女巫审判案

（二）自然哲学医学模式

在公元前数百年间，西方的古希腊、东方的中国等地相继产生了朴素的辩证的整体医学观，对疾病有了较为深刻的认识，形成了自然哲学医学模式（nature philosophical medical model）。祖国医学的阴阳五行学说认为：金、木、水、火、土 5 种元素相生、相克，并且与人体相应部位对应，若五行生克适度则生命健康。在古希腊，人们依据当时自然哲学中流行的"土、水、火、风4 元素形成万物"的学说来解释生命现象。其共同观点是：疾病产生的重要原因是失衡，使用整体治疗观进行治疗，治疗措施往往是采用恢复平衡的干预策略。

该医学模式是以朴素的唯物论和辩证法来解释疾病和防治疾病的医学思想。它以朴素的唯物论、整体观和心身一元论为指导，摆脱迷信和巫术，摒弃"神"对人体和环境的束缚，强调人的心身统一，注重自然环境与疾病的关系。其局限性在于理论一直停留在假说阶段，内容解释仅仅是一些简单的自然生活现象，无法形成可供验证的科学体系。

（三）机械论医学模式

16—17 世纪，欧洲文艺复兴运动带来了工业革命，随着牛顿古典力学理论体系的建立，形成了用"力"和"机械运动"去解释一切自然现象的形而上学的机械唯物主义自然观。工业革命推动了科学进步，也影响了医学观，出现了机械论医学模式（mechanistic medical model）。该模式遵循"人是机器"的观点，认为"生命活动是机械运动"，把健康的机体比作协调运转的机械，而疾病是机器出现故障和失灵，因此需要修补与完善。医生的任务就是修补机器，头痛医头，脚痛医脚，这是以"修理机器"理念为主的医学模式。这一机械论的思想，统治了医学近两个世纪。机械论的医学思想对医学的发展产生了双重影响，一方面认为机体是纯机械的，从而排除了生物、心理、社会等因素对健康的影响，而常常用物理、化学的概念来解释生物现象。另一方面机械论又使解剖学、生物学获得了进展，发现了血液循环，提出了细胞病理学说，大大推动了医学的发展。这种医学模式以机械唯物主义的观点批驳了唯心主义的生命观和医学观，并把医学带入实验医学时代，对医学的发展起到了重要的作用。这种医学模式与自然哲学医学模式相比，看重了精确性，却丢失了人的整体观，也存在弊端。

（四）生物医学模式

18—19 世纪，工业革命转向高潮，自然科学和医学高度发展，生物学家、医学家提出了进化论、细胞学说，发现了微生物等致病因子，这些科学事实使人们对健康与疾病有了较为正确的理解。对传染病的认识及病原微生物的发现，从生物学角度明确了疾病成因，形成了生物医学模式（biomedical model）。

生物医学模式确立了以生物学的观点来认识生命现象、认识健康与疾病的思维方式和方法，认为每种疾病都必然可以在器官、细胞或分子上找到可以测量的形态学或化学改变，都可以确定生物或物理的特定原因，都应该能够找到治疗的手段。这些立足于生物科学成就之上的医学进展使人类在疾病的认识、治疗和预防方面取得了极大的成就。生物医学模式是医学发展的重大进步，它奠定了实验研究的基础，推动了特异性诊断及治疗的发展，指导了医疗卫生实践，有效地控制和消灭了急性传染病和寄生虫病，使人类的健康水平得以提高。生物医学模式虽然强调生命活动在结构、功能和信息交换方面是一个统一的整体，却忽视了人是生物性与社会性的统一体这一关键特性。这一缺陷限制了医学家对健康和疾病的全面认识，可以说生物医学模式的最大缺点就是片面强调生物因素，忽视了心理与社会因素的致病作用。但无论是从历史角度还是从现实角度来看，生物医学模式的产生和发展都是一个巨大的进步，而且无论在当前或未来的医学发展中，都将发挥重要的作用。

（五）生物 - 心理 - 社会医学模式

1977 年美国精神病学家、内科学教授恩格尔在《科学》杂志上发表论文《需要一种新的医学模式——对生物医学的挑战》，对这一新医学模式作了深刻的分析和有力的说明。他呼吁修改或摒弃生物医学模式，建立一种在系统论和整体观之上的生物 - 心理 - 社会医学模式（bio-psycho-social medical model），在医疗实践中把人看成是一个多层次的、完整的连续体，也就是在健康和疾病问题上，要同时考虑生物的、心理和行为的及社会的各种因素的综合作用。他的这一建议立即得到世界卫生组织（WHO）的赞同。于是，综合生物、心理、社会诸因素的新型医学模式——生物－心理－社会医学模式成为当代占主导地位的医学模式。

生物－心理－社会医学模式在整合的水平上将生物作用、心理作用同社会作用有机地结合起来，揭示了三种因素相互作用导致疾病变化的内在机制，形成了一个适应现代人类保健技术的新医学模式，它集中反映了现代医学发展的特征和趋势。

生物－心理－社会医学模式的提出适应了社会发展的需求，其产生的原因有以下几个方面。

1. 疾病谱和死因谱的转变，突显了心理和社会因素的作用　20 世纪 50 年代以来，疾病构成比和死亡原因较 19 世纪以前发生了根本性变化，许多发达国家已经基本上控制了危害人类健康的传染性疾病，影响人类健康的主要疾病变成了非传染性疾病。在发达国家，心脏病、脑血管疾病及恶性肿瘤在死因中占主要地位，我国城市和发达农村地区的疾病和死亡模式已等同或接近于发达国家。人类应对疾病的三大法宝也由预防接种、杀菌灭虫、抗菌药物转化为社会医学、行为医学、环境医学。研究资料表明，这些疾病并非由特异因素引起，而是生物、心理、社会等多种因素综合作用的结果，因此在治疗疾病时只靠药物、物理治疗、手术等手段已经不能满足临床的需要。

2. 社会因素对健康和疾病的作用增强　20 世纪以来，工业化生产和都市化给自然环境造成了严重污染，社会发展和人类生存保障的矛盾日趋激化并受到全社会的普遍关注。人们逐渐认识到疾病的发生不仅与生物因素有关，还与社会变革、经济增长、饮食起居等变化有关。社会环境的变化、科学技术更新的加速、就业择业困难、竞争愈演愈烈、生活节奏加快，给人们的心理造成了很大压力，对其社会适应尤其是保持心理健康提出了更高的要求。

拓展阅读 1-4
当代中国癌症为何多发？

3. 医学科学与相关学科相互渗透，医学科学发展的社会化趋势不断加强　目前医学领域学科日趋分化，许多新学科不断产生，医学各学科已从不同侧面揭示了人体活动规律及人体与环境的联系。而在高度分化的同时又出现高度综合的情况，以综合为主的新学科也相继产生，如社会医学、环境医学、信息科学、系统科学等。医学认识手段的现代化，使人们对疾病的认识趋向于社会化，在一定程度上摆脱了对个体经验的过分依赖，加强了分工协作，不同专业共同参与对疾病的考察，实现了对疾病认识上的互补，为多学科参与医学实践、心理学家和社会学家共同参与医学认识与实践提供了可能。

此外，只有动员全社会的力量，保持健康、防治疾病才能有效。随着都市化的发展，生产和生活消费行为的进一步社会化，公共卫生和社会保健问题变得日益突出，人类保护健康、与疾病做斗争日益突破了个人活动的局限，成为全社会关注的问题，即需要国家、社会的参与，采取相应的社会措施。人类保护健康和防治疾病，已经不单是个人的活动，俨然已经成为整个社会的活动。

拓展阅读 1-5
"全民健康生活方式日"

4. 人们对医学认识水平和对健康需求层次的提高　随着医学的发展，人们逐渐意识到，对人的健康和疾病的认识仅停留在生物机器的水平上已经远远不能满足时代发展的要求，人类需要一个多层次、多角度、深入系统地观察研究医学问题的方法。此外，人们已经不满足于不生病、身体好，还要求合理的营养、良好的劳动条件和生活方式。随着物质条件的满足，人们的需要已转向期望精神等方面的满足，他们要求提供改变有害健康行为和习惯的方法，得到保持心理平衡的指导，获得心理上的舒适和良好的社会活动能力，提高生活质量，延年益寿。健康需求日益多样化、多元化，就需要得到内容广泛、形式多样的医疗、保健和健康服务。

二、现代医学模式与医学心理学

医学心理学的产生和发展在现代医学中占据着重要的地位，对于新医学模式的出现和旧医学模式向新医学模式的转化起到了积极作用。

首先，医学心理学的研究在理论观念上彻底动摇了旧医学模式的理论根基，为新医学模式的出现开辟了道路。医学心理学始终坚持用生物 – 心理 – 社会医学模式的观点来看待健康和疾病的关系，坚持整体观和系统论的观点，把人看成一个与社会环境、自然环境相互作用的多层次、完整的连续体。从理论观念上彻底动摇生物学模式的二元论的心身观，将人的心身和外界环境（包括社会和自然环境）视为一个相互作用的统一整体。新医学模式要求人们从生物、心理及社会三个维度看待健康和疾病，在确定病因、诊断、治疗和预防措施时都应首先考虑心理、社会因素。所以，医学心理学在医学和心理学之间架起了一座桥梁，在医学模式的转变过程中起着极为重要的作用。

其次，医学心理学为医学提供心理科学的研究方法和干预手段，有助于改善患者行为，提高医学研究的科学水平和医疗服务质量。临床上，一些有躯体症状但经各种检查未能发现病灶的所谓功能性疾病的患者所患大多为心理或行为疾病，这就需要临床医生应用心理学知识和技能来减轻这些患者的痛苦。但在传统的医学模式和医患关系中，医生在医疗活动中所关心的只是疾病本身，很少考虑患者的主观期望与需求，只对疾病的病灶进行治疗，由此常导致医患关系不和谐。新医学模式造就了医患关系的新模式，即"以患者为中心"的人性化的新型医患关系，它要求在治病过程中不仅要发挥医务工作者的积极性，也要发挥患者的积极性。医学心理学的教育可以促进建立全新的、与新医学模式相适应的医患关系新模式，从而能更好地防治慢性病和处理好临床中的相关问题。

最后，医学生和医学工作者系统地学习医学心理学及相关学科知识，不仅为培养适应新医学模式要求的医学人才贡献力量，还是促进医学模式转变的重要步骤和途径。

随着医学科学技术的发展和医疗技术的革新，人类疾病谱和影响健康的因素不断变化，人们对医学模式的认识还会更深入、更全面，医学模式也会发生不断的变化。医学心理学的学科性质和任务决定了它将在新医学模式发展中起到不可替代的作用，也会随着医学模式的改变不断拓展研究的深度和广度。

三、医学心理学的发展历史

医学心理学有两个母体——医学和心理学，医学心理学的历史与两个学科都有联系，有深厚的历史渊源。但作为一门新兴学科，医学心理学在19世纪50年代后才逐渐发展形成，是一门年轻的学科。

（一）早期医学心理学思想

从最早神灵主义医学模式时期开始，就蕴含着用心理作用来改善躯体症状的原理。巫医的语言暗示和开导，以及跳神驱鬼的行为表演，稳定了患者的情绪，也驱散了患者的恐惧，可以起到部分治疗作用。这里面有大量心理暗示的成分，可以说医学心理学思想的萌芽甚至早于医学。

中国历史悠久，历代许多思想家曾对心理问题及心身关系做过不少有见地的论述，这些论述丰富了中国古代心理学思想，使中国成为世界心理学思想的发源地之一。许多古代思想家有关哲学、伦理、医学等问题的论述，都包含丰富的心理学和医学思想，并且阐释了两者的影响关系。如《形神论》说明心和身、心理与生理的关系问题，荀子在《天论》中提出了"形具而神生"的唯物心理观，充分说明了精神对形体的依赖关系，成为较完备的唯物主义的形神论。《黄帝内经》中提出了七情与疾病的关系，其中的"头者，精明之府"，显示先人已经开始认识到脑在精神活动中的重要地位。明代李时珍更是明确提出"脑为元神之府"之说，这里的"元神"指人的精神意识活动。清代的王清任，在解剖生理的基础上，提出了"脑髓说"，比俄国生理学家谢切诺夫提出"脑是灵魂器官"要早了几十年。

我国的传统医学——中医更是形神一体论的集大成者。中医认为形与神是生命的基本要素，"形"指形体，包括脏腑、组织、器官等，"神"指生命功能，包括心理功能和生理功能。形神问题是中国古代哲学的重要命题，形与神的关系在中国古代哲学中是物质与运动的关系，在医学中是机体与功能、肉体与精神的关系，中医学的发展使这一哲学命题得以充实和完善。明代医学家张介宾对形神关系做了精辟的概括："形者神之体，神者形之用；无神则形不可活，无形则神无以生。"形神和谐是健康的象征，形神失调是疾病的标志，形神分离意味着死亡。形神合一的观点是中医学重要的生命观，也是心身理论的本质所在。

虽然有深厚的思想基础，中国古代却没有"心理学"这一学科的名称，更没有"医学心理学"的说法。我国的心理学是由西方心理学传入后逐步形成和发展起来的。

西方公元前 1100 年起已有了科学的萌芽，学术界也开始研究心与身的关系，并将哲学的精神与物质的关系紧密结合起来进行研究，在朴素的唯物论自然哲学研究中发展了医学心理学。古希腊医学家希波克拉底的医学思想体系是朴素的唯物论思想，已脱离了神灵思想。如他的体液学说认为人有四种体液，它们在人体内的不同组成比例便形成了人的四种气质或性格类型。进而他又将气质与疾病相联系，如认为四种体液混合均匀、平衡便健康，反之便产生疾病。他明确提出心理在治病中的重要性，要"治病先知人"。他还提出治病"一是语言，二是药物"。而罗马名医盖伦通过动物解剖发现脑、肾、心的位置和功能，认为疾病应定位于脏器的病理上，心是灵魂，主张心身是分离的，这对医学界影响较大。

（二）西方心理学和医学心理学的产生

医学心理学的诞生应追溯到 1852 年，德国医学家、哲学家赫尔曼·洛采（Hermann Lotze）编写出版了历史上第一部《医学心理学》专著。洛采在书中讨论了心理与健康和疾病的关系，虽然书中列举了较多的生理学事实，但他的哲学观点是形而上学的。那个时期的心理学也未独立，在理论上影响不大。

拓展阅读 1-6
Hermann Lotze 简介

1879 年，德国学者威廉·冯特（Wilhelm Wundt）在莱比锡大学创建了世界上第一个心理学实验室，这标志着心理学真正脱离哲学而成为一门独立的学科。在此之后，大批的哲学家、生理学家、医学家、教育学家，按照各自的理论对心理现象进行研究，最终形成 20 世纪初百家争鸣、学派分立的局面。不同的学者自成体系，提出了大量心理学的概念和理论，形成了各种心理学流派和各具特色的观点（具体内容参考第三章心理学基本理论）。

拓展阅读 1-7
Wilhelm Wundt 简介

心理学研究纳入科学的轨道后，医学心理学作为心理学的分支学科也随之进入科学时代。心理学的各种新学说和观点的提出构成了现代医学心理学的理论框架和方法学体系，对推动学科的发展起到了重要作用。如德育琪（F. Deutsch）提出的心身医学的体系便是以精神分析学说为支柱，认为情绪在躯体疾病中起着重要作用；行为学派、心理生理学派的方法和学说均推动了心身医学的研究。美国临床心理学家韦特默（L. Witmer）对心理学用于临床服务做出了历史性的贡献，于 1896 年在宾夕法尼亚州建立了第一个心理门诊，将心理学运用于临床实践，并于 1907 年提出"临床心理学"这一术语，开设了临床心理学课程。此后，在美国和其他国家，类似的心理诊所及大学和医院的临床心理机构陆续出现。

1906 年，普林斯（N. Prince）创建了《变态心理学杂志》，第二年韦特默创建《临床心理学》杂志。1917 年，美国临床心理学会成立，1936 年洛蒂特（Louttit）出版第一本《临床心理学》教科书，1937 年《咨询心理学杂志》问世。波林（E. G. Borling）在 1929 年创立了神经心理学；行为医学于 1977 年创立，《行为医学》杂志于 1978 年出版；1978 年，马泰勒佐（J. Matarazzo）博士创立了健康心理学，并在美国心理学协会中成立健康心理学分会。医学心理学具备了服务部门、专业机构、学术刊物和教科书，形成了专业雏形。

在 1951—1955 年，由马泰勒佐在华盛顿大学医学院首次正式开设了"医学心理学导论"这一课程。1957 年，美国俄勒冈州立大学医学院第一个正式建立了医学心理学教研室。英国政府于 1970 年正式决定在医学院校开设心理学课程。目前，许多国家，包括一些发展中国家，都在医学院校开设了医学心理学课程。

遗憾的是，目前在欧美国家，无论是心理学科还是医学学科，都没有设置独立的医学心理学分支学科。

（三）我国医学心理学的发展简况

西方心理学在 19 世纪末传入我国，1889 年，颜永京翻译出版了美国传教士海文（J. Haven）的《心灵学》，这是我国最早翻译出版的一本心理学书籍。1907 年，王国维重译出版了丹麦心理学家霍夫丁（H. Hoffding）的《心理学概论》。此后，国内逐渐接受心理学的影响，1917 年北京大学建立了我国第一个心理学实验室，同年在北京大学哲学系开设了心理学课程。1918 年，陈大奇出版了我国第一部心理学专著——《心理学大纲》。1920 年，北京高等师范学校也筹建了心理学实验室，同年，南京高等师范学校建立了我国第一个心理学系。1921 年，中华心理学会在南京正式成立。1922 年，我国第一本心理学杂志《心理》创刊。这些都标志着我国心理学教学、研究和应用体系逐步建立。

心理学逐渐被国内学者接纳后，一些医学院校陆续开设了心理卫生的有关课程，逐渐将心理学与医学应用结合起来。1936 年，中国心理卫生协会在南京成立，逐渐在一些医院、学校、儿童福利机构与医学研究部门设立心理卫生组织，组织专职的心理学工作者、社会工作员从事心理卫生、心理诊断、心理治疗及心理咨询等工作。此后，医学心理学的教学、临床研究因为历史原因同其他心理学研究一样被迫中断，但其间仍有许多医学心理学工作者以不同的方式坚持着研究工作。

20 世纪 70 年代末，我国老一代医学心理学专家李心天、龚耀先等根据我国医学教育的实际情况，在推动心理学与医学相结合、产生医学心理学这一新生的学科方面做出了开创性贡献，医学心理学工作如雨后春笋般在全国各地陆续开展。1979 年 11 月在天津举行的中国心理学会第三届学术会议上正式成立了医学心理学专业委员会，标志着我国医学心理学步入了崭新的发展阶段。从此，在学会的领导、组织和推动下，医学心理学事业在全国范围内得到蓬勃的发展，随后于 1985 年成立了中国心理卫生协会，1990 年成立了中华医学会行为医学分会，1993 年成立了中华医学会心身医学分会。当前，全国各省（自治区、直辖市）都相继在各地心理学会分会下成立了医学心理学专业委员会或专业小组。

全国性的专业刊物陆续创刊，相继有《中国心理卫生杂志》（1987 年）、《中国行为医学杂志》（1992 年）、《中国临床心理学杂志》（1993 年）和《中国健康心理学杂志》（1993 年）等。随后，《心理与行为》《应用心理学》《临床心身医学》《心理与健康》《心理医生》《大众心理学》等学术及科普杂志相继问世。目前，全国相应的专业刊物已有十余种，并有相当多的论文发表，许多心理障碍、心身疾病等的研究都取得了很有价值的成果。我国的医学心理学工作者越来越多地在国际权威学术期刊上发表重要科研成果，国际影响日益增加。近年来，我国的医学心理学已广泛渗透到基础医学、临床医学、老年医学、康复医学及预防医学等各领域，许多大型综合性医院建立了心理门诊，配备了专职临床心理医生，心理测验、心理诊断和心理治疗技术的应用有了较大的发展，有效地解决了临床各科及健康领域的心理问题，也反映了我国医学心理学广阔的应用场景。

拓展阅读 1-8
国内医学心理学专家
介绍

（四）我国医学心理学工作者的培养

卫生部在 1979 年颁发的新教学计划中，提出在有条件的院校开设医学心理学课程。1983 年暑期，在卫生部的关怀和各院校的支持下，第一届医学心理学教学座谈会在安徽黄山召开，会上组织并成立了医学院校医学心理学教学协作组。会议吸引了全国几十所医学院校的教师，对刚刚起步的医学心理学学科建设、师资培养、教学大纲等有关问题进行了交流和探讨，并创办了内部交流资料《医学心理学教学通讯》，极大地促进了医学院校的医学心理学教学工作。在高等医学院校设立医学心理学教研室和开设医学心理学课程，是我国医学教育史上的一件大事，它标志着医学教育适应了现代医学发展和实际工作的需要。经过多年的发展，我国的医学心理学教育工作已经取得一定成果。

目前，我国的医学心理学工作者培养模式有如下几种。

1. 短期培训和进修　在 20 世纪 80 年代，医学心理学学科尚处于发展初期，专业人员极为缺乏。当时一大批来自相关学科（如基础医学、心理学、精神病学、公共卫生学、神经科学及社会科学等）的人员进入医学心理学领域。为了在短时间内提高这些人员的专业素养和业务水平，国内几所医学院在卫生部的支持下，开展了医学心理学业务骨干和师资培训，完成了为期半年至一年的进修学习。至 20 世纪末，中南大学湘雅医学院（原湖南医科大学）、北京大学医学部（原北京医科大学）及中国科学院心理研究所等单位为我国培训了近万名医学心理学工作者，从而建立了一支有相当规模的专业队伍。值得一提的是，以北京大学医学部为主要发起单位，连续 10 余次召开的全国医学心理学教学研讨会，每次都有几十所院校教师参加，交流医学心理学工作尤其是教学工作的经验，这一活动对于我国医学心理学的学科建设，特别是教学工作，产生了积极的作用。

2. 医学心理学专业本科生培养　目前，绝大多数医学高等院校开设了医学心理学课程。自 2001 年起，部分医学院校的医学心理学专业开始招收五年制本科学生。不少医学院校增设了与医学心理学相关的专业方向，很多大学心理系设置了临床心理学专业。目前的培养模式主要有两种，一种按心理学本科生培养模式进行培养（应用心理学专业医学心理学方向），教学内容侧重心理学知识和技能，学制 4 年，毕业时授予理学或教育学学士学位；另一种按医学本科生培养模式进行培养（临床医学专业医学心理学方向），教学内容侧重医学知识和技能，兼顾医学心理学知识和技能的训练，学制 5 年，毕业时授予医学学士学位。目前，各医学院校招收的该专业方向本科生人数已达到万余名，这对我国未来医学心理学的发展将会产生深远的影响。

3. 医学心理学专业方向研究生的培养　心理卫生和临床心理学及其相关专业硕士点和博士

点在逐年增多。按现行我国学科分类系统，医学心理学学科属于心理学学科（一级学科）中的应用心理学（二级学科）的分支学科（三级学科），也有部分医学院校自主将医学心理学学科作为二级学科设置在基础医学或临床医学（一级学科）之中。学科分类的不统一，导致了目前我国医学心理学专业方向研究生毕业时的学位名称不一致，有的授予理学或教育学学位，有的授予基础医学或临床医学学位。但是，各院校医学心理学专业方向研究生培养模式大同小异，均强调医学心理学科研能力和实践能力并重的培养模式，即科学家 - 实践家培养模式。目前，我国医学心理学专业方向研究生培养分为硕士研究生和博士研究生两个层次。医学院校中有医学心理学专业方向硕士学位授予权的较多，招收研究生数量也较大，学制通常是 3 年；但是，具有医学心理学专业方向博士学位授予权的院校很少，还有极大的发展空间。通过医学心理学专业方向研究生的培养，为我国医学心理学学科的发展培养了一大批高素质的学术人才和业务骨干，这必定是将来我国医学心理学工作者职业化发展的主要途径。

（五）我国医学心理学的发展趋势

近年来，心理健康和精神卫生工作已经纳入全国深化改革和社会综合治理范畴，设立了国家心理健康和精神卫生防治中心，开展社会心理服务体系建设试点，探索覆盖全人群的社会心理服务模式和工作机制。医学心理学作为一门连接医学和心理学的特色学科，在未来的发展过程中，将呈现出以下发展趋势。

1. 研究服务范围不断扩大　纵观国内医学心理学的发展，它由早期服务于精神病患者和心理障碍患者，逐步向躯体疾病患者发展，并进一步扩大到健康人群。21 世纪到来以后，伴随着国家医疗体制政策改革、心理学和医学研究的进展、社区医疗的发展、人们健康水平的提高，医学心理学的服务需求必然增加，医学心理学正在向各领域广泛渗透并为全社会所有人群提供服务。健康领域工作的医学心理学家将广泛参与到旨在促进人们心身健康，减少损害健康的心理社会危险因素，提高人们（包括患者）生活质量的各项研究和实际工作中去，工作范围将扩大到基础医学、预防医学和内外妇儿各临床学科及老年医学和康复医学各个领域，在社会上产生越来越大的影响。通过对危险人群进行多方位、有针对性的早期干预，非传染性慢性疾病和与人类生活方式密切相关的艾滋病、成瘾行为等发生率将大幅度降低。

2. 与其他学科的融合不断增强　医学心理学本就是医学和心理学交叉融合的学科，随着心身一体和整体医疗观念的推进，这种融合还会大大加强。今后，医学心理学将与神经生物学、生物工程、社会学和行为科学等进一步结合，协作开展某一领域的科学研究。同时在临床服务过程中，也会越来越多地与相关领域的工作人员合作，以扩大服务内容，提高服务质量。

3. 学科力量不断壮大　随着医学心理学教育科研的深入，该学科队伍人数将快速增长，学历层次会进一步提高，教育结构会有相应的变化。围绕医学心理学国家精品课程建设，教材将进一步优化，课程进一步规范化，教学质量进一步提高。

4. 越来越具"特色化"　医学心理学是我国特定历史条件下发展起来的学科，在国际上具有独特的学术地位。我国的医学心理学工作者可以利用我国病理心理研究对象（包括脑损伤患者）资源的巨大优势，在心理障碍、脑损伤的病因和发病机制方面做出国际领先的成果。可以预见的是，本学科将会遵循生物 - 心理 - 社会医学模式，加快吸收生物医学和心理学的新成果，更多地采用分子生物学、神经心理学等实验手段，将系统的综合研究与深入的实验研究结合起来，全面发展自身的理论。

第三节 医学心理学的研究任务和基本观点

一、医学心理学研究范围

医学心理学研究介于医学与心理学之间的问题，因此它的研究范围涵盖了医学和心理学。

1. 研究心理行为的生物学和社会学基础及其在健康和疾病中的意义。
2. 研究心身相互作用关系及机制。
3. 研究心理、行为、社会因素在疾病过程中的作用规律。
4. 研究各种疾病过程中的心理行为特征和变化规律。
5. 研究如何将心理行为知识和技术应用于人类的健康促进和疾病治疗。
6. 研究医疗行为中医患关系的特征及增进医患关系的途径和方法。

二、医学心理学具体研究任务

1. 研究心理因素、行为因素对人体健康和疾病的影响及其机制 心身是统一的，任何心理活动在影响心理健康的同时也会引起相应器官的生理、生化过程的变化，从而对躯体健康产生影响。医学心理学研究内容之一就是研究和阐明心理因素在疾病的发生、发展和转归过程中的作用机制和规律。

2. 研究疾病过程中心理、行为的变化及干预措施 人的健康状态发生变化时，人的心理活动也会发生相应的变化。医学心理学就是通过研究这种心理变化的特征、范围、性质和持续时间等规律，掌握患者的心理变化特点，以便采取适当的方式帮助患者解除心理困扰和痛苦。

3. 研究人的心理与生理的相互作用机制 人所具有的生物性、心理性特征存在着必然的相互联系、相互影响、相互作用。医学心理学研究它们相互影响的规律，探索其内在机制。

4. 研究不同的人格特征在健康和疾病及其转化中的作用 人格差异决定了人们在面对各种环境刺激时的认知、态度及行为，也必然影响到人的发病及痊愈过程，这也是医学心理学研究的重要内容。

5. 研究心理、行为因素在疾病预防、康复中的作用及其规律 医学心理学研究个体如何通过调整自己的心理、行为来改善人体的心理活动和躯体生理活动，以达到预防、治疗和康复的目的。

6. 研究如何将心理学的知识和技术应用于医学的各个方面 医学心理学的一项重要任务就是运用心理学的手段，包括利用心理诊断、心理咨询、心理治疗等技术和心理护理的方法，帮助人们保持健康，摆脱心理困扰和疾病的痛苦。同时也研究心理健康保健措施和心理健康促进策略，从而有效地预防和控制心理障碍、精神疾病和心身疾病。

7. 研究社会文化因素对人心理和生理的影响 医学心理学运用社会心理学的知识研究人所处的文化环境、医患关系，探讨社会文化因素在疾病发生、发展过程中产生的作用和影响。

拓展阅读 1-9
医学心理学的内容框架和学习建议

三、医学心理学关于健康和疾病的观点

医学心理学是一门新兴的交叉学科，坚持生物－心理－社会医学模式的基本观点，坚持整体观和系统论的思想，我国医学心理学工作者在多年研究的基础上提出了对于健康和疾病的观点（图1-3）。

1. 人是一个完整的系统　大脑通过神经系统将全身各系统、器官、组织、细胞、蛋白质、基因分子等统一起来。在病理情况下，一个器官的病变必然会影响其他器官或系统，甚至会影响全身。因此，在临床诊断和治疗中，注意病变的器官或系统与其他器官或系统的联系，才能取得满意的诊疗效果。

2. 人同时具有生理活动和心理活动　一个完整的个体应包括心、身两个方面，两者是互相联系、互相作用的。心理活动通过心身中介机制影响生理功能，反过来，生理活动也影响心理功能，因此在考虑个体的健康和疾病时，应同时注意身、心两方面的影响。

3. 人与环境是密切联系的　人不仅是自然的人，也是社会的人。一个完整的个体不仅是生物学意义上的人，也是社会学意义上的人；不仅要受周围自然环境的影响，也要受特定的社会环境如人际关系等的影响。因此在研究个体的健康和疾病时，不仅要注意其所处的自然环境，还要注意社会环境，如文化背景、教育修养、经济状况、职业及社会地位、家庭关系等多种因素的影响。

4. 心理因素在人类调节和适应内外环境过程中具有一定的能动作用　人作为一个整体，要随时主动地适应社会、自然外环境及机体内环境并进行自我调节，保持与外界的动态平衡，以促进健康、抵御疾病。在这一过程中，人不是被动的，而是通过一些主动的活动做出适应性努力，或改变社会环境和自然环境，或调整自己的认知，以适应环境的变化。在医学实践中应该看到这种能动性，并且引导服务对象积极适应、调整以促进健康。

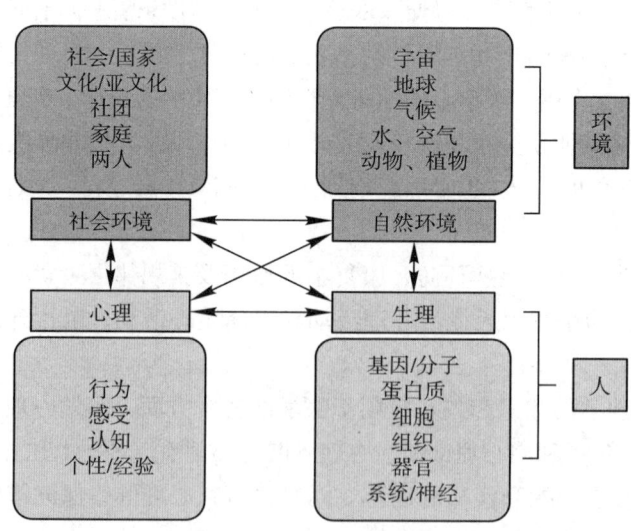

图1-3　人与环境相互作用整体观示意图

四、医学心理学工作方向

自我国开始医学心理学的教育和专业招生以来，已培养出大量的医学心理学专业毕业生，

这些医学心理学工作者走向了工作岗位，或就职于医院，或在高校工作。医学心理学专业学生的就业方向和工作单位包括如下几种：①在精神或心理专科医院从事心理咨询、治疗工作。②在综合性医院心理科或精神科从事心理咨询、治疗工作和解决临床心身问题。③在医学院校从事心理学和精神卫生教学和科研。④在某些综合性大学或研究所里从事医学心理学教学或研究工作。⑤在社会机构中从事心理咨询、治疗工作。⑥在某些机关、政府单位从事心理卫生相关工作。

视频 1-2
心理学在生活中的应用

医学心理学工作者在医院中的具体职能包括以下几方面。

1. 心理咨询和治疗门诊　这个工作最为我们所熟知，心理咨询和治疗是医学心理学工作者最重要、专业技术要求最高的工作。临床心理门诊的职责是帮助患者或来访者在生活中化解各类心理问题，克服种种心理障碍，矫治不良行为，完善人格结构，深化自我认知，端正生活态度，构建健康的生活方式。这个工作就是我们通常所说的心理医生。心理咨询和治疗的工作场所一般是心理、精神的专科医院或者综合性医院的心理科，或者某些院校、科研机构的对外服务部门。

2. 联络会诊服务　这是一个我们容易忽视却分布广泛的工作范围，常见于综合性医院。医学心理学提供的心理卫生服务已逐渐通过专业化、制度化的会诊业务扩展到临床各科中，尤以内科、中医科患者会诊率最高。会诊问题已不再是以器质性、症状性精神病为主，而是扩展到适应不良、人际关系危机、神经症性症状、情绪障碍和行为障碍等方面，如临床上遭遇重大器质性病变或者体像毁损的患者往往有抑郁心理，综合性医院中住院患者自杀的事件时有发生。大多数科室的患者身上都存在着不同程度和不同类型的心理（精神）问题或障碍，很多诊疗措施中（如手术、整容整形等），患者也会有很多情绪问题，需要心理学家的干预。

3. 医患关系调适与医患沟通　临床上的医患关系从目前趋势来说日趋紧张，临床上医患关系的疏导和医护人员的心理健康和心理调节，也在医学心理学工作范围之内。医学心理学工作者需要帮助同事疏导心理问题，帮助医院制订医疗服务措施和处理医患矛盾与纠纷。

4. 社会工作及其他服务　医学心理学工作者还需要与政府卫生机构、社区、学校等单位合作，承担普及健康知识、改变人们生活方式、促进心身健康的工作。

第四节　医学心理学的研究方法及应用

医学心理学作为交叉学科，研究方法的主要来源有两个——医学和心理学，其具体的研究方法与相关学科的研究方法基本相似。同时，作为一门年轻的学科，医学心理学还处于科学和常识交融的初始发展阶段，还没有形成系统的研究体系，因此，医学心理学的研究方法具有自己的特殊性。

一、医学心理学研究方法的特殊性

一方面，由于医学心理学是多学科的交叉学科，既有自然科学属性，又有社会科学属性，在研究中常涉及心理学、生物学、社会学等多学科的复杂因素和变量，加上医学心理学的基础理论尚薄弱，而且许多心理现象的定量难度较大，本身带有一定的主观性。另一方面，与某些方法学已被熟知的成熟学科不同，医学心理学作为一门年轻的交叉学科，如果在研究或临床工作中不重视方法学的学习，可能会在部分医务人员头脑中出现由"常识心理学"代替"科学心理学"的情形，从而出现轻视和否认医学心理学重要性的倾向。因此，要科学客观地认识心理社会因素对健康和疾病及两者之间相互关系的影响，必须重视和了解医学心理学研究方法的特殊性并加以注意，这样才能解决临床工作中遇到的疑难问题。

1. 基础理论的多样性　医学心理学相关的理论很多，理论的多样性反映了对心理实质认识的不一致，同时也使得研究和工作方法不统一。

2. 心理因素的主观性　与某些自然现象不同，许多心理现象的定量难度更大，常带有主观成分，需要在实际工作中更注意方法学问题。

3. 研究对象的多学科属性　在医学心理学工作中常同时涉及社会、心理、生物等多学科的有关因素和变量。为了保证结果的科学性，需要同时掌握这些学科的一些基本研究方法和手段。

以上特点都导致医学心理学的研究方法具有自身的特殊性，可出现宏观和微观并重、实证与思辨同行、形态与功能结合、单因素与多因素分析并用的特殊现象。

二、医学心理学常用的研究方法

（一）观察法

观察法（observational method）是指研究者通过对研究对象科学的、有目的的直接观察和分析，研究个体或团体的行为活动，了解事实，发现问题，从而探讨心理行为变化规律的一种方法。它可按不同的维度分为不同的类型。

1. 主观观察与客观观察　主观观察法又称为内省法（introspective method），是指个体对自身的心理活动和行为进行观察、记录和分析的方法；客观观察法是由研究者对外在个体或群体的行为进行观察和记录，并运用心理学知识做出科学的分析。它在医学心理学研究中使用较多。

2. 自然观察与控制观察　在自然情境下对个体的行为进行直接观察、记录和分析解释，这种方法称为自然观察法；在预先设计的情境中对个体行为进行观察的方法称为控制观察法。

3. 日常观察与临床观察　在社会生活中对普通人群进行观察记录的方法，称为日常观察法；在医疗过程中通过观察获得临床资料的方法，称为临床观察法。

4. 长期观察、短期观察和定期观察　长期观察指研究者在一个较长的时间内连续地进行系统观察，积累资料，加以整理和分析；短期观察是在比较短的时间内对某一事物或对象所进行的观察；定期观察指按一定的时间间隔（如每周一次）持续观察，到一定阶段予以总结。

5. 全面观察和重点观察　全面观察指在同一研究内对若干心理现象同时加以观察记录，重点观察则是在同一研究内只观察记录某一种心理现象。

6. 直接观察和间接观察　直接观察是指观察者直接通过感官考察被研究对象活动的方法；间接观察是指观察者借助一定的仪器、设备考察研究对象活动的方法，这些仪器、设备有单向观察屏、摄像机、录音机、照相机等。

7. 参与观察和非参与观察　参与观察中，观察者是被观察者活动中的一个成员；非参与观察时，观察者不参与被观察者的活动。无论采取哪种方式，原则上不应让被观察者发现自己的活动被他人观察，否则就会影响他们的行为表现（图 1-4）。

观察法是最基本的研究方法，是收集第一手资料的最直接手段。观察法的优点：①能直接获得资料，不需其他中间环节，因此获得的资料比较及时、真实、生动。②观察能获得文字记录外的一些无法言表的材料。③观察简便易行，广泛适用于各种场合和情境，可以不使用复杂的仪器设备，不受限于特殊、特定的条件，适用于广泛的研究范围。

观察法的缺点：①受时间的限制，某些事件只发生在某段特定时间内，过了这段时间就不会再发生。②受观察对象限制，如有些秘密和隐私的行为一般不会让别人观察。③受观察者本身限制，一方面人的感官都有生理限制，超出限度则无法直接观察到；另一方面，观察结果也会受到主观意识的影响。④观察者只能观察到表象和某些物质的外在结构，不能直接观察到事物的本质和人们的思想意识。⑤观察者处于被动地位，只能被动等待被观察者的某些行为表现，是一种较缓慢的进程。

图1-4 观察法
"这是一个很有意思的现象，每次我一压杠杆，那个研究人员似乎就松了一口气。"
与很多人想象的不一样，因为涉及伦理原则，很多心理学实验其实是借助观察动物（如小白鼠）的行为反应进行的。如可以通过制造抑郁动物模型（animal model）进行抑郁症的研究

综合观察法的优缺点，使用观察方法时要做到：①观察要在可重复出现的情况下进行，要对被观察现象进行反复的观察。只有对研究对象进行长期、连续、反复的观察，才能分辨现象或过程是必然还是偶然、是表面还是本质、是全面还是片面等。②观察要有目的性地收集资料。在进行观察活动时，研究者需要根据研究任务来确定观察对象、观察条件、观察范围和观察方法，以保证观察有目的地进行。③详细做好观察记录，不要遗漏重要细节。④加强现象与理论解释间的联系。"观"是指看、听等感知行为，"察"是指分析研究，观察不但需要用感觉器官直接感知事物，还需要用思维器官积极思考。⑤避免"观察者偏倚"（observer bias）。观察者偏倚是由于观察者个人的动机和预期导致的错误，观察本身必须标准化、客观化。

（二）个案研究法

个案研究法（case study method）是以某典型个体或团体（如家庭、工作单位等）作为研究对象进行详尽和具体的描述、分析、研究的一种方法，包括收集被试的历史背景、测验材料、调查访问结果等，以及有关人员做出的评定和情况介绍（图1-5）。个案研究法并非某种单一具体的研究方法，只是强调把某个个案作为研究的中心对象，在实施过程中需要综合采用观察、晤谈、测验和实验等多种方法。

图1-5 "狼孩"的研究
个案法特别适用于某些少见案例，如狼孩、"裂脑人"等心身问题的研究

个案研究法以往主要用于帮助有心理问题或心理障碍的患者。出于心理干预的目的，临床咨询或治疗必然涉及个体丰富翔实的个案资料获得，个案研究法由此而来。通过整理搜集到的基本资料，形成一个发展变化的历史记录，进而从个案结果推出有关现象的普遍意义，个案研究法可以提供较好的科研思考路径。

由于个案研究的对象不多，所以研究时就有较为充裕的时间，进行透彻深入、全面系统的分析与研究。既可以研究个案的现在，也可以研究个案的过去，还可以追踪个案的未来发展。个案研究法可以做静态的分析诊断，也可以做动态的调查或跟踪。

个案研究法的缺点在于用这种方法收集的资料往往不系统和容易带主观性。研究者也不能保证研究的个案结果是否可以应用到别的个体身上。因此，个案研究得出的结论，要被认可和推广，必须用其他研究方法加以检验。有时个案研究法可用于某些研究的早期阶段，以便为进一步严密的大规模抽样研究提供依据。

拓展阅读1-10
"狼孩"的研究

（三）调查法

调查法（survey method）是通过晤谈或问卷等方式，让被试自由表达其态度或意见，获得资料，并加以分析研究，来了解客观事实的一种方法。目前，调查方式越来越多，会谈、询问、座谈、问卷或电话询问、网上调查等形式都被广泛采用。调查法是科学研究中的常用方法之一。

从最基本的形式上来说，调查法分为访谈法和问卷法两种。

1. 访谈法（interview method）　是指通过与被试面对面会谈，了解其心理等信息，同时观察其在交谈时的行为反应，以补充和验证所获得的资料，并进行分析研究的方法。与观察法一致，访谈法也是直接获取资料的方法。根据访谈对象的数量，访谈法可以分为集体访谈法和个别访谈法。

访谈法采用对话、讨论等面对面的交往方式，是双方相互作用、相互影响的过程。研究者本身的知识水平和会谈技巧对访谈效果影响很大。访谈不同于一般的交谈，有很强的目的性和在特定情境下对谈话内容、气氛等的驾驭，所以也是一种专门的技术，是医学心理学工作者与当事人交流信息、沟通感情、建立信任和实施治疗所必备的技能，在心理咨询、治疗、临床评估等许多日常工作中经常用到。

在访谈前，研究者需要精心地准备访谈提纲，一般包括确定访谈目的、访谈员、访谈对象、访谈时间、访谈地点、访谈种类、访谈记录方式和访谈报告方式等。如果是标准化访谈，必须用统一设计的访谈问卷。如果是非标准化访谈，提纲必须把与调查主题相关的主要项目和问题列出，问题要简练、明确。

在访谈过程中，也需要注意：保持中立的态度，不要暗示被调查者，否则会影响资料的真实性；要把握访谈的方向和主题焦点，防止谈话偏离调查主题，影响效率；使用的语言要简明扼要；根据被调查者的特点，灵活掌握问题的提法和语气。

2. 问卷法（questionnaire）　指根据所研究问题的需要，事先设计问题，让被试填写，然后收回问卷、整理、分析，从而得出结论的一种研究方法。研究者一般将所要研究的问题编制成问题表格材料（图1-6），以邮寄、当面作答或者追踪访问的方式填答，从而了解被试对某一现象或问题的看法和意见。网络时代，可以采用网络问卷调查形式，就是用户依靠一些在线调查问卷网站，这些网站可提供设计问卷、发放问卷、分析结果等一系列服务。这种方式的优点是无地域限制，成本相对低廉，缺点是答卷质量无法保证。

问卷法采用统一的问题和表格设计，所以结果受调查者个人因素影响不大，主要取决于研究者的研究思路、问卷设计的技巧及被试的合作程度等。问卷设计的主要原则：①目的性强，问卷内容必须与调查主题紧密相关。②全面，涵盖所有需要调查的因素。③明确，不存在歧义和难以

图1-6　问卷的编制过程

编制一个理想的问卷需要若干复杂的程序

理解的地方。④不存在暗示。⑤适量，题量太大或者问卷太长容易引起被调查者反感，导致调查失败。⑥便于资料的收集、整理、分析。

问卷法简便易行，信息量大，但其结果的真实性、可靠性受各种外在因素的影响较大，面对收回的问卷要以科学的态度分析，剔除掉不合格的问卷，避免过分依赖调查结果。

（四）测验法

测验法（test method）是心理测验法的简称，指采用标准化的心理测验量表或测验工具，来测量被试有关的心理特征和品质的研究方法。心理测验法是心理学发展出的研究方法。

因为心理行为的复杂性，大量的心理研究往往停留在定性描述阶段，而测验法的最大特点是对被试的心理现象或心理品质进行定量分析，使研究结果更加精确和科学。医学心理学也广泛采用心理测验的方法，随着学科融合的发展，心理测验在医学心理学研究中的使用将会越发普遍。心理测验的具体内容将在第十章"心理评估"中详细讲述。

（五）相关研究法

相关是两个事件、两种测量数值或两个变量之间存在着的一致而有序的关系。相关研究法（correlation study method）是考察两个变量或多个变量间是否有关联的一种研究方法与统计技术。

变量之间的相关强度和方向通常用相关系数（r）来表达，分为正相关、负相关和无相关。正相关是一种测量数值的增加伴随着另一种测量数值的增加，或一种测量数值的减少伴随着另一种测量数值的减少；负相关是一种测量数值的增加伴随着另一种测量数值的减少，或一种测量数值的减少伴随着另一种测量数值的增加；无相关即没有上述两种关系。

相关研究法为研究者提供了一个量化指标，用以评估并详细说明两个或多个变量之间的关联程度。相关系数在 –1 到 1 之间变化，相关系数绝对值越大，越接近于 1，说明两者联系越紧密；相关系数的绝对值越小，越接近于 0，关联程度越小。

相关研究法的优点是可以显示变量间的共变关系，从而提示研究者注意到各种现象间可能存在的因果关系，可以帮助我们预测。缺点在于难以进行控制，并且无法确定因果关系的方向，也不能直接得到变量间因果关系的推论。

（六）实验法

实验法（experimental method）指按照研究目的，创设一定的实验条件，充分地控制实验环境，有系统地操纵自变量，观察因变量随自变量改变所受到的影响，以确立自变量与因变量之间因果关系的一种研究方法。

所谓自变量是指实验研究者主动控制的、可以改变的因素，因变量是控制因素改变后伴随改变的、被研究者测定记录的因素。所以我们可以理解为自变量是因，因变量是果。因为能对因果关系进行推论，实验法被公认为研究方法中最严谨的方法，心理学独立的标志就是实验心理学的诞生。

实验法的优点：可以充分发挥研究者的能动性和主动性进行操控；比其他方法更有效地控制和改变实验因素，从而更好地去验证假设；实验方法是可以重复的，这是研究科学性的重要体现。

实验法来源于自然科学，引入心理学后，仍然存在某些缺陷。实验法的缺点是：研究者人为地营造实验环境条件，与"自然状态"不同，得到的结果较难推广；研究只能限于当前问题，无

研究进展 1-2
心理学实验可重复性
的争议

法把握历史原因和未来趋势；实验对象最终是人，人类心理行为变异相当大，较难控制，同时很多实验研究面临伦理和法律方面的限制，无法直接开展。

此外，实验法要求严格的程序和标准，应用实验法要注意控制四个环节：一是控制实验情境，尽量排除与研究无关的变量；二是控制实验对象条件，对象要符合研究条件，并具有可比性和匹配性，要进行随机抽样安排；三是控制实验刺激，使刺激能按预期安排的不同水平、强度、条件，并按规定方式、时间和顺序出现；四是控制对象的反应。在具体操作时，一般都要严格按照实验设计的基本原则进行分组、抽样，对获得的数据进行统计学处理和显著性检验，这样才能得出客观科学的结果和结论。

（七）纵向研究和横向研究

纵向研究和横向研究与前面提到的方法不同，不是一种特定的研究方法，只是一种研究比较的设计思路。

1. 纵向研究（longitudinal study） 是指对同一个或同一批对象在一段时间内进行连续研究，探讨某一问题的发展规律，可分为回顾性研究和前瞻性研究，前者是向后看，即看其历史，以发现某一类人健康和疾病的共同生理心理特点；后者是向前看，即观察未来，以探讨某种心理特点或生活事件与心理障碍的关系。例如，研究儿童言语的发生发展过程，需要从新生儿发音开始，经过一系列发展过程直到连贯性的言语出现为止，从而查明儿童言语发生发展的时间和规律。

纵向研究的优点是能看到比较完整的发展过程和其中的一些关键点，对研究对象问题的前后趋势能做出系统的阐释。缺点是非常耗费时间、经费和人力，可能发生被试流失的情况，会影响被试的代表性和研究结果的概括性。

2. 横向研究（cross-sectional study） 与纵向研究相对应，一般指在某一时刻点上，对某一对象或社会现象所进行的横截面研究。最典型的横向研究是人口普查，它是在同一时间点上对人口状况进行的横截面研究。

横向研究的优点是比较节省时间和经费，易于实施，时效性比较强，可以较快获得研究结果。缺点是无法进行历史性和趋势性的比较预测。

三、医学心理学研究的基本原则

医学心理学作为医学和心理学两门学科的交叉学科，要遵循两个学科的研究原则及伦理要求，综合医学和心理学研究的基本原则，医学心理学的研究者要遵循的原则简单归纳如下。

1. 理念上坚持心身一体观和生物 - 心理 - 社会医学模式，促进患者和服务对象的整体健康，重视躯体、心理、社会各个因素所起的作用，最终目标是促进大众身、心、环境的和谐统一，增进其健康和幸福。

2. 研究不能干扰正常的诊治过程，不能使患者的心身受到损伤，这是最基本的要求。

3. 尊重患者和研究对象，尊重患者的自主权、隐私权、知情同意权等。

4. 保持实事求是的科学态度，保持价值中立，研究要公平、公正，避免差异化对待。

5. 坚持系统性、动态性、灵活性原则，心身关系的研究是复杂研究，要将研究对象纳入整个社会大生态系统中考察个体心、身、环境的相互作用。

6. 在开展研究时，要保障被研究对象的知情同意权、退出研究的权利，保护被研究对象免遭伤害，替被研究对象保密等。

四、医学心理学研究的应用

医学心理学研究已被广泛应用于临床，这些研究强化了我们对心身关系的理解，也促进了医学和心理学的融合发展。例如，通过分析人格特征与患者疾病的关系（A 型行为特征的人易患冠心病，C 型行为特征的人易患癌症），可以帮助卫生人员及时筛选各种疾病的易患人群；通过调查各种疾病易引发的典型心理变化及障碍，可以帮助医生尽早对患者进行有针对性的心理疏导干预；通过研究动物抑郁模型可以了解负性情绪对机体造成损害的病理机制等。

医学心理学的研究也丰富了临床的诊疗方案及措施。如临床上用心理治疗方案（暗示疗法、放松疗法、安慰剂等）可以部分替代药物治疗，能最大限度地节约社会资源，减轻患者的伤痛，取得更理想的治疗效果；将积极心理学的研究应用于临床工作，可以帮助医疗人员应对患者出现的负性情绪问题，消除医疗环境中出现的压力及焦虑情绪；运用生物反馈疗法可有效治疗偏头痛、哮喘、癫痫、高血压、皮肤病等疾病。

医学心理学的研究工作还涉及社区、学校、机关单位，服务于居民、学生、职工的心身健康。早在 2013 年，十八届三中全会通过的《中共中央关于全面深化改革若干重大问题的决定》就将心理干预作为预防和化解社会矛盾的重要手段，医学心理学的研究也可以为社会决策和处理相关社会事件提供科学参考。

医学心理学的研究内容涵盖了医患、医院、社会——从微观到宏观的多个层面，随着医学模式的转变和心身一体观的普及，该领域的研究必然会越来越成熟、系统和全面，对学科的发展和推动社会服务进步起到至关重要的作用。

（刘传新　段熙明）

复习思考题

1. 医学心理学对现代医学模式的发展起到了什么样的作用？
2. 医学心理学的研究范围和研究任务是什么？
3. 医学心理学的研究方法都有哪些？医学心理学研究方法有何特殊性？
4. 你认为在医学心理学学习过程中应注意什么？

网上更多……

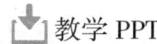 本章小结　　　 自测题　　　 教学 PPT

第二章
心理学基础知识

关键词

认知过程	感觉	知觉	错觉	记忆	思维	注意
情绪	情感	表情	意志	人格	需要	动机
能力	性格	气质				

　　本章介绍心理学的基本概念和基础知识，在心理学科属于普通心理学部分。普通心理学以正常成人的心理活动为研究对象，研究心理学基本原理和心理现象的一般规律，是所有心理学分支的基础学科。本章我们要关注以下心理现象：感觉与知觉、记忆、思维、情绪与情感、意志、个性心理特征。这些领域包括了人的心理活动中极为重要的方面。学好本章知识可以帮助我们理解最基本的心理现象，为学习其他章节知识打下良好的基础。本章概念较多，知识丰富，多数概念在生活中经常使用，在学习时要准确把握概念的心理学含义，并与生活中的常识性认识相区分。

知识导图

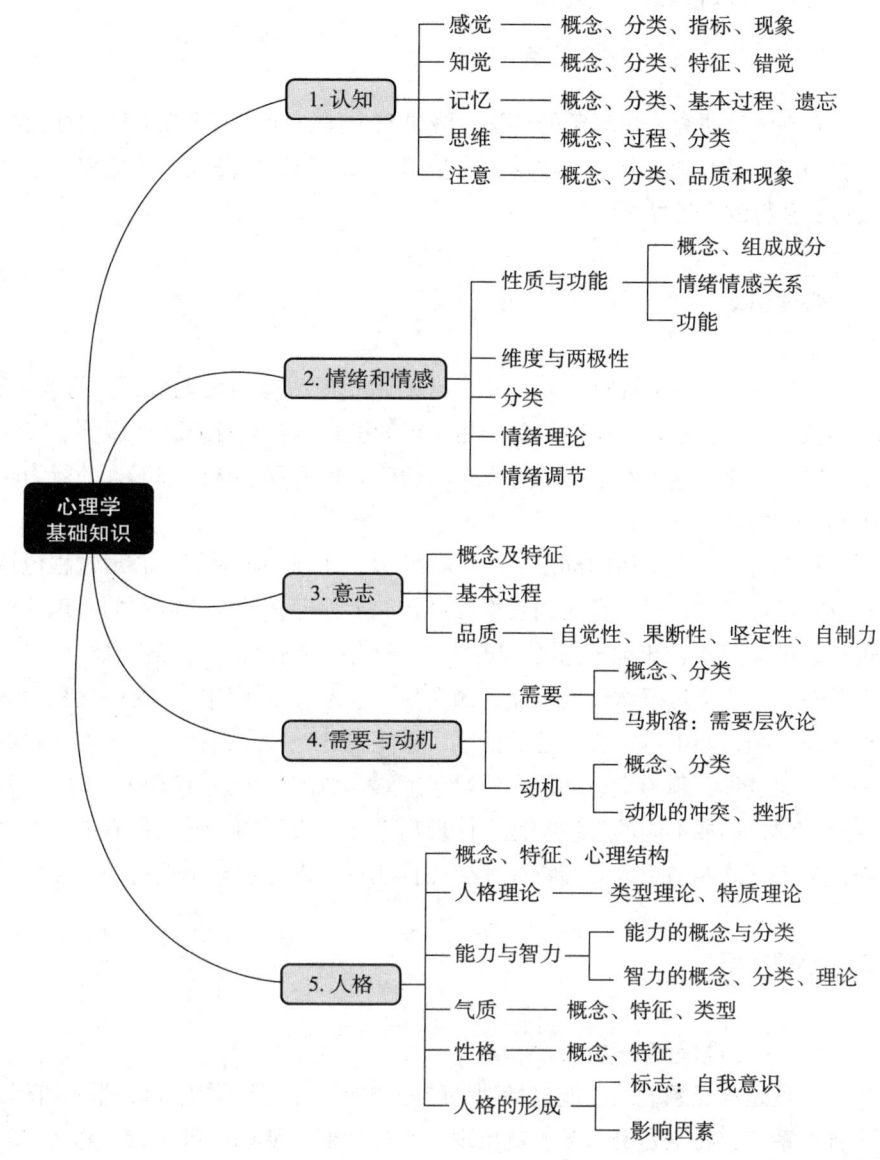

心理学基础知识

1. 认知
- 感觉 —— 概念、分类、指标、现象
- 知觉 —— 概念、分类、特征、错觉
- 记忆 —— 概念、分类、基本过程、遗忘
- 思维 —— 概念、过程、分类
- 注意 —— 概念、分类、品质和现象

2. 情绪和情感
- 性质与功能
  - 概念、组成成分
  - 情绪情感关系
  - 功能
- 维度与两极性
- 分类
- 情绪理论
- 情绪调节

3. 意志
- 概念及特征
- 基本过程
- 品质 —— 自觉性、果断性、坚定性、自制力

4. 需要与动机
- 需要
  - 概念、分类
  - 马斯洛：需要层次论
- 动机
  - 概念、分类
  - 动机的冲突、挫折

5. 人格
- 概念、特征、心理结构
- 人格理论 —— 类型理论、特质理论
- 能力与智力
  - 能力的概念与分类
  - 智力的概念、分类、理论
- 气质 —— 概念、特征、类型
- 性格 —— 概念、特征
- 人格的形成
  - 标志：自我意识
  - 影响因素

第一节　心理现象与实质

心理学是研究心理现象的科学，既研究个体心理，也研究群体和社会心理。神经系统特别是脑的功能，是心理现象产生和发展的基础，人脑与外界环境不断地相互作用，形成人的心理活动过程及独特的个性特征。

一、心理现象

心理现象（mental phenomenon）是个体心理活动的表现形式。行为（behavior）是有机体适应环境的方式。心理学研究的目的是对行为进行解释和预测，如微笑、交谈、思考等，探索个体在一定的文化环境下特定的行为模式，理解心理过程，从而理解人的行为。心理现象包括心理过程和个性特征。

心理过程是在个体内部发生的，如思考、计划、归因等。心理过程包括认知过程、情感过程和意志过程。认知过程是人脑获得信息并加工处理，转变成内在的心理活动，进而支配人行为的过程，包括感觉、知觉、记忆、思维与想象等。人在加工外界信息时，除了认识事物的属性、特性及关系，还会对事物产生态度，如喜爱、厌恶等主观体验，这一过程为情绪情感过程。人不仅能认识事物，产生肯定或否定的情感，还能自觉地确定目的，并为实现目的而自觉支配和调节行为的心理过程，称为意志过程。认知、情感、意志三个过程互相联系、互相依存。人在信息加工的过程中，形成不同的心理特性，体现出人与人之间的差异，如有的人思维敏捷、想象丰富、谦虚谨慎等，这些稳定的心理特征即个性特征。心理过程与个性特征相互作用，密切联系。

二、心理实质

（一）心理是脑的功能

心理是神经系统的功能，特别是脑的功能。心理是物质发展到一定阶段才产生的，当生物有了神经系统，特别是有了脑，就出现了心理功能。从动物进化看，随着神经系统的进化，动物的心理经历了感觉阶段、知觉阶段和思维的萌芽阶段，如类人猿的脑接近人脑，它不仅有感觉、知觉及各种情绪反应，而且能在感知动作水平上思考刺激物之间的各种关系。动物心理水平的每一步提升，都是以神经系统尤其是脑的结构和功能的提升为基础的。从个体心理发展的过程看，随着脑结构和功能的不断完善，从听觉、视觉和肤觉等的出现到行走跑跳，从单个字到完整的句子，心理的发展从无到有，从简到繁。人脑的结构和功能与心理现象的联系逐渐为科学研究所证实（图 2-1）。

拓展阅读 2-1
盖吉案例

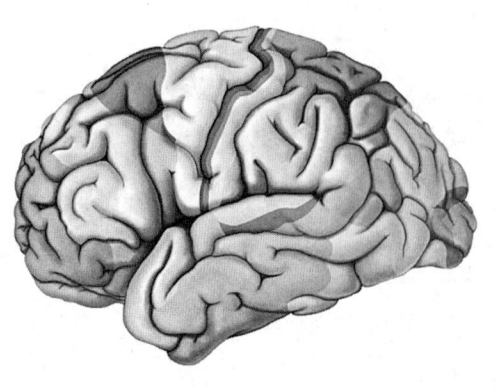

图 2-1　人脑

（二）心理是脑对客观现实主观能动的反映

脑作为心理活动的载体，和周围环境存在着复杂的交互作用。外界信息即客观现实是心理的源泉和内容，如人们对不同波长的光波感受到的彩虹，这一从物理刺激到独特的心理体验的过程，依赖于大脑对于客观刺激的加工，通过物理能量转换为神经电化学活动，形成心理事件。不仅自然环境是人心理活动不可缺少的源泉，人脑也对社会环境进行反映，如一个孩子试图取悦老师以赢得奖励，或者一个陷入交通阻塞的乘客变得沮丧和怀有敌意。研究表明，脱离人类社会生活环境，即使有健全的脑功能，也不可能有正常的心理活动。"狼孩"的发现，即是最好的例证。人脑对客观现实的反映具有主观能动性，选择性是主观能动性的最基本表现。人类具有生物和社会双重属性，个人的需要、以往的经历、外界的环境等使得心理反映发生转移，表现出选择性，反映与否、如何反映，体现出主观能动性的特点。

第二节　认知过程

人怎样认识世界，这是最古老的心理学问题。认知过程（cognitive process）是人对客观世界的认识和观察，包括感觉、知觉、记忆、思维、言语等心理活动。人类认识世界开始于感觉和知觉，并从众多信息中将有用的信息筛检过滤，储存到记忆系统，继而形成表象和概念。人不仅能认识事物的表面联系和关系，还能间接、概括地认识事物，揭露事物的本质及其内在的联系，进行推理和判断，解决问题，即是思维。并且人还可以借助语言将思维活动的结果与他人进行交流，而在这所有的认知过程中都离不开注意活动。因此，认知过程是人的最基本的心理过程。

一、感觉

（一）感觉的概念

人们认识世界是从感觉开始的。感觉（sensation）是人脑对直接作用于感觉器官的当前客观事物个别属性的反映。感觉是通过感受器如眼、耳等器官中的结构产生的身体内外经验神经冲动的过程，如事物的形状、大小、颜色、质地、气味、声音等。感觉有助于生存，它提供内外环境的信息，如对适宜感觉的趋向，对危难的迅速躲避，保证机体与环境间的信息平衡（图2-2）。感觉也带来一种满足感，是对视、听、味、嗅、触等快乐体验的追求。

拓展阅读2-2
感觉剥夺实验

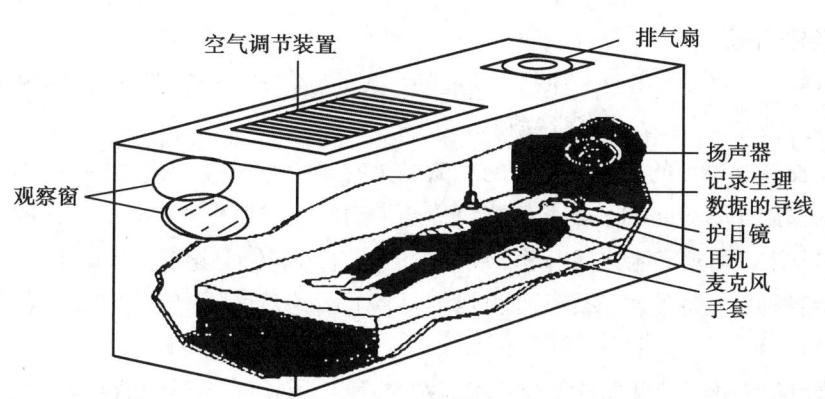

图2-2　感觉剥夺实验

（二）感觉的分类

感觉可以分为外部感觉和内部感觉两大类。外部感觉是个体对外部刺激的觉察，主要包括视觉、听觉、嗅觉、味觉、肤觉（包括痛觉）。内部感觉是个体对内部刺激的觉察，主要包括内脏感觉、平衡觉和运动觉。

1. 视觉　是人类和高级动物高度发展的、最复杂的感觉，人类接收的信息80%来自视觉，它主要是由光刺激作用于人眼所产生的。光在物理上是用波长来描述的，可见光的波长为400～700 nm，而颜色只是感觉系统对波长的描述。颜色视觉具有色调、明度、饱和度三种特性。

2. 听觉　是个体对声音刺激的觉察。听觉是人类仅次于视觉的一种重要的感觉。人类语言信息和其他与声音有关的信息主要就是通过听觉获得的。听觉的适宜刺激是频率为16～20 000 Hz的声波，在这个范围以外的声音是听不见的，其中人耳最敏感的声波频率为1 000～4 000 Hz。声音的频率和振幅这两个物理特性形成声音的三个心理参数：音高、响度和音色。

3. 嗅觉　是由挥发性物质的分子作用于嗅觉器官感受细胞而引起的一种感觉，作为嗅觉感受器的嗅细胞位于鼻腔上部两侧的黏膜中。据估计，人的嗅觉细胞约有1 000万个。嗅觉是比较少见的需要不断更新嗅神经的神经系统之一。嗅觉可以用来侦查潜在的危险源。另外，气味对动物来说也是一种有效的交流方式。

4. 味觉　适宜刺激是溶于水的化学物质，其感受器是分布在舌头上的味蕾。人的基本味觉有酸、甜、苦、咸四种（或加"鲜"五种），其敏感部位分别在舌的两侧、舌尖、舌根、舌两侧前部。味觉感受器可以被酒精、香烟和酸性物质所破坏，但是更新较快。味觉常和嗅觉相互配合，相互影响。

5. 肤觉　刺激作用于皮肤引起的各种各样的感觉，叫肤觉。肤觉的基本形态有四种：触觉、冷觉、温觉、痛觉。肤觉感受器在皮肤上呈点状分布，称触点、冷点、温点、痛点。身体的部位不同，各种点的分布及其数目也不同。面部、舌和双手的感受性最强，保证我们有效的饮食、谈话和抓握行为。

6. 内脏感觉　是内脏感受器将内脏的活动及其变化的信息传入中枢，产生饥渴、饱胀、恶心、疼痛等感觉，性质不确定，缺乏准确的定位。

7. 平衡觉　是由人体做加速或减速、直线或旋转运动时所引起的，感受器位于内耳的前庭器官。晕车、晕船是由于前庭器官的兴奋所引起。

8. 运动觉　反映身体各部分的位置、运动及肌肉的紧张程度，是随意运动的基础。

（三）感觉的指标

感觉是由刺激物直接作用于某种感官引起的。人的感官只对一定范围内的刺激作出反应。刺激范围及相应的感觉能力，就是感觉阈和感受性。

感觉器官能够觉察到的最小、最弱的刺激能量有多少？例如，刚刚能听得到的声音到底有多轻柔？绝对阈限（absolute threshold）能解释这个问题。产生感觉体验所需要的最小的物理刺激量即为绝对阈限。而感官能觉察出最小刺激量的能力，称绝对感受性（absolute sensitivity）。一般来说，人类各种感觉的绝对感受性都很强（表2-1）。绝对阈限和绝对感受性两者在数值上成反比。

刺激量常发生变化，但并非任何变化都能被人觉察，必须有足够大的变化。例如，大合唱增减1个人，人们不会觉察音量的区别；但增减10个人，差别就明显了。能觉察两个刺激之间的

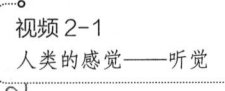

视频 2-1
人类的感觉——听觉

视频 2-2
人类的感觉——味觉、嗅觉

视频 2-3
人类的感觉——视觉与肤觉

视频 2-4
痛觉的缺失

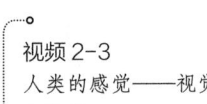

拓展阅读 2-3
阈下刺激
拓展阅读 2-4
感觉大小与刺激物理强度的变化——对应吗？

表 2-1 几种感觉的绝对阈限

感觉种类	绝对阈限
视觉	看到晴朗夜空下 45 km 外的一支烛光
听觉	安静环境下听到 6 m 以外表的滴答声
味觉	可尝出 7.5 L 水中加入 1 茶匙糖的甜味
嗅觉	闻到散布于 3 居室中一滴香水的气味
触觉	感觉到从 1 cm 高处落到脸颊上蜜蜂的翅膀

最小物理差异称为差别阈限（differential threshold），能够觉察刺激物最小差别量的能力称差别感受性（differential sensitivity），两者也呈反比关系。

（四）感觉的现象

1. 感觉的适应　感受性具有随环境和条件变化而变化的特点。例如，刚进浴池感到水热，泡一段时间后就感觉不再那样热了，这是皮肤感觉的适应。据研究，除痛觉之外各种感觉都有明显的适应现象。刚入暗室，什么也看不见，过一会就看清了，这是暗适应；自暗室突然走出来，光亮刺眼，什么也看不见，过一会又看清了，这是明适应；入芝兰之室久而不闻其香，入鲍鱼之肆久而不闻其臭，则是嗅觉适应。

2. 感觉的对比　是指同一感受器在不同刺激作用下，感受性在强度和性质上发生变化的现象。例如，放在白背景上的灰布的颜色似乎比放在黑背景上的灰布的颜色要深（图 2-3），月明衬托星稀，这叫明暗对比。吃了糖果后吃苹果觉得酸，吃了中药后吃苹果觉得甜，是味觉对比。

图 2-3 感觉的对比

3. 联觉　影响感受性变化的还有联觉。例如，同是一个黄瓤西瓜挤出的汁，一杯加入食用红色素，一杯不加，不知者品尝起来，大都感到红色西瓜汁更甜，这叫视 - 味联觉。又如，红、橙、黄色，往往引起温暖感、接近感、沉重感；而绿、蓝、紫色，则往往引起凉爽感、深远感和轻快感。正因如此，同样大小的房间，墙壁、地板、家具等颜色不同，会产生大小、冷暖乃至兴奋、压抑等不同感觉。

视频 2-5
视 - 听联觉实验：听觉影响视觉

4. 感觉补偿与发展　感觉补偿是指人的某种感觉能力丧失后，为适应生活的需要，其他感觉的能力可获得突出的发展来补偿。例如，盲人丧失了视觉，但其听觉和触觉、振动觉却得到了特别的发展（图 2-4）。人的感受性能在个体实践活动和有意训练中获得提高与发展，称为感觉的发展。例如，染色专家可以区分 40 ~ 60 种灰色色调，这是未经过训练的人绝对达不到的。

图 2-4 盲文
盲人主要靠盲文来学习知识，盲人的触觉在视觉缺失后得到了极大的补偿

视频 2-6
感觉与知觉

二、知觉

（一）知觉的概念

知觉（perception）是人脑对直接作用于感觉器官的当前客观事物整体属性的反映。通过感觉并不能完全了解事物的意义，甚至不知道反映的事物是什么。例如，我们用眼睛看到的不是光波，而是画布上精彩的画面。知觉往往是多种感官参与活动，还结合以往经验，将事物多种属性综合为有意义的整体。

（二）知觉的分类

根据知觉起主导作用的感官的特性，可以将知觉分为视知觉、听知觉、嗅知觉、味知觉等；根据人脑所认识的事物特性，可以把知觉分为空间知觉、时间知觉和运动知觉。

基础链接 2-1
空间知觉线索

1. 空间知觉　是对物体的形状、大小、远近、方位等空间特性的知觉，为多种分析器协同活动得到的产物，包括视觉、触觉、运动觉等的活动及相互联系，其中视觉系统起主导作用。

2. 时间知觉　是人脑对物质现象延续性和顺序性的反映。自然界周期性的变化向人们提供了时间知觉的信息，如太阳的升落、月亮的圆缺、昼夜的更替、四季的变化等，都为人们判断时间提供了依据。不仅如此，人体自身的呼吸、脉搏、消化及生物节律等，也可成为判断时间的依据。

3. 运动知觉　是人对空间物体运动特性的知觉。它依赖于对象运行的速度、距离及观察者本身所处的状态。

（三）知觉的特征

1. 知觉的选择性　人所处的环境复杂多样。在某一瞬间，人不可能对所有事物进行感知，而总是有选择地把某一事物作为知觉对象，与此同时把其他事物作为知觉背景，这就是选择性。把知觉的对象从背景中分离，这与注意的选择性有关。当注意指向某种事物的时候，这种事物便成为知觉的对象，而其他事物便成为知觉的背景。当注意从一个对象转向另一个对象时，原来的知觉对象就成为背景，而原来的背景转化为知觉的对象。因此，注意选择性的规律，同时也就是知觉对象从背景中分离的规律。有时人可以依据自身目的进行调整，使对象和背景互换，如图 2-5 中的少女与老妇。

2. 知觉的整体性　虽然事物有多种属性，由不同部分构成，但人们并不是把知觉对象感知为个别的、孤立的几个部分，而是倾向于把它们组合为一个整体。如图2-6中位于中间的图案，当它处在数字序列中时，我们把它知觉为13，而当它处在字母序列中时，我们又把它知觉为B。这些都反映了知觉把对象组合为整体的特性。

3. 知觉的理解性　是指在知觉过程中，人用过去所获得的有关知识经验，对感知对象进行加工理解，并以概念的形式表示出来。其实质是旧经验与新刺激建立多维度、多层次的联系，以保证理解的全面和深刻。在知觉理解过程中，知识经验是关键。例如，面对一张X线片，不懂医学的人很难知觉到有用的信息，而放射科的医生却能获知病变与否。教师也应通过言语启发，提供线索，帮助学生提取知识经验，组织知觉信息（图2-7）。

4. 知觉的恒常性　在知觉中，由于知识和经验的参与，知觉往往并不随知觉条件的变化而改变，表现为相对的稳定性（图2-8）。这种在知觉的条件改变之后，知觉的映象仍然保持不变的现象就是知觉的恒常性，可以表现为大小、形状的恒常性。在视知觉中，知觉的恒常性表现得非常明显。如从不同距离看同一个人，由于距离的改变，投射到视网膜上的视像大小有差别，但我们总是认为大小没有改变，仍然以其实际大小来知觉他。又如，一张红纸，一半有阳光照射，一半没有阳光照射，颜色的明度、饱和度大不相同，但我们仍知觉为一张红纸。正是由于知觉具有恒常性，我们才能客观地、稳定地认识事物，从而更好地适应环境。

（四）错觉

对客观事物主观歪曲的知觉，称为错觉（illusion）。一般而言，当感官提供给大脑的信号减少、各分析器的信号相互矛盾时，大脑皮质对外界刺激物的分析综合就发生困难而产生错觉。错觉的种类很多，常见的

基础链接2-2
知觉的组织原则

图2-5　少女与老妇
该图片既可以看作少女，又可以看作老妇

视频2-7
恒常性的解释

图2-6　知觉的整体性

图2-7　知觉的理解性
该图片名称为"雪地里的狗"，你能找到它的存在吗？

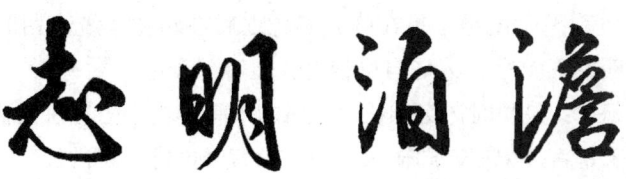

图2-8　知觉的恒常性
不同的书法作品中，同一个字的形状即使发生较大变化，我们依然能认出

拓展阅读2-5
错觉在军事上的应用

有大小错觉、视错觉、听错觉、形重错觉、时间错觉、运动错觉等。当掂量相同重量的铁块和棉花时，人往往感觉到铁重、棉花轻，这是形重错觉。当你坐在飞驰的火车上看窗外的景色时，你会感觉到路旁的树在一排排向后倒去，这是运动错觉。在众多的错觉中，视错觉最为普遍，常发生在几何图形的认知上（图2-9）。

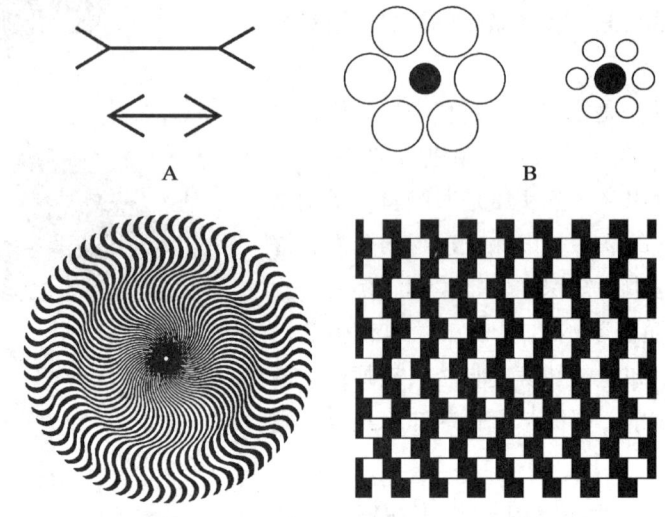

图2-9 各种视错觉
A. 上下两条横向线段等长；B. 左右中心两个黑色圆实际一样大；C. 盯着中心看会有转动的错觉；D. 所有横线其实是平行的

三、记忆

拓展阅读2-6
你的记忆准确吗？
研究进展2-1
鲁白：记忆的科学

（一）记忆的概念

记忆（memory）是通过识记、保持、再认和回忆等方式，在人脑中积累个体经验的心理过程。凡是感知过的事物、思考过的问题、体验过的情感及操作过的工作，都能够以映象形式储存在大脑中，必要时将它提取出来，这个过程就是记忆。

（二）记忆分类

1. 按记忆内容分类

（1）形象记忆：是以感知过的具体事物的形象为内容的记忆，它保持的是事物的感性特征，具有鲜明的直观性。

（2）语义逻辑记忆：是指对各种有组织知识的记忆，它是以概念、判断、推理及问题解决为内容的记忆，与抽象思维密切相关，并且随着抽象思维的发展而发展。

（3）情绪记忆：是以个体体验过的某种情绪、情感为内容的记忆。

（4）运动记忆：是以个体操作过的动作或动作形象为内容的记忆，与运动表象有关，后者是各种运动和动作的形象在大脑的表征过程。

2. 按信息在大脑中保存的时间分类（图2-10）

（1）感觉记忆：也称瞬时记忆，是在刺激停止之后在感觉系统存留时间仅有0.25～1 s的记忆。瞬时记忆具有鲜明的形象性，记忆容量较大，但容易衰退。

（2）短时（期）记忆：是瞬时记忆和长时记忆的中间阶段，信息在大脑中存留5 s～1 min。一般包含两个成分，一个是直接记忆，即输入的信息没有经过进一步的加工，容量有限，为（7±2）

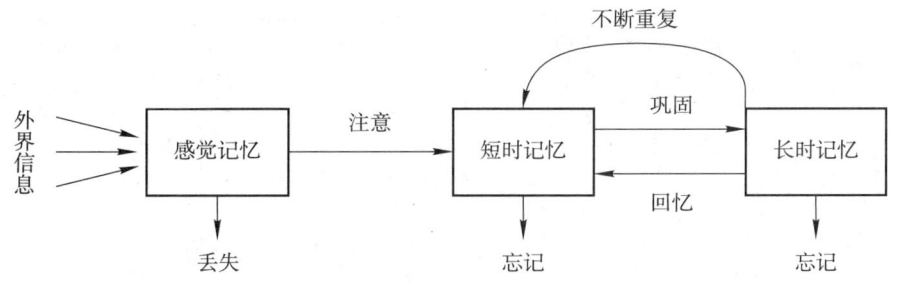

图 2-10 记忆按信息保存时间分类

拓展阅读 2-7
魔力之七

个组块；另一个是成分记忆，即输入信息经过再编码，使其容量扩大，可以进入长时记忆。

（3）长时（期）记忆：是指信息经过深入加工，在大脑中长期储存的记忆。长时记忆的内容是个体的知识和经验，有的可以保持一段时间，有的保持终身，其记忆容量无限。

3. 根据记忆过程中意识参与程度分类

（1）外显记忆：是指个体有意识地或主动地收集某些相关经验，用以完成当前面临的任务时所表现出来的记忆。

拓展阅读 2-8
内隐记忆

（2）内隐记忆：过去经验对个体当前所从事的任务产生的无意识影响，称为内隐记忆。

（三）记忆的基本过程

1. 识记（memorization） 是个体获取经验而记住事物的过程，也就是外界信息输入大脑并在脑海中进行编码的过程。在其他条件相同的情况下，有意识记的效果要比无意识记的效果好得多，意义识记比机械识记迅速、持久。

2. 保持（retention） 识记最直接的目的是保持，也就是输入的信息牢固地储存在大脑里。保持是个动态变化的过程，这种变化一般表现在质与量两个方面。量的方面，保持的数量随时间的推移而逐渐减少。质的方面，有的细节减少，变得更简要；有的相似内容相互混淆；有的信息消失。

3. 再认（recognition）与回忆（recall） 再认是信息提取的一种形式，指经历过的事物再度出现时仍能认识的过程。回忆是指人们过去经历过的事物在头脑中重新出现的过程。再认与回忆合称再现。

视频 2-8
记忆

（四）遗忘

识记的内容不能及时正确地再认与回忆，称为遗忘（forgetting）。遗忘分成多种情况：能再认不能回忆称为不完全遗忘，不能再认也不能回忆称为完全遗忘，一时不能再认与回忆称为暂时性遗忘，永远不能再认与回忆称为永久性遗忘。

德国心理学家艾宾浩斯（H. Ebbinghaus）对遗忘规律做了首创和系统的研究，结果表明，识记后最初一段时间遗忘快，随着时间推移和记忆材料的数量减少，遗忘便渐渐缓慢，最后稳定在一定水平上（图 2-11）。

解释遗忘的假说有痕迹衰退说和干扰抑制说两种。痕迹衰退说认为，遗忘是记忆痕迹得不到强化而逐渐减弱以至最后消退的结果。记忆是大脑皮质中建立暂时神经联系的过程，在神经组织中留下的痕迹，在相关刺激作用下，痕迹被激活，联系得以恢复，已有经验通过回忆或再认方式表现出来。而那些得不到强化的痕迹随时间流逝而逐渐衰退，造成遗忘。干扰抑制说认为，遗忘是学习和回忆之间受到其他刺激干扰的结果，一旦排除干扰，记忆就可恢复。识记的内容始终保持在大脑中，只是由于其他刺激的干扰而提取困难。

基础链接 2-3
记忆的系列位置效应
研究进展 2-2
美国研究揭示遗忘新机制

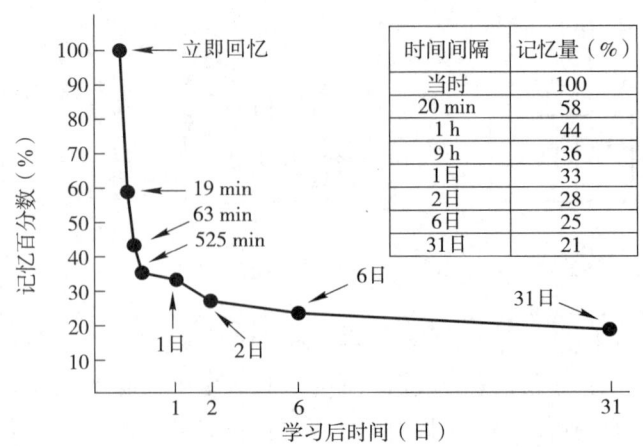

时间间隔	记忆量（%）
当时	100
20 min	58
1 h	44
9 h	36
1日	33
2日	28
6日	25
31日	21

图 2-11　遗忘曲线

四、思维

（一）思维的概念

思维（thinking）是人脑对客观事物间接的和概括的反映，它反映的是客观事物的本质及其规律性联系。

所谓思维的间接性，是指思维能对感官所不能直接把握的或不在眼前的事物，借助于某些媒介物与头脑加工来进行反映。人们对世界上的许许多多的事物，如果单凭感官或仅仅停留在感知觉上，则是认识不到或无法认识的，那么就要借助某些媒介物与头脑加工来进行反映。例如，内科医生不能直接看到患者内脏的病变，却能以听诊、化验、体温、血压、B 超等手段为中介，经过思维加工间接判断出患者的病情。

所谓思维的概括性，是指思维通过抽取同一类事物的共同的本质特征和事物间的必然联系来反映事物。由于这一特性，人能通过事物的表面现象和外部特征而认识事物的本质和规律。例如，医疗工具用途各不相同，但具有一个共同特征，都是用于医疗的工具，抓住这一本质特征，可统称其为医疗器械。

（二）思维过程

思维过程是人脑对事物进行分析、综合、比较、抽象、概括的过程。

分析是把事物整体分解为个别部分或区分为不同特征；综合是把事物的多个部分或不同特征组合成为整体；比较是对不同事物或事物的不同特征在大脑中进行对比，以确定其异同点；抽象是从事物特征中找出共同的本质特征，舍弃非本质特征；概括是把抽象出来的事物的若干共同属性联合起来推广到一类事物，使之普遍化。人们对事物由浅入深、由表及里进行深刻理解和认识，就是一系列的思维活动。

外科医生在大脑中可以把炎症分解为乳腺炎、肺炎、肾炎等，也可以把各种炎症综合为一个整体——炎症。若要诊断是不是炎症，就要进行炎症与非炎症比较，认清各种炎症的共同性和与非炎症的差异性。抽取所有炎症的本质特征，把非本质特征舍弃，最后找到红、肿、热、痛这些炎症的基本症状。

（三）思维的分类

1. 按思维方式分类

（1）动作思维：是以实际动作为支柱的思维过程，依赖实际操作解决问题。2岁前幼儿尚未掌握语言，以摆弄实物、在操作中认识物体属性，基本上是动作思维。

（2）形象思维：是依赖具体形象和已有表象解释问题，主要表现在学龄前儿童，形象思维是发展抽象思维的基础（图2-12）。

图2-12 汉诺塔问题
不依赖实物，你能口述出汉诺塔的解决办法吗？你依赖的是形象思维

（3）抽象思维：是以概念、判断、推理的形式达到对事物的本质特性和内在联系认识的思维，概念是这类思维的支柱。概念是人反映事物本质属性的一种思维形式，因而抽象思维是人类思维的核心形态。

2. 按思维指向性分类

（1）聚合思维：又称求同思维、集中思维，是把问题所提供的各种信息集中起来得出一个正确的或最好答案的思维。

（2）发散思维：又称求异思维、辐射思维，是从一个目标出发，沿着各种不同途径寻求各种答案的思维。

聚合思维与发散思维都是智力活动中不可缺少的思维，都带有创造的成分，而发散思维最能代表创造性的特征。

3. 按思维独立程度分类

（1）习惯性思维：分为常规思维和惰性思维。常规思维是指经验证明行之有效的程序化思维，如书写病案有统一格式，按主诉、现病史、既往史、家族史等统一格式采集病史，既规范又节约时间。惰性思维是不经过深入思考就可自动性地给出答案。

（2）创造性思维：是有创见的思维，通过思维不仅能揭示客观事物本质及内在联系，而且能在此基础上产生新颖的、前所未有的思维成果，是智力水平高度发展的表现（图2-13）。

五、注意

（一）注意的概念

注意（attention）是意识对一定事物的指向和集中。当人们的心理活动在外界面临诸多刺激物

视频2-9
孤独症的思维方式
拓展阅读2-9
创造性思维的训练
研究进展2-3
走神是大脑聪明的表现，创造力让你无法集中

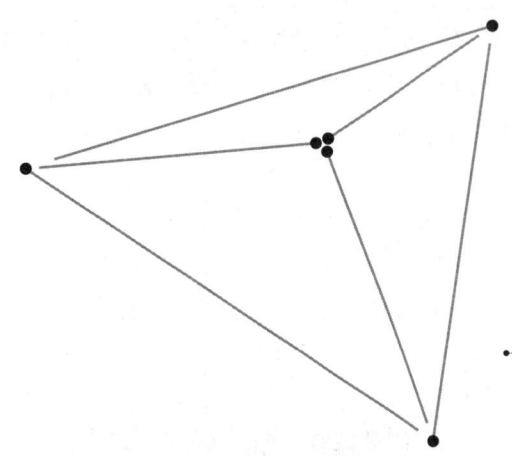

图2-13 火柴棍问题的解答
如何对6根火柴进行排列，使之构成4个等边三角形？你能顺利解决问题吗？如果不能，你的思维可能产生了固着现象，不能从新的视角去看待和观察问题

时，不能一一对其进行反映，而是根据自己的兴趣、爱好、知识经验及当前任务有所选择地指向一定对象，并在这一对象上保持一定的心理强度，而不理会其余对象，这就是注意。注意不是独立的心理过程，因为它没有自己特定的反映对象和内容。它是各种心理过程的共同特性。通常我们说"请注意""注意看"，都有注意本身所指向的内容。

人在集中注意于某个对象时，常常伴随特定的生理变化和外部表现。注意最显著的外部表现有下列几种：①适应性运动，人在注意时，有关的感觉器官通常会朝向注意的对象。②无关动作停止，当注意力集中时，一个人就会自动停止与注意无关的动作。③呼吸发生变化，人在集中注意时，呼吸会变得轻微而缓慢，出现吸气短促、呼气延长的情况。在注意紧张时，还会出现心跳加速，甚至出现呼吸暂时停歇的现象，即所谓的"屏息"。

基础链接 2-4
注意和意识

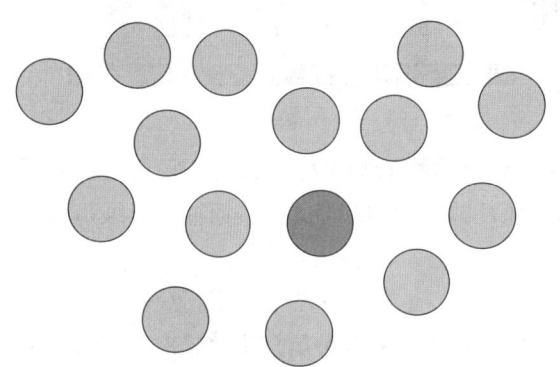

图 2-14　上面图形中，你先注意到的是哪个圆？

（二）注意的分类

根据引起注意及维持注意的目的和意志努力程度的不同，把注意分为以下三种。

1. 无意注意　也称不随意注意，指没有预先目的，也不需要意志努力的注意。一般而言，刺激物强度较大、与周围环境形成鲜明对比而有新意、具有运动性或富于变化的，都易于引起注意（图 2-14）。情绪、兴趣、需要等心理活动与无意注意也有密切联系。

2. 有意注意　即随意注意，是有目的并需要意志努力的注意，是在无意注意基础上发展起来的，受语词意识支配。它是经内部言语形式对自身行为进行调节与控制。有意注意受诸多因素影响，包括活动目的与任务、活动兴趣和认识、知识经验、活动组织、性格及意志品质等。有意注意是一种自觉过程，即使在相当强干扰的情况下也可以发生并得以维持。

3. 有意后注意　也称随意后注意，是有预定目的，但不需要付出意志努力的注意，是在有意注意之后出现的一种注意。有意后注意是心理活动对个体认为有意义或有价值的对象的指向与集中，是在一定的条件下由有意注意转化而来的。它的形成有两个条件：一是要对活动有浓厚的兴趣，二是活动的自动化。有意后注意是一种高级的注意，具有高度的稳定性，是人类从事创造性活动的必要条件。有意后注意自觉性较好，可以长时间坚持。

（三）注意的品质和现象

1. 注意的广度　又称注意的范围，是指一个人在同一时间内能够清楚地把握注意对象的数量。它反映的是注意品质的空间特征（图 2-15）。在 1/10 s 的时间内，成人能注意 8~9 个黑点或 4~6 个没有联系的外文字母。一般人的视觉注意广度，大约是（7±2）。越不熟悉的事物，注意广度越小；越是熟悉的事物，注意广度就越大。

2. 注意的稳定性　也称注意的持久性，是指注意在同一对象或活动上所保持时间的长短，这是注意的时间特征。但衡量注意稳定性，不能只看时间的长短，还要看这段时间内的活动效率。由于人的感受性不能长时间保持不变，总是有间歇地加强和减弱，因此注意力也表现出时高时低的周期性变化，此为注意的起伏现象，即使在相对稳定的注意中也是存在的。

3. 注意的分配　指在同一时间内将注意分配到两种或几种对象或活动上。注意的分配是有

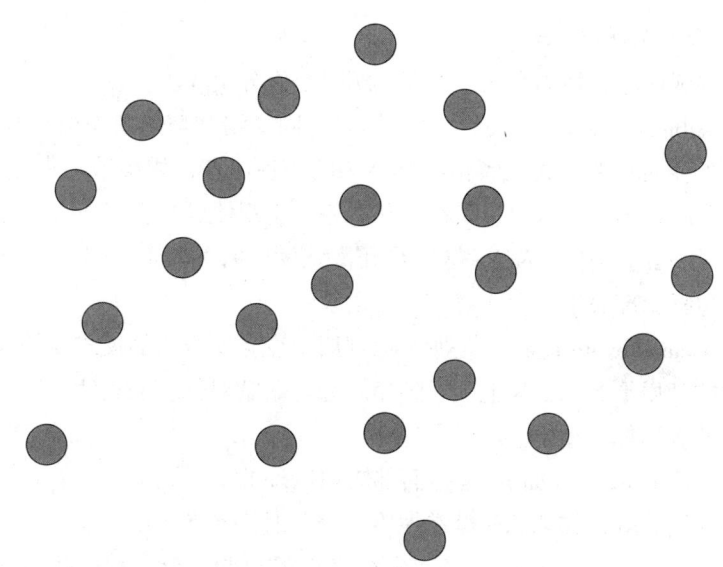

图2-15 图上有多少个点?
我们无法一眼就看出多少个点,因为超过了我们的注意范围

条件的。它要求:①同时进行的多项活动中,只能有一种活动是生疏的,需要集中注意于该活动上,而其余活动必须达到有一定的熟练程度;②有赖于同时进行的几种活动之间的关系,如果它们之间没有内在联系,同时进行几种活动要困难些。

拓展阅读2-10
双耳分听实验

4. 注意的转移 是指根据活动任务的要求,主动地把注意从一个对象转移到另一个对象。注意转移的质量与速度依赖于前后活动的性质和对前后活动的态度。注意的转移不同于注意的分散。前者是根据任务需要,有目的地、主动地转换注意对象,为的是提高活动效率,保证活动的顺利完成;而后者偏离了既定的注意对象,降低了活动效率。良好的注意转移表现在两种活动之间的转换时间短,活动过程的效率高。

拓展阅读2-11
鸡尾酒会效应

第三节 情绪和情感过程

在所有的物种中,人类是最富有情绪和情感的,我们可以表达恐惧、愤怒、悲伤、喜悦、兴奋与爱,情绪的多样性给我们的生活增添了色彩。情绪作为一种躯体和精神上的复杂的变化模式,包含着生理上的唤醒、行为反应、内心的体验。情绪可以影响学习、记忆、注意力、社会判断等认知过程,亦可以影响与他人的社会交往。从心理学角度看,情绪既是心理活动中动力机制的重要组成部分,也是个性特征的重要组成部分。

视频2-10
情绪和情感

一、情绪和情感的性质与功能

(一)情绪和情感的概念

情绪和情感是人对客观事物是否符合自身的需要而产生的态度体验及相应的行为反应。个体的愿望和需要是情绪产生的中介,当客观事物满足了个体的愿望和需要时,就会引起愉悦、满意等积极的、肯定的情绪和情感。当客观事物不符合个体的愿望和需要时,就会产生不满、内疚等消极的、否定的情绪和情感。而有时肯定与否定、积极与消极又交织在一起,形成复杂的情绪和情感体验，如百感交集、喜忧参半。

情绪和情感由主观体验、外部表现、生理唤醒三个成分组成。

1. 主观体验（subjective experience） 是个体对不同情绪和情感状态的自我感受。不同的情绪和情感都有不同的主观体验，构成了情绪和情感的心理内容，如快乐、悲伤、愤怒、恐惧等。每种感受又有强度上的差异，如欣快、兴奋、狂喜等。主观体验与生理唤醒、外部表现相联系。

视频 2-11
说谎的面部微表情

2. 外部表现（external expression） 是情绪和情感发生时的外部行为表现。与其相关的行为特征通称为表情，包括面部表情、身体表情、言语表情。

（1）面部表情（facial expression）：是所有面部肌肉变化所组成的模式，是人类情绪的主要表现部位。如高兴时的额眉平展、面颊上提、嘴角上翘。眼睛对忧伤的表达、口部对快乐和厌恶的表达、前额对惊奇的表达都很重要。

（2）身体表情（body expression）：是指面部表情以外的身体其他部分的表情动作，又称为体语，包括手势、身体姿势等，如愤怒时摩拳擦掌、痛苦时捶胸顿足等。

（3）言语表情（language expression）：是通过言语的声调、节奏和速度等方面的变化来表达的，如喜悦时语调高昂、语速快，悲伤时语调低沉、语速慢。

外部表现具有习得性、掩饰性和社会赞许性。

3. 生理唤醒（physiological arousal） 是情绪和情感产生的生理反应，与中枢神经系统、周围神经系统和内、外分泌系统有关。不同情绪和情感的生理唤醒不同。情绪活动时（如恐惧、愤怒），交感神经系统兴奋，肾上腺素和去甲肾上腺素分泌增多会引起一系列的生理改变，如心率加快、血压升高、呼吸加快、血糖升高、胃肠蠕动减慢，出现口渴、食欲减退等表现。情绪活动后副交感神经系统恢复活动，生理反应恢复平静状态。

（二）情绪和情感的区别与联系

情绪和情感曾统称为感情（affection），感情非常复杂，既包含发生过程，也包括由此产生的种种体验，因此，现代心理学采用情绪和情感描述这一复杂的心理现象。

两者区别如下：①从种系发展的角度看，情绪代表着感情的原始方面，可用于人类和动物，而情感作为人类的高级心理现象，是社会历史发展的产物。②从满足需要的属性看，情绪往往与机体的生理需要相关联，情感往往与社会需要相联系。③从表达方面看，情绪具有情境性、暂时性、冲动性，表达明显（即表情）；而情感则具有较大的稳定性、持久性、深刻性，无明显外部表现。

情绪和情感虽有区别，但是又相互交融、不可分离，两者也存在联系：稳定的情感在情绪的基础上形成，同时又需要通过情绪来表达，而情绪的变化往往体现出情感的深度，情绪的表达蕴含着情感。

（三）情绪和情感的功能

1. 适应功能 情绪和情感是有机体适应生存的一种重要方式。如动物遇到危险时因恐惧而发出的呼救是其求生的手段。人类继承和发展了情绪的这一适应功能。刚刚出生的婴儿，还不具备独立生存的能力，可以通过情绪传递信息，如通过微笑引起他人的积极反应，因饥饿、痛苦等引发的哭泣引起照顾者相应的反应，害怕亦可以使得婴儿躲避危险、远离陌生人，可见情绪通过生理的唤醒及其行为表达实现了有机体的适应功能。在成人生活中，情绪是人们心理活动的晴雨表，愉悦表示境况良好，痛苦表示处境艰难，可通过察言观色了解他人的情绪，做出相应的应对。因而，人们可通过情绪求得更好的生存和发展。

2. 动机功能　动机（motivation）是引起、支配和维持生理和心理活动的过程，因为动机，有机体会趋向于某些刺激而远离另一些刺激。而情绪通过唤醒个体对于正在经历的或想象中的事件的行动来完成它的动机功能，然后引导并维持个体的行为直至达到特定的目标。耶克斯－多德森定律（Yerkes-Dodson law）说明了唤醒与绩效之间的关系，如图 2-16 所示。绩效随着唤醒水平和任务难度发生变化，对于容易或简单的任务，较高的唤醒水平会增加绩效，使得人们更易集中注意力、提高短时记忆能力等；而对于困难或复杂任务，较低的唤醒水平会增加绩效，唤醒水平过高，造成注意涣散、工作记忆和决策能力受损，绩效在极低或极高的水平上都是最差的，也就是说情绪的动机功能通过生理的唤醒影响绩效。因此，适度的紧张和焦虑能够促使人们积极地思考和解决问题，使身心处于最佳的状态。

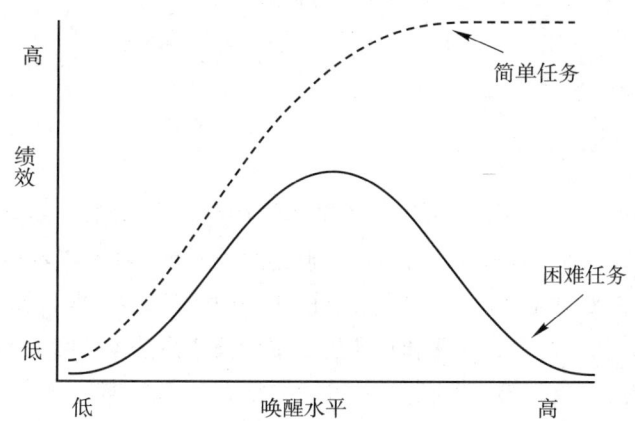

图 2-16　耶克斯－多德森定律

3. 组织功能　什劳费（Sroufe）认为情绪作为脑内的一个监测系统，对其他的心理活动具有组织作用，表现在积极情绪的协调作用和消极情绪的瓦解、破坏作用。情绪对认知功能的影响体现在注意力、对自我和他人的知觉、解释和记忆各种生活情境。戈登·鲍尔（Gordon Bower）开创了情绪对信息加工过程的研究，人们记忆表征模式存在着情绪一致性处理和情绪依赖性记忆。情绪一致性处理是当人们在处理和提取信息时，对于那些和当前情绪一致的内容更容易被发现、注意和深加工，更加敏感化。情绪依赖性记忆是在一定的情境中，如果人们当时的情绪与事件存入记忆时的情绪相同，则更易提取信息。

4. 信号功能　人际沟通中除借助于语言，还可以通过面部表情、身体姿势、手势、语调等构成体语（body language）来识别与表达他人和自己的想法、情感和态度。因此，这些面部表情、身体表情和言语表情作为情绪的外在表达传递着信号功能。如微笑、点头表达赞赏、认同等，使人产生接近感，暴怒使人远离。从信息交流的发生看，表情比言语要早，在言语的前言语阶段——婴儿 6 个月以后出现情绪的社会性参照，即婴儿能够利用别人的表情作为参照来决定自己的行为反应，可以帮助婴儿准确地理解模糊情境，从自己信任的人身上寻找情绪信息，如父母或照料者的表情（高兴、害怕或愤怒）影响婴儿是否去玩一个新的玩具、对陌生人的反应，因此情绪的这种适应功能是通过信号交流来实现的。

视频 2-12
情绪功能－焦虑与恐惧对性吸引力的研究

二、情绪的维度与两极性

情绪的维度（dimension）是情绪所固有的某种特征，主要指情绪的动力性、激动性、强度和紧张度等，这些特征的变化幅度又具有两极性，每个特征都存在两种对立的状态。

1. 情绪的动力性　表现在增力和减力的两极性。需要得到满足时产生的肯定的情绪是积极的，对活动起促进作用，是增力的。需要未得到满足时产生的否定情绪是消极的，对活动起瓦解作用，是减力的。

2. 情绪的激动性　有激动与平静两极。激动是一种强烈的、外显的情绪状态，如狂喜、激怒、极度恐惧。平静是一种平稳安静的情绪状态，是学习、工作和生活的基本条件。

3. 情绪的强度　有强弱两极，如从微怒到愤怒、大怒、暴怒等不同程度的怒，重大事件的情绪反应强烈，较小事件的情绪反应较弱。

4. 情绪的紧张度　有紧张和轻松两极。紧张程度取决于面对情境的紧迫性、个体的心理准备状态及应变能力。如果情境复杂、心理准备不足而且应对能力差，个体容易紧张；如果情境不紧急，心理准备充分、应对能力强，个体就会轻松自如。

拓展阅读 2-12
杏仁核在情绪中的作用
研究进展 2-4
恐惧从何而来？

三、情绪和情感分类

（一）情绪的分类

从生物的进化角度看，人的情绪可以分为基本情绪和复合情绪。基本情绪（basic emotion），人和动物先天具有，每一种情绪都有其独特的神经生理机制、内部体验和外部表现。美国心理学家伊扎德（Izard）在20世纪70年代提出人类的11种基本情绪，即兴趣、惊奇、痛苦、厌恶、愉快、愤怒、恐惧、悲伤、害羞、轻蔑和自罪感。复合情绪由基本情绪的不同组合派生而来，如焦虑、敌意等。它包括三类，第一类是基本情绪的混合，如兴趣-愉快，愤怒-厌恶-轻蔑；第二类是基本情绪与认知的结合，如多疑-恐惧-内疚；第三类是基本情绪与内驱力的结合，如性驱力-兴趣-享乐。

虽然情绪的分类方法很多，但是一般认为情绪的基本分类是喜、怒、哀、惧。快乐（happiness）是在需要得到满足、目标得以实现时产生的愉悦体验，它使得人们体验到安全感、易于做出决策、对生活工作产生满足感，愿意帮助他人。愤怒（anger）是在追求目标的过程中受到阻碍而使得愿望无法实现而产生的情绪体验，是一种短暂的疯狂状态，使人暂时性丧失理智，甚至出现攻击性行为，对身心造成伤害。悲哀（sadness）是一种情绪的低落状态，与丧失有关，如失去亲人、事业、健康等而产生的情绪体验。恐惧（fear）是对于客观确认的外部危险而出现的一种高度紧张、害怕的理性情绪体验，它能促使逃跑或发起以自我防御为目的的攻击。

（二）情绪状态的分类

情绪状态是在某种生活事件或情境的影响下，在一定的时间内所产生的某种情绪，比较典型的情绪状态有心境、激情和应激。

1. 心境（mood）　指平静而持久的情绪状态。心境具有弥漫性，它不是关于某一事物的特定体验，而是以同样的态度体验对待一切事物。心境的持续时间可以是几小时、几周、几个月或更长的时间，取决于引发心境的客观刺激的性质，也与人的个性特征有关。生活中的顺境与逆境、工作中的成功与失败、自然环境的变化等都能引起心境的改变。积极乐观的心境提高工作学习效率，有利于健康；消极悲观的心境降低认知活动效率，损害健康。

2. 激情（intense emotion）　是一种短暂的爆发式的情绪状态，如狂喜、绝望、暴怒、极度的恐惧等。激情伴有明显的生理变化和外部表现，如狂喜时手舞足蹈、眉开眼笑等。极度的恐惧、悲伤和愤怒之后，可能导致晕倒，甚至出现激情性休克。在激情状态下，往往会出现"意识狭窄"现象，即认识活动的范围缩小，理智分析能力受到抑制，自我控制能力减弱，甚至做出冲动行为。但是人们能够意识到自己的激情状态，能够有意识地调节和控制。然而激情并不总是消极的，人们对爱、艺术、工作、运动的激情，都可能成为成长的动力。

3. 应激（stress）　是个体对某种意外的环境刺激所做出的适应性反应。遇突发事件或意外危险时，如地震、火灾、交通意外等，个体身心处于高度紧张的情绪状态，即为应激状态。应激状态可能伴随一系列生理唤醒，如血压、心率、肌肉紧张度升高等。适度的应激状态可使机体具有特殊的防御功能，提高人们的认知功能，采取有效行动。但是强烈的或持久性的应激，机体的适应能力已经耗尽，自身的防御性受损，会导致疾病的发生。

（三）情感的分类

情感是人类特有的心理现象之一，是与人的社会性需要相联系的主观体验。社会性情感主要包括道德感、理智感和美感。

1. 道德感（moral feeling）　是根据一定的道德标准在评价人的思想、意图和行为时所产生的情感体验。自己的行为符合道德标准，就会产生幸福感、自豪感，否则就会自责、内疚；他人的言行符合道德标准，就会对其产生尊重、钦佩，反之就会对其产生反感、鄙视。

2. 理智感（rational feeling）　是在认知活动中，在认识和评价事物时所产生的情感体验。在探索未知时的好奇心、求知欲，在解决问题时迟疑、焦躁及问题解决后的喜悦、欣慰等。人的理想、世界观对理智感有重要的作用。

3. 美感（aesthetic feeling）　是根据一定的审美标准评价事物时所产生的情感体验。不同文化背景、不同历史时期、不同民族的人对美的认识评价不同。人的审美标准既反映客观事物的属性，又受个人价值观念的影响。

四、情绪理论

情绪理论通常试图解释情绪体验的生理和心理方面的关系（图 2-17）。

（一）詹姆斯－兰格理论

美国心理学家詹姆斯（W. James）和丹麦心理学家兰格（C. Lange）于 1884 年和 1885 年提出相同的观点。该理论认为情绪来源于躯体反馈，即体验到一个刺激引起的自动唤醒和其他躯体反应后，才会产生特定的情绪，如"我们感到难过，是因为我们哭泣；我们感到害怕，是因为我们颤抖"。詹姆斯－兰格理论被看作是外周主义的理论，将情绪链中内脏反应赋予了重要的角色，强调了自主神经系统在情绪产生中的作用。

（二）坎农－巴德理论

生理学家沃特·坎农（Walter Cannon）和菲利普·巴德（Philip Bard）于 20 世纪 20—30 年代提出情绪的丘脑学说。该理论认为内脏反应不是情绪反应的主要内容，相反，一个情绪唤醒的刺激同时产生两种效应，通过交感神经系统导致躯体上的唤起，并通过丘脑传递到大脑皮质产生情绪的主观感受。如某事令你生气，你在心跳加快的同时，会有愤怒的情绪感受。

（三）认知评价理论

美国心理学家阿诺德（M. B. Arnold）在 20 世纪 50 年代提出情绪的评定－兴奋学说。该理论认为刺激情境并不直接决定情绪的性质，从刺激出现到情绪的产生，需要对刺激进行评估，评估结果不同，情绪反应不同。情绪的产生是大脑皮质和皮下组织协同活动的结果。引发情绪的外界刺激作用于感受器产生神经冲动，通过感觉神经上传至丘脑，再传至大脑皮质，形成特定的态度（如恐惧），这种态度通过皮质的冲动传至丘脑的交感和副交感神经，并将冲动下行传至血管和内脏组织，大脑对外周的反馈信息再次评估转化为情绪体验。

20 世纪 60 年代初，美国心理学家沙赫特（S. Schachter）和辛格（J. Singer）提出，生理唤醒和认知评价是情绪产生的两个必要条件。生理唤醒是情绪序列的第一步，假定生理唤醒是没有差别的，但是个体对生理唤醒的评价不同，决定了不同的情绪体验。

拉扎勒斯（R. S. Lazarus）是情绪认知评价理论的支持者，提出"情绪体验不能被简单理解为个人或大脑中发生了什么，而需要考虑和评估环境的交互作用"。拉扎勒斯认为认知评价是在无意识状态下发生的，过去的经历使得个体会对唤醒贴上标签，进行解释，因此该理论被称为情绪的认知评价理论。

视频 2-13
情绪的认知评价实验

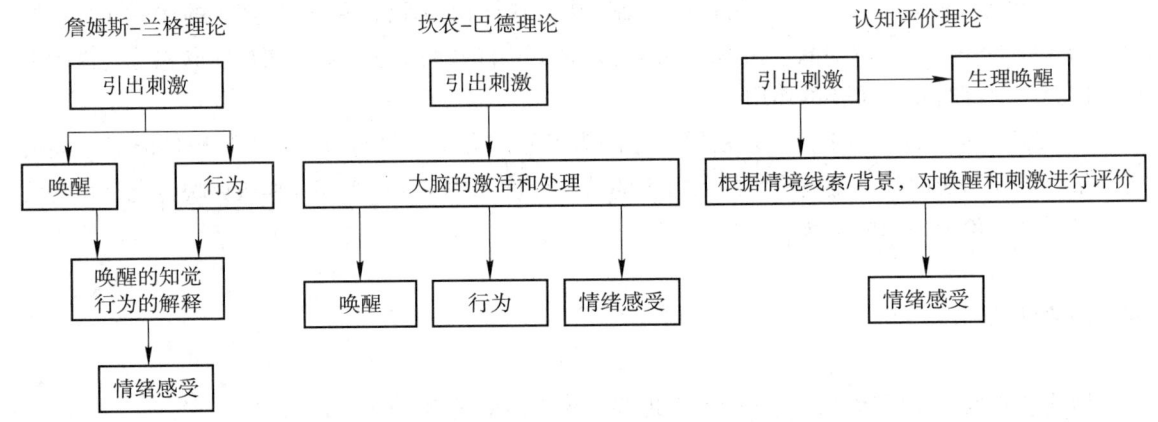

图 2-17　三种情绪理论的比较

五、情绪调节

情绪调节（emotion regulation）是个体管理和改变自己或他人情绪的过程。个体通过一定的策略和机制，使得情绪在生理活动、主观体验和表情行为方面发生一定的变化。

1. 具体情绪的调节　快乐、悲伤、愤怒、恐惧等具体情绪，无论是正性或负性情绪，都可以进行调节。如人们在面对愤怒情绪时会适度地发泄，在悲伤时会转换环境来调节情绪。

2. 唤醒水平的调节　高唤醒对认知活动起瓦解和破坏作用，如狂怒使人失去理智，出现冲动行为，因此对于过高的唤醒水平和强烈的情感体验需要进行调节，使之处在适度的水平。但是对于较低强度的情绪也需要进行调节，增强其对认知和行为的积极作用。

拓展阅读 2-13
情绪与性别

3. 情绪成分的调节　是指调节情绪的生理反应、主观体验和表情行为。如情绪紧张或焦虑时，控制血压和脉搏，过度兴奋时掩饰和控制自己的表情动作。情绪调节的机制是一种自动化的机制，不需要个体的努力和有意识地进行操作。

第四节 意志过程

一、意志的概念及特征

意志（will）是指人们自觉地确定目标，有意识地支配、调节行为，通过克服困难以实现预定目标的心理过程。意志通过行为表现出来，受意志支配的行为称为意志行动。意志行动的特征体现在以下几个方面。

1. 明确的目的性　意志行动首要的特征是明确的目的性，是意志行动的前提。并非所有的人类行为都有预定的目的。如人的一些无条件反射的本能活动（如吞咽、咳嗽等），以及一些下意识的动作（如自言自语、摇头晃脑等），都不受意识控制，没有明确的目的性，就不属于意志行动。个体为了满足需要而预先确定目的，并有计划地组织行动来实现这一目的的行为属于意志行为。

2. 与克服困难相联系　意志行动的第二个特征是与克服困难相联系，是意志行动的核心。无论是外部环境的困难，还是来自自身内部的困难，意志行动在克服困难中表现出来。如运动员克服伤痛仍坚持训练，建筑工人冒着酷暑施工等都是意志行动。

3. 以随意运动为基础　人的活动分为随意运动和不随意运动。不随意运动不以人的意志为转移，是自发的，不能随意控制，主要是自主神经支配的内脏活动。随意运动是由人的意识控制，由自主神经支配的躯体骨骼肌的运动。如画家持笔作画，音乐家操琴谱曲都是随意运动。意志行动是有目的的行动，受人的主观意识调节和控制。

二、意志行动的基本过程

意志行动的基本过程包括采取决定阶段和执行决定阶段。

1. 采取决定阶段　是意志行动的初始阶段，也是内部决策阶段。在意志行动实现过程中不易被觉察，但却对具体行动的发动和活动目的的实现有极其重要的作用。采取决定阶段包括确定行动的目的，选择适宜的方式和方法，制订行动计划。如医生根据患者的病情，选择治疗方法如手术，再制订详细的手术计划。

2. 执行决定阶段　是意志行动的关键阶段。执行决定阶段是一个不断克服困难的过程，需要克服外部和内部的困难，如时间、空间上的不利因素，人为的干扰和破坏，懒惰、保守等不良的个性特征等。甚至要经受失败的考验，才能将主观决定转化为实际行动。

三、意志的品质

意志的品质是指构成人意志的某些比较稳定的心理特征，具有明显的个体差异。良好的意志品质是保证活动顺利进行、实现预定目的的重要条件。

1. 自觉性　是指个体自觉地确定行动目的，并独立自主地采取决定和执行决定。它贯穿于意志行动的始终，也是意志行动进行和发展的重要动力。具有自觉性的人，在行动中既能保持独立性，不轻易受外界影响，又能不骄不躁，虚心听取有益的意见。与自觉性相反的表现是易受暗示和独断。受暗示性是一个人很容易接受他人的影响，受他人言行所左右，人云亦云，没有主见。独断性表现为不顾周围人的意见，而一意孤行。

2. 果断性　表现为迅速而有效地做出决定，并实现做出的决定。具有果断品质的人，善于审时度势，对问题情境做出正确分析和判断，洞察问题的是非真伪。果断性在生活中具有重要的意义，如司机的果断性，可以化险为夷、转危为安。果断性不同于草率，草率以行动的冲动性、鲁莽为特征，使行动失败。与果断性相反的意志品质是优柔寡断，决策时犹豫不决，执行阶段易动摇、拖延时间。

3. 坚定性　也称顽强性，表现为长时间坚信自己的决定的合理性，并坚持不懈地为执行决定而努力。具有坚定性的人，能在困难面前不退缩、不屈服、不动摇，坚定地朝着目标前进。坚定不同于执拗，执拗的人行动具有盲目性，不能正视现实，不能灵活地采取对策，不能放弃不合理的决定。与坚定性相反的特征是见异思迁、虎头蛇尾。

4. 自制力　是指善于掌握和支配自己行动的能力，体现在意志行动的全过程中。在采取决定时，自制力表现为能够进行周密的思考，做出合理的决策，克服各种诱因和干扰，把决定执行到底。与自制力相反的意志品质是任性和怯懦，任性为不能约束自己的行动，怯懦表现为在行动中畏缩不前、惊慌失措。

第五节　需要与动机

一、需要

（一）需要的概念

需要（need）是个体内部的一种不平衡状态，表现为个体对内部环境或外部生活条件的稳定要求，并成为个体活动的源泉。如口渴了会产生喝水的需要，离开亲人会产生爱的需要，当人们感受到这些要求，并引起个体某种内在的不平衡时，就转化为需要。需要是个体活动的基本动力，是个体行为动力的重要源泉。

（二）需要的分类

人的需要多种多样，按照起源可分为原生需要和派生需要，按指向的对象可分为物质需要和精神需要。

1. 原生需要（primary need）　也称为第一需要、生物性需要，这些需要主要由机体内部某些生理的不平衡状态所引起，对个体维持生命、延续后代具有重要意义。它包括饮食、睡眠、排泄、求偶、休息和运动等。人的原生需要不仅可以通过使用或获得自然的物体而得到满足，如空气、水，也可以通过使用社会的产品来得到满足，如食品、服装等。

2. 派生需要（secondary need）　也称第二需要、社会性需要，是人类特有的需要，是在原生需要的基础上，受社会生活的影响而通过个体的学习、经验而获得的需要，是个体维持社会发展所必需的条件的需要，如劳动的需要、求知的需要、成就的需要、交往的需要、社会赞许的需要等。派生需要是个体在成长过程中通过各种经验积累所获得的一种特有的需要，是后天习得的、与人的社会生活相联系的需要。它受到个体所处的文化背景、社会风俗及经验的影响，因而表现出不同的社会特征、民族特征和个性特征。社会需要不能得到满足，就会引起痛苦、沮丧和焦虑等情绪，甚至会引发疾病。

3. 物质需要　是指向社会的物质产品，并以占有这些产品而获得满足，如对衣、食、住、行等日常生活必需品的需要，对劳动工具和文化用品的需要。

4. 精神需要　是指向社会的各种精神产品（电影、话剧、音乐会等）的需要。物质需要与精神需要有着密切的关系，在追求物质产品时，表现出精神需要，如人们追求舒适、雅静的住房，得体的服饰等；而精神需要的满足又离不开一定的物质产品，如阅读时需要书籍、杂志等。

（三）需要层次理论

关于需要的结构，以美国心理学家马斯洛（A. H. Maslow）的需要层次理论（hierarchical theory of need）的影响最大。马斯洛认为，人的需要由以下五个等级构成，即生理的需要、安全的需要、归属与爱的需要、尊重的需要及自我实现的需要（图 2-18）。

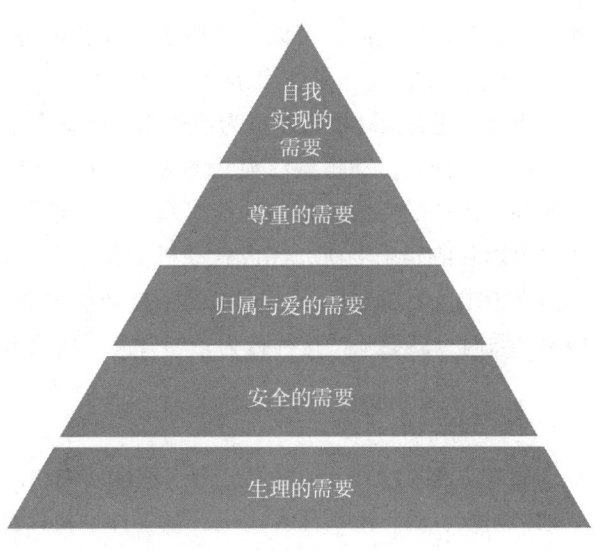

图 2-18　马斯洛需要层次理论

1. 生理的需要（physiological need）　是人对食物、空气、水、睡眠、性的需要，是个体生存必不可少的需要，具有自我和种族保存意义。

2. 安全的需要（safety need）　是指人们要求稳定、安全、受到保护、有秩序、免除焦虑和恐惧的需要，如生命、财产、职业等安全的需要。

3. 归属与爱的需要（belongingness and love need）　是指一个人要求与他人建立感情联系或关系，如对爱情、友情、亲情、依附于某个团体组织等的需要。

4. 尊重的需要（esteem need）　包括自尊和受到他人的尊重。尊重需要的满足会使人相信自己的力量和价值，自信、富有创造性，相反就会产生自卑、无能的表现。

5. 自我实现的需要（self-actualization need）　是指个体能充分发挥自己的能力或潜能，并使之完善，是人们努力、奋斗的目标。

马斯洛认为这些需要是按照低级到高级的顺序排列，当低层次的需要得到满足之后，高一层次的需要才会出现。需要的层次越低，力量就越强，潜力越大，随着需要层次的上升，需要的力量相应减弱。如当个体为自己的安全而恐惧时，是不会追求归属与爱的需要的。因此在生物的进化中，高级的需要出现较晚。在个体的发展中，随着年龄的发展，个体的需要由低级向高级逐渐发展。如婴儿以生理和安全的需要为主，成人后自我实现的需要开始出现。马斯洛看到了低级和高级需要的区别，但是并没有把两者绝对对立起来，即高级需要产生以前，低级需要只要部分满足就可以了。

需要层次理论对部分心理健康的人有较好的解释性，但不能解释所有人的需要状况，如有些人物质生活丰富、物质需要得到充分满足后，也未必就会追求精神生活的充实；也有一些人即使处于物质生活相对匮乏的状态，但仍表现出追求充实精神生活的强大需要。

二、动机

视频 2-14
动机

（一）动机的概念

动机是在需要的基础上产生的一种内在心理过程或内部动力，当某种需要没有得到满足时，就会推动人们去寻找满足需要的对象，这种引发活动的内在驱动力就是动机。动机是行为的直接动力。

动机（motivation）来源于拉丁文 movere，意思是"趋向于"（to move），是引起和维持个体的活动，并使得活动朝着一定目标前进的内部心理动力。动机与行为是相对的两个概念，行为是个体外显的活动，动机是促使个体活动的内部动力。所有生物有机体会因喜好和厌恶趋向于某些刺激而远离某些刺激，可以用动机去解释和预测个体行为的不同方式。从动机与行为的关系分析，动机具有激活、指向、维持和调整功能。

激活功能是指动机引发行为的作用，推动个体产生某种活动，使个体由静止状态转向活动状态，如饥而择食。动机激活力量的大小，由动机的性质和强度决定，一般认为，中等强度的动机有利于任务的完成。指向功能是指将行为指向一定的对象和目标，如人们为了放松娱乐而选择去电影院或娱乐场所，在成就动机的驱使下，就会选择挑战性任务。动机不同，个体行为的方向和追求的目标也不同。动机的维持功能表现为行为的坚定性，当个体的活动与他所预期的目标一致时，就会坚持这种行为；当背离了所追求的目标时，则进行调整，以保障目标的实现。

（二）动机的分类

根据动机的性质，动机可分为生理性动机和社会性动机。生理性动机以机体的生物学需要为基础，如饥、渴、饿、性等动机；社会性动机以社会文化需要为基础，如权力动机、交往动机、成就动机等。

根据学习在动机中起的作用，动机可分为原始动机和习得动机。原始动机与生俱来，以人的本能需要为基础，如母性动机，婴儿对新鲜事物的惊奇和兴奋等；习得动机是后天获得的，经过学习产生和发展起来，如被他人认可、赞许的动机。

根据动机的来源，动机可分为外在动机和内在动机。外在动机是指在外界的要求与外力的作用下所产生的行为动机，如学生为得到老师的奖赏而努力学习；内在动机是指个体内在需要引起的动机，如儿童因为对数学的兴趣而喜欢数学，进而主动学习。

（三）动机的冲突

动机的冲突是指一个人在某种活动中，常常具有两个或两个以上的目标，它们相似或相互矛盾，从而产生动机的冲突。

1. 双趋冲突（approach approach conflict） 也称为接近 - 接近式冲突，两个目标具有相同强度的吸引动机，但两个目标不可能同时实现，而是只能选择其中之一的矛盾心理，正如"鱼和熊掌不可兼得"。

2. 双避冲突（avoidance avoidance conflict） 也称为回避 - 回避式冲突，两个目标都是人们力图回避的，产生相同强度的逃避动机，但是必须接受一个，才能避开另外一个，如"前有悬崖，后有追兵"的进退两难的矛盾冲突。

3. 趋避冲突（approach avoidance conflict） 也称为接近 – 回避式冲突，同一事物同时产生两种动机，在既有吸引力，又有排斥力的情况下产生。如患者既想通过手术解除病痛，又担心手术结果和意外的矛盾心理。

4. 双重趋避冲突（double approach avoidance conflict） 也称双重接近 – 回避式冲突，当人们面临两个或两个以上目标时，每个目标分别具有吸引和排斥两方面的作用，人们必须进行多重选择，如临床医生对于高风险疗效快和低风险疗效不显著的治疗方案的选择。

动机冲突是造成挫折和心理应激的一个重要原因，在心理治疗中，对常见的个体焦虑抑郁情绪状态，从动机冲突的角度来理解和分析，判断个体的情绪状态是常人的应激反应性质，还是有疾病的病理性质，对后续制订治疗方案有积极的指导作用。

（四）挫折

挫折（frustration）常常发生在为达到目标而采取行动的过程之中或过程之后，是当动机受到干扰或阻碍，预定目标不能实现时所产生的紧张状态和情绪反应。当挫折情境、挫折认知和挫折反应同时存在时，便构成心理挫折，如个体由于过于紧张影响应试状态而高考落榜，认为自己前途无望而感到十分沮丧。

挫折产生的原因与主观和客观因素有关，主观因素是个体的生理和心理因素，生理因素源于身体的某些缺陷或疾病带来的限制，不能胜任或完成某些工作或活动，进而造成挫折。一方面，心理因素更多源于对自我的不恰当估计，过高或过低的估计会使得自己自不量力或畏缩不前，进而产生挫折。另一方面，挫折源于客观因素，像无法克服的自然条件限制，如自然灾害，社会生活中的经济、风俗习惯、道德等的限制会使得个体受到挫折。

个体遭受挫折后，会出现紧张、焦虑等情绪反应，伴随着攻击、冷漠、退缩等行为反应。攻击行为是最常见的，是个体遭遇挫折后发泄愤怒情绪的过激行为，可将愤怒直接发泄到引发挫折的人或物，亦可以转向无关的人或物，或针对自己，进行自我攻击，如自我伤害、自杀行为等。冷漠是个体遭遇挫折后无动于衷，漠不关心，如长期疾病折磨使其将生命看得十分淡漠。当个体以简单、幼稚、逃避的方式应对挫折，进而出现的行为倒退现象即为退缩，如个体在与他人发生争吵之后出现了歇斯底里发作。若个体面对挫折的行为反应逐渐习惯化，会影响个性的发展。

第六节 人格

一、人格的概念

人格（personality）又称个性，是心理学中一个非常重要而又复杂的概念，目前仍未形成一致的描述定义，但在各种定义的描述中，都有强调人格是个体生理心理活动的独特性及行为模式的特征性的综合这一要点。人格是个体内在的心理生理系统的动力组织和由此决定的独特思维、情感和行为模式。人格是一个人各方面心理活动特征所反映出来的整体精神面貌，具有一定的倾向性和稳定性。人格表现具有跨时间、跨情境的特点，是对个体特征性行为模式有影响的独特的心理品质。在心理学中，人格和个性为同义词，严格意义上讲，个性强调人的独特性，强调人与人之间的差异性，人格强调人的整体性。

二、人格的特征

人格具有丰富的内涵，反映了人格的多种本质特征。

1. 独特性与共同性　人格千差万别，人格的独特性是在遗传和环境因素的交互作用下形成的。所谓"人心不同，各如其面"，说明了人格的独特性。如"固执"在不同环境下、不同个体中有不同的表现，在溺爱环境中"固执"带有"任性、撒娇"的意思，在冷淡疏离环境中"固执"带有"反抗"的意思，在复杂困难环境中"固执"品质则有"坚强、顽强"的意思。人格的独特性并不是说人与人之间毫无共同之处，生活在同一社会群体中的人会拥有一些相似的人格特征。

2. 稳定性与可塑性　人格具有稳定性，行为中偶然发生的、一时性的心理特征，不能被认为是人格的特征。如某人具有冲动性，在各种场合都会表现出冲动性特点，反映的是人格的稳定性，正所谓"江山易改，禀性难移"，形容的就是人格的稳定性。人格的稳定并不意味着在一生中一成不变，而是随着生理的成熟、环境的变化，会发生或多或少的变化，在重大生活事件或病理的影响下，人格甚至会发生明显的改变。

3. 整体性与组成性　人格是由多种心理特征构成的一个有机整体，具有内在的一致性。一个现实的人的行为不是某个特定部分运作的结果，而是与其他部分紧密联系、协调一致进行活动的结果。当个体的人格结构在各方面彼此和谐一致时，人格就是健康的，否则会出现适应困难，甚至出现人格障碍。

4. 社会性与生物性　人格是在个体的遗传和生物基础上形成的，受个体生物特性的制约，但又离不开社会文化的影响。人是社会的成员，人格是社会的人所特有的。即使是人的生物性需要和本能，也受人的社会性制约。例如，人满足食物需要的内容和方式是受具体的社会历史条件制约的。社会性是构成人本质的东西，是一种人所特有的、失去了它人就不能称之为人的因素。

三、人格的心理结构

人格的心理结构包括倾向性、心理特征和自我调节系统。

1. 倾向性　反映个体行为动力方面的内容，决定了人对客观事物的态度和行为的基本动力。它是由在生活经历中所形成的需要、动机、兴趣、价值观和世界观等决定的。情境刺激通过人格来引导行为，导致行为带有人格倾向的烙印，形成一定的行为模式。

2. 心理特征　是个体心理活动中所表现出来的比较稳定的心理特点，反映出人格的独特性，主要包括能力、气质和性格。

3. 自我调节系统　是人格中的内控系统，具有自我认知、自我体验和自我控制三个系统，对人格的各个成分进行调控，使得人格的心理各成分整合成完整、协调和统一的结构系统。

视频2-15
人格理论

四、人格理论

人格理论是对人格结构和功能的解释和说明，可以帮助我们理解人格的结构、起源及其特点，根据对人格的理解预测其行为模式。最早并具影响力的理论是人格的类型理论和特质理论。

1. 类型理论　早期的类型理论之一是由公元前5世纪希波克拉底提出的，其认为个体的人格特点是由何种体液占主导所决定的，每一种体液与特定的气质类型相对应，如多血质（血液）、黏液质（黏液）、抑郁质（黑胆汁）、胆汁质（黄胆汁）。该理论的影响一直持续几个世纪。

威廉·赛尔顿（William Sheldon）于1942年提出体型类型学说，将体型和气质联系在一起，包括三个类型。内胚层型（胖，柔软，圆润）是放松的，喜欢社交；中胚层型（肌肉发达、矩形身材，强壮）是充满能量的，有勇气、过分自信；外胚层型（瘦长，虚弱）是有头脑的，爱好艺术，内向的。但是也有研究认为，体型的类型与个体行为无关。但是该理论在流行媒体中依然有所反映。

2. 特质理论　相比人格的类型理论，特质理论具有更大的弹性。特质（trait）是持久的品质和特征，它使得个体在各种情况下的行为具有一致性。

奥尔波特（Allport）将特质看作人格的框架和个性的根源，特质作为中介变量，将刺激和反应建立联系（图2-19）。奥尔波特确立了三种特质——首要特质、核心特质和次要特质。首要特质影响一个人组织生活的方式，如为满足他人利益的自我牺牲。核心特质代表一个人的主要特征，如诚实、乐观。次要特质有助于预测个人行为的特定性，如对衣着、事物的偏好。许多现代的特质理论遵循了奥尔波特的理论传统。

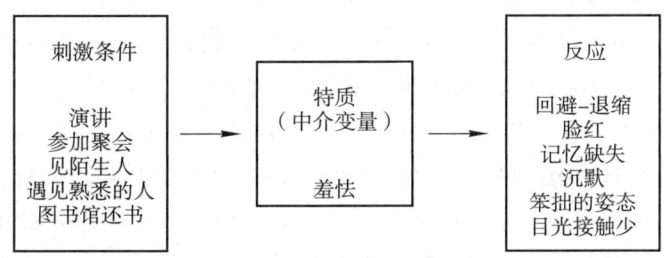

图2-19　特质在刺激和反应中的中介作用

卡特尔（Cattell）提出16种人格特质理论，这16种因素是表面行为的潜在根源，如个体表现出的独立、大胆和坚韧这些表面特质的共同根源特质是独立性。这16种人格因素即16种根源特质，如乐群性、聪慧性、稳定性、敢为性、忧虑性等。

艾森克（Eysenck）将人格测验中的内外性（内倾和外倾）和神经质（情绪的稳定性）两个维度组合起来建立环形图形，图形中的每一个象限代表了希波克拉底的四种人格类型之一，如外倾、不稳定的是胆汁质（图2-20）。

20世纪60年代，心理学家们发展出五维度模型，到20世纪90年代被称为人格的五因素模型，简称为"大五人格"，包括外向性（extraversion）、宜人性（agreeableness）、责任心（conscientiousness）、神经质（neuroticism）、经验开放性（openness to experience），每一维度中包含多种特质，划分为两极，详见第十章心理评估第三节。

需要指出的是，不同个体的人格表现非常丰富和复杂，每种人格理论在解释人格特征时，各自有优势也有不足，还没有一种人格理论能够对人格的各种现象都做出充分合理的解释。

五、能力与智力

（一）能力

1. 能力的概念　能力（ability）是指人们成功地完成某种活动所必需的个性心理特征，包括

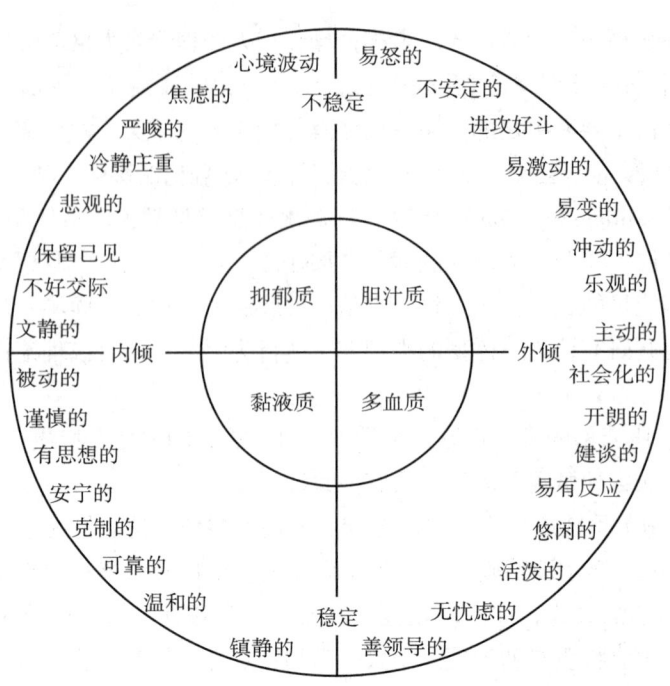

图 2-20 艾森克的人格环形图

实际能力和潜在能力两个方面。如在从事一般活动中需要具备的观察力、记忆力、推理能力等。能力表现在所从事的各种活动中，并在活动中得以发展。如医生准确的诊断能力需要在医疗实践活动中显示出来。能力作为一种相对稳定的心理特征，体现出个体之间的差异性。

能力有别于知识和技能，知识是人脑对客观事物的主观表征，一方面是陈述性知识，即"是什么"，如心脏的解剖结构；另一方面是程序性知识，即"如何做"，如消毒的知识。知识是能力基本结构中必要的组成成分。技能是人们通过练习而获得的动作方式和动作系统，可以表现为操作技能和心智技能。操作技能表现为机体的外显操作运动模式，心智技能是将操作的活动方式内化而成。技能控制活动的程序和执行，也是构成能力结构的基本成分。能力不仅代表一个人现有的成就，还包含一个人所具有的潜力。因此，一个人可以表现为知识较多，但可能解决问题的能力低下。能力的发展又依赖于知识和技能，随着知识和技能的积累，能力会不断提高。

2. 能力的分类　根据不同的标准，能力有如下几种分类。

（1）一般能力和特殊能力：一般能力是在不同种类活动中都会表现出来的能力，也就是智力，具体表现为观察力、记忆力、注意力、想象力和思维能力等。特殊能力是指在某种专业活动中表现出来的能力，如音乐家的旋律感、节奏感、音乐表象能力，画家的色彩鉴别能力、构图能力等。一般能力是特殊能力的重要组成部分，如听觉能力是音乐能力的基础，同时音乐能力的发展会提高听觉能力。

（2）模仿能力和创造能力：模仿能力是指人们通过观察他人的行为、活动来学习各种知识，并以相同的方式做出反应的能力。如儿童在舞蹈学习中对老师舞蹈动作的模仿，在家庭中对父母表情、动作的模仿，包含即刻模仿和延迟模仿。创造力是指产生新的思想和新的产品的能力，需要克服思维定式、传统观念等。模仿只能按现成的方式解决问题，创造力能够提出新的解决问题的方式，两者具有个体差异，有的人模仿能力强，有的人创造能力强。模仿是创造的前提和基础，如书法学习者先临摹，然后创造出自己独特风格的作品。

3. 能力的形成发展与个体差异

（1）能力的形成发展：能力作为一种心理特征，在其形成和发展中，受到多种因素的共同作用。遗传素质是能力形成和发展的自然前提。研究显示，遗传度越高，能力的发展水平越接近，如早期的严重脑损伤或脑发育不全是能力发展的障碍。在个体成长发育中，教育和环境对能力的形成发展也有很大作用。个体在出生前即产前的环境包括母亲的年龄、疾病、药物、营养条件等，对个体能力的发展具有重要的影响，如唐氏综合征等。从出生到青少年时期，早期丰富的环境刺激和母爱等有利于能力的发展，而早期经验的剥夺会使能力及智力的发展严重受损，如"狼孩"等。同时个体所接受的学校教育及参加的各种实践活动，不仅能使其获得知识和技能，也对其能力的发展具有重要意义。

（2）能力的个体差异：可体现为发展水平的差异，即能力高低的差异。人口统计学资料显示，能力在人群中呈现正态分布，大多数人的能力接近平均水平，能力过低或过高的人很少。

能力表现亦有早晚的差异，有些人的能力表现早，称为"早慧"。在艺术、音乐、绘画等领域尤为常见。如李白5岁通六甲，7岁观百家。奥地利作曲家莫扎特5岁开始作曲，8岁试作交响乐，11岁创作歌剧。也有一些人的能力在较晚的年龄才发展表现出来，称为"大器晚成"。在科学和政治领域屡见不鲜。如达尔文年轻时被认为智力低下，50岁时才开始崭露头角，成为进化论的创始人。

能力的结构差异体现在能力各种成分按照不同的方式组合，如在音乐能力方面，有的人曲调感和听觉表象能力强，但是节奏感较差；而有的人听觉表象能力和节奏感强，但是曲调感差。

（二）智力

智力（intelligence）是指个体学习和解决问题的综合能力，其核心是抽象逻辑思维能力，表现在对复杂事物的认识、领悟能力和解决疑难问题的能力。智力也是人格特征的重要方面，在个体发展中，从出生到青春期智力增长速度快，随着年龄而增长，之后智力的增长速度逐渐缓慢，20～34岁达到高峰，中年期则保持在一个稳定的水平，老年期开始衰退。智力在人群中呈正态分布，超常智力和智力低下者处于两个极端，多数人在中间水平。智商（intelligence quotient，IQ）是用来反映智力水平高低的常用参数。

自20世纪初以来，心理学领域提出了多种智力理论。在20世纪60—70年代以前提出的理论，被看作是智力的传统理论，采用因素分析方法，对智力从包含不同因素的角度进行阐释，如斯皮尔曼的智力二因素理论、卡特尔的晶体与流体智力理论和吉尔福特的三维智力理论。20世纪80年代以后，由于认知科学和神经科学的发展，提出了智力的新理论，主要是斯腾伯格的智力三因素理论、加德纳的多元智力理论、戈尔曼的情绪智力理论。

1. 智力二因素理论 查理斯·斯皮尔曼（Charles Spearman）最早提出智力二因素理论，该理论认为智力包括两个因素。一种是一般因素（general factor），称为G因素，是完成不同任务时需要的基本能力，是所有智力操作的基础；另一种是特殊因素（special factor），称为S因素，是完成某些特定任务或活动所必需的能力（图2-21）。

2. 晶体与流体智力理论 雷蒙德·卡特尔（Raymond Cattell）将智力分为流体智力（fluid intelligence）和晶体智力（crystallized intelligence）。流体智力是以生理为基础，对新事物的快速辨识、记忆、理解能力，是发现复杂关系和解决问题的能力；晶体智力是以学得的经验为基础的认知能力，运用已有的知识和技能去获取新知识的能力，帮助人们很好地面对生活和具体问题（图2-22）。

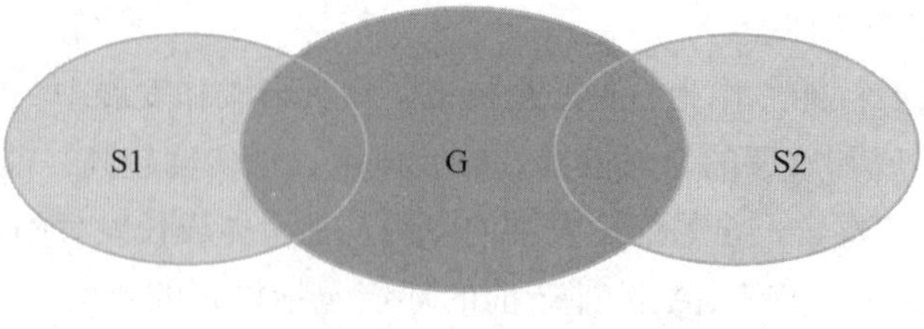

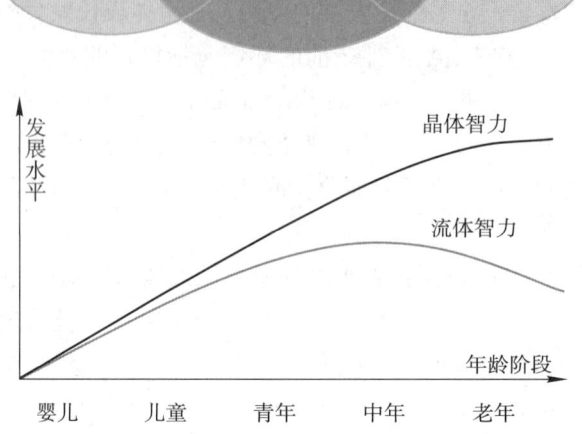

图 2-21　斯皮尔曼的智力二因素理论

图 2-22　卡特尔的晶体与流体智力

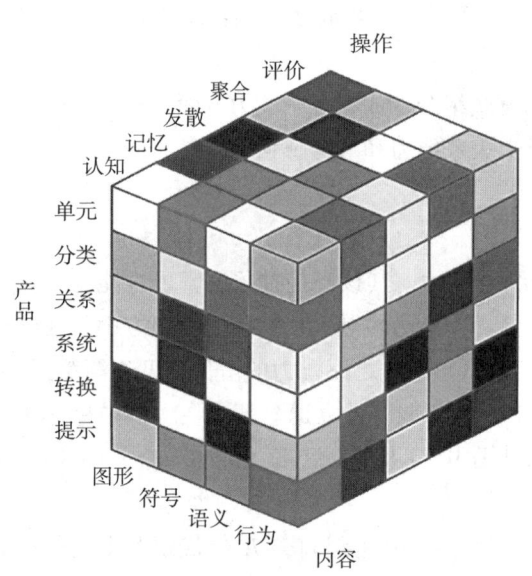

图 2-23　吉尔福特的三维智力理论

3. 三维智力理论　吉尔福特（J. P Guilford）提出了三维智力理论（图 2-23），认为智力包括三个维度：内容、操作、产品。模型中包含 4 个内容：图形、符号、语义和行为；5 种操作：评价、聚合、发散、记忆、认知；6 个产品：单元、分类、关系、系统、转换和提示。每一个智力任务都包含三个维度，每一个内容 - 操作 - 产品的结合代表一个独立的心理能力。

4. 智力三因素理论　罗伯特·斯腾伯格（Robert Sternberg）提出智力三因素理论，认为智力成分包括三个部分：成分、经验和情境。成分智力（componential intelligence）是指思维和问题解决等所依赖的心理过程，包括知识获得成分（可以用于学习新的事实）、操作成分（作为问题解决的策略和技巧）、元认知成分（用于选择策略、监控认知过程以达到成功）；经验智力（experiential intelligence）是指人们在极端情况下处理常规或新异问题的能力；情境智力（contextual intelligence）反映在人们对日常事务的处理中，包括对新的和不同环境的适应。

5. 多元智力理论　霍华德·加德纳（Howard Gardne）通过对脑损伤患者的研究及对特殊智力群体的分析，提出多元智力理论。该理论认为，智力由 8 种相互独立的智力成分构成，超出了传统 IQ 测验的范围。它包括言语、逻辑 - 数学、空间、音乐、运动、人际、自知、自然智力。每一种智力依据某一社会对它的需要、奖赏及它对社会的作用，在不同社会中的价值不同。如与美国社会的个性化社会相比，日本社会更强调合作行为和公众生活。

6. 情绪智力理论　丹尼尔·戈尔曼（Daniel Goleman）提出情绪智力（emotional intelligence）的概念，包含 5 个方面的能力：觉知自己情绪状态的能力，控制自己情绪状态的能力，情绪低潮时自我激励的能力，体谅别人情绪的能力，与他人建立并维持深厚感情的能力。并且戈尔曼比照智商的概念，提出将情商（emotional quotient，EQ）作为评价情绪成熟度的指标。

六、气质

（一）气质的概念

气质（temperament）是依赖于生理素质或与身体特点相联系的人格特征，特别是指人在一般情境下表现出来的比较稳定持久的情绪反应倾向，也就是一般所说的"脾气"或"秉性""性情"。气质是人的天性，无好坏优劣之分，它能给人的言行涂上某种情绪色彩，但是不能决定人的社会价值，不直接具有社会道德评价含义，不能决定人的成就。任何一种气质类型都可以成为品德高尚的人，也可以成为道德败坏的人，可以取得成就，也可以碌碌无为。

气质受个体生物因素的制约，与神经系统活动过程的特性有关，体现在强度（情绪的强弱）、速度与灵活性（思维的敏捷性）和指向性（倾向于内心体验还是外部事物）。人的气质差异是先天形成的，刚刚出生的婴儿就表现出这种差异性，如有的活泼好动，有的平稳安静。但是在生活环境的影响下，气质在一定程度上也会发生改变。

（二）气质的特征

气质的特征可以概括为以下几个方面。

1. 感受性　是指个体对外界刺激的感觉能力。
2. 耐受性　体现在对外界刺激时间上和强度上的耐受程度。
3. 敏捷性　主要是指不随意注意及运动的指向性，心理活动的速度、灵活程度。
4. 可塑性　是指根据外界环境的变化来调整自己行为的可塑程度。
5. 兴奋性　体现在情绪的外露和强弱程度。
6. 倾向性　是指个体心理活动的倾向，外倾者倾向于外部事物，而内倾者倾向于内心体验。

（三）气质的类型

根据不同的理论观点，气质可划分为不同的类型。最早并且影响至今的是希波克拉底的四体液学说，他将气质划分为四种类型，即多血质、黏液质、胆汁质、抑郁质。四种气质类型对应的体液及其特征见表 2-2。

表 2-2　希波克拉底划分的气质类型

类型	体液	表现	特征					
			感受性	耐受性	敏捷性	可塑性	兴奋性	倾向性
多血质	血液	活泼、敏感、喜欢交往、兴趣多变、适应力强	低	高	快	可塑	高而不强	外倾
黏液质	黏液	克制忍让，耐久，态度持重，不灵活	低	高	迟缓	稳定	低而强烈	内倾
胆汁质	黄胆汁	热情，直爽，精力旺盛，心境变化剧烈，易激动	低	高	快	不稳定	高而强烈	外倾明显
抑郁质	黑胆汁	观察细致、腼腆、多愁善感、优柔寡断	高	低	慢	刻板	高而深刻	严重内倾

七、性格

（一）性格的概念

性格（character）是对客观现实稳固的态度及相应的习惯化的行为方式。性格可理解为人格在社会性活动中表现的特点，在宽泛定义的语境中，性格和人格可以作为同义词使用。性格在生活实践中形成，是一种与社会相关最密切的人格特征，受到价值观、人生观、世界观的影响，是体现人格差异的核心特征。性格可以进行好坏区分，具有社会道德评价意义，如诚实与虚伪。性格受家庭、学校及社会环境的影响，同时也受生物因素的影响，脑损伤或脑病变对人的性格会产生影响。

（二）性格的特征

1. 性格的态度特征　体现在对各种社会关系的处理，对自己、对他人、对事物的态度和所采取的行为方式。①对社会、集体、他人的态度，如热爱集体、关心他人、真诚、明哲保身、孤僻、冷漠、粗暴等；②对工作、学习、生活的态度，如敬业、认真、乐观、懒惰、马虎等；③对自己的态度，如自尊、自信、自卑、自负等。不同的态度表现在不同的行为方式中，构成了人的不同性格。

2. 性格的情绪特征　体现在对情绪的控制方面：①情绪活动的强度，表现在受情绪感染和支配的程度，如易受暗示性，生活中的"感情用事"；②情绪的稳定性，表现在情绪波动和起伏的程度，如易激动、易冲动；③情绪的持久性，表现在情绪激发后持续时间的长短；④主导心境，是指稳定而持久的主要情绪状态，如开朗、郁闷等。

3. 性格的意志特征　表现在对行为的调节控制方面，是个体对自己行为自觉调整和控制的水平特点。如有人始终如一，坚定不移；有人半途而废，见异思迁。

4. 性格的理智特征　主要表现在认知活动的特点与风格方面，如有人善于思考、创新，有人则因循守旧。

（三）性格与气质的关系

性格与气质两者既有区别，又有联系，存在着相互渗透、彼此制约的复杂关系。

1. 性格与气质的区别

（1）气质具有先天性，受先天遗传因素的影响，反映了高级神经活动类型的特征；性格是在后天的社会生活环境中逐渐形成发展起来的。

（2）气质相对稳定，不易变化；性格形成晚，虽具有稳定性，但是相对于气质是可变化的。

2. 性格与气质的联系

（1）气质给性格"打上烙印，涂上色彩"，气质影响性格的动力特征。如同样是勤劳的性格特征，黏液质的人表现为踏实肯干、操作精细，而多血质的人表现为情绪饱满、干净利落。

（2）气质影响性格特征的形成和发展速度。如自制力的形成，对于胆汁质的人，需要付出极大的克制和努力才能形成，而且形成后不易稳定，但对于黏液质的人就相对容易。

（3）性格可以改造气质，使它服从于生活实践的要求。性格在某种程度上可以掩盖或改造气质，如飞行员必须具有冷静沉着、机智勇敢等性格特征，在严格的训练中，这些性格的形成就会掩盖或改造胆汁质者易冲动、急躁的气质特征。

（4）不同气质可以形成同样的性格，而相同气质可以形成不同性格。例如，无论是多血质还是抑郁质都可以形成善良的性格，而同样是黏液质的气质类型，既可以形成沉着、稳重的性格，也可以形成懒惰、萎靡不振、漠不关心的性格。

八、人格的形成

（一）人格形成的标志

个体建立较完整的自我意识，可以看作人格形成的标志（图 2-24）。自我是人格中的内控或自控系统，包括自我认知、自我体验、自我控制三个子系统。该系统对人格的各个成分进行调节，以保障人格的和谐、统一和完整。

拓展阅读 2-14
自我意识发展的三个阶段

1. 自我认知（self-cognition）　是对自己的洞察和理解，包括自我观察和自我评价。自我观察是指对自己的感知、思想和意向等方面的察觉，自我评价是指对自己的想法、期望、行为及人格特征的判断与评估。自我认知主要涉及"我是谁"或"我是怎样一个人"等问题。恰当地认识自我，客观地评价自己，是自我调控的前提。

2. 自我体验（self-experience）　是伴随自我认知而产生的内心体验，是自我意识在情感上的表现。自尊心、自信心是自我体验的具体内容。自尊心是指个体在社会比较过程中所获得的有关自我价值的积极评价与体验。自信心是对自己的能力是否适合所承担的任务而产生的自我体验。自信心与自尊心都是和自我评价紧密联系在一起的。自我体验伴随自我评价，激励适当的行为，抑制不适当的行为，如个体对于不恰当行为的内疚可以进一步抑制该行为的再次发生。

3. 自我控制（self-control）　是自我意识在行为上的表现，是实现自我意识调节的最后环节。它包括自我检查、自我监督、自我控制等。自我检查是主体在头脑中将自己的活动结果与活动目的加以比较、对照的过程。自我监督是一个人以其良心或内在的行为准则对自己的言行实行监督的过程。自我控制是主体对自身心理与行为的主动掌握。

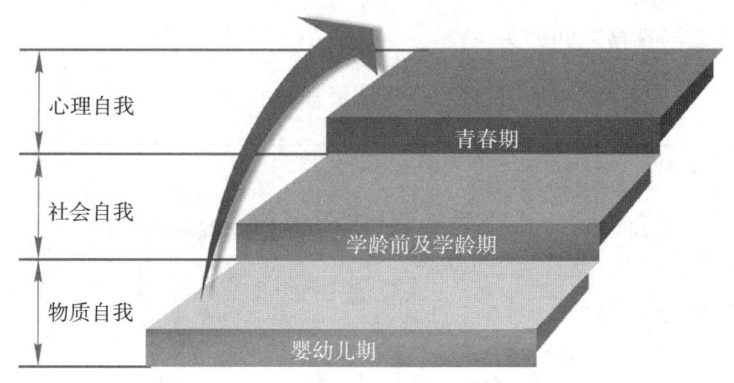

图 2-24　自我意识的发展过程

（二）人格形成的影响因素

1. 遗传因素　是人格形成和发展的自然基础。人格中的多种特质都具有遗传的可能性，如外向性、神经质、支配性等。双生子研究是人格遗传因素研究中最常用的。研究显示遗传是人格不可缺少的影响因素，对人格的作用程度随人格特质的不同而异，在智力、气质这些与生物因素相关较大的特质上，遗传因素的作用较为重要。人在母体内的发育过程中，也可能经受病毒感染、不当理化因素接触，以及母亲经历重大心理创伤等，这些异常 / 意外情况会成为影响大脑健康发育的先天环境因素，影响到以后的人格发展。人格的发展中，遗传与先天环境因素可以交互作用，为个体出生后的人格发展奠定稳定的基础。

2. 社会环境因素　包括家庭、学校、社会文化等因素，是人格发展的重要因素。不同的家庭结构、家庭教养方式对人格的发展和人格的差异都有一定的影响。在权威型教养方式下，孩子容易形成消极、被动、服从、怯懦等人格特征；在放纵型教养方式下，孩子容易形成任性、自私、独立性差等人格特征；在民主型教养方式下，孩子容易形成活泼、快乐、自立、合作等人格特征。社会文化对人格具有塑造功能，在集体主义的文化模式下（如日本），家庭中父母与子女在物质和情感上相互依赖，亲子关系的取向也是顺从的；而在个人主义的文化模式下（如美国），家庭中父母与子女在物质和情感上是相互独立的，亲子关系的取向也是独立的。

概括而言，遗传和社会环境在人格的形成中共同起作用，遗传和先天环境因素对大脑发育的影响可以看作人格发展形成的物质基础，出生后的个体在环境特别是人类社会环境中生存、适应、发展，人格会不断得到进一步塑造，最终形成个体独特的人格特征。

（崔永华　张卫华）

复习思考题

1. 各心理过程之间关系如何？心理过程与人格是何关系？
2. 感觉与知觉的区别和联系是什么？
3. 记忆的种类及其各自的特点是什么？
4. 无意注意、有意注意、有意后注意的区别是什么？
5. 情绪的成分和意志的品质有哪些？
6. 人格结构包含哪些成分，各成分之间的关系如何？
7. 能力和智力是何关系？
8. 如何理解气质与性格之间的关系？

网上更多……

👤 本章小结　　✍ 自测题　　⬇ 教学 PPT　　🖼 心理图片库

第三章
心理学基本理论

关键词

精神分析理论	潜意识	人格结构理论	性心理发展
自我防御机制	行为主义	经典条件反射	操作条件反射
行为动机	社会学习	认知主义	信息加工理论
认知情绪理论	认知行为理论	人本主义	自我实现
需要层次	积极心理学	心理生理学理论	中医情志理论
感觉统合理论	人性主义理论		

　　心理学基本理论包括五大学派，是心理咨询和治疗的理论依据。本章重点介绍经典精神分析学派中的力比多理论、潜意识理论、人格结构理论、性心理发展理论及自我防御机制理论，行为主义学派中的经典条件反射理论、操作条件反射理论、社会学习理论，认知主义学派中的信息加工理论、认知情绪理论、认知行为理论，人本主义学派中的自我实现理论、需要层次理论，以及其他学派的理论，如心理生理学理论、中医情志理论等。这些学派，有研究内在意识的，有研究外在行为的；有研究意识表层的，有研究意识深层的；有研究静态的，有研究动态的；还有从生物学、民族学、文化学等其他不同角度去研究的。所有的学派，在它们的心理研究对象、范围、性质、内容及方法上既有联系，又各不相同，都不同程度地推进了人类对自身复杂心理现象的探索研究历程。

知识导图

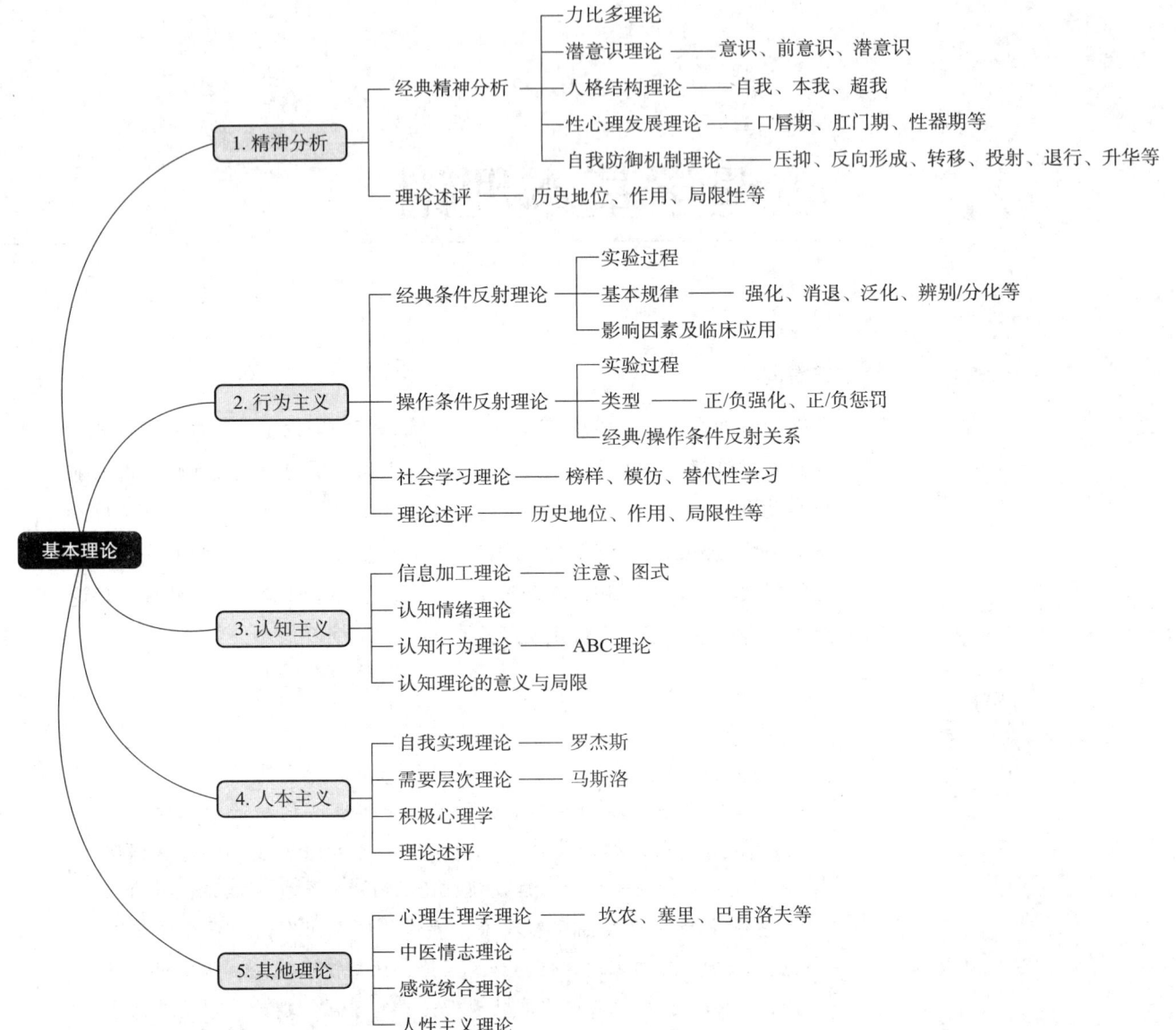

- 基本理论
  - 1. 精神分析
    - 经典精神分析
      - 力比多理论
      - 潜意识理论 —— 意识、前意识、潜意识
      - 人格结构理论 —— 自我、本我、超我
      - 性心理发展理论 —— 口唇期、肛门期、性器期等
      - 自我防御机制理论 —— 压抑、反向形成、转移、投射、退行、升华等
    - 理论述评 —— 历史地位、作用、局限性等
  - 2. 行为主义
    - 经典条件反射理论
      - 实验过程
      - 基本规律 —— 强化、消退、泛化、辨别/分化等
      - 影响因素及临床应用
    - 操作条件反射理论
      - 实验过程
      - 类型 —— 正/负强化、正/负惩罚
      - 经典/操作条件反射关系
    - 社会学习理论 —— 榜样、模仿、替代性学习
    - 理论述评 —— 历史地位、作用、局限性等
  - 3. 认知主义
    - 信息加工理论 —— 注意、图式
    - 认知情绪理论
    - 认知行为理论 —— ABC理论
    - 认知理论的意义与局限
  - 4. 人本主义
    - 自我实现理论 —— 罗杰斯
    - 需要层次理论 —— 马斯洛
    - 积极心理学
    - 理论述评
  - 5. 其他理论
    - 心理生理学理论 —— 坎农、塞里、巴甫洛夫等
    - 中医情志理论
    - 感觉统合理论
    - 人性主义理论

心理学基本理论包括五大学派，分别是精神分析学派、行为主义学派、认知主义学派、人本主义学派和其他学派，这是心理咨询和治疗的理论依据。所有的学派，在它们的心理研究对象、范围、性质、内容及方法上既有联系，又各不相同，都不同程度地推进了人类对自身复杂心理现象的探索研究历程。

第一节　精神分析理论

拓展阅读 3-1
弗洛伊德生平

精神分析（psychoanalysis）理论由 19 世纪末奥地利精神病学家弗洛伊德（S. Freud）创立。精神分析理论的产生来源于弗洛伊德的临床实践与观察。在长期治疗癔症与神经症患者的过程中，他不断将收集到的资料进行整理和分析，形成了有关心理结构和功能、心理发展、心理防御及异常心理的概念与设想，主要内容包括力比多理论、潜意识理论、人格结构理论、性心理发展理论、自我防御机制理论等。精神分析作为一种理论与方法，特别是其精神动力学和深层心理学的基本思想，在心理咨询与治疗的历史上具有非常重要的地位。

一、经典精神分析理论

（一）力比多理论

力比多（libido）指驱动生物个体人格的力量，主要为追求愉快的力量。弗洛伊德认为，个体行为的基本动力都源于生物本能或性的驱动力，亦称为性本能、欲力或性力。性本能是心理分析理论中的一个重要术语。这里的"性"已经不限于生殖方面，而是含义更为广泛的概念。弗洛伊德认为它是驱使个体活动乃至创造的一种潜在的力量，即力比多提供了心理活动的能量，是推动个体生存和发展的内在动力。在晚年经历了世事沧桑，如目睹战争给人类带来的毁灭及遭受自身的病痛后，弗洛伊德又将力比多拓展为死亡本能，以区别于早期的生的本能或性的本能。生的本能又称为厄洛斯（Eros），系希腊爱神之名，指一切与保存生命有关的本能，如呼吸、饮食、排泄及性需求等；死的本能又称为塞纳托斯（Thanatos），系希腊死神之名，指激发个体回到生命之前的无机状态中去的攻击性或毁灭性本能，如打人毁物，甚至自伤、自杀等。

拓展阅读 3-2
厄洛斯（Eros）与塞纳托斯（Thanatos）

（二）潜意识理论

经典精神分析理论最重要的学说是潜意识理论。弗洛伊德在临床实践中发现，通过催眠暗示，让患者重新回忆过往的经历、体验并宣泄被压抑的情绪，或将疾病的原因说出来以后，症状便消失了。由此，他认识到被压抑在潜意识中未满足的冲动和情感、遭受过的创伤及未解决的冲突才是导致心理障碍的原因。于是，弗洛伊德以一种心理地形学（psychical topography）的观点，把人的心理活动划分为意识、前意识和潜意识三个层次，并将其形象地比喻为漂浮在大海上的一座冰山（图 3-1）。鉴于疾病产生的原因主要存在于潜意识层面，精神分析又称为深层心理学。

拓展阅读 3-3
安娜·欧案例

1. 意识（consciousness）　是指个体能够察觉到的全部心理活动。通常由外界刺激引起，且能通过语言交流或表达，包括感觉系统所提供的对外部世界的感觉、知觉、思维，以及各种情绪体验、意志等，如人对时间、地点、人物的定向力和对外界各种刺激的感知力等。它直接与外部

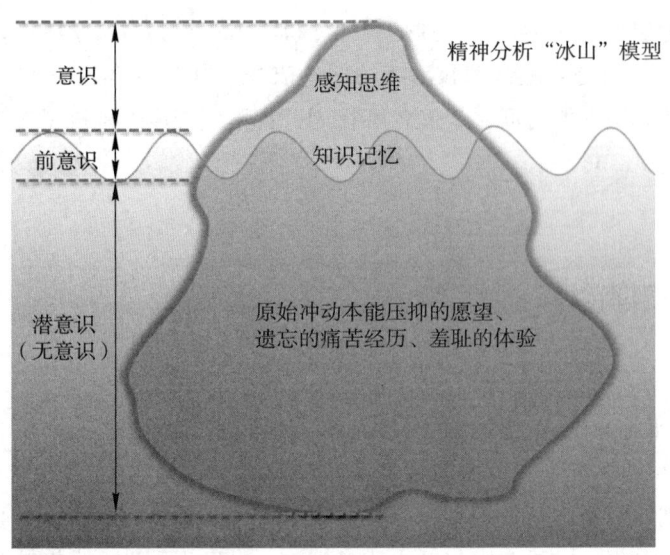

精神分析"冰山"模型

意识

感知思维

前意识

知识记忆

潜意识
（无意识）

原始冲动本能压抑的愿望、
遗忘的痛苦经历、羞耻的体验

图 3-1　心理活动的
三个层次

世界接触，调节着进入意识的各种印象，压抑着心里那些先天的兽性本能和欲望。意识是心理能量活动浮于表面的部分，是图 3-1 中海平面以上的冰山之巅部分，是个体唯一可以直接到达的心理活动的层面。尽管意识保持着个体对环境和自我状态的感知，对人的适应有重要作用，但其在精神分析理论中扮演的角色比较次要。

2. 前意识（preconscious）　指当前未曾注意到，但一经他人提醒或自己集中注意力、努力回忆，即可进入意识的心理活动，介于意识与潜意识之间。潜意识内的观念首先进入前意识才能到达意识。前意识的作用是保持对欲望和需求的控制，使其尽可能按照外界现实的要求和个人的道德来调节，是意识和潜意识之间的缓冲区。就好似冰山的海平面部分，随着波浪的起伏时隐时现。

3. 潜意识（unconscious）　又称为无意识，是个体无法直接感知到的那一部分心理活动。包括原始冲动、本能，尤以性本能为主，以及一些不被社会标准、道德理智所接受的被人压抑着的欲望，或明显导致精神痛苦的过往事件，如已经被意识遗忘了的童年时期不愉快的经历、心理创伤等。所以潜意识是个体经验的巨大储藏库，对应图 3-1 中海平面以下的冰山部分。人的大部分心理活动在潜意识中进行，它虽然不被意识所知觉，但却是整个心理活动中最具动力性的部分，是各种精神活动的源泉，影响甚至决定着个体全部意识的活动。潜意识精神能量的分配和转化构成了人类复杂而丰富的精神世界，对正常和变态心理功能均有非常大的作用，在精确性和复杂性方面完全可以与意识过程相媲美。

精神分析理论认为，意识、前意识及潜意识是人的基本心理结构，在个体适应环境的过程中各有其功能。意识保持着个体与外部现实的联系和相互作用；前意识的功能是在意识和潜意识之间从事警戒任务，阻止潜意识的本能冲动到达意识层面；潜意识使个体的心理活动具有潜在的指向性。因此，人的各种心理、行为并非完全由个体的意志决定，亦受潜意识的欲望、冲动等影响；被压抑到潜意识中的各种欲望或观念，如果不能被允许进入意识中，就会以各种变相的方式出现，如表现为心理、行为或躯体的各种病态。潜意识是精神分析理论的主要概念之一，对人的正常心理和异常心理影响较大。例如，一个过分严厉要求孩子的母亲，会认为自己一切都是为孩子好，但他人会说，这个母亲潜意识里有管束和控制孩子的愿望。对一个癔症性失明的患者，你可以推测其潜意识里可能有某些他不愿看到的事物，或者其内心禁止他看到这种事物。

（三）人格结构理论

20 世纪 20 年代，弗洛伊德提出了人格结构的理论模式。他将人格视为一个动力系统，并将其分成三个功能上相关的部分，即本我、自我和超我（图 3-2），目的是把功能相关的心理内容与过程组织在一起（表 3-1）。

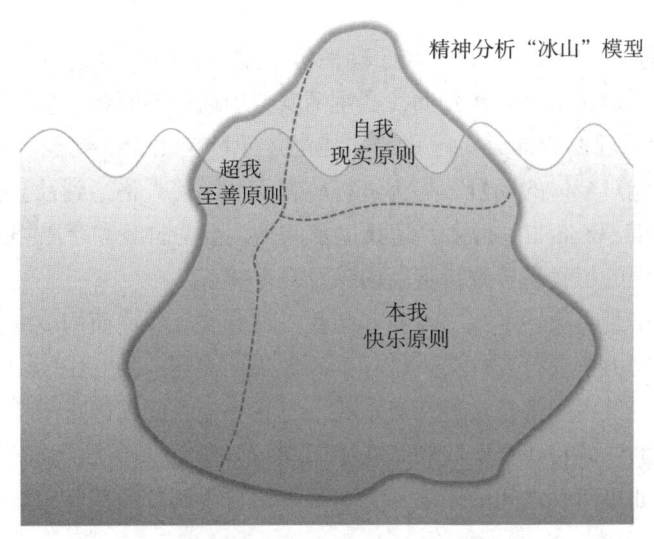

图 3-2　精神分析的人格结构理论

表 3-1　三类典型人格的临床表现

人格类型	临床表现	焦虑类型
本我主导、追求快乐	本我统治着软弱的自我和衰弱的超我，阻止自我平衡。本我不停地寻找快乐，不管这种快乐是否可能及是否合适	神经质焦虑（neurotic anxiety），自我难以控制本我的冲动时所产生的焦虑
自我主导、心理健康	具有强大的自我，并能很好地协调超我和本我的许多要求。个体在快乐原则和道德原则的双重控制之下坚持现实的原则，具有健康的心理	现实焦虑（reality anxiety），指个体面对一种可能出现的危险时，所体验的一种没有特定指向的不愉快的情感
超我主导、追求完美	具有一个软弱的自我和强大的超我，有强烈的内疚感、自卑感。自我不能断然拒绝超我和本我强烈的互相抵触的要求，将体验很多冲突	道德焦虑（moral anxiety），个体自我的思想、冲动或行为与超我的标准发生冲突时所产生的焦虑感

1. 本我（id）　又称伊德、原我，主要存在于潜意识，是人格中最为原始、最为隐秘和最不易把握的部分。其内容除带有原始的、人类共有的特性外，还具有个体的特征。它代表人本性中自然性或动物性的一面，不遵循逻辑、不管善恶是非，亦不关心社会的要求、价值和道德。本我遵循快乐原则（pleasure principle），具有要求即刻被满足的倾向，从不考虑是否合适或正当。婴儿及儿童的行为中体现出更多的本我表现。随着人格的发展和社会化的过程，本我的活动逐渐在自我的管理和控制之下进行。由于本我处于潜意识之中，不能被察觉，只能通过自我间接地表现出来。本我的动力虽然很强大，但与现实没有联系，它依赖于自我与外部世界发生联系并获得满足或宣泄。本我的心理过程是人类非理性心理活动的部分，常表现在人类的梦、游戏、幻想及艺术创作之中。

2. 自我（ego）　大部分存在于意识中，小部分是无意识的。自我在婴儿期由本我产生，是在本我的基础上发展起来的，在人格组织中专司管理和执行功能，主要有检查现实、适应环境、区分主观与客观的界线、控制情感及本能活动，以及对体验进行综合判断等。它负责保持个体心理活动的完整性，协调人格结构中各部分之间的关系及自身同外界环境之间的关系，因而遵循现实原则（reality principle）。自我是人格结构中最重要的部分，自我经常要努力协调本我和超我不合理的要求及外部现实的要求。自我的发育及功能决定着个体心理健康的水平，也是判断人格成熟水平的重要标志。

基础链接 3-1
自我心理学

3. 超我（superego） 类似良心、良知、理性等，是人格结构中最为道德的部分，心理活动的三个层次都有存在。超我是个体在长期社会生活实践中通过不断将社会规范、道德观念等内化而形成，是人格中最具理性的部分。超我的功能是按照社会法律、规范、伦理及习俗来辨明是非、分清善恶，因而能对个体的动机、行为进行监督管制，使人格达到社会要求的完善程度。超我按至善原则（principle of ideal）行事。超我追求完美，会与自我联手阻挡那些代表原始冲动的本我愿望的表达，过强的超我易导致自责、内疚及自卑感。

弗洛伊德认为人格是由上述本我、自我和超我三部分交互作用而构成的。人格是在企图满足潜意识的本能欲望和努力争取符合社会道德标准两者长期冲突的相互作用中发展和形成的。无论是患者还是正常人，在其内心都经常进行着本我、自我和超我间无休止的斗争。只是在健康人身上，三者是统一协调的，即自我在本我和超我中间起协调作用，使两者之间保持平衡，或使相互间的冲突降到最低。如果两者之间的矛盾冲突达到无法自我调节的程度，就会产生各种精神障碍和病态行为。

（四）性心理发展理论

弗洛伊德认为性本能或力比多对人格发展尤为重要。心理的性指的是口腔、肛门、肌肉、生殖器和皮肤等部位的躯体感觉，在不同的发展阶段，快感或力比多集中在不同的部位。在本能内驱力的推动下，各个发展阶段将经历不同的心理冲突，形成相应的心理结构及其与各阶段相关的心理特点。弗洛伊德按力比多的发展情况，把人的心理发展分为以下五期。

1. 口唇期（oral stage） 又称为口欲期，在 0～1 岁。此期，口腔黏膜构成了满足欲望及进行交流的最重要的身体部位。婴儿主要通过口腔品尝、体验和"观看"他的世界，满足本能欲望，是婴儿每天生活的中心内容。婴儿有强烈的交流需要，母亲通过喂奶和照顾等躯体接触和情感交流，可以与婴儿建立起安全的母子关系，使其获得最初的依赖感、安全感。弗洛伊德认为，只有在经历了与母亲之间固定的、安全的紧密相连的体验，个体化过程才能顺利发展。在每一个时期都可能发生三类人格的冲突，若缺乏准确引导，就可能产生人格障碍或成为心理疾病的诱因。例如，婴儿口腔的欲求因外部因素而遭受挫折，如断乳过早等，可能会产生滞留现象，即固着（fixation），以后虽然年龄已经超过 1 岁，但仍然可能停留在以口腔活动如过食行为的方式来减轻焦虑的阶段，这被称为口唇期人格。

2. 肛门期（anal stage） 又称为肛欲期，在 1～3 岁。此期，肛门成为一个快感集中的区域，幼儿主要从保留和排泄粪便中获得满足。同时，肛门和膀胱括约肌的使用也是对权利和意愿的一种躯体表达方式。个体在学习控制自己的排便，并由此接触到一些新的体验，如自主与克制、占有与给予、干净与肮脏、条理与凌乱等。在此期父母开始培养孩子定时、定点大小便的习惯，孩子则根据自身的快感需求决定是保留还是排泄。孩子开始学会说"不"，并通过与父母的斗争，即肛欲期的权力斗争，发展了灵活性、独立性和自主性等心理特点。如果在这一阶段父母过于严厉，幼儿便会体验到强烈的焦虑。这种焦虑如果持续存在，就会使其心理或行为"固着"于肛欲期，在成年时表现为洁癖、刻板、施虐和受虐、过分注意细节、嗜好收集和储藏、强迫、权力欲强等人格特点。这种性格被称为"肛欲性格"。据研究发现，这类人容易罹患强迫症。

3. 性器期（phallic stage） 又称为性蕾期，在 3～6 岁。因为儿童的第二性征尚未发育，故称为"性蕾"。孩子开始注意两性之间的差别，表现出对生殖器刺激的兴趣，发现可以从抚弄生殖器中获得性欲满足。相对于青春期的性冲动，此时躯体的性冲动称为"幼儿的性"。此期的儿童不仅发现了自己和别人的性标志，而且感受到父母亲有一个共同的成年人生活区域。这一时期正是儿童开始由自恋转向他恋的时期，易出现恋母情结或称俄狄浦斯情结（Oedipus complex），以及恋父情结（Electra complex）。由于男、女儿童对异性父母的依恋和攻击常常引起父母的惩罚或干预，这在孩子的潜意识中被体验为阉割焦虑（castration anxiety）。这是一种对某种乱伦欲念会受到惩罚而出现躯体损害的普遍性恐惧。为了解决这种冲突，男女儿童只好认同父亲和母亲，按其性别角色模仿父母，将父母形象内化发展出成熟的超我，以缓解三角关系冲突，分得一份平衡的爱，并在心理上进入潜伏期。

4. 潜伏期（latency stage） 在 6～12 岁，相当于小学阶段。儿童的性力从自己的身体转移到外界的各种活动，如学习和游戏，儿童的性心理活动进入一个"性的沉寂"期，因此称为潜伏期。潜伏期不意味着性心理发展的中断或消失，而是儿童在外界影响下性欲被暂时"冻结"。儿童的性本能大大降低，如对父母和家人的兴趣减弱，对自然界的好奇心和学校的学习、同伴的交往等活动日益增加。这时尽管性本能受到了压抑，但是有关性方面的记忆仍对他们的人格发展产生影响。潜伏期的能量可能有两种去向：一种是被积累起来的性能量脱离性目标本身而升华为更高的文明行为；另一种是性能量被压抑使得性活动倒退到性发展的初期，形成神经症和性心理障碍。

5. 生殖期（genital stage） 大致相当于青春期，在 12～20 岁。此时，性器官的发育已经趋向成熟，性欲开始朝着生殖飞速发展，性爱的对象不再指向自身或异性的父母，而是指向家庭之外的异性。这一阶段个体开始对异性、社交活动、婚姻和成家及职业感兴趣，并通过亲吻、爱抚及性交等活动来满足性冲动。个体在性、社会和精神等诸方面都达到成熟和较完美的境界。这种异性之恋是性成熟的标志之一。

弗洛伊德认为，这五个阶段的发展顺序是由遗传决定的，但每个阶段是否能顺利度过却是由社会环境决定的。每一发展阶段都有其特殊的需要解决的问题。如果一个阶段的问题没解决，并被逐渐内化或被压抑到潜意识里，就会影响下一阶段的成长，并且可能在不同的发展阶段再度显化，成为行为或躯体功能障碍的原因。弗洛伊德认为，儿童时期的基本经历、未解决的冲突和精神创伤，在成年期重新活跃起来，对神经症、心身疾病甚至精神病的发生都具有重要的致病作用。

如果性心理发展停留在某个阶段，或由于遇到挫折从高级阶段倒退到低级阶段，就可能造成心理和行为的异常（表 3-2）。

表 3-2 性心理发展障碍的表现

阶段	类型	表现
口唇期	攻击性人格	贪食、嗜烟酒和好挖苦人，总是以叫喊、咒骂或撕咬等方式来表达对他人的敌意
	依赖型人格	过度依赖、不现实和富于幻想、执拗，习惯于被动接受他人的注意、礼物、爱情
肛门期	排泄型人格	不爱干净，过分大方、随便，做事缺乏条理，残忍、龌龊
	滞留型人格	固执、吝啬，过分清洁和整齐，有强迫性行为倾向
性器期	性器期人格	爱虚荣、好表现、敏感、自恋

（五）自我防御机制理论

自我防御机制（ego defense mechanism）是自我为了对抗来自本能的冲动及其所诱发的焦虑，保护自身不受潜意识冲突困扰，而形成的一些无意识的、自动起作用的心理手段。虽然正常人普遍应用防御机制，但是如果过度使用，会引起强迫性的、重复性的甚至是神经症性的行为。当自我功能降低，防御机制上升到意识层面就可能表现为病理性的。常见的防御机制有如下几种。

1. 压抑（repression） 是最基本的防御机制，属于逃避机制，是指个体将一些自我所不能接受或具有威胁性、痛苦的经验及冲动，在不知不觉中从个体的意识里排除抑制到潜意识的过程。尽管个体可以通过压抑具有威胁的心理活动进入意识来保护自己，使个体表面上看起来已把某些事情遗忘，但事实上它们仍然在人的潜意识中，并在特定时候影响个体的行为，如个体可能做出一些连自己也不明白的事情。

2. 反向形成（reaction formation） 属于自欺欺人机制。当个体的欲望和动机不为自己的意识或社会所接受时，个体将其压抑至潜意识并通过采用某种与他本来面目完全相反的伪装形式表现出来，称为反向形成。我们可以从反向作用的夸张特征和其强迫形式上对其加以确认。如一个怨恨自己母亲的女孩可能会表现出相反的冲动，即很爱母亲，但是她对母亲的爱是不真实的、做作的、夸张和过分的。因社会要求儿女必须爱双亲，所以如果她意识到自己怨恨母亲就会产生强烈的焦虑，而反向作用可以隐藏或平复其潜意识中怨恨母亲而引起的焦虑。

3. 转移（displacement） 反向作用只是局限于单一对象，转移是将不能接受的情感、欲望或态度转移到其他各种各样的人和物身上，从而使原始冲动伪装或隐藏起来。转移属于攻击机制。个体常因某种原因，如不符合社会规范或具有危险性或不为自我意识所允许等，无法向其对象直接表现，进而把它转移到一个较安全、较为大家所接受的对象身上，以减轻自己心理上的焦虑，即转移是把本能能量放到最合理的替代出口上。例如，一个对室友生气的女子会将她的愤怒转移到她的雇员身上、她的宠物猫或者一只玩具动物身上。这就是耳熟能详的"踢猫效应"，她对室友仍然很友好，但与反向作用不同的是这种友好既不夸张、也不过分。

4. 投射（projection） 个体将自己所不能接受的性格、特征、态度、意念和欲望反向指斥或转移到别人身上以摆脱焦虑，这就是投射。投射属于攻击机制，将别人作为自己的"代罪羔羊"，使个体逃避本该自担的责任。其本质是在别人身上看到实际上存在于自己心理上那些不能接受的情感或念头。投射的一种极端类型是妄想症，其特点是强烈的嫉妒、妄想和迫害幻想。内投射（introjection）与投射相反，这种防御机制是把别人的积极品质纳入个体的自我中。例如，青少年可能会内投射或采用电影明星的怪癖、价值观或生活方式。

5. 退行（regression） 力比多在通过某个发展阶段之后，如果遇到紧张和焦虑还可能恢复到早先的阶段，这种恢复现象被称为退行。退行是指个体在遭遇挫折时，本应运用成年人的方法和态度来处理事情，但由于某些原因，采用较原始而幼稚的方法来应对困难。退行属于逃避机制。例如，一个已经断奶的儿童，在母亲生了小弟弟或小妹妹后可能要求用奶瓶喝奶。在极端紧张的情况下，成年人可能采取一种胎儿的姿势，或回家找母亲，或卧床不起，似乎在逃避充满威胁的世界。

拓展阅读3-4
漫画解读心理防御机制

6. 升华（sublimation） 将一些本能的行动，如饥饿、性欲或攻击的内驱力，转移到一些自己或社会所接纳或许可的范围上。例如，有打人冲动者，可借拳击或摔跤等方式来满足；喜欢骂人者，可以成为评论家来满足自己的欲望。升华是对个人和社会都有好处的建设性防御机制。升华最明显地表现在诸如艺术、音乐和文学等创造性文化造诣上。升华也表现在一切人际关系和社会追求方面。

二、精神分析理论述评

（一）历史地位

弗洛伊德在临床观察的基础上，结合哲学思辨的方法，创立了精神分析理论。该理论是最早的系统解释人类心理及行为的一个宏大体系，其中潜意识理论是最重要的发现。它对理解人类精神现象及规律有重要的贡献，尤其是在理解异常心理方面作用巨大。建立在精神分析理论之上的精神病理学，将正常与异常看成是一个连续谱，既可诠释正常人的心理活动，又可解释异常心理现象。这一理论不仅对心理学、精神病学，甚至对哲学、艺术、宗教和建筑都有着广泛的影响。

（二）在疾病治疗方面的作用

弗洛伊德创立的精神分析疗法被认为是现代心理治疗的开端。该理论认为正常与异常行为最基本的心理过程是一样的，心理障碍的病因是潜意识心理冲突的结果或防御机制的失败。按照弗洛伊德的理论，治疗在于通过精神分析的技术，将潜意识里的心理冲突和痛苦体验挖掘出来，使个体以更成熟的自我功能及防御方式应对内心的冲突，达到消除症状、增进适应的目的，从而治疗疾病。学者们在关注弗洛伊德研究心理障碍及神经症传统的同时，开始将注意力转向一些躯体疾病，从而在心身医学研究中开创了一条心理动力学途径。这条途径着重探讨未解决的心理冲突和人格类型在心身疾病中的作用，对心身医学的发展有重要价值。

（三）在健康促进方面的作用

精神分析理论对于维护心理健康、预防心身疾病有一定的指导意义。其重点强调在个体发展过程中，人格的健康发展有赖于早年重要的安全依恋关系、基本需求的满足、与年龄相当的教育和行为训练、适宜的压力与支持，以促进个体人格的各个部分的和谐整合，发展成熟的自我功能及防御方式。由于潜意识中的心理冲突对个体的身心健康影响甚大，因而从预防的角度来看，及时处理好人格发展过程中各个阶段所出现的问题，防止固着，对于保持心身健康发展和维持健全人格意义重大。

（四）局限性

精神分析理论也有局限性。该理论主要来自临床观察和个案研究，缺乏有力的实验验证和数据支持。有关本我、自我、超我、潜意识、力比多等基本概念难以测量。因此在解释人的健康与疾病的心理学机制上往往依靠逻辑推断，缺乏客观的科学依据。鉴于其结论大多数来源于对精神病患者的观察，与正常人的情况有较大的区别，因此结论的代表性也受到质疑。特别是经典弗洛伊德学说过分强调早期性本能的压抑是人格发展不健全和心理疾病的主要原因，过分强调潜意识冲突的作用，忽略了意识的能动性作用，以及社会环境、文化对人格发展的影响，限制了它在学术上的应用。另外，精神分析疗法需要较长的时间，极少有人能完成分析治疗的全过程，因此，近年精神分析疗法的应用趋势有所下降。

研究进展 3-1
现代精神分析的发展

第二节 行为主义理论

行为主义理论是从 20 世纪初开始，由美国心理学家约翰·华生（John B. Watson）开创的一个心理学派别。华生受巴甫洛夫（Pavlov）经典条件反射学说的启发，在 1913 年发表《行为主义者眼光中的心理学》，标志着行为主义理论的形成。其后又被新行为主义者斯金纳（B. F. Skinner）和班杜拉（A. Bandura）、托尔曼（E. C. Tolman）、赫尔（C. L. Hull）等诸多心理学家进一步发展和修正。行为主义被认为是研究个体行为最基础、最具影响力的理论之一，其核心观点为学习是个体在一定条件下建立刺激与反应（S-R）联结的过程。行为治疗的主要理论基础是巴甫洛夫首创的条件反射学习理论，桑代克、赫尔及斯金纳所创立的操作性条件作用的学习理论，以及 20 世纪 60 年代末期由班杜拉等提出的社会学习理论（观摩、示范和模仿学习）。它们都是关于有机体学习的发生机制和条件的理论，其中每种理论各说明一种学习形式。行为主义的心理治疗重点关注可观察到的外在行为或可描述的心理状态，充分利用学习的原则，来改善非功能性或非适应性的心理与行为。因此，学习概念是行为理论的核心。

一、经典条件反射理论

（一）实验操作及意义

拓展阅读 3-5
巴甫洛夫生平
视频 3-1
巴甫洛夫的经典条件
反射实验

20 世纪 20 年代，俄国生理学家巴甫洛夫以狗为对象进行内分泌研究时，意外地观察到了条件反射现象。

研究发现，当给一只饥饿的狗呈现食物时，狗便会分泌唾液。此时食物称为非条件刺激（unconditioned stimulus，UCS），食物引起唾液分泌的反射过程称为非条件反射（unconditioned reflex，UCR）。中性刺激（neutral stimulus，NS）如铃声并不能引起唾液分泌。但如果在呈现食物以前先响起铃声，即食物（UCS）与和唾液分泌无关的中性刺激（铃声）几次伴随出现（强化）后，狗单独听到铃声也会分泌唾液。此时，铃声已经成为食物的信号，转化为条件刺激（conditioned stimulus，CS）。铃声引起唾液分泌的反射过程就是条件反射（conditioned reflex，CR）。条件反射和非条件反射一起，构成了应答行为或反应性行为（reacivity behavior），即在对特定刺激的反应中自动或反射式发生的行为。由于这里的条件反射过程不能被个体随意操作和控制，为区别于下面的操作性条件作用，故称为经典条件作用（classical conditioning，CC）。巴甫洛夫的这一发现证明，条件反射是在非条件反射的基础上经学习而获得的，是习得（acquisition）行为，由大脑皮质建立的暂时神经联系来实现。经典条件反射理论强调环境刺激对行为反应的影响，我们的许多反应都是简单的学习过程，即条件作用的产物。这一看法后来由于对操作条件反射和其他学习形成的发现而被质疑，但经典的条件学习的确是许多行为的获得途径，这一点是毋庸置疑的。图 3-3 清晰地显示了经典条件反射的建立与消退过程。

研究进展 3-2
心理神经免疫学的创立及临床应用

（二）经典条件反射的规律

1. 强化（reinforcement） 环境刺激对个体行为反应产生促进过程称为强化。在经典条件反射中，条件刺激与非条件刺激反复结合的过程就是一种强化。两者结合的次数越多，条件反射形

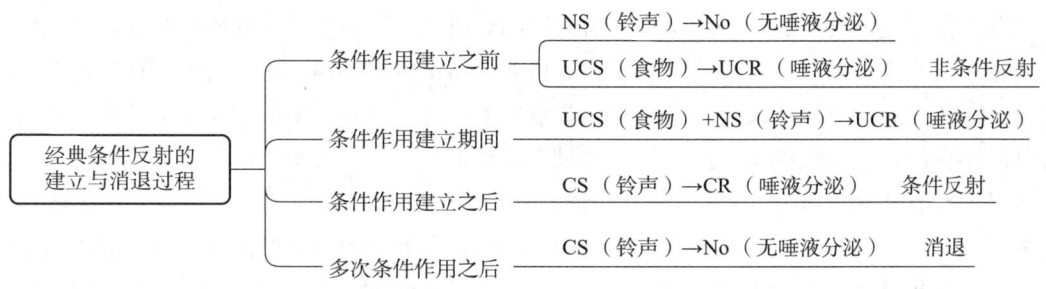

图3-3 经典条件反射的建立与消退过程

成就越牢固。

2. 消退（extinction） 如果条件刺激（CS）长期不与非条件刺激（UCS）结合，即取消强化作用，已经建立起来的条件反射就会消失，这种现象被称为消退。

3. 泛化（generalization） 作为反复强化的一种结果，不仅条件刺激（CS）本身能够引起条件反射，而且某些与之相似的刺激也可引起条件反射的效果，这种现象称为泛化。其主要机制是大脑皮质内兴奋过程的扩散。

4. 辨别/分化（discrimination） 个体学会在某些维度或特征上对与条件刺激类似的刺激做出不同反应的过程，称为辨别或分化。即仅让一种刺激伴随非条件刺激（UCS）出现，而使其他相似刺激在反复呈现时无非条件刺激（UCS）相伴，即可诱发辨别反应。

5. 高级条件作用（higher-order conditioning） 巴甫洛夫在实验中发现，可以用其他各种刺激来替代原来的条件刺激，以唤起已确立的那种条件反射。换言之，原来的条件刺激可以在后来的尝试中起无条件刺激的作用。例如，实验动物在对铃声形成唾液分泌反射之后，把铃声（CS_1）与灯光（CS_2）结合也能使实验动物产生唾液分泌反射。实验动物对灯光（CS_2）形成条件反射的过程，也就是高级条件作用的过程。

（三）经典条件反射的影响因素

影响经典条件反射的因素：①非条件刺激（UCS）与条件刺激（CS）的性质，越强的刺激，其效果越显著；② UCS 和 CS 之间的时间关系，CS 必须先于或与 UCS 同时发生；③共同作用的次数，随着 CS 与 UCS 共同配合的次数增多，条件反射增强；④以前对 CS 的体验，如果主体以前在没有 UCS 的情况下已受过某种刺激，那么，当这种刺激与一个 UCS 共同作用时，就不太可能成为 CS。

（四）实验的临床应用

约翰·华生受巴甫洛夫的影响，认为所有动物和人类的行为实质上都是反射的。铃声这个无关刺激由于食物的强化而逐渐成为食物的信号，即从一个无关的刺激转换为具有某种信号属性的过程，本身就是一个潜在的新行为模式的形成过程。华生格外强调环境事件而不是内部状态对个体的影响，反对将不能客观观测的意识、认知、动机和情绪体验等心理现象作为心理学的研究对象，只能以人和动物可观察的行为，包括外显行为（explicit behavior）和内隐行为（implicit behavior）作为研究对象。为了进一步说明人的行为不管是正常或病态的、适应性或非适应性的，都是经过学习而获得的，华生于 1920 年发表了一项有关小艾尔伯特习得恐惧的临床实验报告。

实验者让一个 9 个月大的男婴小艾尔伯特跟一只他曾喜欢的白鼠玩耍，每当他要接近白鼠时，就猛击铁棒以制造不悦的噪声。经过这样的几次结合后，每当白鼠出现时，他就会恐惧哭

拓展阅读 3-6
华生生平

闹，出现躯体紊乱表现。这是经过实验人为制造的恐惧症，证明非适应性的精神症状如惧怕行为可经过学习而产生。另外，实验后期观察到，男婴不但怕老鼠，而且还泛化到其他白色有毛的动物身上，如兔、狗、有毛的玩具，甚至对棉花也发生了恐惧反应。华生的实验也证实，通过将非条件刺激小白鼠，同恐惧刺激噪声反复配对呈现，便可使一个本来很喜欢玩小白鼠的婴儿患上对小白鼠的恐惧症（图3-4）。由于小艾尔伯特的突然离去，其没能得到及时治疗。行为治疗首次报道的案例是，1924年临床心理学家琼斯（M. C. Jones）治疗的一个惧怕白兔的3岁小孩。琼斯让这个患有恐惧症的小孩跟其他孩子一起，处于安心、舒适的环境之中，并给他喜欢吃的食物。与此同时，按程度逐渐由远而近地让小孩与白兔接近。通过这种尝试，逐步治愈了其恐惧白兔或其他类似物体的恐惧症。

视频 3-2
华生的小艾尔伯特实验

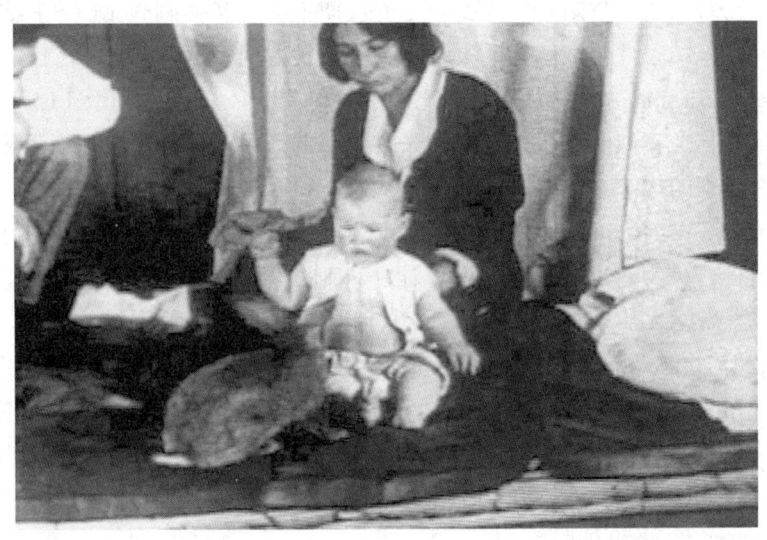

图 3-4　小艾尔伯特实验

由此华生认为，学习是通过经典条件反射建立刺激与反应联结的过程。他认为个体的行为大多是后天经过经典条件反射而习得的，也可以通过学习来更改、增强或消除已习得的行为，不论多么复杂的人类行为都是学习的结果。复杂的学习行为遵循两条规律：①频因律，即对某一刺激的某一行为反应发生的次数越多，这一行为就越有可能固定保留下来，并在以后遇到相同的刺激时很可能再次发生；②近因律，即对某一刺激发生某一行为反应在时间上越接近，这一行为反应越容易固定下来，并在以后遇到相同的刺激时越容易发生。

二、操作条件反射理论

（一）实验操作及意义

美国心理学家斯金纳在华生的理论基础上建立了新行为主义的操作条件反射理论，即个体在无意识触发某个行为以后，给予相应的奖励/惩罚，就能增加/减少该行为，由此形成强调个体主动性的新行为主义观点。他继承并拓展了华生的理论，进行了著名的操作条件反射实验。在一个以他的名字命名的斯金纳箱中，安放有一个杠杆装置和一个食槽。如果按压杠杆，就会有食物落入盘中。实验时，把一只饥饿的小白鼠放入箱中，老鼠在饥饿的刺激（S）下会产生一系列行为反应，如压杠杆、乱窜、乱咬等，但只有当其中的一种行为反应即偶尔按压杠杆动作（R）出现时，才会立即获得食物刺激（S）的效果。以后小白鼠再次偶然按压杠杆，又可得到食物。如果这种行为重复几次，小白鼠就会主动按压杠杆，也就是说它学会了按压杠杆而获

拓展阅读 3-7
斯金纳生平
视频 3-3
斯金纳的操作条件反射实验

得食物的行为（图 3-5）。这种食物刺激（S）的后果对老鼠按压杠杆的行为（R）起一种强化作用。在此食物是对按压杠杆的奖励（reward），因此也称为"奖励性学习"。根据同一原理可以教会小白鼠按压杠杆以避免遭到电击。斯金纳的实验表明：如果行为反应（R）如压杠杆出现后，总能获得某种刺激结果（S）如食物刺激或撤销电击，则个体可以逐渐学会对行为反应（R）的操作，这就是操作性条件作用（operant conditioning）。由于操作条件反射是借助对工具操作的学习而形成，也称为工具操作性条件作用（instrumental operant conditioning）。

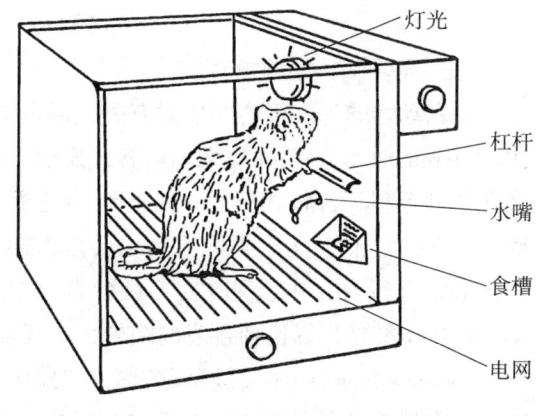

图 3-5 斯金纳箱

灯光
杠杆
水嘴
食槽
电网

操作条件反射重视行为后果对行为本身的作用，任何与个人需要相联系的环境刺激，只要反复出现在某一种行为之后，都可能对这种行为产生影响。人类许多正常或异常的行为反应，如各种习惯或症状，都可能因操作条件反射而形成或改变。既然人们的行为是由行为的后效来塑造的，那么，有意识地设置一些环境条件，使特定的行为产生特定的后效，就可以有效地控制、塑造行为。斯金纳的新行为主义在临床上为行为矫正提供了重要的实用操作技术，在教学上推出了一种新的教学方法——程序教学。因此，其科学方法和理论对心理学的发展和行为训练具有不可磨灭的贡献。

（二）操作条件反射的类型

在实验中，行为反应的后果刺激既可以是积极、愉快的，也可以是消极、痛苦的。根据操作条件反射中个体行为之后的刺激性质及行为变化规律的不同，操作条件反射可分为以下几种情况（表 3-3）。

表 3-3 四种后果的行为效应

类型	反应结果	例子	反应再次出现的可能性
正强化	喜爱的刺激，愉快	得到食物	增加
负强化	厌恶的刺激结束，结束不愉快	停止电击	增加
正惩罚	厌恶的刺激，不愉快	给予电击	减少
负惩罚	喜爱的刺激结束，结束愉快	取消食物	减少

1. 正强化（positive reinforcement） 又称阳性强化，是个体行为后果导致积极刺激增加，从而使该行为增加。如食物奖励使老鼠按压杠杆的行为增加，就属于正强化。

2. 负强化（negative reinforcement） 又称阴性强化，是个体行为的后果导致了消极刺激减少或撤销，从而使该行为增加。如老鼠的回避条件反射使其受电击的痛苦减少。

3. 正惩罚（positive punishment） 或称阳性惩罚，是指行为结果导致消极刺激增加，从而使行为反应减少。如电击使老鼠按压杠杆的行为减少甚至消失，属于正惩罚。

4. 负惩罚（negative punishment） 又称消退（extinction），是指行为结果导致积极刺激减少或取消，从而使该行为反应减少。如食物奖励逐渐变少甚至取消，老鼠按压杠杆的行为便会消退。

（三）两种条件反射的比较

人和动物的许多行为同反射有关，斯金纳将反射分成"应答式"（respondent）反射和"操作式"（operant）反射两种类型。应答式反射，是对已知刺激信号引起的被动反应以适应环境，如经典条件反射；操作式反射，是高级的随意行为，可用来应对不断变化的环境，如操作条件反射（表3-4）。他认为人类的行为主要是由操作式反射构成的，研究操作式反射的规律便可以认识人的复杂行为，并找到改变不良行为的方法。在操作式条件反射中，实验动物通过作用于环境，如按压杠杆，以达到合意的结果，如获取食物或避免电击，斯金纳将这种行为称作"操作行为"（operant behavior）。之所以被称为"操作式"，正是强调了其行为的操作性会导致某种结果的产生。在操作性条件作用中，反应的后果（如得到奖励还是惩罚），决定了该反应再次发生的可能性。

拓展阅读 3-8
内脏操作条件反射及临床应用

表 3-4　经典条件反射和操作条件反射的比较

特征	经典条件反射	操作条件反射
反应性质	反射性的，不随意的	自主的，随意的
强化	发生在反应之前（无条件刺激紧接条件刺激之后出现）	发生在反应之后（强化刺激在反应之后出现）
学习者角色	被动学习者（反应由无条件刺激引起）	主动学习者（主动做出反应）
学习性质	中性刺激通过与无条件刺激之间建立联系而成为条件刺激	特定反应结果决定这一反应再次发生的可能性
习得期望	学习可预期的信号，即预期在条件刺激之后出现无条件刺激	对行为结果的学习，即预期自己的反应将产生特定效果

三、社会学习理论

拓展阅读 3-9
班杜拉生平

（一）社会学习理论的创立

社会学习理论的创始人班杜拉指出，行为主义的刺激反应理论无法解释人类的观察学习现象，如为什么个体在观察榜样行为后，这种已获得的行为可能在数天、数周甚至数月之后才出现，如果社会学习完全是建立在奖励和惩罚结果的基础上，那么大多数人都无法在社会化过程中生存下去。班杜拉认为，以往的学习理论家一般都忽视了社会变量对人类行为的制约作用。他们通常用物理的方法对动物进行实验，并以此来建构其理论体系，这对于研究处于社会之中人的行为来说，缺乏科学的说服力。因此他通过实验提出了观察学习理论，即不通过针对个体的直接强化，而是通过社会观察也能形成相应的条件反射。

1961年班杜拉曾做过一个经典的人类观察学习实验：在看过一个成人榜样对一个大型塑料玩偶进行拳打脚踢之后，实验组儿童比未见过攻击榜样的控制组儿童表现出了更高频率的攻击行为（图3-6）。由此提出，人类大多是在社会交往中通过观察与模仿榜样的示范行为而进行学习的。

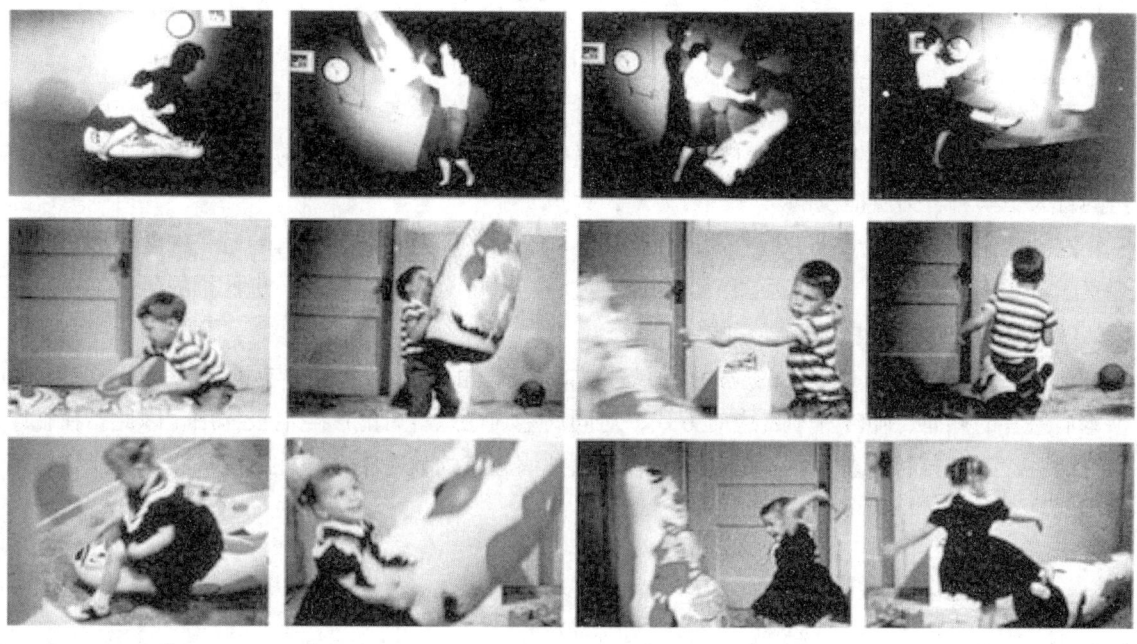

图 3-6　班杜拉攻击行为观察实验

（二）观察学习的内容与过程

1. 观察学习的内容　观察学习（observational learning）或模仿（imitation）是指通过观看他人的行为和行为的后果（如得到奖赏还是受到惩罚）而获得新行为的过程。个体通过对具体模型榜样（model）的行为活动的观察和模仿，而不一定是刺激和反应间的联结，学会一种新的行为类型。模仿类同于我们所说的"榜样的力量"，强调学习过程中人的自我调节作用的重要性。班杜拉认为，行为的习得既受遗传因素和生理因素的制约，又受后天经验环境的影响。行为习得有两种不同的过程：一种是直接经验的学习，即通过直接经验获得行为反应模式，或通过反应的结果所进行的学习；另一种是间接经验的学习，即通过观察示范者的行为所进行的学习。观察学习不属于自我强化机制，即经典条件作用和操作性条件作用，而是一种替代强化机制，即替代性条件作用（vicarious conditioning）或替代性学习。

2. 观察学习的过程　班杜拉认为，观察学习的机制不能简单地用操作条件反射的原理进行解释。通过分析研究后得出，观察学习包括四个阶段。

（1）注意阶段：对榜样的知觉。个体反复观看某一榜样，集中注意观察所要模仿的行为，接受其中的特征性信息，成为学习的依据。这既取决于观察对象的特点，也取决于观察者本身的特征，以及过去的经验和当时的意愿。

（2）保持阶段：是一个记忆或信息存储的过程，指把观察得到的信息进行编码并储存在记忆中的活动，即观察对象的行为特征被个体有意无意地记住，成为日后自己行为的模板。

（3）行动阶段：属于记忆向行为的转变或再现过程。个体通过自己的运用，再现被模仿的行为，表现出观察对象特征的行为。此阶段是由内到外、由概念到行为的过程。

（4）强化阶段：是一个动机确立的过程。这是使一项模仿实际实行与否的制约因素，这一过程会影响前面三个阶段。可依据强化的原则，以增加或减少这种行为再次发生的次数。多数有目的的模仿行为都需要某种动机力量的支持。

（三）观察学习的应用

班杜拉认为，影响观察学习或模仿的条件有：①榜样是学习者所崇拜的偶像。②榜样的行为受到了奖励或惩罚。③榜样与学习者在人格特质上有相似之处。④模仿的行为可明确认定。⑤模仿的行为是学习者力所能及的。

这一理论有两个重点：一是他发现并强调不同于操作反射和应答反射的另一种学习形式——观察学习或模仿学习；二是他强调"认知调节过程"对行为的重要影响。班杜拉的研究工作对其后认知行为疗法的出现具有重要影响。

该理论在临床上也有重要的应用价值。例如，疾病角色行为的形成与示范作用有一定关系，手术后患者的疼痛、呻吟等不良应对方式，对同病室其他患者可能产生消极作用。因此。在临床患者的医疗、指导和护理，尤其是儿童患者及精神病患者的教育中，应注意发挥积极的榜样示范作用。

四、行为主义理论述评

（一）历史地位

华生在20世纪初创立的行为主义理论，又称为刺激－反应理论，在美国占据主导地位长达半个世纪之久。斯金纳的操作性条件作用原理更是将行为主义理论推向了高峰。班杜拉注重社会因素的影响，提出观察学习、间接经验、自我调节等概念，对社会学习理论的发展也产生了重要影响。目前，行为主义理论与精神分析和人本主义理论齐名，成为心理学领域的三大学派之一。行为主义理论涉及范围很广，依据各种行为主义理论建立的行为治疗方法，已成为目前国内外许多心理治疗的主流方法。

（二）在疾病解释方面的作用

对人类行为的发生及其机制的阐述是行为主义理论的主体内容。在行为主义者看来，除了遗传和成熟的有限作用外，学习是获得行为和改变行为的主要途径。人类的许多疾病是人与环境（包括自然环境、社会环境）不相协调的结果，人的许多疾病和症状被视作适应不良行为（maladaptive behavior），如血压升高、胃酸分泌过多、反复洗手等。人类获得新行为，包括获得疾病和症状的基本学习方式，涉及巴甫洛夫的经典条件反射和斯金纳的操作条件反射。许多不良的生活习惯或行为可以通过强化的作用而固定下来，如一个人无聊时吸一支烟或喝一些酒解闷，久而久之，吸烟及饮酒行为被强化，导致烟瘾、酒瘾的形成。此外，通过观察他人的行为及行为的后果，也可获得新的行为。班杜拉的研究证实，恐惧反应及儿童的口吃等均可借观察学习或模仿而习得。

（三）在疾病治疗方面的作用

既然人类的某些疾病与症状可经学习而获得，自然也就可以依据学习的基本规律对它们进行矫治。行为治疗技术实际上是一些获得、消除和改变行为的学习过程。如通过再学习（relearn）或重建条件作用（reconditioning），帮助患者学习新的技能或行为；通过去除学习（unlearn）或去除条件作用（unconditioning），帮助患者学习减除适应不良行为或疾病症状；通过抗条件作用（counter-conditioning），学会一种新行为来对抗适应不良行为或症状。总之，通过行为矫正疗法可以改变各种不良行为，促进个体对工作和生活环境的适应，协助治疗许多临床疾病，特别是心身疾病。

（四）局限性

行为主义理论强调，从学习的角度来考察分析患者的生活环境并找到矫正患者行为的方法，也十分强调对治疗效果的科学评定与研究。行为主义理论重视研究方法的科学性与客观性，重视环境因素的重要性，这都值得我们借鉴。但行为主义理论也存在不足：首先，条件反射理论大多来自动物实验，没有考虑动物和人类学习的本质区别，因而难以全面地解释人类的复杂行为。尤其是早期行为主义者的极端环境决定论观点，忽视对心理现象的研究，忽视大脑对行为的支配作用，需要批判地理解。其次，尽管班杜拉的实验结果都是以人为研究对象得出的，避免了将动物实验得出的结论推广到人当中的错误倾向，但班杜拉的社会学习理论忽视了儿童自身的发展阶段会对观察学习产生影响。最后，该理论认为消除了症状也就治好了疾病，而未考虑更深层次的致病机制，也值得商榷。

拓展阅读 3-10
赫尔的假设－演绎体系

第三节 认知主义理论

一般认为，认知主义兴起于 20 世纪 50 年代末期，1956 年是认知主义理论产生的一个重要年份，这一年中发表了多项展现心理信息加工特点的研究成果，包括米勒（G. Miller）对短时记忆有限容量所做的信息加工说明，乔姆斯基（N. Chomsky）对语法生成与转换机制及特点的分析研究，布鲁纳（J. S. Bruner）等对策略在思维及认知活动中作用的研究等。1967 年，美国心理学家奈瑟尔（U. Neisser）出版著作《认知心理学》，标志着认知心理学的产生。"认知心理学"这一概念集合了众家之长，同时兼顾了传统心理学中的经验主义、实证主义和行为主义。

认知主义的产生一方面来源于行为主义学派在解释人类行为方面的失败，另一方面与现代计算机技术的发展密切相关。行为主义自产生后曾一度兴盛于西方，但后来因其否认人类意识在心理活动过程中的作用而逐渐失去以往的影响力。与此同时，一些新兴理论与技术的崛起，如计算机科学、自动化生产技术等，使得系统控制论、信息论等思想得以渗透到心理学中。一些心理学家开始尝试将人脑和计算机作类比，用信息加工的观点解释人类的心理活动过程。因此，认知心理学的主要理论基础是信息加工理论，将人脑看作类似于计算机的信息加工系统。认知主义核心假说认为，人的认知过程等同于中央信息处理过程，那么信息加工之前的信号输入过程等同于人的感知，信息输出过程等同于人的行动。

一、信息加工理论

信息加工是认知研究中一个比较重要的领域，涉及人脑如何输入、储存、解释和运用环境中的信息。信息加工分为自动加工和控制加工两种：自动加工不需要很多注意，反应快并且维持时间长；而控制加工需要整合新的信息，并且要求长时间地集中注意力。另外信息加工也有外显和内隐之分：外显信息加工体现了主体动机和意识的内容，如努力识别道路上标识的过程；内隐信息加工过程处于主体意识之外，对主体具有隐蔽性。例如通过一个偏旁部首联想整个字，每个人给出的答案可能都不相同，这些结果很大程度上来自内隐信息加工过程，而其具体是如何进展的，主体自己并不清楚。需要注意的是，每个人的内隐信息加工往往具有一定的模式，旁人通过仔细观察是可能发现一些蛛丝马迹的。

信息加工理论中有两个比较重要的概念，分别是注意和图式。

1. 注意　注意过程是认知偏差的一个重要方面。人类不可能同时注意所有信息，更不用说处理，因此在同一时刻，只能选取相对而言更加重要的信息，过滤掉其他次要的内容。这种正常功能所必需的机制称为选择性注意。许多精神疾病的发病可能与选择性注意有关，如有的精神分裂症患者可能对正常人会自动过滤的无关声音给予过度关注，并与自身联系起来，产生听、幻觉的症状。

2. 图式（schema）　是指一种经过抽象概括了的背景知识或认知架构，抑或是"人脑中的知识单位"。自我图式是个体在以往经验基础上形成的对自己的概括性认识。个体在自我图式的基础上加工有关自己的信息。受自我图式的影响，个体记住的往往是对自身有意义的或以往已知内容的延伸。积极的自我图式让人们积极地应对挑战，同时乐观地面对失败。而消极的自我图式让人过度关注失败经验，消磨希望、动力和自信心。

二、认知情绪理论

认知情绪理论认为情绪的产生受到环境事件、生理状况和认知过程三种因素的影响，其中认知过程是决定情绪性质的关键因素。这方面的理论包括阿诺德的评定－兴奋学说、沙赫特和辛格的两因素情绪理论及情绪的认知评价理论。具体请参考第二章第三节"情绪和情感过程"相关内容。

三、认知行为理论

认知行为理论认为，行为的产生在很大程度上受认知过程的影响，个体的一切心理问题和障碍都源于内在错误的认知系统，使其在错误观念的支配下产生错误的行为和症状。主要的理论包括贝克的情绪障碍认知理论和艾利斯的 ABC 理论。

认知行为心理学家贝克（A. Beck）通过大量抑郁症临床案例及深入研究，在 1976 年出版的《认知治疗和情绪困扰》一书中提出情绪障碍认知理论：心理问题主要是在错误的前提下，对现实误解的结果，这种错误可以从平常的事件中产生，如错误的学习，依据片面的或不正确的信息作出错误推论，或者不能适当地区分现实与想象之间的差别等。Beck 还提出，个体的情感和行为在很大程度上是由其自身认识外部世界的方式或方法决定的，即一个人的思想决定了他的内心体验和行为反应。心理障碍的产生并不是激发事件或有害刺激的直接后果，而是通过认知加工，在歪曲或错误的思维影响下促成的。这些错误思想常以自动思维的形式出现，即它们会不知不觉地进行，因而不易被察觉，不同的心理障碍中有不同内容的认知曲解（cognitive distortion）。

美国临床心理学家，合理情绪疗法创始人艾利斯（A. Ellis）提出"人不是为事情困扰着，而是被对这件事的看法困扰着"的观点。所谓的 ABC 理论中：A 指事件（accident）；B 指信念（belief），即个体对诱发事件的想法、解释和评价；C 指事件后，人的情绪和行为结果（consequence）。在 ABC 理论的基础上，艾利斯进一步发展出了合理情绪疗法。艾利斯指出，人天生具有歪曲现实的倾向，有一种既理智又不理智的潜在性质，造成问题的不是事件本身，而是

拓展阅读 3-11
认知行为理论与具身
认知理论

对事件的解释和判断，因而改变不合理情绪和行为要从改变隐藏于背后的不合理思维入手。该理论在精神障碍领域主要用于压力管理、心理健康及疾病的辅助治疗与康复。

四、认知理论的意义与局限

认知理论自诞生以来，影响迅速扩大，并在众多领域获得成功，尤其在情绪障碍及焦虑障碍中有显著成就。近年来在性功能障碍及物质依赖领域中也崭露头角。然而认知理论最大的缺陷在于无法证明精神障碍与错误认知两者孰前孰后，如是抑郁情绪导致抑郁性想法，还是抑郁性想法导致抑郁情绪。另外，也有批评指出认知理论认定负性感知总是不合理的，这一点并不一定成立，有时负性的感知可能是反映事实情况的。如觉得没有人爱自己，或许并不一定是对周围环境的歪曲认知。最后，认知理论中所采用的改变对世界的认知这一方法并不能够解决所有问题，如患者生活中实实在在的具体问题、工作压力、家庭不幸等，这时他们所需要的可能并不只是主观态度的改变。

第四节　人本主义理论

人本主义理论（humanistic theory）兴起于 20 世纪 50—60 年代的美国，它的产生有一个较长的酝酿过程和广阔的历史背景。在人本主义者看来，精神分析把患者与正常人相等同，以潜意识的功能取代人的整个心理生活的研究，陷入了生物还原论和悲观论；行为主义把人与动物相等同，以刺激 - 反应的公式取代人的内在心理历程的研究，陷入了机械还原论和环境决定论。这两种理论的最大问题是贬低了人类人格和意识的价值，抹杀了人与动物的根本区别。所有人本主义理论的共同点在于以人类的积极本性为研究对象，强调人天生具有追求美好和完整生命的能力。人本主义学派相信，每一个人都有积极向上的动力，能够通过自我的力量走出心理疾病的阴影。所以心理干预要做的就是通过非指导性的谈话帮助他认识到自己本身的资源，建立自信，从而达到自我治疗的目的。人本主义积极倡导给予人们鼓励、关爱和理解，帮助他们提高自己的信心。在怀有这样积极看法的人本主义者中，最有影响力的两个人是罗杰斯（C. Rogers）和马斯洛（A. Maslow）。

拓展阅读 3-12
马斯洛生平

一、自我实现理论

人本主义理论中，以罗杰斯所提出的自我实现理论最有名，也最具有代表性。所谓自我实现，就是发展真实的自我，施展现有的或潜在的能力。自我实现是实现潜能的过程，没有时间和质量的限制。从事充分实现自己潜能的实践活动，无论何时，个体所体验的真诚、和谐、诚实及其他高峰体验等都是自我实现的表现。自我实现的倾向引导个体的行为朝普遍积极和健康的行为方向发展。罗杰斯认为每个人都生而具有自我实现的趋向，当由社会价值观念内化而成的价值观与原来的自我有冲突时便引起焦虑，为了应对焦虑，人们不得不采取心理防御，这样就限制了个人对其思想和感情的自由表达，削弱了自我实现的能力，从而使人的心理发育处于不完善的状态。

自我实现理论有两个重要的假设：①人的行为是由每个人独一无二的自我实现倾向引导

着的。②所有人都需要被积极地看待。基于这样的观点，罗杰斯指出，为了使人得到全部的自我实现，每一个人都应当被爱，应当被认为是有价值的。人们所需要的是无条件积极关注（unconditional positive regard），即无论做什么都被给予完全的爱，个人的价值和尊重在任何时候都应该被放在首位。罗杰斯提出的来访者中心疗法（client-centered therapy）旨在帮助来访者认识到真实的自己，完全接纳自己，并开始朝向自我实现发展。其基本做法就是鼓励来访者自己叙述问题，自己解决问题。罗杰斯把咨询师的态度和个性及咨询关系的质量作为咨询结果的首要决定因素，相信来访者有自我治愈的能力。

二、需要层次理论

马斯洛是人本主义学派中另一位重要代表人物。和罗杰斯一样，马斯洛的研究也开始于这样的假定：人类本质是好的，其所有行为均源于自我实现的本能。其在 1943 年出版的《人类动机理论》一书中提出了著名的需要层次理论，该理论认为，人有两类需要：本能需要，又称为低级需要或生理需要；潜能需要，又称为高级需要或心理需要。在低级需要获得满足或部分满足后，高级需要就会出现，并要求得到满足。需要满足的最终方向是实现自我。马斯洛认为人类具体有五种需要，并且以金字塔结构排列，具体请参考第二章第五节中"需要"的相关内容。

20 世纪 70 年代，马斯洛的后继者在尊重需要和自我实现需要之间增加了认知需要（cognitive need）和审美需要（aesthetic need）。前者关注对知识和意义的追求，后者关注寻找和创造美、平衡及和谐。90 年代，又在自我实现需要之上增加了第八个需要，即超越需要（transcendence need）。所谓超越需要，指帮助他人获得自我实现的需要。至此，需要层次理论发展为一个八层次的结构。需要注意的是，后来添加的三个层次在马斯洛自己的理论已有提及，马斯洛将它们包含在了自我实现需要中，后人只是将它们分离出来作为独立的层次。总之，马斯洛认为人类所要达到的状态，比单单"适应"要多得多，因此心理学不仅要致力于修复损伤，也要帮助人们生活得更加丰富多彩且充满创造性。然而需要层次理论也存在颇多争议，如他认为人类的基本需要是由体质或遗传决定的、与生俱来的。这就把人的生物性需要和社会性需要混同起来，人与动物的需要既有连续性又有质的区别，人的社会性需要是动物所没有的。此外，只强调个体基本需要的层次及纵向联系，而没有揭示个体在同一时间、空间内诸种需要之间的动机冲突。但即使如此，需要层次理论中需要满足从低级到高级的发展趋势，反映了一般人共同的心理过程，在一定程度上反映了人类的行为规律。

三、积极心理学

积极心理学运动由人本主义心理学和认知行为心理学发展而来，它强调帮助人们生活得更加充实。积极心理学的一个基本信念是，心理学不仅研究疾病、不足和伤害，也研究力量和美德。积极心理学认为，传统心理学由于过于关注对伤害的识别、消除和预防，而忽略了人类本身所具有的积极力量。因此，积极心理学认为心理学的研究对象应该是正常的、健康的普通人，而不是少数有"问题的人"，应该注重人性的优点，而不是他们的弱点。积极心理学所号召的是一种教育人们如何提高自身素质的心理学，这些素质包括希望、坚持、能力、对未来的信心及开阔的胸襟，它们是应对心理疾病最好的缓冲器。20 世纪 80 年代，斯诺登（D. Snowdon）与同事对 678 名生活于美国明尼苏达州孟卡多市的修女开展了一项研究，这些修女均出生于 1917 年之前，研究开始时她们的平均年龄是 85 岁。作为研究的志愿者，她们同意公开自己所有的医疗和个人记录。研究人员通过分析其中近 200 名修女当初进修会时所写的简短自传，发现早期著述中的积极情感与 60 年后的长寿之间有着紧密的联系。年轻时有较多积极情感和复杂语言结构的修女，其寿命更长，更能抵御衰老所带来的认知损伤。

四、人本主义理论述评

人本主义理论强调人性的善良和意识的作用，提出人的尊严和价值问题，对心理学向高级阶段发展有很大的促进作用，并在西方的管理、商业、教育、医学等领域产生了一定影响。人本主义具有强烈的现象学倾向，他们强调人的主观体验，对人主观世界的心理内容有强烈的兴趣。人本主义心理学为心理咨询和治疗提供了重要的支持，包括真诚、同情和积极关注来访者，关心来访者的心理成长，治疗师以同等地位来对待来访者等。但是人本主义理论也有其局限性，主要表现在理论的模糊性、研究缺乏科学性；人本主义理论过分夸大自我的作用，强调无条件关注的绝对作用，却不能解释无条件关注的积极意义；另外，人本主义理论提供的心理治疗方法中理念多于技术，因而在实际运用中缺乏可操作性。

> 拓展阅读 3-13
> 情绪聚焦疗法与动机式访谈

第五节 其他理论

一、心理生理学理论

心理生理学（psychophysiology）学派的代表人物有坎农（W. B. Cannon）、塞里（H. Selye）、巴甫洛夫（I. P. Pavlov）、沃尔夫（H. G. Wolff）、恩格尔（G. L. Engel）等。

（一）坎农

心理生理学认为，心理因素对人类健康和疾病发生的影响，必须通过生理活动作为中介机制。该学派最早的代表人物坎农教授发现，情绪与器官变化之间有化学因素在起作用。他发现在各种刺激作用下，实验动物的心率、心肌收缩力、心输出量和血压都增加；呼吸加深加快；肝糖原加速分解转化成葡萄糖，从而使血糖增高；交感神经动员脂类，使血液中的游离脂肪酸增多；与此同时，凝血时间缩短，儿茶酚胺分泌增多，中枢神经系统兴奋性升高，机体变得警觉、敏感。坎农认为，这些生理反应既为应对应激源提供了必要的能量，又保护了动物使其不至于过多损伤。他将这些反应命名为"战斗或逃跑反应"（fight or flight reaction），认为其生理机制是动物在外来威胁性刺激之下，准备战斗或逃跑，同时出现愤怒或恐惧的情绪反应。这些反应的神经内分泌生理基础是交感神经的兴奋和肾上腺髓质分泌的激素增加。坎农还发现一个逐步消除上述反应、恢复原来功能状态的机制，称为稳态机制（homeostasis）。

（二）塞里

加拿大学者塞里认为，不论是物理的、化学的、生物的或社会心理的刺激，机体总是出现一种非特异性的反应。他称之为"一般适应综合征"（general adaptation syndrome），此时体内有垂体前叶与肾上腺皮质激素分泌的增加。塞里认为垂体 - 肾上腺轴以激素变化的形式使躯体对各种精神应激起反应，并可能由此产生心身疾病。塞里将应激反应分成三个阶段：警觉期、抵抗期、衰竭期，持续的应激一旦超出机体适应的范围，机体就会表现出适应不良的情况，从而导致心理问题甚至心身疾病。

（三）巴甫洛夫

早在 20 世纪 30 年代，巴甫洛夫与同事已对动物的多种内脏活动建立了条件反射，包括胃肠不同质与量的消化液分泌、胃肠蠕动、胆汁与胰液分泌等，使它们的活动随外界信号刺激而变化。在超强刺激、精细分化、刺激性质变换、过度紧张等情况下，引起了大脑皮质生理功能失调。巴甫洛夫的高级神经活动学说和皮质内脏相关学说认为，环境刺激、语言、文字、心理活动等都可成为条件刺激物，通过条件反射影响体内器官的活动。心理活动障碍可成为病理刺激物，进而导致神经症和心身疾病。心身疾病是躯体在企图适应各种应激时所带来的后果，它们大都属于塞里一般适应综合征中衰竭阶段的表现。

（四）沃尔夫

康奈尔大学的沃尔夫重视有意识的心理因素在疾病中的作用，对精神紧张或情绪负荷之下的各种内脏活动变化，特别是消化道的反应做过系统的观察。他研究过长期愤恨情绪作用之下，患者胃黏膜充血及最终出现点状黏膜糜烂、出血的现象。在严重恐怖、悲哀、失望情绪之下，他观察到胃的功能降低，甚至运动与分泌活动停止。在郁郁寡欢、灰心情绪或激烈运动比赛中，会存在肠蠕动的抑制与便秘。另外，沃尔夫观察了一位对婚姻不满的妇女，谈话中她出现愤怒与流泪，而此时她的鼻黏膜发红、肿胀、潮湿、分泌大量黏液，造成通道阻塞。这些现象表明鼻黏膜也参与了精神紧张与情绪冲突的过程。除此之外，沃尔夫通过精细的实验，用量化的方式表现了应激状态下的情绪改变，以及所导致的行为与生理的变化。他提出的心理应激理论（psychological stress theory）对心身医学的研究有着决定性的影响。

（五）恩格尔

恩格尔于 1977 年提出人对不同性质的心理应激所产生的生理反应主要分为两大类：人们面临危险和威胁，产生愤怒、焦虑、恐惧时，通过交感 - 肾上腺髓质轴、垂体 - 肾上腺皮质轴神经内分泌系统，引起心血管反应、血糖升高、血压升高，称为"战斗或逃跑反应"；而抑郁、悲观、无望感、失助感，则通过副交感神经系统活化垂体 - 肾上腺皮质轴，引起肠道分泌活动亢进、支气管痉挛、免疫力降低等，称为"保守 - 退缩反应"。前者的持续存在是产生冠心病、高血压、心肌梗死、脑卒中、糖尿病和脑血管病的原因之一，而"保守 - 退缩反应"则是心脏猝死、溃疡、癌症、哮喘、类风湿关节炎及某些皮肤病的病因之一。

20 世纪 60 年代以来，随着方法学的进步，人们对心身疾病的研究也愈加深入。环境刺激、心理社会刺激等因素的作用被综合起来加以考虑。应对方式、社会支持系统、生活事件及生存质量等方面的研究，也为心身医学开辟了新的研究领域。

二、中医情志理论

中医情志理论是中医基础理论的重要组成部分，情志是机体对外界环境刺激做出的不同反应。中医理论把反映机体外在的情绪和心情称为"七情"，包括喜、怒、忧、思、悲、恐、惊。七情活动对机体生理活动起着协调作用，与五脏六腑、气血津液有着密切关系，心情愉悦可使气机条达、营卫调和、经脉通利、机体平和。中医的脏志学说认为心志喜，肺志忧，脾志思，肝志恐。认为"七情"为内伤，故《黄帝内经》中有"怒伤肝，喜伤心，思伤脾，忧伤肺，恐伤肾"的记载。情志变化是脏腑之气在精神心理层面的延伸与寄托，情志影响着脏腑的健康与疾病。中医学重视形神合一的整体观，神志的变化可以反映于脏腑，也能调节机体功能。

三、感觉统合理论

感觉统合理论（sensory integration theory）由美国南加州大学临床心理学博士爱尔丝（J. Ayres）于 1969 年首先提出。感觉统合是一种大脑和身体相互协调的学习过程，是将各神经系统传导的不同感觉在脑干部分做组织统合，使个体能顺利地与环境接触，并感到满足。没有感觉统合，大脑和身体就不能发展。

四、人性主义理论

人性主义，即人性主义心理学，是有关人的属性，即人性的理论。它认为人性由三个方面的属性构成：生物属性、精神（心理）属性和社会属性。这三方面属性相互依存、相互制约、相互渗透、相互影响、相互转化，融为一体而不可分割。人性主义理论在人性的层面上整合了几大心理治疗理论取向的精髓，同时克服了它们各自的不足。例如，人性主义借鉴了精神分析的潜意识动力理论，但并未停留在模糊的水平上，也未接受不适合中国人的"性本能"和"死亡本能"的内容，而是将动力系统进行辩证地细分，创造性地提出悟践决定论的心理动力体系，具有极强的逻辑思辨性和科学性。

（薛云珍　刘可智）

复习思考题

1. 性心理发展理论是如何解释人格障碍的形成的？
2. 何谓自我防御机制？如何正确使用各类自我防御机制？
3. 如何运用正强化的机制塑造健康人格？
4. 何谓模仿学习？怎样用该理论解释儿童的攻击行为？
5. 各种心理学基本理论的联系和区别是什么？

网上更多……

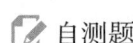本章小结　　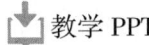自测题　　⬇教学 PPT

第四章
心理发展与心理健康

关键词

| 心理发展 | 心理健康 | 依恋 | 分离焦虑 |
| 第一反抗期 | 情商 | 心理代沟 | 退休后综合征 |

人的一生都在发展中，心理的发展是其重要的组成部分。在人的每个发展阶段都有其独特的发展任务和心理特征。

党的二十大报告提出，推进健康中国建设，重视心理健康和精神卫生。本章主要介绍心理发展和心理健康的概念，帮助了解每个阶段的心理特征，掌握不同阶段心理健康保健的基本方法。作为医学生，了解心理健康知识不仅可以学以致用，还可以应用于医疗关系中，通过对不同时期心理特征和心理保健方法的了解，达到促进心理健康的目的。

知识导图

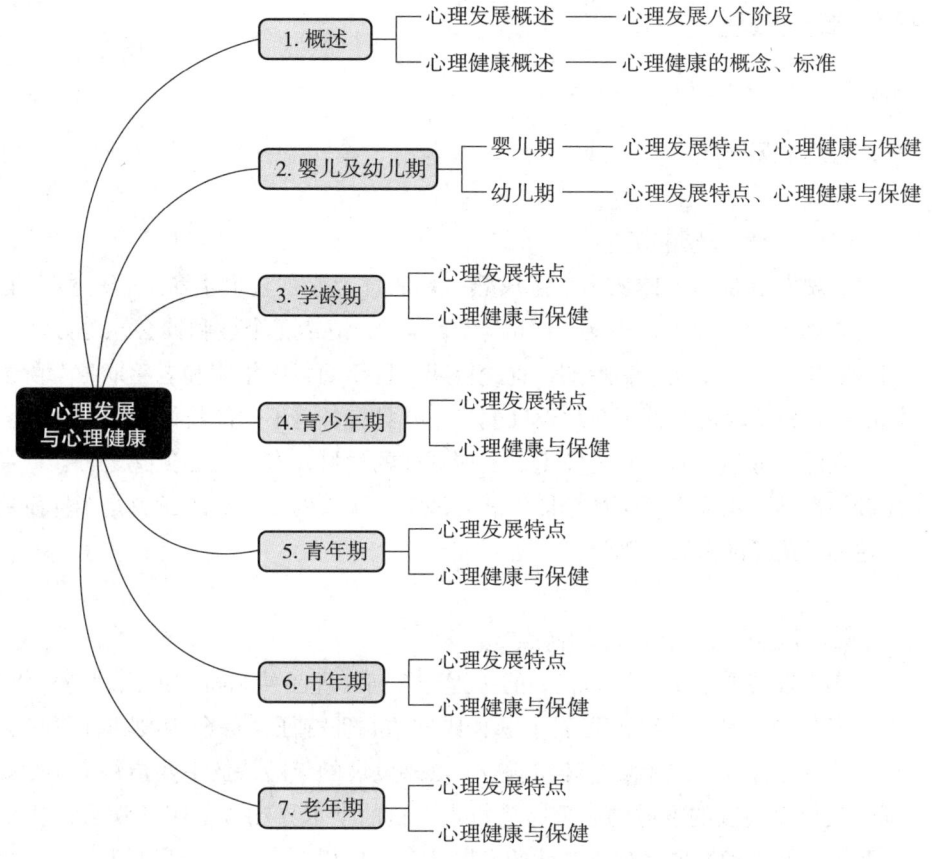

第一节 概述

一、心理发展概述

（一）心理发展的概念

心理发展是指个体从出生、成熟、衰老直至死亡整个生命进程中所发生的一系列的心理变化，具体包括认知（感知觉、记忆、思维等）、情绪、个性和社会性等方面。人的一生经过产前期、婴儿期、幼儿期、学龄期、青少年期、青年期、中年期和老年期各个阶段，个体的心理在不同阶段及各阶段之间都不断地发展变化，并具有各自不同的特征。

基础链接 4-1
比较心理学和民族心理学

发展心理学是研究心理发生、发展规律的学科，有广义和狭义之分。广义的发展心理学包括比较心理学、民族心理学和个体发展心理学。狭义的发展心理学就是个体发展心理学，本章重点描述的是狭义的发展心理学。

（二）心理发展各阶段的特点

心理发展是一个连续和统一的历程，任何心理品质和特征的出现与形成都不是一蹴而就的。每个发展阶段都有明确的发展主题和典型的心理特征，每个阶段都有不同于其他阶段的本质特征，这些特征与一定年龄范畴相对应。心理发展的年龄特征主要指每个年龄阶段所表现出来的有别于其他年龄段的本质的心理行为特点。目前学术界比较普遍的观点：从相对短的时间跨度来看，个体的心理发展呈现出连续的发展状态；从相对长的时间跨度来看，个体的心理发展呈现出阶段性的特点。因此，个体心理发展是既有连续性又有阶段性的发展过程。

根据国内已有的发展心理学研究成果，参考国内外各家学派的观点，将个体心理发展划分为以下八个发展阶段。

1. 产前期 这是指从母亲受孕到个体出生前的胚胎和胎儿发育的时期。这个时期大约要经历 10 个月。个体从受精卵发育成五官俱全、具备人类生命全部特质的婴儿，继承了人类种系发展的成就，并具有了发展为人类社会合格成员的可能。

2. 婴儿期（从出生到 3 岁） 又称为学步期。这一阶段儿童的生理发育十分迅速，这为广泛的感知觉运动能力的出现和智慧的产生准备了生物学前提。这一时期，儿童发展了躯体动作能力和抓握物品、摆放物品的精细动作能力，学会了独立行走，出现了言语活动，通过交往发展了最早的与他人的亲密关系。

3. 幼儿期（3~6 岁） 又称为童年早期。这一阶段的儿童神经系统发育不断完善，身体运动技能更加协调，精细动作的能力进一步提高。游戏成了他们的主导活动。通过游戏活动使儿童的认知、情感、个性和社会性得到发展。儿童已经能够用母语熟练地与别人交往，发展了言语思维，能用各种符号表征客观物体。儿童的道德感也有了明显的进步，与其他小朋友发展了最早的同伴关系。

4. 学龄期（6~12 岁） 儿童入学后学习成了他们的主导活动，通过系统的小学教育，儿童发展了阅读、书写、计算等技能，心理技能的随意性得到明显发展，对行为的控制能力进一步提高，自我意识进一步增强。概念思维和反省思维的能力也迅速增长。儿童的社交范围从家庭扩大到学校的同学和老师，在交往中开始形成初步的责任感、义务感和道德感。儿童对自我、对他人及对人与人之间关系的社会认知能力显著提高。

5. 青少年期（12～18岁） 这一阶段是个体心理发展从儿童向成人过渡的时期。身体的迅速发育和性功能的成熟，使他们产生了全新的体验，并给同伴关系带来了新的特点。青少年的抽象思维能力已经接近成人，能通过假设命题的形式思考、认识外部世界。青少年面临着升学和就业的人生选择，他们试图在物质和心理上摆脱对父母的依赖而成为独立的社会成员。

6. 青年期（18～35岁） 又称成年早期，这一阶段的多数人已经完成了受教育的任务，参加了工作，承担起作为社会成员的责任，他们建立了家庭，并担负起生儿育女的家庭重任。建立家庭和获得稳定的职业，是这一阶段最主要的发展课题。

7. 中年期（35～60岁） 又称成年中期，这一阶段的成年人是社会的中坚、家庭的核心。他们中的许多人都已经达到了职业生涯的顶峰，承担着重要的社会责任。在家庭中，他们一方面要帮助逐渐成年的子女获得独立生活的能力和条件；另一方面要照顾双方年迈的父母，让他们过好晚年生活。他们经常陷入角色冲突之中，常常面临忠孝两难全的尴尬状况。这一阶段的成年人对个人肩负的社会、家庭的使命感和责任感有更加深刻的认识。

8. 老年期（60岁以上） 又称成年晚期，在退出社会主要角色后，重新获得个人生命意义成为老年人生活的重心，他们常常要对自己的晚年生活进行重新定位。同时老年人还要面对生理上的衰退、心理上的孤独、疾病及死亡等课题。

心理的发展同宇宙万物发展一样遵循着量变、质变的法则，当某些代表新质的要素积累到一定程度时，新质就代替了旧质而占据优势地位，从而实现从量变到质变的过程，表现出心理发展的间断现象，新的阶段开始形成。发展的前一阶段是后一阶段出现的基础，后一阶段又是前一阶段的延伸，旧质中孕育着新质，新质中又包含旧质，但每个阶段占优势的特质是主导该阶段的本质特征。

二、心理健康概述

（一）心理健康的概念

1990年，世界卫生组织对健康的定义作了补充和完善，指出健康是一个人在身体健康、心理健康、社会适应健康和道德健康四个方面皆健全。到目前为止仍没有一个全面而确定的心理健康的定义，不同的理论学派、不同专家从不同的角度给予心理健康的定义不完全相同。第三届国际心理卫生大会（1946年）发表宣言指出，心理健康指在身体、智能及情感上与他人的心理健康不相矛盾的范围内，将个人的心境发展成最佳状态。心理学家英格里希（English）把心理健康定义为一种持续的心理状况，当事者在该状况下能作出良好的适应，具有生命的活力，而且能充分发展其心身的潜能，这是一种积极的、丰富的状况，不仅仅是免于心理疾病而已。因此，一般认为心理健康是心理的一种功能状态，这种功能状态具体表现为个体内部协调与外部适应的统一、个体潜能的充分实现与心理的不断成长。

（二）心理健康的标准

到目前为止仍没有一个全面而确定的心理健康的定义，因此用来判断心理健康的标准也各不相同。其中影响比较大的有马斯洛（Maslow）和米特尔曼（Mittelman）提出的心理健康的十条标准：有充分的自我安全感；能充分了解自己，并能恰当估价自己的能力；生活理想切合实际；不脱离周围现实环境；能保持人格的完整与和谐；善于从经验中学习；能保持良好的人际关系；能适度地宣泄情绪和控制情绪；在符合团体要求的前提下，能有限度地发挥个性；在不违背社会规范的前提下，能适当地满足个人的基本需求。

我国学者提出的心理健康标准，包括如下内容。

1. 智力正常　智力是指一个人认识能力与活动能力所达到的水平。智力正常者包括分布在智力正态分布曲线之内者及能对日常生活做出超常反应的智力超常者。智力正常是个体适应周围环境变化的必要条件。

2. 情绪良好　主要标志是稳定的情绪、适度的反应和愉快的心境，包括能够经常保持愉快、开朗、自信的心情，善于从生活中寻求乐趣，对生活充满希望。一旦有了负性情绪，能够并善于调整，具有情绪的稳定性。

3. 人际和谐　和谐的人际关系是个体心理健康的重要标准，也是个体保持心理健康的重要途径，主要包括乐于与人交往，既有稳定而广泛的人际关系，又有知己的朋友；在交往中保持独立而完整的人格，有自知之明，不卑不亢；能客观评价别人，取人之长、补己之短，宽以待人，乐于助人等。

4. 适应环境　在瞬息万变的现代社会中，较好地适应外界环境的能力是心理健康的重要特征，包括有积极的处世态度，与社会广泛接触，对社会现状有较清晰且正确的认识，具有顺应社会改革变化的能力，勇于改变现实环境，达到自我实现与社会奉献的协调统一。

5. 人格完整　心理健康的最终目标是培养健全的人格，包括人格的各个结构要素不存在明显的缺陷与偏差；具有清醒的自我意识，不产生自我同一性混乱；以积极进取的人生观作为人格的核心，有相对完整的心理特征等。

心理健康与不健康之间并没有绝对的界限。同时，心理健康是一个动态、开放的过程，心理健康的人在特别恶劣的环境中，可能也会出现某些失常的行为。判断一个人的心理是否健康，应从整体上根据经常性的行为方式做综合性的评估。

第二节　婴儿及幼儿期心理发展与心理健康

一、婴儿期心理发展与心理健康

（一）婴儿期心理发展特点

婴儿期指0~3岁的时期，是儿童生理发育和心理发展最迅速的时期。婴儿动作的发展改变着婴儿与周围环境的关系，对心理发展具有促进作用。

在言语发展方面，婴儿不仅能理解成人的语言，也能够运用语言同成人进行交流；对词的概括能力和对行为的调节作用也开始发展。1~3岁是儿童言语发展的关键期。

在知觉发展方面，研究者通过研究证实，婴儿已开始产生初步的空间知觉（图4-1）。在注意力的发展方面，1岁前婴儿的注意属于无意注意，第2年起能够较长时间地注意某一事物，由于语言的作用，出现了有意注意。

视频4-1
视觉悬崖实验

在记忆发展方面，婴儿的记忆以无意识记忆为主，有意识记忆开始萌芽。1岁以后的婴儿记忆范围开始扩大，他们不仅能再认几周前出现的事物，而且出现了再现，到3岁时能再现几周前出现的事物。婴儿期情绪记忆已经开始发展并影响深远。

在思维和想象发展方面，婴儿期思维的主要特点是知觉行动性，即只有在对物体的直接感知、直接活动中才能进行思维，而脱离了当前物体的直接感知，停止了直接活动，便无法进行思维。

在意志发展方面，2 岁以后，婴儿开始能在自己的言语调节下有目的地行动或抑制某些行动，产生意志的萌芽，但不能在较长时间内控制自己，行动有明显的冲动性。

在情绪发展方面，婴儿出生时就会表现出满足、兴趣和痛苦等情绪，这些情绪反应是遗传本能，尚无表达情绪的作用。在出生后 5~6 周，婴儿的情绪逐步分化，以最初的社会性微笑（即婴儿在看到一个人的脸时会微笑）表达对人的特别兴趣和快乐，逐渐开始了情绪的表达。

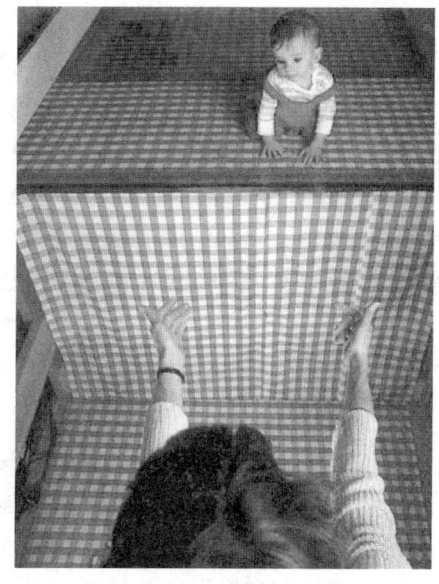

图 4-1 视觉悬崖实验

在社会性发展方面，婴儿与主要抚养者（通常是母亲）之间形成了最初的社会化连接——依恋。依恋是指婴儿与主要照顾者之间的情感联结，这也包括对他人或宠物，甚至是一件物体如毯子、浴巾等的情感联系（图 4-2）。通常表现为婴儿将微笑、哭叫、注视、依偎、拥抱、追踪、咿呀学语等行为指向母亲；最喜欢和母亲在一起，在母亲身边能使他们感觉安全、舒适、愉快和安慰；与母亲分离时，他们会出现焦虑、痛苦、不安等。很多研究结果表明，孩子与父母早期的依恋关系与他将来社会及情绪发展的顺利与否有直接的关系。

拓展阅读 4-1
劳伦兹简介及印刻现象
视频 4-2
恒河猴母爱剥夺实验

图 4-2 恒河猴母爱剥夺实验
恒河猴出生就与母亲隔离 165 天，由代理母亲喂养，一个是铁丝妈妈（能喂奶），一个是绒布妈妈（不能喂奶），实验验证，小猴更喜欢与绒布妈妈在一起

（二）婴儿期心理健康与保健

婴儿期的心理健康，不仅影响婴儿的生长发育，对其今后的成长都有着重要的影响。婴儿期的心理健康被认为是心理健康的起点，儿童时期出现的心理疾病如发育迟缓、情绪不稳定、睡眠障碍等多数是婴儿期抚养不当所致。许多心理健康因素是在婴儿期奠定的，婴儿所经历的事件或者会直接表现在其心理活动中，或者留下"痕迹"对成年以后的生活产生深远的影响，而且婴儿期是极易受外界影响的年龄阶段。因此，提高对婴儿期心理健康的认识，有助于婴儿心理健康的培养，对其以后的发展具有至关重要的作用。

1. 母乳喂养　有人把物质营养、信息刺激和母爱称为婴儿期的三大营养。母乳不仅营养充足、适合消化吸收，含有抗体和胱氨酸，可增加乳儿的免疫力和智力发展；而且可增加母亲与孩子在视、听、触摸、语音和情感方面的沟通，使孩子获得心理上的满足，有助于神经系统的发育和健康情感的发展。

2. 增进母爱　母亲的爱抚对婴儿的心理健康发展至关重要，而帮助婴儿建立依恋关系、减少分离焦虑是婴儿期心理卫生的重要内容。分离焦虑是指婴儿离开了熟悉的环境或他所依恋的人时所经历的紧张和不安全感。分离焦虑在婴儿 8~12 个月时表现得更明显，有的可延续到更大的年龄。因为婴儿尚未发展到能预期未来的认知阶段，无法预测在新环境中会发生什么且无求助对象，所以婴儿对分离充满焦虑。帮助婴儿减轻分离焦虑的方法：①玩捉迷藏游戏，让婴儿逐渐适应照顾者的暂时消失，并学会认识到照顾者会再次出现；②在安全的环境下，与婴儿保持适当的距离，观察婴儿的行为；③在必须分离时，给婴儿一两件柔软的玩具或小毯子，让婴儿将依恋感转移到寄托的物品上，使婴儿适应与照顾者的分离。

3. 保证充足的睡眠　新生儿大部分时间都在睡觉，一天累计睡眠时间在18~22 h。随着婴儿年龄的增长，其睡眠时间也会逐渐缩短，如2~5个月的婴儿睡眠时间是15~18 h，6~12个月的婴儿睡眠时间在14~16 h，1~3岁的婴儿睡眠时间在10~12 h。婴儿阶段大脑正在快速发育之中，因此，充足的睡眠是保证大脑发育和心理健康的重要条件。

4. 促进运动与智力的发展　适宜的信息刺激能促进婴儿运动器官、感觉器官和智力的发展。因此，应有意识地为婴儿提供适量视、听、触觉刺激。婴儿动作发展顺序是口、头、四肢、躯干，所以，2~3个月的婴儿可帮助他做被动体操，空腹时可训练俯卧和渐渐俯卧抬头。4~5个月的婴儿可在俯卧的基础上训练四肢运动。爬行不仅是一种带动全身运动的好方式，还能促进大脑的发育，可利用玩具引逗婴儿爬行，或帮助他翻身。半岁以后应训练婴儿用手握东西，10个月以后可训练他站立、迈步走路。研究认为，婴儿的动作训练有益于脑的发育和动作的协调。

5. 增加游戏活动　游戏对婴儿来说是一件重要的事情，通过游戏活动不仅可增强体力，更重要的是促使他们运用感官来认知世界，促进大脑发育，有利于创造性、社会性和认知能力的发展。婴儿的游戏大多是独自游戏，如独自玩玩具、玩自己的身体、观察别人。随着年龄的增长，游戏的方式也发生变化。游戏有如下几种主要的功能：①促进婴儿心身的健康与发育，游戏时要兼用各种感官，可以训练婴儿的知觉能力，增进婴儿的手脑并用、肢体灵活、感官敏锐；②游戏可以丰富婴儿的知识，从玩积木中认知形状、空间及大小的关系，从儿歌中了解事物及词汇并感受到愉快；③游戏可培养婴儿的注意力及自信心，因为婴儿对有兴趣的东西能保持长久的注意，从而增进注意力，游戏中的成功感可增强对事物及环境的探索，增强自信心；④游戏可消除紧张和忧虑，缓解内心的冲突和负性情绪。

拓展阅读 4-2
托育服务

二、幼儿期心理发展与心理健康

（一）幼儿期心理发展特点

幼儿期是指3~6岁的时期，是儿童生理与心理发展非常迅速的时期。3岁幼儿脑质量已达成人的3/4，7岁时已接近成人。神经纤维髓鞘已基本形成，神经兴奋性逐渐增高，睡眠时间相对减少，条件反射比较稳定，语言进一步发展，词汇量增多，大脑的控制、调节功能逐渐发展。幼儿的语言发展经过单字时期、称呼时期、构句期和好问期。幼儿的智力因素及环境因素影响幼儿语言的发展。

拓展阅读 4-3
幼儿延迟满足能力的
相关研究
视频 4-3
延迟满足能力：棉花
糖测试
研究进展 4-1
自制力会越用越少？
从前的心理学家可能
错了

幼儿的感知觉迅速发展，能有意识地进行感知和观察，但不持久，容易转移。记忆带有直观形象性和无意识性。无意想象主题多变，以形象思考问题。五六岁后喜欢提问题，开始出现逻辑思维，但由于知识经验和认识能力有限，判断推理能力还较弱。

幼儿的情感强烈且易变，容易受外界事物感染，别的孩子笑，他也笑；别人大声叫嚷，他也大声叫嚷。六七岁时情感的控制调节能力有一定发展。

意志行为也有进一步发展，活动的目的性、独立性逐步增强，能使自己的行动服从成人或集体的要求，但自觉性、自制力仍较差。

幼儿个性初步形成，自我意识和社会性逐渐发展。在个体先天不同气质的基础上，逐渐形成对人、对事、对群体的一些比较稳定的心理倾向，人格特征开始形成。中国俗语中有"3岁看大"的说法，即人格塑造有关键期，幼儿期即是人格塑造的关键期。这一时期幼儿的自我意识进一步发展，3岁左右开始出现自主行为，表现出不听话现象，对事物的评价常带有极大的主观性，开始出现自尊感。2岁半左右的儿童能够准确说出自己的性别，已能区分男孩、女孩，具有初步的性别认同能力。

拓展阅读 4-4
皮亚杰儿童的认知发展理论
视频 4-4
皮亚杰认知发展三个阶段
视频 4-5
皮亚杰的三山实验

（二）幼儿期心理健康与保健

1. 促进幼儿言语的发展，引导好奇心　对幼儿提供辅导有助于幼儿言语的发展。例如，父母为幼儿提供良好的语言示范，语音正确，语速适中，尽量使用各种不同的词汇；不再使用婴儿期的儿语；提供幼儿会话的机会，培养幼儿良好的语言习惯，如礼貌用语。鼓励儿童多讲话，不厌其烦地回答幼儿提出的各种问题，保护其好奇心，鼓励对外界事物的主动探索。

2. 对幼儿的独立愿望因势利导，注重个性培养　这一时期的幼儿有强烈的好奇心和独立的愿望，无所不问，常要自行其是，出现不听话现象，学会了无论对错都说"不"，心理学上称之为"第一反抗期"。这是自我意识发展的表现，有积极的意义，应该因势利导，培养他们的自我管理能力。例如，引导幼儿自己起床、穿衣、吃饭、系鞋带和大小便等，做得好时应立即予以肯定和表扬，使良好行为得到强化；同时不要对幼儿求全责备，不要因幼儿没有达到自己的预期而加以责备或讥笑。

3. 玩耍与游戏，促进社会性发展　玩耍与游戏是幼儿的主导活动，也是幼儿心身健康发展的重要途径，可以帮助幼儿走出自我中心的世界，学会与人交往、与人合作、建立群体伙伴关系。玩具和游戏是幼儿增长知识、诱发思维和想象力的最好途径。幼儿在一起愉快地游戏，有利于社会交际、道德品质、自觉纪律、意志、性格和语言表达能力等的培养。

拓展阅读 4-5
霍尔的心理发展观

4. 正确对待幼儿的无理取闹，培养良好情绪活动　幼儿偶尔无理取闹，其动机常是为了引起大人的注意，以达到某种目的。对此，应很好地讲明道理，不能无原则地迁就或哄劝，否则会对哭闹行为起到强化作用。

5. 注意父母言谈举止的表率作用，营造良好环境　家庭的气氛、父母的言谈举止对幼儿心理发展有重要影响，对幼儿评判是非对错常常以父母或老师的言行作标准。因此，父母及老师应给幼儿做好表率。

第三节　学龄期心理发展与心理健康

一、学龄期心理发展特点

学龄期指 6~12 岁，这个时期正是小学阶段，故称为学龄期。此阶段的主要注意力指向外部世界和知识的获得，同伴之间的交往变得重要。

此期儿童除生殖系统外，其他器官已接近成人。脑的发育已趋成熟，是智力发展最快的时期。感知敏锐性提高，感知逐渐具有目的性和意识性；有意注意发展，注意稳定性增强；口头语言迅速发展，开始掌握书面语言，词汇量不断增加；形象思维逐步向抽象逻辑思维过渡，大脑皮质兴奋和抑制过程更为协调，行为自控管理能力增强。

言语、情感、意志、能力和个性也得到不同程度的发展，表现为对事物富于热情，情绪直接、容易外露、波动大，好奇心强，辨别力差。个性得到全面的发展，自我意识与社会意识迅速增强，但性格的可塑性大，道德观念逐步形成，喜欢模仿。

二、学龄期心理健康与保健

1. 科学合理安排学习 这是一个以游戏为主导转变为以学习为主导的时期，需要一个适应的过程。根据这一时期儿童的特点，老师和家长对新入学儿童应多给予具体的指导和帮助，要重视新生各项常规训练，如课堂学习常规、品德行为常规等；学习时间不宜过长，内容上应生动活泼，要注意教学的直观性、趣味性；培养和激发儿童好学的动机、兴趣和坚强的意志品质。

2. 培养创造性思维 成年人容易把多年积累的经验和知识灌输给儿童，容易出现说教式教育，对儿童的行为加以干预，如"这是对的，那是错的"，这样会影响儿童探索和创造性思维的发展。比如儿童用茶杯盖儿喝水，大人会说"这是盖子，不能用来盛水喝"，而用茶杯盖喝水正是儿童探索和好奇心的表现。儿童的教育不但要强调传授文化知识，还应注意儿童思维的灵活性、多向性、创造性和想象力的培养。

3. 注意家庭教养方式 美国心理学家戴安娜·鲍姆林德（Diana Baumrind）把教养方式分成四种：权威型、专制型、宽容型和放任型（表4-1）。不同的教养方式无疑会对儿童的社会性发展和个性形成产生重大影响。一般认为权威型家庭中的儿童具有较强的社会能力；专制型家庭中的孩子独立性较低，社会责任感不强；宽容型家庭中的儿童缺乏自控能力和自我信任，在认知和社会性发展方面缺乏主动性；放任型家庭对孩子成长的低参与不利于孩子的发展。

表 4-1 父母的教养方式与儿童性格之间的关系

教养方式	父母教养特点	儿童性格表现
权威型	以儿童为中心，控制程度中等，给儿童较大的自由空间和充分的信任，允许他们自己做决定	有很强的自信心和较好的控制能力，比较乐观、积极
专制型	严格但不民主，要求孩子无条件服从自己	表现出焦虑、退缩、怀疑等负面情绪和行为，可能在家长面前和背后言行不一
宽容型	对孩子很温暖，但管教纪律很松懈	缺乏持久执行计划的能力，而且控制冲动的能力较弱
放任型	对孩子不关心，不会对孩子提出要求和对其行为进行控制，同时也不会对其表现出爱和期待	容易表现出适应障碍，适应能力和自我控制能力往往较差

基础链接 4-2
情商

4. 注重"情商"的培养 "情商"为非智力因素，应从小就给予重视并加以培养，主要可以通过以下几个方面进行培养：①良好的道德情操，积极、乐观、豁达的品格；②良好的意志品质，困难面前不低头的勇气，持之以恒的韧性；③同情与关心他人的品质，善于与人相处，善于调节控制自己的情感，并能较好地感染他人。

第四节　青少年期心理发展与心理健康

一、青少年期心理发展特点

青少年期一般指 12～18 岁，是介于儿童与成年之间的成长时期。这个时期个体不仅要面对生理特征的急剧变化，还要面对社会适应、学业要求等多方面的压力，是人生的"疾风骤雨"期。这些对青少年的心理健康发展提出了挑战，也为今后人生发展奠定了基础。

青少年期是生长和发育的快速阶段。生理方面发生巨大的变化，其身高、体重快速改变。在内分泌激素的作用下，第二性征相继出现，性功能开始成熟。男性表现为喉结的出现，声音变粗，生长胡须，出现遗精等；女性则声音变尖，乳房发育，月经来潮。由于性发育的成熟，青少年产生对性的好奇和兴趣，出现了与性相关的新的情绪情感体验，产生了对性的渴望。但是，由于不能公开表现出这样的愿望和体验，往往产生一种强烈的冲击和压抑，出现性意识与社会规范之间的矛盾。

脑和神经系统发育基本完成，第二信号系统作用显著提高。青少年期的认知活动具有一定的精确性和概括性，意义识记增强，抽象逻辑思维开始占主导，思维的独立性、批判性有所发展，逐渐学会了独立思考问题。但是，思维又出现一定的片面性和表面性，容易被事物的个别特征和外部表征所困扰，难以全面、辩证地分析解决问题。想象力丰富、思维活跃，容易理想化，出现理想与现实的矛盾。

自我意识方面存在依赖与独立的矛盾，一方面青少年逐渐意识到自己已长大成人，希望独立，强烈要求自己做决定，不喜欢老师、家长过多管束，喜欢与同龄人集群；另一方面由于阅历浅，实践少，在许多方面还不成熟，经济上不能独立，从而出现独立性与依赖性的矛盾。此期的青少年可塑性大，易受外界的影响，情绪容易波动。

拓展阅读 4-6
青少年期面临的挑战和承担的社会任务

二、青少年期心理健康与保健

1. 发展良好的自我意识　学校和家长应开展青春期的自我意识教育，使青少年能够认识自身的发展变化规律，学会客观地认识自己，既看到自己的长处也看到不足，能客观地评价别人，学会面对现实，从自己的实际出发，确立当前的奋斗目标。

2. 保持情绪稳定，学会面对挫折　青少年的情绪容易受外界的影响，不稳定、容易冲动，易从一个极端走向另一个极端，应帮助他们找到适合自己的对抗挫折的方法。父母与老师应以中立的态度接受他们的倾诉和宣泄，让他们学会在遭遇挫折或失败时寻求社会支持，以缓解应激。

3. 正确处理性困扰　性是青少年最为困扰的问题之一，特别是青春发育期。应及时地对青少年进行性教育，包括心理和生理两个方面。让青少年对性器官及第二性征有正确的认识，以消除他们由此产生的神秘、好奇、不安、恐惧感；培养高尚的道德情操，提高法治观念，自觉抵制色情媒体信息的不良影响；使青少年正确认识和理解性意识与性冲动，增进男女的正常交往，通过心理健康教育解决一些特殊的问题，如手淫、性梦、失恋等。

4. 消除心理代沟　代沟是指两代人之间心理上的差异和距离，一般是指父母与子女在思维、行为，尤其是在看待事物的观点上的差异，可以引起相互之间的隔阂、猜疑，代沟甚至是青少年离家出走等问题行为的原因。代沟具有两重心理意义，一方面它意味着青少年自我意识的发展，心理已趋向成熟，具有积极的社会化倾向；另一方面它使家庭关系紧张，会影响两代人的心身健康，导致子女离家出走，甚至更严重的后果。因此，对于严重的代沟应予以重视，应该设法通过心理咨询等方式促进双方及早进行心理调适，指导子女尊重、体谅父母，理解父母的唠叨啰唆；同时指导父母尊重、理解和信任孩子。

5. 促进良好健康行为　不良的社会环境和文化，会使青少年产生群体性的不良心理和行为问题，如吸烟、酗酒、药物滥用、不良性行为等。社会、学校和家庭要营造良好的社会文化环境和家庭氛围，开展科学的教育，引导青少年建立良好的健康行为。

第五节　青年期心理发展与心理健康

一、青年期心理发展特点

青年期又称为成年早期，一般是指 18～35 岁，是介于青少年期与中年期之间的阶段，是人生中最宝贵的黄金时期，生理与心理都已经达到成熟，精力充沛，富于创造力，开始走向完全独立的生活，生活中也面临着许多挑战。

青年在 22 岁左右生长发育已经成熟，各种生理功能已进入最佳状态。身体素质（包括机体在活动中表现出来的力量、耐力、速度、灵敏性和柔韧性等）在青年期进入高峰。青年期的个体在心理的各个方面都得到了全面的发展，主要表现在以下方面。

认知能力趋于完善。青年人的词汇已很丰富，口语及书面表达趋于完善，抽象逻辑思维能力和注意的稳定性日益发达，观察的概括性和稳定性提高，并且富于幻想。

情绪情感丰富、强烈，但不稳定。其情感的内容也越发深刻，且带有明显的倾向性。随着年龄的增长，其自我控制能力会逐渐提高。

意志活动控制力日渐增强。表现在自觉性与主动性的增强，遇事常常愿意主动钻研，而不希望依靠外力。随着知识与经验的增加，行为的果断性也有所增强。

人格逐渐成熟。其一表现为自我意识趋于成熟，一方面能对自身进行自我批评和自我教育，做到自尊、自爱、自强、自立，另一方面也懂得尊重他人，评价他人的能力也趋于成熟；其二，人生观、道德观已形成，对自然、社会、人生和恋爱等都有了比较稳定而系统的看法，对自然现象的科学解释、对社会发展状况的基本了解、对人生的认识与择偶标准的逐步确定，表明其社会化的进程已大大加快。青年人各种能力发展不一，但观察力、记忆力、思维、注意力等均先后达到高峰。

二、青年期心理健康与保健

青年期是人生发展比较不稳定的时期。在这个阶段，个体面临学业、事业、恋爱、婚姻、社会交往和自我实现等各个方面的考验，在生理、心理和社会方面有一定的冲突，容易出现心理问题。因此，青年期的心理卫生问题不容忽视，应该注意以下方面：

1. 加强人际交往，培养良好的适应能力 青年期是自我摸索、自我意识发展的时期，而且必须走入社会独立生活，在其社会生活中常常会遇到各种挫折与人际关系矛盾。当个人对客观事物的判断与现实相统一时，就能形成自我认同，否则，就会产生心理冲突。有些青年由于种种原因造成人际交往失败，并因此感到苦闷、自卑，影响了心身健康。因此，应让青年寻找相应的对策，以增进其心理健康，使青年正确地认识自己，了解自己的长处与不足，正确地进行自我评价。同时，要帮助青年人树立适当的目标，从而尽量减少心理挫折和失败感的产生，促进青年之间的相互交往，提供更多的交往机会。

2. 及时解决情绪情感问题 青年人富有理想，但容易在客观现实与理想不符时遭受挫折打击，出现强烈的情绪反应，表现为怨天尤人，自尊也可能会转化为自卑、自弃。青年人虽然懂得一些处世道理，却不善于处理情感与理智之间的关系，以致不能坚持正确的认识和理智的控制，而成为情感的俘虏，事后又往往追悔莫及。长期或经常的情绪情感困扰，将严重影响个体的心理健康和事业的发展。

对此，可采取以下对策来及时调整情绪情感，尽早摆脱困扰：①期望值适当，应该根据自己的能力调整期望值，使其在自己的能力范围之内。同时，对他人的期望也不宜过高。②增加愉快的生活体验，每个人的生活中都包含各种喜怒哀乐的生活体验，对于一个心理健康的人来说，多回忆积极向上、愉快的生活体验，有助于克服不良情绪。③寻找适当的机会及时宣泄自己的情绪，在情绪不安与焦虑时，不妨找好朋友诉说，或进行心理咨询，甚至可以一个人面对墙壁倾诉胸中的郁闷。④行动转移或者升华法，可以用新的工作、新的行动去转移不良情绪的干扰。

3. 正确处理性的困扰 青年期是发生性及相关心理卫生问题的高峰期，与婚姻、家庭的幸福密切相关。如何处理性及随后遇到的问题，是有一定难度的。

（1）应该对性有科学的认识：对性有正确的认识与态度是性心理健康的首要问题。性既不神秘、肮脏，是自然与合理的；也不能自由、放纵，违反伦理和法律法规。在当今信息时代背景下，网络成为性知识和文化传播的重要渠道。要学会正确筛选信息，不要盲目接受网络上错误的知识。一些不良的音像视频、色情媒体信息，极易使个别青年的性意识受到错误的强化而沉醉于谈情说爱之中，甚至发生性过失和性犯罪。与此相反，另一部分青年由于性的能量得不到合理的疏导、升华而导致过分的压抑，有少数人还可能以扭曲的方式、变态的行为表现出来，如窥视或恋物等。

（2）增进男女正常的交往：两性正常、友好交往后，往往会使青年男女更稳妥、更认真地择偶，在交往中加深了解，逐步发展，降低因空虚无聊而恋爱的概率，美满婚姻的成功率也会更高。

（3）要正确处理性冲动：可以通过洗冷水澡、跑步、打球等方式转移注意力，避免看或听有性刺激的书刊、音像，净化身边刺激源，或在业余时间多读一些自然科学、社会科学或与学习有关的书籍，学会用大脑控制性开关。可以通过有计划地自慰以满足性需要。虽然现代医学认为"自慰无害"，但是不能毫无节制地频繁发生，否则将会对心身产生不良影响。

总之，性冲动是进入青春期以后青年的正常生理、心理现象，从健康学的角度来说，它需要有效疏导，而不是盲目压抑。

第六节 中年期心理发展与心理健康

一、中年期心理发展特点

中年期又称为成年中期，一般指35～60岁这一阶段。由于中年期年龄跨度大，研究者又将35～50岁称为中年前期，50～60岁称为中年后期。在中年前期，个体处在生命的全盛时期，体力好、精力旺盛、工作能力强、效率高，知识经验和智力水平都处于高峰期；而在中年后期，个体的体力和心理发展状态开始呈现下降的趋势，但随年龄增长，个体的经验越来越丰富，知识面更宽广、深厚，因而工作能力和效率依然较高。

随着生活和医疗条件的改善，人类的平均寿命不断延长，因此对中年期的年龄划分是相对的，对于不同个体，应因人而异。但总体来说，中年期具有两个明显特点。

1. 生理功能逐渐减退　中年期的生理发展介于青年期和老年期之间，青年期是生理功能日趋成熟和生理功能旺盛的时期，老年期是生理组织器官的老化期和生理功能的退行期，中年期既是生理功能成熟的延续阶段，又是生理功能从旺盛逐渐走向衰退的转变期。进入中年期后，人体的各个系统器官功能逐渐从完全成熟走向衰退。体重增加，身体渐胖，头发逐渐变白变疏，颜面部皮肤渐显粗糙，各种感觉器官的功能开始减退，大脑和内脏器官系统功能也逐步走向衰退。中年期也容易罹患多种躯体和心理疾病。

2. 心理功能继续发展　中年人的智力发展模式是晶体智力继续上升，流体智力缓慢下降，智力技巧保持相对稳定，实用智力在不断增长。中年人积累了较多理论知识和实践经验，思维能力达到较高水平，因而善于作出理性的分析，具有较强的问题解决能力。中年人情绪趋于稳定，较青年人更善于控制自己的情绪。做事具有更强的目的性，自我意识明确，意志坚定，个性稳定，是事业上最容易成功的阶段。

二、中年期心理健康与保健

人到中年，大致走完人生旅途的一半。中年人在社会、在家庭，都处于一个承上启下的中坚地位。他们经历了半生奋斗，闯过了人生的风风雨雨，在事业上已有一定成绩，但肩上仍继续承担着事业的重担；在家庭中，既要抚育尚未完全独立的儿女，还要赡养年迈的父母，有"操不完的心""做不完的事"，因而成为心理负荷最大的人群。中年人往往心力交瘁，容易产生心理健康问题。面对这些问题，中年人应注意以下方面。

1. 注意心身健康，避免心理负荷过重　中年期任务繁重，压力很大，加之个体意识到人到中年，此时不搏更待何时，因而常常主动找事情做。但由于中年人生活工作繁忙，常感时间紧迫，有很多想做的事情做不了，容易产生紧张、焦虑的情绪。

中年期的烦恼也超过其他年龄阶段。有关研究结果表明，"引起中年人烦恼"的因素依次排列为：身体不好、社会分配不公、想做的事做不了。此外，子女成长不称心、工作不理想、个人价值被否定、人际内耗（猜忌与摩擦）、真诚但却不被人理解等，也是引起中年人烦恼的因素。紧张感、焦虑和过多的烦恼均容易引起心理和躯体疾病，严重者还可导致自杀。研究表明，

30~40岁年龄阶段的个体自杀率明显增高，40~60岁是自杀高峰期，60岁以后开始下降。尽管自杀者在同龄人中是极少数，但自杀发展的年龄趋势从侧面反映了中年人的社会适应、情感适应和承受压力的状况。

关注中年人的心身健康尤为重要，可采取以下方法：

（1）合理安排时间：中年人要合理地安排自己的时间，注意劳逸结合，避免超负荷工作，避免心身过劳。充分运用这一年龄阶段特有的智慧，设法取得智力和体力之间新的平衡和协调。

（2）保持平和心态：注意保持心态的平和，学会心胸开阔地面对现实，凡事要有所为，有所不为，量力而行，不要凡事都和人比较，学会适当地放弃，不要为眼前利益而牺牲心身的健康。

（3）学会缓解压力：中年人有着诸多的压力，学会自我调整和缓解压力显得尤为重要。当压力过大时，通过适当的方法宣泄和放松自己，定期参加体育运动，保持心身健康。

2. 处理好家庭中各种关系　家庭是中年人事业成功的坚强后盾，家庭的稳定是影响中年人心理健康的重要因素。步入中年，随着子女逐渐长大成人，关心照料子女的负担逐渐减轻，但在子女离家自立之前，无论父母的教育观念和方式怎样，他们的情感指向主要还是子女。当子女离家自立时，原有的家庭则面临向"空巢家庭"的转变。夫妻在情感上，需要重新调整，把注意力再次转移到对方身上，此时的情感体验也较青年期更加深刻。夫妻在这一阶段，要相互沟通、相互体谅，特别是在教育子女问题上，多讨论，避免态度的不统一，采取一致的态度对待子女的问题。

在中年期，随着子女年龄的增长，亲子间的关系也在发生相应的变化，中年人应注意这些变化，并适时进行调整。子女在成年之前，绝大多数与父母生活在一起，亲子之间交往的次数和相处的时间较多，相互影响也比较明显。随着青春期的到来，子女追求独立与自主的倾向尤为明显，对父母不再言听计从。此阶段如果父母未认识到子女的发展变化，仍以原来的方式对待他们，把他们当作"小孩子"看待，就很容易和子女产生冲突或隔阂。在子女即将离家自立时，他们已有相当大的独立性和自主能力，希望按自己的意愿选择职业，建立家庭。此时，做父母的一方面要尊重子女自主权，不宜过多干涉，更不能包办代替，否则易引起亲子矛盾；另一方面，父母还需用自己的知识经验与生活阅历，给子女以指导和帮助。当子女离家后，由于空间上的限制，再加上子女已成年，他们在各方面都已基本成熟，思想观念、人格特质等都趋于稳定，父母对他们的影响相对减少、减弱，亲子关系也不同于以前。一方面父母和子女都是成年人，在许多方面都是平等的、相同的，如都有工作和家庭等；另一方面，此时情感投入也不同于以前。在子女成年前，中年父母情感投入与指向在子女身上占有很大比例；在子女成年离家后，中年父母的注意力开始转向配偶或第三代身上。而进入成年期的子女，他们的注意力主要指向自己的家庭与事业。

在子女离家独立生活以后，中年人的家庭负担并没有因此而减轻。因为此时父母年岁已高，赡养老人的问题又摆在面前。照顾老年人，尤其是身体状况欠佳、经常患病的老年人，不仅经济上要承担责任，心理上也要承担一定的压力。中年人需要多和老年人进行情感交流和沟通，解除寂寞孤独造成的心理障碍，保持身体健康，免受疾病的困扰。

拓展阅读4-7
灰色心理

3. 顺利度过围绝经期　围绝经期即我们通常所说的"更年期"，1994年，世界卫生组织提出废弃"更年期"，推荐采用"围绝经期"一词。围绝经期是生命周期中从中年向老年过渡的阶段，是生育能力由旺盛走向衰退的时期（图4-3）。女性围绝经期在45~55岁，男性则为50~60岁，由于个体逐步走向衰老，身体各器官和各个组织都发生退行性变化，其功能和代谢上也产生相应的改变，其中尤以性腺功能的减退更为明显。

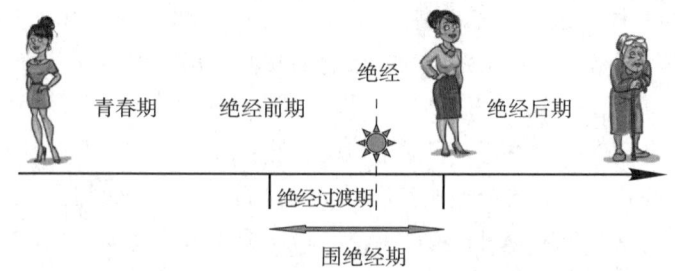

图 4-3　围绝经期的概念

在围绝经期，个体第二性征将逐步退化，生殖器官慢慢萎缩，与性激素代谢相关的其他组织也随之退化。对女性来说，在卵巢分泌激素减少的同时，下丘脑、垂体和卵巢之间的平衡关系也发生了改变，因而产生了丘脑下部和垂体功能亢进，表现出自主神经系统功能紊乱等一系列症状，如面部潮红、出汗、头痛、眩晕、肢体麻木、情绪不稳定、小腹疼痛、心慌、失眠、易怒甚至多疑等，症状多种多样。学者们统称这组症状为妇女围绝经期综合征。对男性来说，性器官逐渐萎缩，性功能也出现由盛到衰的变化，主要表现为性功能减退、伴有自主神经功能障碍，在医学上这个时期称为男性围绝经期综合征。

围绝经期综合征是由生理内分泌的改变引起的，另外家庭、社会地位及复杂的心理社会因素，也参与了整个病理过程，对围绝经期综合征所出现的时间和反应的程度都有重要的影响。

围绝经期是每一个个体生命过程中必然经历的阶段，它的出现属于自然生理现象，任何人都无法抗拒。但是由于围绝经期的个体心理比较脆弱和不稳定，容易发生心理障碍和器质性疾病。因此，在围绝经期时应更加注意心理卫生和保健工作。

第一，加强宣传和教育，说明围绝经期的到来是符合人生客观规律的必然现象，处于围绝经期的个体需要以科学的态度、正确的认识去对待这种生理的变化，消除顾虑，减轻思想负担，避免不必要的紧张、焦虑和恐惧情绪。第二，避免或尽量减少不必要的刺激，保持精神愉快、心情舒畅，有利于减轻或消除不舒适的感觉。对于躯体的不适感，及时就诊，做到无病放心、有病早治和及时调理，及早预防器质性疾病的产生。注意心理卫生保健，合理安排时间，劳逸结合，维护良好的人际关系，扩大交往，坚持体育锻炼，顺利地度过生命历程中的这一转折期。

拓展阅读 4-8
警惕中年危机

第七节　老年期心理发展与心理健康

一、老年期心理发展特点

老年期也称成年晚期，是指 60 岁至死亡这段时期。进入老年，个体的生理、心理和社会诸方面都会出现一系列变化。根据联合国教科文组织规定，在一个国家或地区人口的年龄构成中，60 岁以上者占 10% 或 65 岁以上者占 7%，则称为人口老龄化的国家或地区。我国在 20 世纪 90 年代就已表现出老龄化人口结构，是世界上老年人口最多的国家。2021 年第七次全国人口普查结果显示，我国 60 岁及以上人口为 26 402 万人，占人口总数的 18.70%，其中，65 岁及以上人口为 19 064 万人，占人口总数的 13.50%。提高老年人的心理健康水平，使老年人幸福、愉快地欢度晚年，已成为我国的一个重要卫生健康课题。总体来说，老年人的生理、心理具有以下特点。

1. 生理功能衰退　步入老年，各系统功能趋向衰退。脑细胞减少，细胞功能减弱，心血管功能下降，心脏病、高血压等疾病的发生率增多；肺的肺泡部分相对减少，由 20 多岁时占肺的 60%～70% 降至 50% 以下，肺活量下降；肾质量减小、老化，因而排尿控制能力下降；前列腺肥大现象增多；甲状腺质量减小，甲状腺功能减弱；肾上腺质量也减小，男性激素的合成能力明显下降；甲状旁腺分泌功能下降；性腺萎缩，分泌功能下降；骨的含钙量减少，脆性增加，容易骨折；皮肤组织萎缩，弹性下降；皮脂腺萎缩、汗液分泌减少，皮肤干燥、无光泽、皱纹多；肌肉萎缩，弹性减弱，肌力下降。

2. 心理特征发生变化

（1）感知觉功能下降：感知觉是个体心理发展过程中最早出现的心理功能，也是衰退最早的心理功能，如老年人视力减退，出现"老花眼"，听力也开始下降。

（2）记忆的变化：记忆力下降，无论是识记，还是再认、重现能力均不如中青年。近期记忆差，易遗忘，表现为常忘事；远期记忆保持较好，常能对往事准确而生动地回忆。理解记忆尚佳，机械记忆进一步衰退。

> 研究进展 4-2
> 老年人维持记忆的三个环路
> 拓展阅读 4-9
> 老年心理发展新观点

（3）情绪和人格的改变：情绪趋于不稳定，表现为易兴奋、激惹、喜欢唠叨，情绪激动后需较长时间才能恢复。人格上表现出以自我为中心、猜疑、保守、情绪化、偏执、敏感等特点。两性出现同化趋势，男性爱唠叨，变得女性化；女性更爱唠叨，变得更加女性化。

二、老年期心理健康与保健

1. 适应退休生活，享受老年生活　退休后，老年人的生活环境和社会角色都会发生一系列变化。从为生活奔波的在职者变成了旁观者，从以工作为中心转为以闲暇为中心，从以工作单位为核心转为以家庭为核心，从紧张的生活转为清闲的生活，从接触的人多事多到接触的人少事少，从关怀子女者变成接受子女赡养者，从经济比较富裕者变成收入微薄者。因此，老年人思想上也从积极状态变为消极状态，精神上从有依赖感变为无依赖感，在思想、生活、情绪、习惯、人际关系等方面容易出现不适应，产生"退休后综合征"。

多数退休的老年人存在着或多或少的失落感和自卑感。老年人对退休的现实有一个逐渐适应的过程，帮助他们进行自我调节十分重要。

> 拓展阅读 4-10
> 老年人适应退休生活的过程

（1）把退休看作成功生活历程的一部分：对于老年期出现的各种衰退现象，要有思想准备。改变其认知，以乐观的态度面对人生中"有钱有闲"的这段时间，尽情享受退休后的生活。

（2）坚持学习，活到老，学到老："老年大学"一类的学习场所，不仅可以改善老年人的心理功能，特别是记忆力和智力，延缓衰老，还可以使老年人紧跟时代的车轮前进，开阔眼界，保持同社会的接触，将学习所得，加上自己过去的知识和经验，做些有益于集体和公众的事，从而体现个人价值，也使生活过得有意义，减少孤独感和失落感。

（3）培养和坚持各种兴趣爱好，做到"老有所乐"：兴趣爱好既可以丰富生活，激发对生活的兴趣，又可以协调、平衡神经系统的活动，使神经系统更好地调节全身各个系统、各个器官的生理活动，对推迟和延缓衰老起积极作用。

（4）保持必要的人际交往，积极投身社会生活：对生活中的各种问题，积极面对，以切实的方法解决，不退缩，不逃避；参加体育锻炼，保持身体健康；学会寻找快乐，学会享受老年生活。

2. 正确面对疾病和死亡　步入老年期，个体常患有一种或多种老年疾病，越来越深刻地意识到死亡的临近，并由此产生心理波动。研究表明，老年人出现死亡念头的频率较高，特别是那些患有一种或多种慢性病，给晚年生活带来痛苦和不便的老年人，常会想到与"死"有关的问题，并不得不随时做好迎接死亡的准备，表现出对死亡的恐惧和焦虑。老年人生死观的一个重要方面是希望"暴死"，不希望卧病不起，给别人添麻烦。死亡也是生命的一部分，只有对死亡有思想准备，不回避，不幻想，才能让老年人克服对死亡的恐惧心理，从容不迫地生活。同时，子女应在生活上积极照料老年人，对老年人多关心、多体贴，多进行情感上的交流；老年人有病及时医治，使老年人感觉温暖和安全，也能在很大程度上促进老年人的心身健康。

研究进展 4-3
阿尔茨海默病新发现

（吴俊端）

复习思考题

1. 你认为"三岁看大"这种说法是否正确？

2. 中年期心理危机的来源有哪些？

3. 随着中国空巢老人的增多，你对空巢老人的心理卫生问题有什么建议？

网上更多……

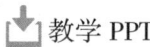 本章小结　　自测题　　教学 PPT

第五章
心理应激

关键词

应激   应激源   中介机制   生理中介机制

心理中介因素 应激反应 应激的生理反应 应激的心理反应

应激的管理 危机干预

>   应激与疾病有关，是多种心理障碍或心身疾病的致病因素。本章涉及概念较多，是医学心理学课程学习的难点和重点。通过本章的学习，希望学习者能掌握心理应激理论，应激源（生活事件）的概念、分类和评估；掌握应对方式和社会支持的定义和分类；掌握应激心理反应和生理反应的主要内容，以及应激反应的心身中介机制；熟悉一般适应综合征（GAS）的概念及分期，认知评价在应激过程中的作用，应对方式在心理病因学中的意义，社会支持保护健康的作用机制，个性与应激因素的关系等内容。学习本章内容的同时，可紧扣个人生活及成长的历史，感悟应激在成长中的"双刃剑"作用，进一步学会应激的管理与干预。

知识导图

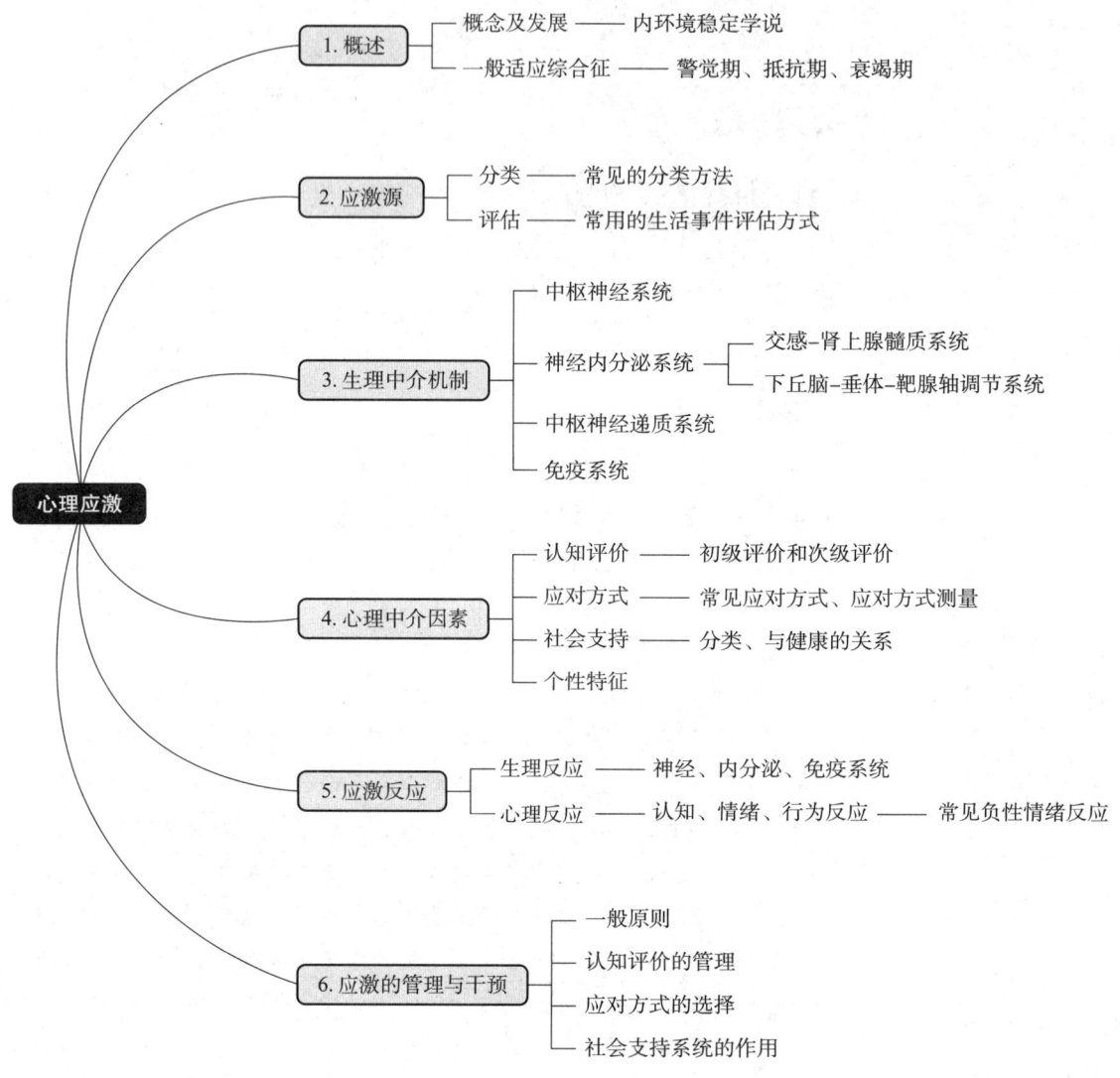

心理应激
- 1. 概述
  - 概念及发展 —— 内环境稳定学说
  - 一般适应综合征 —— 警觉期、抵抗期、衰竭期
- 2. 应激源
  - 分类 —— 常见的分类方法
  - 评估 —— 常用的生活事件评估方式
- 3. 生理中介机制
  - 中枢神经系统
  - 神经内分泌系统
    - 交感-肾上腺髓质系统
    - 下丘脑-垂体-靶腺轴调节系统
  - 中枢神经递质系统
  - 免疫系统
- 4. 心理中介因素
  - 认知评价 —— 初级评价和次级评价
  - 应对方式 —— 常见应对方式、应对方式测量
  - 社会支持 —— 分类、与健康的关系
  - 个性特征
- 5. 应激反应
  - 生理反应 —— 神经、内分泌、免疫系统
  - 心理反应 —— 认知、情绪、行为反应 —— 常见负性情绪反应
- 6. 应激的管理与干预
  - 一般原则
  - 认知评价的管理
  - 应对方式的选择
  - 社会支持系统的作用

第一节 概述

　　生活在现实环境中的个体，会受到来自内外环境的各种因素（刺激）的影响，任何有生命的物体，只要受到一定强度的刺激就会做出相应的反应，这种反应有强有弱、有大有小，对个体的影响有的是积极的，有的是消极的。若个体能够成功应对刺激，人就不会患病，仍然处于健康状态（适应），并可通过应激过程得到成长；若个体应对刺激失败，人就会患病。在医学心理学课程中，应激可以看作是导致疾病发生的危险因素。

一、应激的概念及发展

　　应激（stress）在物理学领域，被译为"压力"，是指一个系统在外力作用下，系统对抗的超负荷过程。而在生物学或心理学领域，早期应激是指机体在各种内外环境因素及社会、心理因素刺激时所出现的全身性非特异性适应反应，又称为应激反应。应激概念的提出和心理应激（psychological stress）理论的发展经历了较长的历程。现代应激理论将应激定义为：个体面临或觉察到环境变化对机体有威胁或挑战时做出的适应性和（或）应对性反应的过程。

　　"应激"是一个不断发展的概念。在应激概念的演化过程中，有四位学者做出了重要贡献，分别是伯纳德（C. Bernard）、坎农、塞里及拉扎勒斯。

　　19世纪法国生理学家伯纳德在研究生命如何依赖精神的生理调节机制时，指出必须关注体内所有进展之间的交互作用，为探索机体生理的整体性奠定了基础。伯纳德认为，生命维持的关键是机体保持内环境的稳定，对机体的完整性和稳定性的刺激会诱发机体的反应以抗衡其所造成的威胁，这是现代应激概念的基础。

拓展阅读 5-1
伯纳德简介

　　20世纪30年代，坎农继承了伯纳德的思想，提出了内环境稳定（homeostasis）学说，将机体在面对环境变化时保持内环境稳定的过程称作"内稳态"。他认为机体处于紧张状态时，自主神经会自动地进行调节，使机体既能适应新环境又能维持内环境的平衡；感觉神经可以连接大脑与身体其他部分，大脑能觉察到身体内环境的变化，且能通过各种机制来正确地加以补偿，如个体面临危险处境时，交感神经就会紧急动员，出现一系列交感神经占优势的生理现象，即所谓"战斗或逃跑反应"。这种自主的、瞬间的调整过程，不仅使机体适应外部环境的突然变化，同时也使机体内部处于一个相对稳定的状态，即内稳态。坎农不仅注意物理环境对机体保持内稳态的影响和机体维持内稳态的机制，也关注心理因素刺激对机体的影响，发现心理和社会功能的失调也可导致健康状态的丧失。

拓展阅读 5-2
坎农简介

　　20世纪50年代，塞里是第一个系统使用应激概念说明机体受到威胁时发生调节反应的生理学家。他发现无论外界刺激的性质如何，机体发生的各种生理变化和病理学改变都是非特异性的。他用"应激（stress）"这一术语来描述外界刺激对机体的影响，代表严重威胁机体内稳态的任何刺激所造成的机体非特异性反应。塞里用不同性质的刺激，如物理的（冷、热刺激）、生物性的（感染和毒物）作为应激源作用于小鼠，发现无论哪种性质的刺激，均能引起小鼠肾上腺皮质增生，胸腺、脾、淋巴结明显萎缩，嗜酸性粒细胞显著下降，胃黏膜浅层溃疡等变化。上述机体变化与注射物的种类和性质无关，是一种机体的非特异性反应，塞里称之为"一般适

拓展阅读 5-3
塞里简介

应综合征"。

拓展阅读 5-4
拉扎勒斯简介

20 世纪 60 年代，美国应激理论的当代代表人物拉扎勒斯提出应激是一个过程，是个体与其所处环境相互作用的结果，在这个过程中个体将不断获取新的信息和重新评价所处情境。后来，拉扎勒斯和弗克曼（S. Folkman）对应激模型进行了扩展，提出了应激和应对相互作用模型，认为应激是"个体需要承受重负或情境要求超出其能力资源和危及健康安宁时，个体和环境间的一种特殊关系"。该模型认为，一个人对紧张性事件或情境的态度和认知评价，是影响应激反应类别和强度的重要中介因素，强调认知评价在应激中的重要作用。

拓展阅读 5-5
心理应激的系统模型

20 世纪 90 年代，国内学者姜乾金提出心理应激是由应激源（生活事件）到应激反应的多因素作用的过程，即应激过程模型（process model of stress）（图 5-1）。根据过程模型，心理应激被定义为：个体在应激源作用下，通过认知评价、应对方式、社会支持和个性特征等中间因素的调节或影响，最终以心理反应和生理反应表现出来的多因素作用"过程"。该定义强调，应激是个体对环境威胁和挑战的一种适应过程；应激的原因是生活事件，应激的结果是适应的或不适应的心身反应；从生活事件到应激反应的过程受个体的认知等多种内外因素的制约。

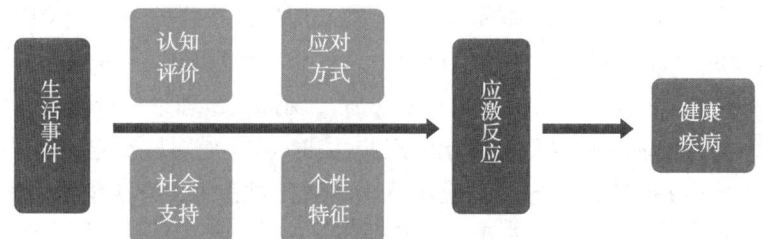

图 5-1　应激过程模型示意图

二、一般适应综合征

一般适应综合征（general adaptation syndrome，GAS）分为三个阶段（图 5-2）。

1. 警觉期　此时机体尚未产生适应性，主要表现为交感神经兴奋的状态，肾上腺皮质增大，肾上腺素分泌增加，血压升高，脉搏与呼吸加快，心脑血管血流量增加，血糖升高等。这些反应唤起了体内的防御机制，使机体处在最好的态势，准备做出"战斗或逃跑反应"。如果应激源非常严重，可以直接引起动物死亡。若机体持续面临有害刺激，又能度过第一阶段，则会转入下一阶段。

2. 抵抗期　表现为肾上腺皮质体积变小，淋巴结恢复正常，激素水平恒定。这时机体对应

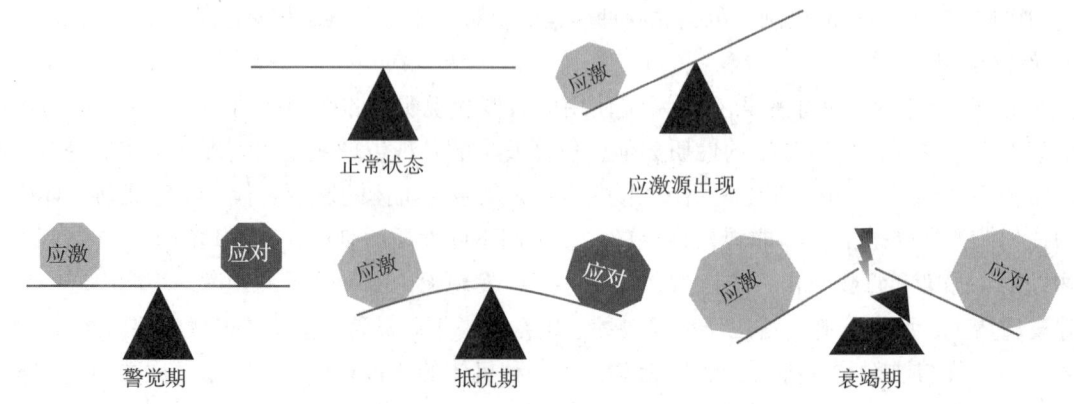

图 5-2　一般适应综合征过程示意图

激源表现出一定的适应，对其抵抗能力增强。在此阶段机体动员全身的防御机制，抵抗能力远远超出平常水平，是适应的最佳时期。若机体继续处在有害刺激下或刺激过于严重，则会丧失所获得的抵抗力而进入下一阶段。

3. 衰竭期　表现为肾上腺增大，免疫功能失调，激素水平再次升高后降低。当个体抵抗应激的能力枯竭时，副交感神经系统异常兴奋。此时体内应激资源衰竭，抵抗防线崩溃，机体可出现疾病甚至死亡。

大多数情况下，应激只表现出第一阶段和第二阶段的反应。即使出现了第三阶段的反应，如果得到适当的休息和补给，通常也是可逆的。应激是一个非常复杂的过程，是一个平衡—失衡—再平衡的不断变化的动态过程。

第二节　应激源

应激源（stressor）又称为应激因素或生活事件，指那些能引起应激的各种具有刺激性的事物。来自社会、自然及来自心理、生理的变化，都可以成为应激源。心理学研究提出，如果刺激物具备超负荷、冲突和不可控制性三个基本特点，就可能成为应激源。超负荷（over load）指的是刺激的强度超过个体的正常承受水平；冲突（conflict）是指刺激物引起两种或两种以上的矛盾情境，主体难以抉择；不可控制性（non-controllability）是指刺激物不随个体行为而变化和转移，引发主体恐惧、紧张的心理。

一、应激源的分类

应激源的分类方法很多，目前，学术界没有统一的分类方法。常见的分类方法如下。

（一）按应激源属性分类

1. 生物性应激源　指直接作用于躯体的理化与生物学刺激物，如高温、辐射、细菌、各类寄生虫、外伤及各类感染等。最初人们只是把这些刺激物看作引起生理反应的因素，现在则认为上述刺激物可导致心理反应。

2. 心理性应激源　指个体因认知水平、价值观念、宗教信仰、伦理道德所致的强烈的心理冲突和情绪反应、动机与行为之间的矛盾及个性方面的缺陷，主要表现为各种挫折和心理冲突。

3. 社会性应激源　现代人类所遭遇的应激源主要是社会性应激源，包括重大的应激性生活事件、日常生活困扰、工作相关应激源及环境应激源等。

（1）应激性生活事件（stressful life event）：生活中重大的变故称为生活事件，如升学、就业、结婚、生子、失业、退休等。美国学者霍尔姆斯（T. H. Holmes）和雷赫（R. H. Rahe）采用问卷的方式调查生活事件与疾病的关系，发现生活事件的增多与疾病的发生明显相关。

（2）日常生活困扰（hassles of daily life）：重大生活事件除即时影响外，还可构成"余波效应"（ripple effect），即由原发事件所引起的后续的日常烦恼。另外，人们在生活中所面临的应激并不一定都涉及重大事件，轻微而频繁的困扰或微应激源即日常生活困扰。日常生活困扰因年龄和职业特征不同而有所差异，如教师的日常生活困扰为"完成论文"和"任务重"，大学生的日

拓展阅读 5-6
应对考试焦虑的方法

常生活困扰则为"专业好坏"及"寻求职业或兼职"。

（3）工作相关应激源（work-related stressor）：又称职业性应激源，大体上分为以下两大类：一类是职业内在的应激源，包括劳动条件、劳动范围和工作负荷；第二类是企事业中的政策及其执行过程中有关的应激源，包括组织的结构与气氛、职业性人际关系、个体在组织中的角色和责任及个人的职业经历。

（4）环境应激源：指人类生存的自然环境的突然变故（如地震、洪水、风暴等），以及社会环境的意外与持续变动（如战争、政治变动、环境污染等）。流行病学调查发现，高应激地区（根据社会经济条件、犯罪率、暴力行为、人口密度等指标确定）人群高血压的发生率高于低应激地区，说明社区的综合因素可以成为应激源。

4. 文化性应激源 是指因语言、风俗、习惯、生活方式、宗教信仰等引起应激的刺激或情境，如迁居异国他乡，语言环境改变引起的"文化性迁移"。

（二）按应激源来源分类

1. 个体的内环境 内、外环境的区分是人为的。内环境的许多问题常源于外环境，如营养缺乏、感觉剥夺、刺激过量等。机体内部各种必要物质的分泌平衡失调，如垂体瘤患者可能出现激素分泌过多症候群，生长激素过多引起肢端肥大症；当肿瘤增大，正常垂体组织遭受破坏时，因促性腺激素分泌减少而导致闭经、不育或勃起功能障碍等。另外，长期的应激状态也可以促发甲状腺功能亢进，导致内分泌紊乱，同时出现精神症状。这些症状的出现又会成为另一种应激源。因此，体内内分泌激素增加，酶和血液成分的改变，既可以成为应激源，也可以是应激反应的一部分，给机体造成心理负担或创伤。

2. 外部物质环境 包括自然的和人为的两类因素。属于常见的自然环境变化的为气候变化，如严寒、酷热、潮湿、强光、雷电、气压等，可引起冻伤、中暑等。严重的外部环境变化，主要指通常说的"天灾"，如地震、海啸、飓风、洪水泛滥、火灾、雪灾、雪崩、山体滑坡、泥石流等自然灾害的发生，造成人、财、物巨大损失，极易给幸存者带来心理创伤。唐山地震研究显示，灾害对人的心理有明显的或者潜在的负性影响。人为因素是以人的因素为基本点，人为因素包括人与环境、人与人之间的关系。例如，由于人为焚烧秸秆造成的浓烟，大气污染后形成的雾霾，水、食物及射线、噪声等方面的污染等，严重时可引起疾病甚至残疾。

3. 心理社会环境 大量证据表明，心理社会因素可以引起应激反应，具有应激性。亲人的病故或意外事故常常是重大的应激源，因为在悲伤过程中往往会伴有明显的躯体症状。研究表明，在配偶死亡的一年内，丧偶者的死亡率比同年龄其他人要高出很多。慢性病也会给患者带来不良的情绪变化。研究发现，住院截瘫患者有明显的抑郁症状，抑郁症状的检出率为 21.7%。女性骨质疏松症患者在早期常有焦虑症状，随着疾病的进展，抑郁症状逐渐变得突出，并影响其人际关系和社交活动。生活环境变迁，人口流动，城市人口剧增，生活工作节奏加快，竞争加剧，社会充满各种应激挑战，如行业竞争、商品竞争、信息获取竞争、人才竞争、经营竞争、就业竞争、升学竞争等，使人们处处面临各种新旧压力。人口增加带来交通拥挤，交通事故增多，工业噪声，环境污染，以及因工作原因迁徙频繁、工伤事故、灾难等，都可视为社会环境应激因素。

（三）按应激源性质分类

1. 物理因素 包括气象条件（气温、气湿、气流、气压）、噪声和振动、电磁辐射（可见光、紫外线、红外线、射频辐射、激光、α 射线、β 射线、γ 射线、X 射线、中子射线等）等。

物理因素具有如下特点：①正常情况下，有些因素不但对人体无害，反而是人体生理活动或从事生产劳动所必需的，如气温、可见光等。②每一种物理因素都有特定物理参数，如表示气温的温度，振动的频率和速度，电磁辐射的能量或强度等。物理因素对机体造成危害及危害程度的大小，与这些参数密切相关。③有些物理因素，如噪声、微波等，可有连续波和脉冲两种传播形式。不同的传播形式使得这些因素对人体危害程度有较大差异。④在许多情况下，物理因素对人体的损害效应与物理参数不呈直线的相关关系，而是表现为在某一强度范围内对人体无害，高于或低于这一范围，才对人体产生不良影响，并且影响的部位和表现形式可能完全不同。例如，正常气温对人体生理功能是必需的，而高温可引起中暑，低温可引起冻伤或冻僵；高气压可引起减压病，低气压可引起高山病，等等。

2. 化学因素　主要来源于：①天然毒素，如河鲀毒素、组胺、雪卡毒素、氰苷、棉酚等；②农药残留，如有机氯杀虫剂、有机磷杀虫剂、氨基甲酸酯类杀虫剂、拟除虫菊酯类农药、多菌灵杀菌剂和有机汞、有机砷杀菌剂等农药的残留；③兽药残留，如抗生素类、磺胺类、呋喃类等药物的残留；④金属，包括镉、铅、汞、砷、锌等的超标；⑤食品添加剂，如各种食品添加剂的超量、超范围使用等；⑥食品包装材料、容器与设备，如塑料、橡胶、涂料、陶瓷、搪瓷及其他材料带来的危害；⑦其他，包括 N-亚硝基化合物、多环芳族化合物、多氯联苯等。

3. 生物因素　个体成长环境中面临或接触的致病微生物、寄生虫、昆虫等及其产生的生物活性物质统称为生物有害因素，均可以成为应激源，尤其是大范围流行时情况更为严重。例如，附着于动物皮毛上的炭疽杆菌、布鲁氏菌、支原体、衣原体、钩端螺旋体，滋生于霉变蔗渣和草尘上的真菌或真菌孢子类致病微生物及其毒性产物；某些动物、植物产生的刺激性、毒性或变态反应性生物活性物质，如鳞片、粉末、毛发、粪便、毒性分泌物、酶或蛋白质和花粉等。禽畜血吸虫尾蚴、钩蚴、蚕丝、蚕蛹、蚕茧、桑毛虫等，均可能造成健康损害，同时造成心理负担或恐慌。

（四）按生活事件对个体的影响分类

按生活事件对个体的影响性质，可分为正性生活事件和负性生活事件，以当事人的体验作为判断依据。

1. 正性生活事件（positive life event）　是指个人认为对自己具有积极有利作用的事件。例如，适度的工作压力、提职、立功、受奖、理想大学的入学通知等。但也有在一般人看来是积极的事情，却在某些当事人身上出现消极的反应，如结婚导致某些当事人的心理障碍，成为负性事件。

2. 负性生活事件（negative life event）　是指个人认为对自己产生消极作用的不愉快事件。这些事件都具有明显的厌恶性质或给当事人带来痛苦悲哀的心境，如亲人死亡、患急重病等。研究证明，负性生活事件与心身健康相关性明显高于正性生活事件。负性生活事件对人具有威胁性，会造成较明显、较持久的消极情绪体验，从而导致个体出现病感或疾病。研究证实，随着负性生活事件发生次数增加，老年抑郁症发生率增高，也就是说，负性生活事件促发老年抑郁症的发生。经济困难、亲友冲突是老年抑郁症的高危因素。

（五）按生活事件的主观和客观属性分类

这种划分是相对的，很多事件既具有客观性又具有主观性。

1. 客观事件（objective event）　指不依赖人的意识而存在的一切事件。换言之，这类事件是个体无法掌握、无法控制的，多为突然发生的灾难，如地震、海啸、雪崩、火山爆发、洪水及生老病死等。这些事件往往突如其来并能引起强烈的急性精神创伤或延迟应激反应，即创伤后应激障碍（post traumatic stress disorder，PTSD），该障碍往往病程迁延，严重影响患者的心理和社会功能。这类具有客观属性的事件在评定时其重测信度较高。

2. 主观事件（subjective event） 以个体主观因素为主的事件。主观指人的意识、心理。就是观察者为"主"，参与到被观察的事物当中。此时，被观察事物的性质和规律随观察者的意愿不同而发生变化，如居住条件差、收入低，父母、子女、夫妻、邻里、同事之间长期关系不融洽，晋升失败受到挫折，学习负担过重，对职业不满意而又无法改变等。但这些事件相对是可以预料和可以被个人所控制的，常具有一定的主观属性。主观事件在评定时其重测信度较低。

（六）按生活事件的现象学分类

1. 工作事件 主要是由工作或与工作直接有关的因素所造成的应激。例如在工作中，晋升失败、降级、工作调动、下岗失业、再就业、工作负荷过重、变换工作岗位、时间压力、工作责任过大或改变、承担工作要求过高、工作时间不规律、倒班、上班路途过远、工作无兴趣及同事或上下级关系紧张等自然和社会环境不良因素均可使人处于应激状态，这些因素是工作中常见的应激源。研究发现，社会背景、兴趣、志愿等与工作环境一致，教育水平与职业需要一致者，一般健康状况良好，反之则差。

2. 家庭事件 一般认为，家庭是一个温馨的港湾；殊不知，家庭也是应激的来源，家庭不仅是应激产生的一个来源，也可能是应激扩展的场所。无论是早期的创伤性经验，青年期的独立与反抗，中年期的婚姻矛盾，还是老年期失去亲人的支持等都会引起应激。另外，家庭生活应激源主要突显于几个阶段，如寻偶期、婚姻适应、生育和养育孩子、职业滑坡和退休。中国传统上把早年丧父、中年丧偶、晚年丧子称为人生三大不幸，说明这些事件对个体的影响是巨大的。家庭应激的解决将消耗较多的能量和家庭资源，导致整个家庭的痛苦和失衡。这种痛苦和失衡又会影响家庭成员在其他角色中的功能，产生新的应激，如工作应激等。

3. 人际关系事件 包括与领导、同事、邻里、朋友之间的意见分歧和矛盾冲突等。人际关系对工作的态度及工作效率有很重要的影响。良好的人际关系可以稳定激素水平，降低血压，缓解紧张焦虑，获得工作上的社会支持，缓解心理应激反应。相反，由于竞争等带来的人际关系紧张或人际关系淡漠，会促使个体经常处于焦虑和紧张之中，影响工作效率，抑制个体的创造性和独特性。

另外，还有经济事件、社会和环境事件、个人健康事件、自我实现和自尊事件及婚丧嫁娶事件等。

二、应激源（生活事件）的评估

自 20 世纪 60 年代以来，生活事件对心身健康的影响日益受到人们的重视，促进了医学模式由纯粹的生物医学模式向生物 – 心理 – 社会医学模式的转变。许多研究发现，生活事件与某些疾病的发生、发展或转归密切相关。可是，大多数这类研究的结果不尽一致，甚至相互矛盾。原因是多方面的，生活事件的评定问题就是其中之一。

（一）生活事件评定的计数研究

在研究生活事件评定的初级阶段，人们只注重那些较重大的生活事件，因而只统计某一段时期内较大事件发生的次数，次数越多，表示遭受的精神刺激越强。这种评定方法非常简单，不足之处也是显而易见的。不同的生活事件引起的精神刺激可能大小不一，丢失一件衣物与经历一场浩劫是不能等量齐观的。于是，人们相信，每种生活事件理应具有其"客观"的刺激强度。

（二）生活事件评定的定量研究

1. 社会再适应评定量表（social readjustment rating scale，SRRS）　为了以定量的方式来测量生活事件对个体健康的影响，1967 年，美国华盛顿大学医学院的精神病学专家霍尔姆斯和雷赫对 5 000 多人进行社会调查，根据调查所获得的资料编制了"社会再适应评定量表"（表 5-1），用以研究不同类型的生活事件对个体健康的影响。该量表共列出 43 种生活事件，每种生活事件对个体心理刺激的强度都以不同的生活变化单位（life-change unit，LCU）来表示，其中"配偶死亡"生活事件的心理刺激强度最高，定为 100 LCU，表示个体重新适应所需付出的努力最大，与健康的关系也最密切。然后依次计算出其他生活事件的变化单位。

表 5-1　社会再适应评定量表（SRRS）

生活事件	LCU	生活事件	LCU
1. 配偶死亡	100	23. 子女离家	29
2. 离婚	73	24. 姻亲纠纷	29
3. 夫妇分居	65	25. 个人取得显著成就	28
4. 坐牢	63	26. 配偶参加或停止工作	26
5. 亲密家庭成员丧亡	63	27. 入学或毕业	26
6. 个人受伤或患病	53	28. 生活条件变化	25
7. 结婚	50	29. 个人习惯的改变（如衣着、交际等）	24
8. 被解雇	47	30. 与上级矛盾	23
9. 复婚	45	31. 工作时间或条件的变化	20
10. 退休	44	32. 迁居	20
11. 家庭成员健康变化	40	33. 转学	20
12. 妊娠	39	34. 消遣娱乐的变化	19
13. 性功能障碍	40	35. 宗教活动的变化（远多于或少于正常）	19
14. 增加新的家庭成员（出生、老人迁入等）	39	36. 社会活动的变化	18
15. 业务上的再调整	39	37. 少量负债（债务少于 1 000 美元）	17
16. 经济状态的变化（比通常更好或更坏）	38	38. 睡眠习惯变异	16
17. 好友丧亡	37	39. 生活在一起的家庭人数变化	15
18. 改行（工作）	36	40. 饮食习惯变异	15
19. 夫妻多次吵架	35	41. 休假	13
20. 中等负债（债务超过 1 000 美元）	31	42. 圣诞节	12
21. 取消赎回抵押品	30	43. 微小的违法行为	11
22. 所担负工作责任方面的变化	29		

霍尔姆斯早期的研究发现，一年内 LCU 累计在 150 分以下，预示第二年大多数个体健康；LCU 累计在 150~300 分，有将近 50% 的个体第二年出现各种疾病；LCU 累计超过 300 分，则有 86% 的个体会患病。经过多年的实践验证，该量表有一定的实用价值。如研究发现 LCU 的升高与突然的心肌梗死、骨折、结核、白血病、多发性硬化、糖尿病的发病有关，同时个体免疫力下降，易患感冒；另外，LCU 分值越高，个体运动创伤和交通事故发生率越高；再者，LCU 分值与精神障碍、抑郁、精神分裂症及严重的心理疾病呈正相关。研究显示，多种生活事件的不断累加，其效应就更加明显，由于遭遇者的整体免疫功能大幅降低，患病的概率就明显增加，这从理论层面为我国俗语"祸不单行"提供了依据。

2. 生活事件量表　我国杨德森、张亚林及张明园等精神病学家于 20 世纪 80 年代将 SRRS 引入中国，根据我国的实际情况对生活事件的某些条目进行了修订或删增。有的将百分制改为十分制，有的则沿用霍尔姆斯的计分方法。这些生活事件量表的基本理论、计算方法均与 SRRS 类似，故它们与 SRRS 的一致性较高（r 为 0.643~0.887）。

SRRS 及其类似的修订版比较适用于研究生活事件的客观属性和某一群体的价值取向。如果用于对生活事件致病作用的研究，尚有一些没有解决的问题。

首先，同一生活事件在不同的性别、年龄、文化背景及同一个体的不同时期可能具有不同的意义。生活事件即便是一种客观存在，但要成为引发应激反应的刺激尚需结合个体的主观感受。刺激的强度一方面受到生活事件本身的性质、特点的影响，另一方面更受到个体的需要、动机、个性、以往经历及神经生物学特性的制约。例如，一般而言，中年丧妻乃人生之大不幸，然而对于夫妻情感非常融洽或早已另有新欢的两个男子来说，这一刺激的性质和强度会迥然不同。如果不加分辨地按计分标准将两人各计 100 分，与实际情况便相差甚远。国内研究的结果表明，年龄是一个重要的影响因素。不同年龄阶段的人对同一生活事件的感受差别很大，对 80% 的生活事件条目的评估有显著性差异。可以说，不管人们对某一事件的看法与客观实际是否一致，也不管是什么因素影响了他们对事件的认识、判断和评价，唯有个体实际感受到的刺激强度才对健康构成真正的威胁。

其次，SRRS 假定生活事件不管属积极性质还是消极性质，都会造成心理紧张。而人们发现，消极性质的生活事件与疾病最为相关，而中性或积极性质的生活事件的致病作用却并不明显。

基于上述两方面的原因，个体的生活事件评定不宜使用常模的标准化计分，而应分层化或个体化，并应包括定性和定量评估，以分别观察正性（积极性质的）、负性（消极性质的）生活事件的影响作用。按照这种新的构想，我国精神病学家杨德森、张亚林在前人工作的基础上编制了"生活事件量表"（life events scale，LES）。经过 5 年的实践和研究，其于 1986 年定型并已在国内 10 多个省区市推广应用。

LES 是自评量表，含有 48 条我国较常见的生活事件，包括三个方面的问题：一是家庭生活方面（28 条），二是工作学习方面（13 条），三是社交及其他方面（7 条），另设有 2 条空白项目，供当事者填写已经经历而表中并未列出的某些事件。

生活事件刺激量的计算方法：①某事件刺激量 = 该事件影响程度分 × 该事件持续时间分 × 该事件发生次数；②正性事件刺激量 = 全部好事刺激量之和；③负性事件刺激量 = 全部坏事刺激量之和；④生活事件总刺激量 = 正性事件刺激量 + 负性事件刺激量。另外，还可根据研究需要，按家庭问题、工作学习问题和社交问题进行分类统计。LES 总分越高，反映个体承受的心理压力越大。负性事件的分值越高对心身健康的影响越大，正性事件分值的意义尚待进一步的研究。

LES 可用于：①甄别高危人群，预防精神障碍和心身疾病，对 LES 分值较高者加强预防工作；②指导正常人了解自己的心理负荷，维护心身健康，提高生活质量；③用于指导心理治疗、危机干预，使心理治疗和医疗干预更具针对性；④用于神经症、心身疾病、各种躯体疾病及重性精神疾病的病因学研究，可确定心理因素在这些疾病发生、发展和转归中的作用。

视频 5-1
中国"80 后"生活压力
报告

第三节　生理中介机制

20 世纪 60 年代以来，尤其是生物学技术的发展为应激过程的机制研究提供了重要的手段，促使国内外学者对应激进行系统和深入的研究。大量的研究证实，机体处于应激状态时，应激源可以激活一系列的中介环节引起应激反应，如神经系统的直接参与、神经内分泌系统、神经生化及免疫系统等变化，影响机体的内环境平衡，可出现器官功能障碍，诱发精神疾病。长时间的应激反应可导致机体组织结构上的改变，引起心身疾病，影响机体健康。应激对健康影响的机制复杂，简要分述如下。

一、中枢神经系统的调节

大脑既是应激源的"靶器官"，又是机体各个器官产生应激反应的"组织者"。大脑通过"组织"神经递质、受体、信号转导，甚至基因等神经可塑性的变化，对应激源产生应激反应。

额叶是与情绪有关的新皮质，当个体处于应激状态时，交感 – 肾上腺 – 髓质轴的功能亢进起着重要作用。交感神经活动通过直接或间接途径来调节：直接途径是通过终止靶器官的神经元分泌去甲肾上腺素（NA），间接途径是指肾上腺髓质分泌肾上腺素（AD）与 NEA。如在应激状态下，处于愤怒或恐惧时，整个交感神经系统被激活，引起腹腔内脏及皮肤末梢血管收缩、心搏加强和加速、新陈代谢亢进、肝糖原转换为葡萄糖而使血糖升高、瞳孔扩大、肌肉工作能力增加、肠功能紊乱等。若应激源持续存在，可使得交感神经功能持续增强，循环系统的功能亢进，出现心悸、憋气、血压升高。有的可出现头痛、腰背痛、唾液分泌减少、呼吸加快和尿频等现象。如应激源长期存在可诱发自主神经功能失调，当交感神经的功能减弱时，便可引起消化不良、食欲不振的症状。此外，各器官的功能状态，经过感受器将信息转化为神经冲动，再传递到中枢神经系统，反馈到下丘脑 – 垂体 – 肾上腺轴（HPA 轴），从而直接影响神经内分泌、中枢神经介质及免疫系统的功能变化，对应激反应起到反馈调节的作用（图 5-3）。

二、神经内分泌系统的调节

内分泌系统包括人体内分泌腺及某些脏器中的内分泌组织，这是一个体液调节系统，在不同外界条件下，维持个体内环境的相对稳定。当机体受到强烈刺激时，应激反应主要通过神经内分泌的改变（交感 – 肾上腺髓质系统和下丘脑 – 垂体 – 靶腺轴调节系统）进行调节。

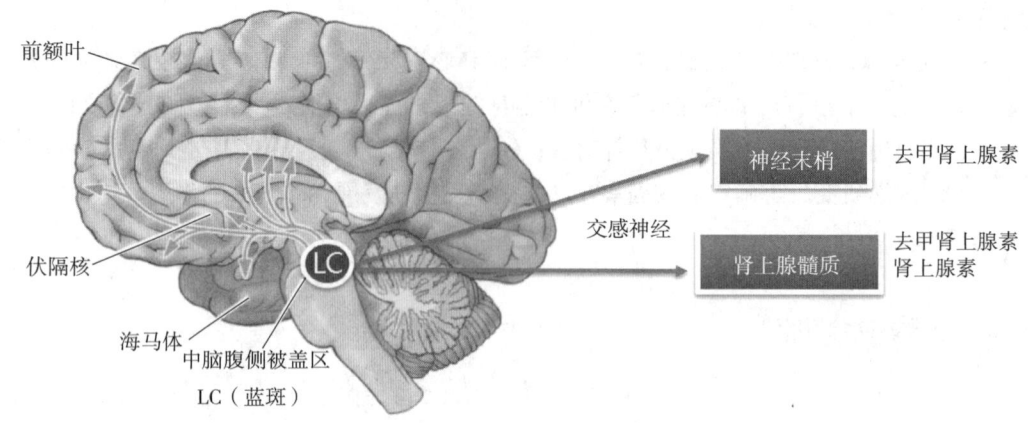

图5-3 中枢神经系统的调节

（一）交感－肾上腺髓质系统

交感神经与肾上腺髓质同起源于外胚层。支配肾上腺髓质的内脏大神经，属交感节前纤维，它直接刺激髓质嗜铬细胞释放 AD 和 NA，通过血液循环到全身许多组织、器官，引起类似交感神经兴奋的作用。当机体处于应激状态时，交感神经兴奋，肾上腺髓质分泌增加，此时血液中的 NA 主要来自交感节后纤维，AD 主要来自肾上腺髓质。NA 和 AD 都作用于肾上腺素受体，二者生理功能基本相同，并且互相补充和配合，使交感神经的生理效应得到延续和加强，扩大和增强机体适应环境的能力。

（二）下丘脑－垂体－靶腺轴调节系统

下丘脑－垂体－靶腺轴调节系统分为三类：HPA 轴、下丘脑－垂体－甲状腺轴（HPT 轴）和下丘脑－垂体－性腺轴（HPG 轴）。在应激状态下，以 HPA 轴的功能最为重要。

在应激反应中，HPA 轴是一个关键环节，下丘脑室旁核可产生一系列释放因子，如促肾上腺皮质激素释放激素（CRH），释放到下丘脑和垂体腺之间的门脉循环中，从而引发垂体促肾上腺皮质激素（ACTH）的释放。ACTH 再作用于肾上腺，引发糖皮质激素的合成与释放。糖皮质激素还可通过负反馈调节抑制 CRH 和 ACTH 的合成和释放。在应激反应条件下，血浆 ACTH 升高，下丘脑促肾上腺皮质激素释放因子（CRF）和精氨酸血管升压素（AVP）分泌增加，垂体 CRF 受体减少，ACTH 和糖皮质激素对各种刺激的敏感性升高。研究显示，来自边缘系统杏仁核的纤维调节情绪应激反应，如愤怒、恐惧、忧虑等均通过杏仁核的纤维作用于下丘脑，通过上述通道，继而引起 ACTH 分泌显著增加，造成肾上腺皮质分泌增加。再者，垂体除释放 ACTH 以外，还有生长激素、泌乳素、促甲状腺素、内啡肽等，一些代谢性内分泌激素（胰岛素、胰高血糖素）也参与应激过程。靶腺轴相互影响、相互调节，而且通过腺体分泌与中枢神经系统的正反馈和负反馈机制，调节释放激素及促激素的抑制或兴奋作用。

另外，内分泌活动的变化与应激源种类及强度有关。急性应激可促使实验雌性动物排卵，慢性应激可抑制月经。在寒冷刺激时，促甲状腺激素（TSH）的分泌增加；疼痛刺激时，抗利尿激素（ADH）则急剧上升。心理刺激可导致机体促性腺激素异常，垂体的泌乳素分泌增加。

三、中枢神经递质系统的调节

与应激密切相关的中枢神经递质有：①单胺类，如多巴胺（DA）、NA、5-羟色胺（5-HT）；

②胆碱类，如乙酰胆碱（ACh）；③氨基酸类，如谷氨酸（Glu）、天冬氨酸（Asp）、γ-氨基丁酸（GABA）；④神经肽类，如内啡肽（endorphin）、脑啡肽（enkephalin）、P物质等。各类中枢神经递质均各司其职，相互协同或相互制约，维持机体的正常活动，保持内环境平衡。

（一）单胺类神经递质

单胺类神经递质包括DA、NA、5-HT等。去甲肾上腺素能和多巴胺能神经元与交感神经样反应有关。NA与应激的躯体反应更为密切，如身体束缚或僵化、低温等。DA属于兴奋性中枢神经递质，在应激情况下，脑中DA代谢与释放增加，DA可使脑组织兴奋和保持一定的警觉性。当NA和DA神经元兴奋时，对保持全脑的兴奋性和警觉状态起主要作用，并能使机体活动增加。5-HT主要分布在下丘脑、丘脑内侧核、中脑、脑干等处，大脑皮质、海马和纹状体中也有分布。当中枢5-HT含量高时，会产生精神迟钝、欲望降低、恐怖、愤怒和紧张不安等行为反应；还可以导致痛阈的降低，影响人们对疼痛的应激水平。研究发现，在应激状态下动物脑内可出现5-HT代谢加速的现象，同时5-HT是参与应激性焦虑的重要递质。当5-HT神经元兴奋时，其功能与去甲肾上腺素能神经元相拮抗，使机体安静。在正常情况下，这两个功能相互拮抗的系统是平衡的。在应激状态下，中枢神经递质发生变化，致使这两个系统出现失衡。NA主要由交感神经末梢释放，由于中枢神经分泌的NA不进入血液循环，由肾上腺髓质分泌的NA进入血液循环者仅占小部分。各种应激因素可激活大脑的去甲肾上腺素能系统，在蓝斑特别明显，而且能引起自主神经系统释放儿茶酚胺。将动物置于慢性应激状态下，大脑通过酪氨酸羟化，使NA合成加强，对应激状态起调节作用，参与攻击与防御行为。5-HT与应激有密切关系，5-羟色胺能神经元主要集中在脑干的中缝核。5-HT具有安静作用，可以稳定情绪。若脑内5-HT减少就容易产生情绪波动。此外，5-HT也参与睡眠调节。

（二）胆碱类神经递质

胆碱类递质主要是ACh，这是一种中枢神经递质，也是在心理应激反应中被研究得最多的递质之一。Hunt在1907年首先提出ACh是一种运动神经末梢的递质。Janowsky通过实验研究发现，在心理应激状态下，胆碱能酶（包括胆碱乙酰转移酶和胆碱酯酶）水平增高，中枢ACh释放增加，推测ACh可能是对应激敏感的神经递质之一，并提出了ACh参与心理应激调节的假说。研究表明，在应激状态终止后1 h，小鼠的中枢ACh增加，额叶ACh转换率下降，说明ACh参与了应激的调节。关于记忆的研究发现，边缘系统的海马回和杏仁核与近期记忆有关，而皮质联合区与远期记忆有关，这些部位都有胆碱能通道存在，所以认为ACh在促进学习和记忆方面可能起着重要作用，是某种短暂的强烈心理刺激会使机体留下终身记忆的缘由。

（三）氨基酸类神经递质

氨基酸类神经递质可分为兴奋性与抑制性两类。哺乳动物中枢神经系统中有些游离氨基酸可作为兴奋性神经递质发挥效应，被称为兴奋性氨基酸（excitatory amino acid，EAA），Glu和Asp是中枢神经系统中最重要的两种内源性EAA。目前研究认为，EAA有较强的神经毒性作用，当EAA含量超过一定的标准时会导致心理应激水平的下降。Liang等研究发现，当EAA受体阻断剂精氨酸血管升压素注入杏仁复合体，可使动物产生一次性回避学习和记忆的顺行遗忘。由于应激源对中枢的刺激，占有中枢神经70%以上的谷氨酸能神经元起着重要的作用。在动物实验中发现，动物在应激状态下各脑区之间的Glu含量存在明显的差异。

GABA 是一种重要的抑制性神经递质，主要分布在脑内，外周神经和其他组织中很少。GABA 被认为对中枢神经元有普遍的抑制作用。研究表明，GABA 参与学习和记忆过程的调节，在对动物进行训练后注射 GABA 拮抗剂对保持动物的记忆有增强作用，而注射 GABA 激动剂则会损坏记忆的保持。国内外有研究报道，GABA 对 DA 的代谢有抑制作用。动物实验发现，在脑缺血引起的急性应激动物模型中，大鼠的脑组织中 GABA 和 DA 等神经递质的代谢发生紊乱。

（四）神经肽类神经递质

在中枢神经系统内发现具有生命活性的大分子物质，也参与中枢神经系统内的突触传递，它们是由一些氨基酸组成的多肽类，被称为神经肽。神经肽种类很多，可分为垂体肽、下丘脑释放激素、脑肠肽、阿片样肽等。阿片样肽（opioid peptide，OP）在中枢神经系统分布十分广泛，介导应激反应，OP 在镇痛方面显示了良好作用，阿片样肽参与应激反应时的高血糖发生机制。在行为反应方面，阿片样肽参与动物取食反射，在应激状态下动物可出现贪食或厌食。P 物质是最早被发现的神经肽，并且在脑内分布很广，是初级感觉神经元末梢释放的兴奋递质，与痛觉有关，有强烈的拮抗吗啡的作用。P 物质还与纹状体 – 黑质系统中 DA 神经元活动有关。资料表明，P 物质参与应激反应的神经调控过程。

四、免疫系统的调节

免疫系统分为非特异性免疫和特异性免疫，其中特异性免疫又分为体液免疫和细胞免疫。免疫系统不是单独地发挥作用，免疫系统和神经内分泌系统是一个相互作用的整体。它和神经系统之间主要通过由大脑调节的激素和免疫细胞相关的神经纤维这两种方式相互作用。免疫系统受神经系统和脑的调节，同时免疫系统也对神经系统有影响。神经、内分泌、免疫三个系统具有共同的基本功能，即对内外环境信息的感受和传递。三个系统间相互联系的信息分子主要是各类神经递质、神经肽、激素和免疫分子。这些信息分子广泛分布于三个系统的组织和器官。免疫细胞和大脑神经细胞有共同的配体及其受体，在免疫和神经内分泌系统内部及两个系统之间构成了一个信息网络。

应激发生后，体内糖皮质激素反馈性升高所致的免疫抑制，推测可能是心理应激引起 HPA 轴免疫抑制作用。对一些消极的心理状态如焦虑、抑郁、失望和悲伤等与免疫系统的关系进行的研究表明，在这些状态下淋巴细胞增殖减少，自然杀伤细胞活性降低，血液循环中白细胞核抗体的数量改变。另外，机体对异物产生抗体的能力与焦虑的程度相关。过度焦虑使机体对有害物质所产生的抗体减少。而且，压力的持续时间、性质与免疫改变程度存在着一定关系。压力持续的时间越长，悲观程度越重，特殊类型的淋巴细胞减少越多。

应激同样与其他系统的活性有关，包括 HPA 轴和交感神经系统。这两个系统的活化可引起血液中激素水平增高，尤其是皮质醇、AD 和 NA，这些激素与人体的免疫功能有关。心理应激可以通过边缘系统杏仁核的中介，激活交感肾上腺髓质内分泌轴，引起儿茶酚胺的释放并且启动 HPA 轴。

值得注意的是，在应激状态下，神经内分泌、神经免疫及神经递质的变化都不是孤立的，往往是协同作用的。

第四节　心理中介因素

　　心理中介因素是联结应激源和应激反应的纽带，在一定程度上影响个体的应激评价及应激状态下的反应，对个体的健康起重要的缓冲作用。在现代社会中，应激源普遍存在，任何人也无法避免。然而在同样或相似的生活环境中，有些人产生了强烈的应激反应，甚至发生了心理障碍或心身疾病，而另一些人则适应良好，原因在于应激是主体与客体相互作用的结果，

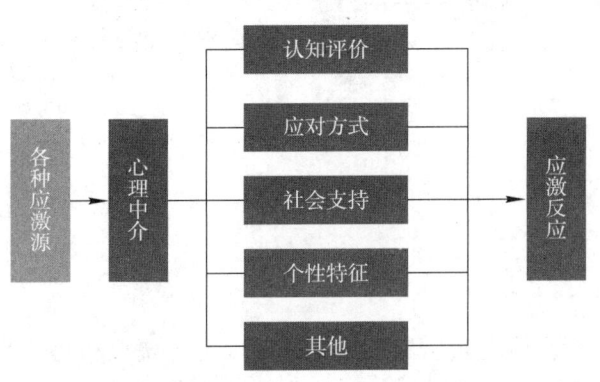

图 5-4　心理应激中介因素

心理中介因素在其中起重要作用。主要的心理中介因素包括认知评价、应对方式、社会支持和个性特征等（图 5-4）。

一、认知评价

　　认知评价（cognitive appraisal）是指个体对遇到的生活事件的性质、程度和可能的危害情况做出估计。它直接影响个体的应对活动和心身反应，因而是生活事件造成个体应激反应的关键中间因素之一。

　　20 世纪 70 年代，以拉扎勒斯为代表的学者认识到认知评价的重要性，认为生活过程中的其他因素都是以认知评价为转移的。他们认为应激反应不单是外界刺激直接作用的结果，更受到认知评价的调节。他们研究发现，意识丧失的动物在受到各种物理、化学和情感刺激时，并没有所谓的 GAS。同时发现，昏迷的患者在所谓"应激"的状态下，肾上腺素是正常的。拉扎勒斯据此强调认知评价在应激反应中的中介作用。认知因素主要涉及对于紧张刺激（生活事件）的认识、判断和主观评价。不同的人对同一事件可以有不同的认识、判断和评价，同一个人在不同条件下对同一件事也可有不同的认识、判断与评价。不同的认识、判断与评价导致不同的情绪反应、发生不同性质和程度的生理应激，对人的疾病与健康产生不同的影响。因此，认知中介因素的作用非常重要。

　　弗克曼和拉扎勒斯将个体对生活事件的认知评价过程分为初级评价（primary appraisal）和次级评价（secondary appraisal）。初级评价是个体在某一事件发生时即通过认知活动判断其是否与自己具有利害关系。一旦得到有关系的判断，个体立即会对事件的性质（如是否可以改变）、属性（如是否丧失、威胁还是挑战）和个人的能力做出估计，这就是次级评价。伴随着次级评价，个体会同时进行相应的应对活动，如果次级评价事件是可以改变的，采用的往往是问题关注应对；如果次级评价为不可改变，则往往采用情绪关注应对（图 5-5）。

　　评价是一种认知加工过程。因此，对同一种应激源有可能做出不同的评价，这取决于个体的认知及应对能力。通常将个体对应激源的认知评价分为两类，即积极的评价和消极的评价，相应地产生积极的应激和消极的应激。前者可以适度地提高皮质的唤醒水平，调动积极的情绪反应，

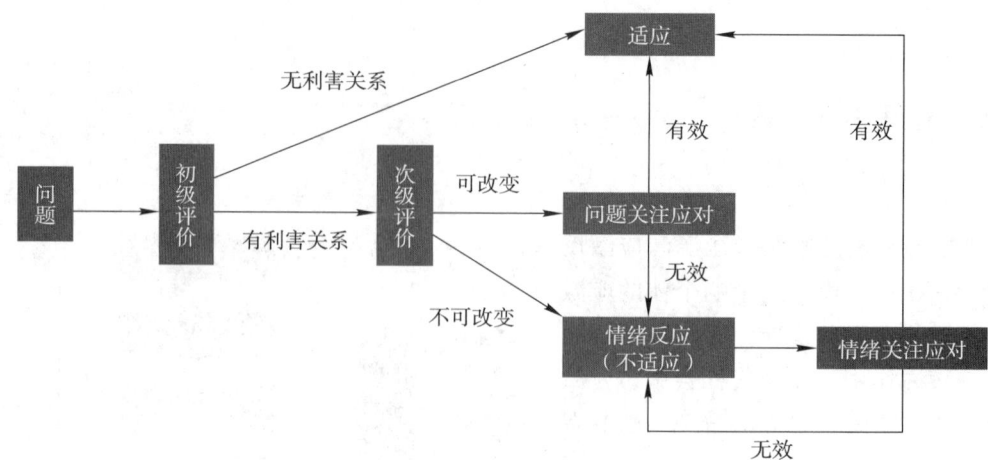

图 5-5　认知、应对与应激过程

使个体注意力集中，积极思维，调整需要和动机。这些反应有助于对传入的信息进行正确的评价和个体应对能力的发挥。后者则可导致个体过度唤醒而焦虑、激动或抑郁、认知能力降低、自我概念模糊而妨碍个体进行正确的判断和对积极应对的选择。

在研究生活事件与疾病关系的过程中，大多数研究表明，生活事件与人类的许多精神疾病和躯体疾病的发生、发展和预后有一定关系。然而，在关于生活事件与疾病关系的研究中，仍有相当数量的研究结果不能令人满意，许多采用相关法的研究发现，生活事件与疾病之间只有中等程度的相关（ r 为 0.12 ~ 0.40 ）。即使采用实验法的研究也不能得出生活事件与疾病之间存在必然因果联系的结论。

研究显示，个体对生活事件的认识、判断与评价主要取决于两个方面：一方面是生活事件本身的性质与特点；另一方面是人的需要、动机、个性心理特征（包括兴趣、爱好、能力和性格等）及过去的知识和经验等。生活事件有积极和消极之分，不管它本身是积极的还是消极的，都可能造成心理紧张从而导致疾病。消极的生活事件可能造成紧张并由此发展成为心身疾病，这是因为个体多把消极的、不合意的事件判断为具有威胁性，从而引起焦虑，久而久之就可能会导致疾病的发生。

另外，价值观属于认知的重要内容，是指人们对事物的看法，人们用来区分好坏的标准并指导行为的心理倾向系统。它包括态度、兴趣、爱好、信仰和信念等。人们判断一个事件对自己是有利还是有害，是以自己的价值观为基础的。价值观具有主观性、选择性、稳定性和社会历史性等特征。不同的人有不同的价值观。一个爱钱如命的人，一旦丢失金钱，影响可能相当严重，甚至引起精神失常；一个具有"不孝有三，无后为大"思想观念的人，当得知自己的妻子生下的是个女孩，而又无机会生男孩时，可能会表现出强烈的心理生理反应。

二、应对方式

应对方式又称应对策略（coping strategy），可以被理解成个体解决生活事件和减轻事件对自身影响的各种策略，是个体在应激过程中有意或无意地进行心理上和行为上的调适。"应对方式是应激事件和应激心身反应的主要中介变量"的观点已被广泛接受（图 5-6 ）。许多研究表明，应对方式与各种应激有关因素存在相互影响和相互制约的关系，是个体在应激期间处理应激情境、保持心理平衡的一种手段。近年来人们之所以将应对方式作为应激研究的重点，是

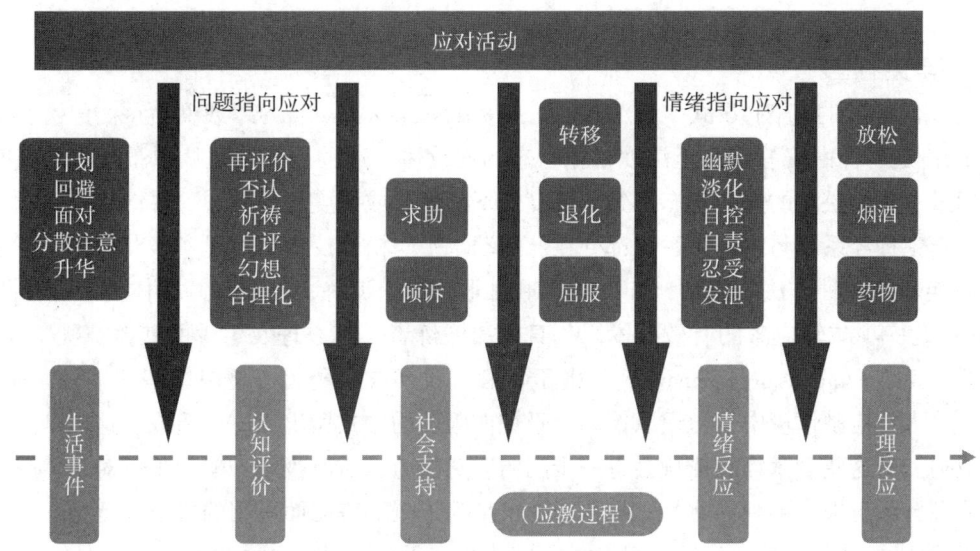

图 5-6 应对方式与应激过程

因为这能为医学干预和心理卫生提供具体的理论和技术，这也是现代健康心理学所追求的具体目标。

（一）应对方式理论

目前有两种不同的概念模式。一种是自我心理学模式（ego psychology model）；另一种是应激关联概念模式（transactional model of stress），该模式又称场合模式（contextual model）。

1. 自我心理学模式　应对方式的自我心理学模式属于精神分析理论的重要内容。弗洛伊德认为，人格结构中的自我在本我、超我和现实之间起调和作用，因此经常处于压力之下。为了摆脱不可接受的性驱力和攻击驱力的冲动及由此所引起的焦虑等情绪，自我便发展形成了旨在保护自我的防御机制，称为心理防御机制（psychological defense mechanism）。心理防御机制是个体在成长过程中逐渐形成的，它本身就是人格的一个重要部分。Hartman 认为自我拥有独立于本能冲动的自主适应功能、整合功能和对环境的调整机制，将其视为个体应对内外紧张性刺激、保持心理平衡的一种心理手段。弗洛伊德曾提出 9 种防御机制，他的女儿安娜·弗洛伊德等发展了心理防御机制理论，提出了一些新的防御机制种类，至今已达数十种。目前人们常提及的心理防御机制有否认、外射、退化、幻想、反作用、潜抑、合理化、补偿、升华和幽默。其中否认、外射、幻想、反向作用、潜抑和合理化等心理防御机制的使用，对个体维持心理平衡会有一定的帮助，但不宜过度使用。升华和幽默是健康的、积极的防御机制，是成熟和健康人格的表现。

2. 应激关联概念模式　该模式是由哈佛大学心理学家拉扎勒斯和弗克曼等提出来的，是近年来许多研究者广泛采用的一个概念模式。该模式认为，应对方式是个体用来处理内部和（或）外部要求的一系列不断变化着的思考与行动。这里的"要求"涉及当事人与环境的关系，是指充满紧张性的刺激物，它们可以是知觉到的威胁，也可以是某种丧失或觉察到的挑战。应对方式是一个动态的过程，在这些过程中个体常常会采用不同的应对方式或策略的组合形式。弗克曼和拉扎勒斯根据应对的指向性将其分为情绪指向应对（emotion focused coping）和问题指向应对（problem focused coping）。情绪指向应对是指改变个体对应激源的反应即改变或减轻不良情绪的应对方式，包括宣泄、放松等方式。问题指向应对是指直接指向应激源的应对方式，包括事先应对和寻求社会支持等。

（二）常见的应对方式

1. 减轻紧张的应对方式　①松弛反应（relaxation reaction）：或称为深度松弛（deep relaxation），是一种由安静状态至深度松弛状态的连续体。这种连续体是从应激反应的高度唤起状态，通过一般放松时的安静状态，到达极度低下的唤起或深度松弛状态。在深度松弛时，骨骼肌松弛，自主神经系统与内分泌系统都处在低活动水平。松弛反应可通过实践获得，且可以作为控制应激唤起的一种方法来应用，如气功、瑜伽术、放松训练、催眠等。②体力锻炼（physical exercise）：是一项减轻应激的有效技术。每日规律锻炼者，其心理及生理的获益都优于对照组。③代偿性行为（compensatory behavior）：由于饮酒、吸烟或服药可以暂时缓解焦虑和紧张情绪，所以，有些人在应激情境中会习惯以饮酒、吸烟或服药的方式做出反应，造成对这些刺激物的依赖，即成瘾。对这些刺激物的依赖会进一步削弱应对能力，所以吸烟、酗酒不仅对身体健康有损害，对心理健康也极为不利。此外，强迫行为也是为了缓解焦虑而采用的代偿性行为。

研究进展 5-1
酗酒与基因
拓展阅读 5-7
塞里的"习得性无助"实验

2. 失助感与过分依赖　失助感是一种无能为力、无所适从、无可奈何的心理体验，一般是指经过多次应对不能奏效，感到对环境难以控制而失去信心的心理状态。此时个体只有听天由命，不再做任何努力。这是一种消极被动的状态，在这种状态下，一旦有可依赖的力量或对象便会产生对其过分依赖的行为。

3. 攻击　如果挫折和心理冲突以愤怒和焦虑的形式存在，就容易出现攻击行为。攻击行为可分为三种情况：第一种是直接攻击。主体受到挫折后，将愤怒的情绪直接指向其障碍者（人或物）。直接攻击可能是对自己的力量等方面较有自信，也可能是缺乏理智，对后果的严重性估计不足，如有的失恋者会用毁容、杀人等方式发泄愤恨情绪。第二种是间接攻击。为了避免造成严重的后果，便使用一种较为理性的或隐藏的方式进行攻击，如起诉、控告或写匿名信等方式使对方受到惩罚。第三种是转向攻击，当意识到无法对愤怒的对象进行攻击，或找不到明确的攻击对象时，将愤怒的情绪发泄到毫不相干的人或物上，这个不相干的被攻击的对象叫替代者或"替罪羊"。这是一种目标转移，攻击的主要目的在于释放心理能量，是心理治疗中倡导的一种无害的心理发泄方法。

4. 寻求帮助与支持　前述各种应对方式均属个人范围，而在现实生活中，当个体处于应激情境时会期望得到他人的帮助。社会支持（social support）就是他人能够提供的应对应激的帮助。社会支持可以分为三种主要形式：给予信息及指导，给予关怀、影响和教育，提供鼓励与保证。每一种社会支持形式都有其独特的功能。

5. 理智与积极解决问题　包括：①积极的认知应对，指个体以一种自信而有能力控制应激的乐观态度来评价应激事件，以便在心理上能采取更有效的方式应对应激；②积极的行为应对，指个体采取明确的行动，希望以行动来解决问题。

6. 事先应对　由于应激产生的部分原因是环境需求（或挑战）与个体应对能力的不均衡，因此增加人们的应对能力可以减轻应激反应。事先应对是学会可以在未来应激情境中应用的应对技巧，主要包括获得信息、建立计划并行动和自我监控。

7. 重新评价情境（reappraising the situation）　改变知觉也可以降低应激，这种应对方法就是重新评价情境。这需要重新检查最初的知觉，因此，这种应对方法就依赖于估计证据的分量及将消极评价转为积极评价的能力。

8. 降低　指的是降低应激源的影响，主要措施包括消除、回避和改变，①消除：指去除应激源，如消除工作环境中的应激源，消除噪声、改善照明条件和改换交通工具以降低路途遥远等造成的应激。有些疾病的治愈较为困难，可将其症状、功能调整和康复划分为几个阶段，逐个消除以达到逐个改善的目的。②回避：有些应激尤其是某些疾病和症状如疼痛是不可避免的，这时可采用"视而不见"的方法来回避。对某些病症可采用放松、镇痛和转移注意力等来帮助回避，也可运用心理防御机制进行回避。③改变：主动改变环境，听音乐，从事个人喜欢的活动，可以改变个体感知及情绪，从而通过降低对应激源的感受来降低应激。

9. 发泄　是释放由愤怒和挫折或胜利带来的紧张的一种方法。有些发泄方式是积极的，如倾诉、运动、唱歌、哭泣和狂欢等；有些可能是消极的，如攻击他人、毁物和自伤等（图 5-7）。

图 5-7　心理宣泄室的布置
心理宣泄室内设有橡皮人和沙袋供来访者宣泄愤怒等压抑的情绪

（三）应对方式的测量

应对评价主要了解两个方面：一是应对的方式，即了解个体是以什么样的形式去应对；二是应对的水平，即应对的效果如何，哪些应对是有效的、积极的，哪些应对是无效的、消极的。应对方式的分类一般通过因素分析而获得，应对的效果或水平一般通过标度来验证，这两个方面的研究实际上包含在应对测量的同一过程之中。

自 20 世纪 80 年代以来，国内外许多研究者试图编制评价应对方式的测量工具，目前已有数十种量表发表，以下介绍几个国内外常见的应对方式量表。

1. 防御方式问卷　最初由加拿大的邦德（M. Bond）于 1983 年编制，分别于 1986 年和 1989 年进行了修订。目前国内应用的是最近一次修订的问卷。适用于正常人和各种精神障碍患者。防御方式问卷共包括 88 个项目，每个项目均采用九级评分方法，能测定从成熟到不成熟的比较广泛的防御行为。防御方式问卷目前国内外尚无常模，研究使用时需要设立对照组。

2. 应对方式问卷　由肖水源等编制，适用于 14 岁以上的青少年、成年和老年人，文化程度要求在初中及以上，除痴呆和重性精神病之外的各种心理障碍者均可使用。问卷共包含 62 个陈述式问题，要求被试者做选择性回答。应对方式问卷可测量解决问题、自责、求助、幻想、退避及合理化六个量表因子。

3. 简易应对方式问卷　由积极应对和消极应对两个维度（分量表）组成，包括 20 个条目，采用四级评分的方法。编制者应用此量表测查了城市 20 ~ 65 岁、文化程度由小学到大学、职业范围广泛的 846 人（男性 514 人，女性 332 人）。该样本的积极应对维度平均分为 1.78 ± 0.52，消极应对维度平均分为 1.59 ± 0.66。

4. 特质应对方式问卷 由姜乾金主持编制。该问卷共包含 20 个条目，采用五级评分方法，分别测定被试者消极应对和积极应对的得分情况。特质应对方式问卷具有 1 305 例健康人的样本，从而形成了健康人的常模，即消极应对为 30.26 ± 8.74，积极应对为 21.25 ± 7.14。

5. 医学应对问卷 编制的思想基础是：不同疾病的患者可能会存在不同的应对策略，不同的应对策略可能会影响疾病的进程。由菲弗尔（Feifel）等编制的医学应对问卷修订而来，修订过程中另增加 1 条，中文版共含有 20 个条目。各项目按 1～4 四级计分，通过测查可获得三个因素，分别为面对、回避和屈服。医学应对问卷有以 650 例各类临床患者为对象的标准化分析，显示其信度、效度令人满意。650 例患者的测试结果为："面对"因子均分 = 19.48，"回避"因子均分 = 14.44，"屈服"因子均分 = 8.81。

三、社会支持

社会支持（social support）是指个体与社会各方面包括亲属、朋友、同事、伙伴等及家庭、单位等社团组织所产生的精神上和物质上的联系程度。在应激研究领域，一般认为社会支持具有减轻应激的作用，是应激作用过程中个体"可利用的外部资源"。

（一）社会支持的分类

社会支持所包含的内容相当广泛，可从多个维度进行分类。

1. 客观支持、主观体验到的支持和对支持的利用度 客观支持也称实际社会支持，包括物质上的直接援助和社会网络、团体关系的直接存在和参与，是客观存在的现实，这是个体赖以满足其社会、生理和心理需求的重要资源；主观体验到的支持也称领悟社会支持，即个体所体验到的情感上的支持，也就是个体在现实中受尊重、被支持、被理解因而产生的情感体验和满意程度，与个体的主观感受密切相关；对支持的利用度是个体对社会支持的利用情况，有些个体虽然可以获得支持，但却拒绝别人的帮助。

2. 家庭支持、朋友支持和其他支持 这是从社会支持来源角度进行的分类，强调个体对各种社会支持来源的理解和领悟。

3. 认知支持、情感支持和行为支持 这是以社会支持维度为出发点的分类。认知支持指提供各种信息、意见与知识等，情感支持指安慰、倾听、理解及交流等，行为支持指实际的帮助行动。

目前国内社会支持量表的编制是按照客观支持与主观支持这一分类进行评估和量化的。客观支持指一个人与社会所发生的客观的或实际的联系程度，主观支持指个体体验到在社会中被尊重、被支持、被理解和满意的程度。肖水源总结文献将社会支持分为主观支持、客观支持和利用度 3 类，并形成一种社会支持量表。许多研究证明，个体感知到的支持程度与社会支持的效果是一致的。

拓展阅读 5-8
建立你的社会支持系统

（二）社会支持与健康的关系

社会支持与心理健康水平之间的关系已经得到许多研究的论证。有研究认为，社会支持是影响应激反应结果的一个重要中介变量，它一般具有减轻应激反应的作用，与应激引起的心身反应呈负相关，说明社会支持对健康具有保护性作用，可以降低心身疾病的发生和促进疾病的康复。

为了更全面地了解社会支持与心理健康之间的关系，有研究从两个方面了解被试者的心理健康水平：一是主观幸福感，二是心理症状。主观幸福感是反映某一社会中个体生活质量的重要心理学参数，是反映心理健康水平的重要指标之一。在主观幸福感的心理动力学机制中，社会心理因素的影响是非常重要的，与主观幸福感有关的社会心理学概念主要有应激、社会支持、内外控制感及角色扮演等。研究结果显示，社会支持和心理控制感都是影响心理健康水平的中介因素。

动物实验也证明社会支持与心身健康之间存在联系。有人发现在实验应激情境下，如果有同窝动物或动物母亲存在、有其他较弱小动物存在或有实验人员的安抚，可以降低小白鼠的胃溃疡、地鼠的高血压、山羊的实验性神经症和兔的动脉粥样硬化性心脏病的发生。相反，扰乱动物的社会关系，如模拟的"社会隔离"可导致动物行为的明显异常。

四、个性特征

个性作为应激系统中诸多因素之一，与生活事件、认知评价、应对方式、社会支持和应激反应等因素之间均存在相关性。因此，应激系统模型将个性看作应激系统的核心因素（图 5-8）。

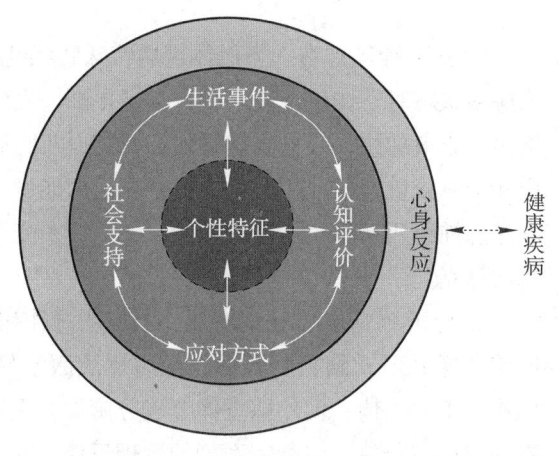

图 5-8 心理应激"系统"模型示意图

个性可以影响个体对生活事件的感知，有时甚至可以决定生活事件的形成。许多资料证明，个性特征与生活事件量表分之间特别是主观事件的频度及负性事件的判断方面存在相关性。

态度、价值观和行为准则等个性倾向性，以及能力和性格等个性心理特征，都可以不同程度地影响个体在应激过程中的初级评价和次级评价。这些因素决定个体对各种内外刺激的认知倾向，从而影响对个人现状的评估。事业心太强或性格太脆弱的人就容易判断自己的失败；个性有缺陷的人往往存在非理性的认知偏差，使个体对各种内外刺激的评价产生偏差，可以导致较多的心身症状。

个性特征在一定程度上决定应对活动的倾向性，即应对风格。不同个性特征的个体在面临应激时可以表现出不同的应对策略。Glass 等的研究发现：当面对无法控制的应激时，A 型行为类型的人与 B 型行为类型的人相比，其应对行为更多地显示出缺乏灵活性和适应不良。而 Vmgerhoets 和 Flohr 的研究却提示：面临应激环境时，A 型行为类型的人较 B 型行为类型的人更多地采用积极正视问题的应对行为，而不是默认。同时还发现 A 型行为类型的人不像 B 型行为类型的人那样易于接受现实，对问题的起因更多地强调自身因素而不是环境因素。

个性特征间接影响客观社会支持的形成，也直接影响主观社会支持和社会支持的利用度。人与人之间的支持是相互作用的过程，一个人在支持别人的同时，也为获得别人对自己的支持打下了基础。个性孤僻、不好交往、万事不求人的人是很难得到和充分利用社会支持的。

研究显示，对同一应激事件，有的人失落感较强而压力很大，有的人则失落感较弱，甚至有一种解脱感，因而压力不大。此外，对事件反应的强弱和个人的心理素质尤其是个性有关。研究证实，易感性格者的焦虑、抑郁、敌意等情绪分数多于非易感性格者，而且前者对生活事件的负性体验较强，因而易感性格也是发病的中介因素之一。另外，个性与应激反应的形成和强度也有关。同样的生活事件，在不同个性的个体身上可以出现完全不同的心身反应结果。

第五节　应激反应

应激反应（stress reaction）是指个体因应激源所致的各种生理、心理、行为等方面的变化，亦称应激的心身反应（psychosomatic response）。应激反应包括应激生理反应和应激心理反应两个方面。神经解剖学和大量观察证据证明，应激反应中的生理反应和心理反应是同时发生的。

一、应激的生理反应

1. 交感神经兴奋　当机体遭遇特殊紧急情况（如严重脱水、失血、暴冷暴热及缺氧窒息等）或应激状态时，交感神经系统兴奋性提高，反应灵敏；血液重新分配，内脏血管收缩、肌肉血液增多，心率加快，心输出量增加；肝糖原及脂肪分解，使血糖升高，游离脂肪酸增加，为机体适应和应对紧急情况或应激反应提供充足的能量。如果应激反应过于强烈或持续时间太长，可造成副交感神经活动相对增强或紊乱，使得心率变慢，心输出量减少，血压下降，血糖降低，引起眩晕或休克。

2. 肾上腺糖皮质激素增加　当应激源作用于人体感官时，引起神经冲动，通过脑干的感觉通路传递到下丘脑，引起促肾上腺皮质激素释放因子（CRF）分泌，CRF 通过脑垂体门脉系统再作用于腺垂体，促使腺垂体合成分泌促肾上腺皮质激素（ACTH），ACTH 再刺激肾上腺皮质激素的合成与释放，引起一系列的生理反应。在应激状态下，ACTH 和糖皮质激素的分泌量大大增加，以增强机体对有害刺激的耐受力。糖皮质激素能提高多种机体组织对神经和内分泌调节因素的反应能力，有抗炎症、抗过敏、抗休克和抗毒素等作用。

3. 神经、内分泌和免疫系统的反应　神经系统、内分泌系统和免疫系统之间存在着密切联系，一方面神经系统直接支配胸腺、淋巴结、骨髓、脾等免疫器官，通过 5-HT 等递质作用于免疫细胞受体；另一方面，促肾上腺皮质激素等也可通过与淋巴细胞表面的受体结合发挥调节作用。研究发现，轻微而短暂的应激反应不影响或略增强免疫功能，而强烈持久的应激过程影响下丘脑的正常功能发挥，使皮质激素分泌过多，导致胸腺和淋巴组织退化或萎缩，巨噬细胞活动能力减弱等，机体的免疫功能下降。而机体免疫功能下降，导致各种疾病发生，反过来影响神经系统和内分泌系统调节功能的正常发挥。

二、应激的心理反应

（一）应激心理反应的表现

应激心理反应可分为认知反应、情绪反应和行为反应，三者之间存在密切的联系。

1. 认知反应　个体面对应激源时，警觉性会提高，感知功能活动加强，视、听觉敏锐，注意力集中，记忆力增强，思维变得活跃。这些积极的变化均有利于个体应对外界的挑战和威胁。然而，过于强烈的应激通过情绪反应，也会干扰和影响逻辑思维和智力活动，造成认知能力下降、自我意识变狭窄、注意力不集中和判断力下降等。认知能力下降又会促使个体产生动机冲突，并使挫折增多，激发不良情绪，形成不良情绪产生与认知能力下降的恶性循环。

2. 情绪反应　应激下的情绪反应有积极和消极之分。积极的情绪反应包括快乐、幸福和精神振奋的内心体验，多见于积极的生活事件之后。应激条件下主要的情绪反应是消极的，其中最常见的有焦虑、恐惧、愤怒和抑郁。

（1）焦虑：是心理应激条件下最常见的情绪反应。适度的焦虑可以提高个体的警觉水平，并促使其以适当的方法应对应激源，适应环境的变化。但是，过度的焦虑则会妨碍个体准确地认识、分析和考察自己所面临的挑战与环境条件，难以做出符合实际情况的判断和理性的决定。

（2）恐惧：是一种企图摆脱已经明确的特定危险的逃避情绪，常具有较高的紧张性。当个体身体安全和个人价值与信念受到威胁时，往往会出现恐惧情绪。威胁可以是躯体性刺激物或社会性刺激物等，并可伴随着回避或逃避行为，以及恶心和呕吐等生理反应。

（3）愤怒：出现于个体在追求目标的道路上遇到障碍、受到挫折时。如果个体认为目标值得追求，而障碍是不合理的、恶意的或有人故意设置的，便会产生愤怒、愤恨和敌意。

（4）抑郁：是一组以情绪低落为主要特点的复杂情绪，如悲观、悲哀、失望、绝望和无助等。表现为发愁、苦闷，对周围事物冷漠，情趣索然，郁郁寡欢，对生活失去乐趣和自信心下降，以及自我评价明显降低；严重时，悲观沮丧、绝望、有生不如死的感觉，甚至有自杀倾向。

3. 行为反应

（1）逃避（escape）与回避（avoidance）：逃避是指已经接触到应激源后采取的远离应激源的行动；回避是指事先知道应激源将要出现，在接触应激源之前就采取行动以远离应激源。逃避主要有三种表现形式：①逃到另一现实中，如由于某种原因考试失败而受到挫折后，个体不仅不从主观上分析原因，而是一改过去刻苦学习的精神，转向消遣娱乐、谈情说爱，试图以学习之外的活动避开因学习压力给自己带来的焦虑与不安；②逃向幻想世界，现实中的挫折使人感到痛苦，幻想中的满足使人感到幸福，所以个体倾向于用幻想来应对挫折；③逃向疾病，一个人在社会生活中是要承担一定责任和义务的，但若是一个患者则另当别论，不但会降低要求，而且还能赢得同情和关照。现实生活中还真的有人因此病倒了。这一类病不是诈病，而是功能性障碍。

（2）退化（regression）与依赖（dependence）：退化是当人受到挫折或遭遇应激时，放弃成年人的应对方式而使用幼儿时期的方式应对环境变化或满足自己的欲望；依赖即事事依靠别人关心照顾而不是自己去努力完成本应自己去做的事情。

（3）敌对（hostility）与攻击（attack）：敌对是内心有攻击的欲望但表现出来的是不友好、谩骂、憎恨或羞辱别人；攻击是在应激刺激下个体以攻击方式做出反应，攻击对象可以是人或物，可以针对别人也可以针对自己。根据攻击对象的不同，攻击行为可分为直接攻击和转向攻击两种：①直接攻击，指受挫者把攻击的矛头直接指向构成挫折的人或物；②转向攻击，指受挫者由于种种原因不能把攻击的矛头直接指向构成挫折的人或物，而是把愤怒情绪发泄于与挫折不相干的人或物，即平时我们所说的"迁怒于人""迁怒于物"。

（4）无助（helplessness）与自怜（self pity）：无助是一种无能为力、无所适从、听天由命和被动挨打的行为状态；自怜即自己可怜自己，对自己怜悯惋惜。

（5）物质滥用：某些人在心理冲突或应激情况下会以习惯性地饮酒、吸烟或服用某些药物的行为方式来转换自己对应激的行为反应。

（二）应激阻抗

根据应激的心理反应对心身健康的不同影响，可分为应激阻抗者和应激障碍两种，后者在第七章第四节详细阐述。应激阻抗者对一定的紧张性刺激或情境特别有耐受力，这类人的人格特点可概括为：①能积极参与投入相应的工作与生活；②自认为有能力控制生活变故及紧张的状况，能采取行动解决问题；③能把生活、工作的变化作为对自己的挑战。

（三）应激心理反应的分期

应激的心理反应可以分期。一般的顺序是：冲击期/休克期、防御期或防御退缩期、解决期或适应期、危机后期或成长期。这种应激时相的划分在急性应激下较为明显，在慢性应激时则不太明显。

第六节　应激的管理与干预

视频 5-2
有压力时你如何保持镇静？

应激是一个多因素的集合概念，涉及应激刺激、应激反应、认知评价、应对方式、社会支持和个性特征等因素。应激源存在于人类社会中是不可否认的客观事实。正确应对应激，减少或免除不良应激因素对健康的影响，既直接涉及个人的心身健康问题，又间接关乎整个社会的祥和安定。

一、应激管理一般原则

1. 正确的应激观　人是社会化的动物，人成长的过程是由生物属性为主的"动物性的人"，逐渐成长为以社会性为主的"社会性的人"的过程。人类的发展离不开自然的和社会的应激性环境。人类正是在面对各种挑战，不断克服应激、战胜应激中得到发展的。

因此，对应激处境应抱积极适应与干预的态度。人生成长的过程没有"风平浪静的康庄大道"。个体成长过程中遭遇应激是不可避免的，这是客观存在的规律。因此，在面对应激时，个体应采取积极主动的措施，尽量将损失降低到最低程度。

2. 正确的价值观　价值观反映了一个人的人生观和世界观。应激系统中很重要的一个调节因素是主观上对应激源的认知评价，不同价值观就有不同的评价，并会引起不同的反应。如处理人际关系问题时，提倡严于律己、宽以待人，加强相互理解、相互体谅，这是防止人际矛盾激化的有效方法之一。不论是在社会交往中，还是在家庭成员之间，当发生分歧和争执时，人们总是习惯地认为自己是对的，别人是错的。因此，树立正确的价值观，在处理家庭关系、同事关系、上下级关系或邻里关系时会更容易，对心理健康是大有裨益的。

3. 参加社会历练　人之所以成为合格的人，适应社会的人，是通过社会化实现的。社会化就是由自然人到社会人的转变过程。故而应鼓励个体积极参加社会历练，不断提高自己适应应激的水平。同一应激事件，不同的人反应不同，其区别之一就是个人素质与经验。而素质与经验是可以通过锻炼加强的。久经锻炼的人临危不惧，常能急中生智，应对自如。

4. 善于自我调节　长时间紧张工作，或处于繁忙工作状态及过重学习负担的个体，有必要自我调节，减轻负担，有意识、有计划地"减压"。做到有张有弛，劳逸结合，注意心理健康的维护，这样能缓冲应激处境，提高工作效率。

5. 获取社会支持 人具有社会性，不是孤立存在的个体。人的成长离不开社会家庭的支持系统。因此，当个人遇到各种不良应激性事件或困境时，家庭成员、亲戚朋友、单位领导同事、社会团体、政府部门等给予精神上、感情上或物质上的支持与援助，对个体积极地应对应激事件很有帮助。

6. 求助专业机构人员 在应激反应过程中，自我调节不满意，出现一些不能解决的心理问题或精神障碍时，应立即求助专业人员，必要时采用药物治疗，帮助其度过应激状态，切勿讳疾忌医。

二、认知评价的管理

认识活动或认识过程，包括信念和信念体系、思维和想象。由于文化、知识水平及周围环境背景的差异，个体对问题往往有不同的理解和认知。具体来说，"认知"是指一个人对一件事或某对象的认知和看法，包括对自己的看法、对他人的想法、对环境的认识和对事的见解等。认知评价是指个体从自己的角度对遇到的应激源的性质、程度和可能的危害情况做出估计，同时也估计面临应激源时个体可动用的应对应激源的资源。对应激源和资源的认知评价直接影响个体的应对活动和心身反应，因而是应激源引起个体应激反应的关键因素。

另外，个体的个性特征、价值观、宗教信仰、健康状态和既往经历均会影响对应激源的评价。社会支持在一定程度上可以改变个体的认知过程，而生活事件本身的属性与认知评价关系密切。

个体对应激事件的认知不同会产生不同的情绪，从而影响人的行为反应。正如认知疗法的主要代表人物贝克（Beck）所说："适应不良的行为与情绪，都源于适应不良的认知，因此，行为矫正疗法不如认知疗法。"认知疗法的策略，在于帮助个体重新构建认知结构，重新评价自己，重建对自己的信心，更改自己的负性认知。认知理论认为个体的情绪来自个体对所遭遇事情的信念、评价、解释或哲学观点，而非来自事情本身。情绪和行为受制于认知，认知是人心理活动的决定因素，认知疗法就是通过改变人的认知过程和由这一过程所产生的观念来纠正本人适应不良的情绪或行为。治疗的目标不仅是针对行为、情绪这些外在表现，而且分析患者的思维活动和应对现实的策略，找出错误的认知加以纠正。

人在认识客观事物时，其认知的结果并非完全反映客观现实，人们产生的认知结论常常与自己的认知特征相关。当环境发生变化时，个体的主动注意与知觉选择密切相关，而个体既往建构的认知模式、当时的情绪状态、对变化的期望、主观主导寻求信息的方面或对不完整信息猜测的填补、受主观影响的记忆选择和重组等均影响个体对客观事件的评价。

在应激过程中，影响个体对环境变化的认知评价除与上述因素有关外，心理防御机制在评价过程中也起着重要的作用。心理防御机制是精神分析理论的概念，其运作过程是潜意识的，当本我的欲望与客观实际条件出现矛盾而造成潜意识心理冲突时，个体会出现焦虑反应，潜意识的心理防御机制就起到减轻焦虑的作用，此时个体的认知评价受心理防御机制的影响。成熟的心理防御机制能够使人保持健康，而不成熟的心理防御机制可能影响人际关系或损害个体的健康。

由于认知评价在应激过程中的重要作用，使得认知因素在疾病发生、发展中的意义已越来越被肯定。近年来已有许多心理病因学的研究证明，个体的认知特征与某些心理疾病、心身疾病甚至躯体疾病的发生、发展和康复有密切的关系。

值得注意的是，面对突发事件，政府的权威信息传播得越早、越多、越准确，就越有利于缓解个体的不良情绪反应，起到控制恐慌、稳定大众情绪、防止个体受应激消极影响的作用。在突发事件来临之际，个体出于自我保护的本能，想了解事情原委，十分渴望得到准确的信息。对信息的不确定状态是焦虑和恐慌的唤醒因素，信息的透明可降低个体的焦虑或恐慌程度。

三、应对方式的选择

个人面临生活事件时采取一定的行为、方法或策略来应对应激事件的过程即应对。应对方式是一种客观存在，是个体长期形成的一些定势心态和习惯行为，是个性特征的重要体现，也是人类能动性的重要体现。世界充满了矛盾、冲突、变化和挑战，个体也可能会遭遇生老病死，这些事情的发生和发展常常不以个人的意志为转移。当个体遇到突如其来的挫折或挑战时，会自觉或不自觉地采用一些方法，以减轻心理痛苦、维护心理平衡。此外，对丧失者表示真切的理解、支持、安慰，给予其希望并传递乐观精神，为其提供积极的应对方法，也可使其看到光明前景与希望，从而有效地应对危机。

遭遇心理应激后，每个人都有自己一种或几种习惯的应对方式。我国精神病学家张亚林的一项调查显示，个体常采用 8 种应对方式：①压抑和否认，如凡事以"忍"为高，或假设事情没有发生，假设事情与己无关；②倾诉，是一类较为平和的疏泄方式，如在亲友面前痛哭、诉述原委；③升华，如埋头事业、热心公益、积善行德；④物质滥用，大量抽烟、酗酒、吸毒或服用镇静安眠药物；⑤发泄，是一类较为暴烈的疏泄方式，如狂呼怒吼、伤人毁物；⑥自我惩罚，如自责自罪、自伤自杀（包括企图和未遂）；⑦超脱和自我安慰，如看破红尘、皈依宗教，或认为"吃不到的葡萄肯定是酸的"及阿 Q 的精神胜利法；⑧消遣娱乐，包括各种文体活动、旅游、娱乐性赌博和急剧增加的性活动等。个体平均采用过的应对方式有 5 种以上，只限于 1~2 种单调不变应对方式的人较少。

倾诉和发泄都属疏泄性质，即把内心的苦水积怨吐出来。使用这两种方式的人数高居前两位，但这两种方式的效果却迥然不同。倾诉是一种较为温和的方式，简单易行、效果显著又无碍他人，不失为一剂解除精神痛苦的良方。而发泄则带有暴力性质，哭喊吵闹、伤人毁物，不仅殃及其他，于己也无甚益处。

消遣娱乐、压抑和否认这两类应对方式的使用人数并列第三，但效果却大不相同。不论消遣娱乐的方式正当与否，都有显著的抚慰心理创伤的作用；而压抑效果却很差，长期的压抑是不利心身健康的。当强烈的情绪受到压抑时，身体姿势的协调性会受到损害，局部肌肉紧张和血管舒缩功能发生变化。这种局部效应器官的功能改变（有人称之为生理应对），可能对激烈的情绪反应有一时的缓冲作用，但更可能给心身带来长期的不利影响。

升华是一种积极、正面的应对方式。在心理受挫之后，个体或沉湎于学习工作，或醉心于公益事业，使挫折在另一方面得以补偿。这种应对方式有益于社会，故而被社会所鼓励。但这种方式很少有立竿见影的效果，所以个体常常有远水难救近火之感。较之升华，超脱的人更少一些。虽然目前有现代宗教与现代科学正在共同繁荣的时尚提法，但真正能清心寡欲、超凡脱俗、与世无争者并不多。

物质滥用如抽烟、酗酒、吸毒或长期服用安眠药物虽然没有我们想象的那么严重，但也为数不少（达 40%）。更为严峻的事实是，这部分人常常认为烟可提神，酒可浇愁，药物可带来安宁。

自责、自伤与自杀都是自我惩罚的手段，是个体最少使用、也是最无效果的应对方式。不同的社会文化、价值观念对这种应对方式有不同的评价，有诋毁、有赞扬。我国的社会文化大体采取否定的态度。尽管采用这种方式的约占24%，但由于其后果严重，应引起高度重视。心理应激后大多数人不会自伤自杀，但大多数自伤自杀者却都遭遇过强烈的生活事件。

应对方式作为一种特质或习惯是不易改变的，但个体的应对风格具有可塑性。利用特质应对问卷等量化工具筛选出习惯用破坏性应对方式的个体，通过有针对性地干预使个体采用建设性的应对方式代替破坏性的应对方式，能够降低个体的应激易感性，达到预防应激相关心身疾病的目的。

> 拓展阅读 5-9
> 释放压力的方法

四、社会支持系统的作用

研究认为，良好的社会支持有利于心身健康，而不良社会关系的存在则损害心身健康。面对各种突发灾害事件，个体如得不到足够的社会支持，会增加其创伤后应激障碍的发生率；相反，个体对社会支持的满意度越高，创伤后应激障碍发生的危险性越小。对遭受应激的个体来说，从家庭、亲友、同事的关心与支持到心理工作者的早期介入都是有力的社会支持，可极大地缓解个体的心理压力，产生被理解感和被支持感，减轻应激反应对个体的伤害。

> 拓展阅读 5-10
> 悲伤的 7 个阶段

（杨世昌　杨艳杰）

复习思考题

1. 请以生活中遇到的一件打击性事件为例说明何谓应激，何谓应激源，何谓应激反应。

2. 个体面临应激性生活事件后，可通过哪些心理因素来缓解负性情绪？

3. 个体面临应激性生活事件后，存在哪些生理反应？中枢神经系统在该反应过程中有何机制？

4. 如何看待成长过程中遇到的应激性生活事件？

网上更多……

📇 本章小结　　　📝 自测题　　　⬇ 教学 PPT

第六章

心身疾病

关键词

心身疾病　　　心理生理疾病　　　心理社会因素　　　心理冲突

脆弱器官　　　应激　　　　　　　心理－神经－生化中介途径

心理－神经－内分泌途径　　　　　心理－神经－免疫学途径

学习理论　　　原发性高血压　　　冠心病　　　　　　糖尿病

哮喘　　　　　消化性溃疡　　　　功能性胃肠病　　　经前期综合征

肿瘤　　　　　会诊联络精神病学　心身疾病临床干预策略

　　广义的心身疾病是指心理社会因素在疾病的发生、发展过程中起重要作用的躯体器质性疾病和功能障碍。心身疾病广泛分布于全身各个系统，尤其是自主神经支配的器官和系统。心身疾病的发病机制比较复杂，相关研究理论主要包括心理动力学、心理生理学和行为学习理论。本章主要介绍原发性高血压、冠心病、糖尿病、哮喘、消化性溃疡、功能性胃肠病、经前期综合征和肿瘤8种常见心身疾病的心身反应特征、心理社会因素、心理生物学机制和临床干预策略。希望学习者对心身医学的发展历程有基本的了解，对心身疾病发病机制有基本认识，能认识到心身疾病在临床实践中的重要地位，并将心身医学思想和防治技能应用于临床实践。

知识导图

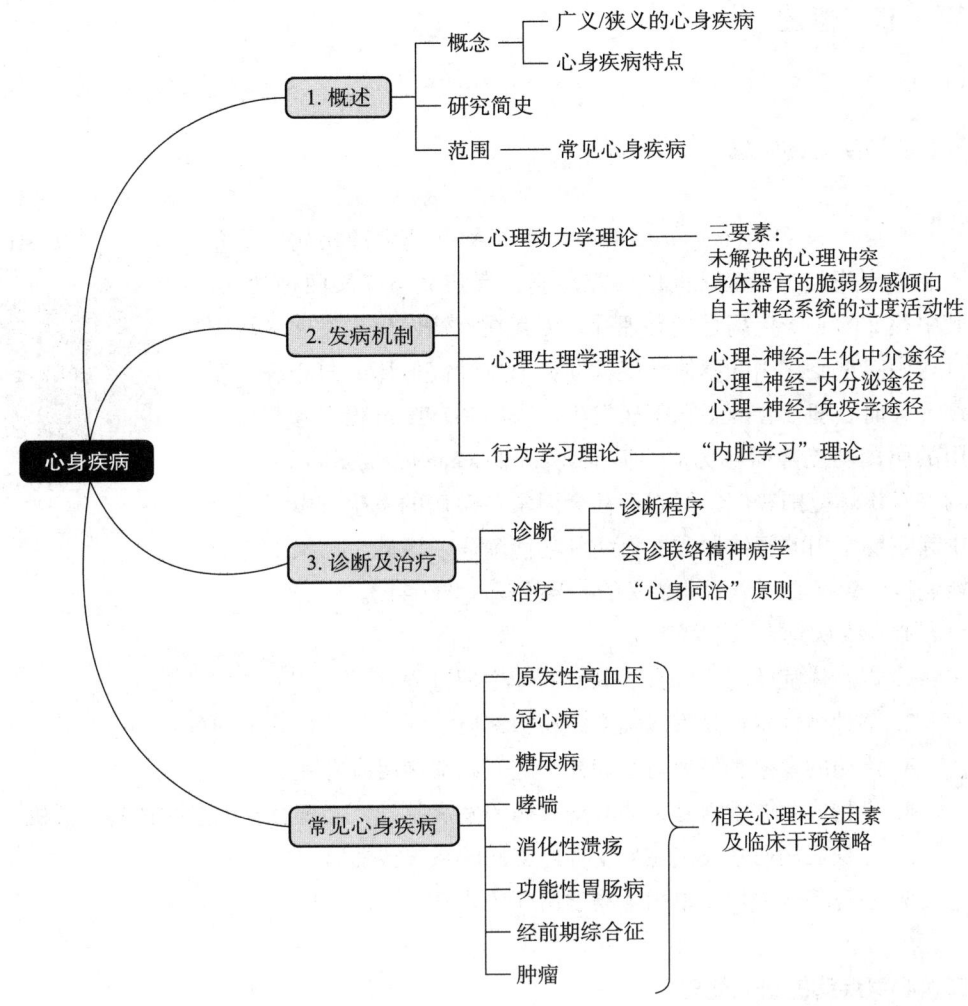

第一节　概述

一、心身疾病的概念

心身疾病（psychosomatic disease）又称心理生理疾病，是介于躯体疾病与神经症之间的一类疾病，有狭义与广义两种含义。其中狭义的心身疾病是指心理社会因素在疾病发生、发展和转归过程中起重要作用的躯体性疾病，如原发性高血压、冠心病、溃疡等；而心理社会因素在疾病发生、发展和转归过程中起重要作用的躯体功能障碍称为心身障碍（psychosomatic disorder）。广义的心身疾病范围较广，指心理社会因素在疾病的发生、发展过程中起重要作用的躯体器质性疾病和功能障碍。因此，广义的心身疾病概念包括心身障碍和狭义的心身疾病（图6-1）。

基础链接6-1
心身疾病的相关概念

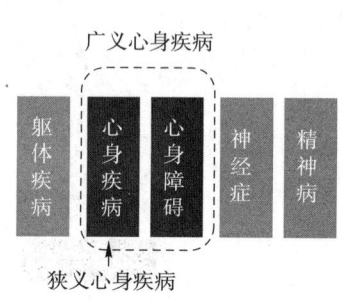

图6-1　心身疾病的概念

心身疾病具有以下特点。

1. 以躯体症状为主，有明确的病理生理过程。
2. 某种个性特征是疾病发生的易患素质。
3. 疾病的发生和发展与心理社会应激和情绪反应有关。
4. 生物或躯体因素是某些心身疾病的发病基础，心理社会因素往往起"扳机"作用。
5. 心身疾病通常发生在自主神经支配的系统或器官。
6. 心身综合治疗比单用生物学治疗效果好。

二、心身疾病的研究简史

"Pychosomatic"一词最早来自1818年德国的精神病学家海因罗特（Heinroth），他用该词描述某种病因特殊的失眠症。20世纪20—30年代开始，弗洛伊德的精神分析理论被引入心身疾病领域，弗洛伊德认为潜意识的冲突在某些躯体疾病的发生、发展中起重要作用，心理冲突是被压抑的精神活动能量的来源，这种能量通过生理渠道被释放时，就会对人体构成损害，从而导致心身疾病的产生。以哈佛大学生理学家坎农为代表的心理生理学派，强调应激对身体的影响，坎农观察到特殊情绪下所伴随的各种生理改变，情绪能激发生理功能，使得机体对危急情境做出反应，他提出的"战斗、逃跑、冻结"主要是通过自主神经系统来完成的。他在情绪引起躯体变化的研究中做出了很大成就，影响深远。

心身疾病概念的大力提倡还得归功于以亚历山大（Alexander）为代表的精神分析学派，他关注心理动力冲突对身体的作用，提出了著名的"特殊冲突理论"（即潜意识里被压抑的心理冲突可以伴随某些躯体疾病），他认为十二指肠溃疡的患者有一种贪图得到他人喂食和款待的潜意识愿望；原发性高血压者是因为害怕他们自己出现攻击性行为，而竭力进行压抑；心身症状只发生于自主神经支配的器官，并不像"癔症"等症状具有特殊的精神意义，而是属于潜意识活动的生理伴随物，若持续存在则形成疾病。亚历山大把转换症状与心身障碍区别开来，研究了一系列疾病中的心理因素，并首先建立了心理模式。

1935 年起，美国的邓巴（Dunbar）研究了患者的性格和疾病之间的关系，发表了许多有关心身关系的论著，于 1938 年写出了《情绪与躯体变化》一书。在她的著作中，把人们的人格特征、气质和习惯与各种疾病相联系，每一种疾病都与某种较稳定的个体特点有关，并且强调了患者的行为和个人习惯在疾病的发生、持续发展过程中的作用。1939 年，邓巴主编和出版了《心身医学》杂志。1944 年，美国成立心身医学学会。邓巴将患者的人格特征和疾病相联系的观点不断加以发展并系统化（表 6-1），试图融合生理学和精神动力学的观点，因此她成为心理生理学研究的代表人物。

表 6-1　常见心身疾病和人格特征的关系

心身疾病	人格特征
哮喘	过分依赖，希望被人照顾，幼稚
结肠炎	强迫性，抑郁，心情矛盾，心胸狭窄
冠心病	忙碌，好胜，暴躁，敌意，成就感强
高血压	情感压抑，听话，好强，易激惹，好高骛远
偏头痛	追求尽善尽美，刻板，好争，嫉妒，谨慎
溃疡	依赖，情感压抑，易受挫折，有雄心
癌症	习惯于自我克制，内向，情绪压抑，情感表达贫乏
银屑病	内向，孤独，固执，抑郁，紧张性高，敏感

1977 年，恩格尔（Engel）提出了生物 - 心理 - 社会医学模式，指导医学理论研究和临床实践。随着心身关系的深入研究和不断实践，已经确认心理社会因素在某些躯体疾病发生、发展过程中起到了重要作用。美国心身医学研究所于 1980 年将这类躯体疾病正式命名为心身疾病。自此，心身疾病成为并列于躯体疾病和精神疾病的第三类疾病。

在中国传统医学中，虽没有心身医学的名称，但早在 2 000 多年前，心身统一的思想就已经存在，我国经典医学著作《黄帝内经》中就有关于"形神合一"的记载和论述。我国传统医学还强调情绪能致病也能治病，有"情志致病""情志治病"的说法。1981 年 5 月，卫生部与世界卫生组织协作举办精神病学教学工作研讨班，介绍了行为医学和心身疾病相关的教学课程，于1986 年 8 月成立中国心身医学委员会，1993 年成立中华医学会心身医学分会。有的综合性医院还专门开设了心身病房，收住各类心身疾病的患者，这些都推动了我国心身医学的发展。

拓展阅读 6-1
心身关系的理论

三、心身疾病的范围

心身疾病广泛分布于全身各个系统，尤其是自主神经支配的器官和系统，常见心身疾病见表 6-2。

需要指出的是，并不是罹患上述疾病的人都是心身疾病的患者，只有罹患上述疾病的患者在患病的过程中，心理社会因素起了重要作用之时，我们才可以说他患的是心身疾病。也就是说上述疾病和心身疾病之间，并不存在一一对应的关系，只不过和其他疾病相比，这些疾病更容易受心理社会因素的影响。临床工作者在临床工作过程中，每当遇到罹患这类疾病的患者时，应当特别关注与患者心身相关的因素。

表 6-2　常见心身疾病

科室	心身疾病
内科	
心血管系统	原发性高血压，原发性低血压，冠心病（心绞痛、心肌梗死），阵发性心动过速，心动过缓，期前收缩，雷诺病，神经性循环衰弱症等
消化系统	胃十二指肠溃疡，神经性呕吐，神经性厌食，溃疡性结肠炎，过敏性结肠炎，贲门痉挛，幽门痉挛，习惯性便秘，直肠刺激综合征等
呼吸系统	支气管哮喘，过度换气综合征，心因性呼吸困难，神经性咳嗽等
神经系统	偏头痛，肌紧张性头痛，自主神经失调症，心因性知觉异常，心因性运动异常，慢性疲劳等
内分泌系统	甲状腺功能亢进，艾迪生病，副甲状腺功能亢进，副甲状腺功能低下，垂体功能低下，糖尿病，低血糖等
外科	全身性肌肉痛，脊椎过敏，书写痉挛，过敏性膀胱炎，类风湿关节炎等
妇科	痛经，月经不调，经前期紧张综合征，功能性子宫出血，功能性不孕症，性欲减退，更年期综合征，心因性闭经等
儿科	心因性发热，遗尿症，遗粪症，周期性呕吐，胃肠功能紊乱症，脐周痛，心因性呼吸困难等
眼科	原发性青光眼，低眼压综合征，中心性视网膜炎，眼肌疲劳，眼肌痉挛等
口腔科	心因性牙痛，下颌关节炎症，原发性慢性口腔溃疡，特发性舌痛症，口臭，唾液分泌异常，咀嚼肌痉挛等
耳鼻喉科	梅尼埃病，咽喉部异物感，耳鸣，晕车，口吃等
皮肤科	神经性皮炎，皮肤瘙痒症，慢性荨麻疹，湿疹，圆形脱发，多汗症，牛皮癣，白癜风等
其他	癌症、肥胖症等

第二节　心身疾病的发病机制

心身疾病是由多种因素引起的，各种因素之间又互有联系和影响。心身疾病的理论基础主要包括心理动力学、心理生理学和行为学习理论。

一、心理动力学理论

心身相关的早期研究建立在弗洛伊德的精神分析理论基础上。弗洛伊德认为心理冲突是被压抑的精神活动能量的来源，当这种能量通过生理渠道被释放时，就会对人体构成损害，从而导致心身疾病的发生，后来这种观点得到亚历山大的认同和发展，他强调心理冲突在心身疾病中的作用，提出心身疾病发病的三个要素：未解决的心理冲突、身体器官的脆弱易感倾向、自主神经系统的过度活动性（图 6-2）。心理冲突多出现在童年时期，常常不能被意识所接受，因而压抑到潜意识之中，在个体成长的过程中受到许多生活变故或者社会因素的刺激，这些冲突会重新出现，如果这些重复出现的心理冲突找不到恰当的途径疏泄，就会导致自主神经系统的过度活动并

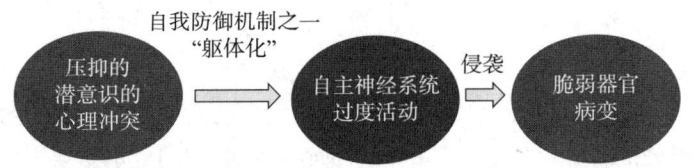

图 6-2　心身疾病心理动力学模式图

引起相应的功能障碍，造成所支配的脆弱的器官损伤。如哮喘的发作，常常是由于童年时与母亲的矛盾冲突被压抑在潜意识中，以后在某种应激源的激发下或试图消除这种被压抑的情绪时出现的，患者不是以意识的行为来疏通心理，而是以自主神经的过度活动来疏泄，导致其脆弱器官——气管支气管的损伤和病变，哮喘便发作了。

基础链接 6-2
"躯体化"与心身疾病

后来的一些心理动力学学者对这一理论进行了补充，认为潜意识心理冲突是通过特定自主神经系统功能活动的改变，造成某些脆弱器官的病变而致病的。例如，心理冲突在迷走神经亢进的基础上可造成哮喘、溃疡等，在交感神经亢进的基础上可造成原发性高血压、甲状腺功能亢进等。这派学者认为，只要查明致病的潜意识冲突即可弄清发病机制。心理动力学派强调心理因素对身体的影响，大量的观察研究积累了丰富的资料，阐明了心理因素在心身疾病中的重要作用，极大地推动了心身医学的发展。

二、心理生理学理论

心理生理学的研究侧重于心身疾病发病过程，重点说明哪些心理社会因素及通过何种生物学机制作用于何种状态的个体、导致何种疾病的发生。

20 世纪初，巴甫洛夫提出高级神经活动学说，认为躯体各器官都受大脑皮质调节，高级神经活动异常时可使内脏功能失调。20 世纪 20 年代，美国生理学家坎农揭示了情绪与生理过程之间的关系，认为强烈的情绪反应（恐惧、愤怒等）会使动物产生"战斗或逃避反应"，并通过自主神经系统影响下丘脑激素的分泌，导致心血管系统活动的改变。如果不良情绪长期反复地出现，就会引起生理功能紊乱和病理改变。20 世纪 30 年代加拿大学者塞里在他的应激适应学说中指出，各种有害因素，包括物理性、化学性、生物性、社会心理性因素作用于机体后，都会出现一种非特异性应激反应。在进入应激衰竭期后，个体会出现焦虑、头痛、血压升高等一系列症状而最后导致心身疾病的产生。50 年代以后，美国的沃尔夫等在纽约大学经过 30 多年生理心理疾病研究实验后，提出了心理生理学理论，他们以坎农的情绪生理学说、巴甫洛夫的高级神经活动类型学说及塞里的应激学说为基础，采用客观方法把生活中的应激与生理学反应联系起来，认为持久的生理变化可导致结构的改变，提出生活情景与情绪对躯体疾病有重要影响。一切外部应激源如社会的、自然的、文化的、心理的因素，一切内部的易感因素、个体遗传学特点、易感性心理素质、个体人格特征、躯体病理生化改变均可作为刺激源作用于机体，通过主观认知评价产生相应的情绪体验，借助于神经系统、内分泌和免疫系统三个中介影响机体，产生疾病或促进康复（图 6-3）。

目前的研究表明，心理 - 神经 - 生化中介途径、心理 - 神经 - 内分泌途径和心理 - 神经 - 免疫学途径是心理社会因素造成心身疾病的心理生理中介机制。

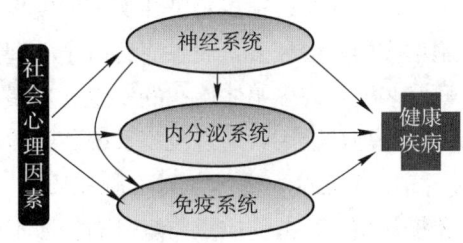

图 6-3　心身疾病的心理生理学机制

（一）心理 – 神经 – 生化中介途径

心理相关生物学研究表明，心理社会因素对躯体生理功能的影响涉及全身各个系统，神经系统在这种联系中处于关键的中介位置，其中自主神经系统的作用更加重要，内脏的功能活动在很大程度上受自主神经系统的支配和调节，而高级皮质特别是边缘系统，可通过交感和副交感神经与机体的内脏功能和病理生理过程发生联系。此外，心身相关神经中介途径主要涉及中枢神经调节物质，如神经递质（多巴胺、去甲肾上腺素、5- 羟色胺、乙酰胆碱等），神经递质是经典的化学信使，突触前神经元兴奋时会迅速释放神经递质并立即结合到突触后或者突触前细胞膜上，从而引起兴奋或者抑制效应。从本质上来说，心身相关是通过这些神经化学的作用过程来实现的。

（二）心理 – 神经 – 内分泌途径

大量研究表明，内分泌系统是心身相关的重要的中间联系途径，中枢神经系统内有许多神经肽通过各种激素轴起重要的调节作用。

1. 下丘脑 – 垂体 – 靶腺轴　　下丘脑接受来自高级皮质和边缘系统的传入冲动，同时分泌促分泌类激素或者抑制类激素来影响垂体，释放促靶激素调节外周靶腺激素释放，从而实现心身之间的联系。

（1）下丘脑 – 垂体 – 肾上腺轴：对皮质醇水平实施调控，皮质醇系统参与应激、情绪和其他躯体行为的调节。

（2）下丘脑 – 垂体 – 性腺轴：调节雌激素、孕激素和雄激素的合成，神经性厌食也可以是性腺调节系统病理改变的一种行为表现。

（3）下丘脑 – 垂体 – 甲状腺轴：对中枢神经的发展和生长发育起关键作用，还参与情绪和行为的调节，并对心血管系统产生影响。

2. 下丘脑 – 垂体后叶轴　　下丘脑的视上核和室旁核合成的血管升压素和催产素，通过神经纤维投射到垂体后叶，释放入血，对血压及水的重吸收等产生全身性的影响；催产素与分娩时子宫收缩和泌乳有关。

3. 蓝斑 – 去甲肾上腺素 / 交感 – 肾上腺髓质轴　　蓝斑含有大量的去甲肾上腺素能神经元，其纤维投射到大脑皮质、下丘脑和丘脑及边缘系统。在皮质的调控下，通过影响交感神经的活动调节肾上腺髓质分泌肾上腺素的功能，从而使机体对应激作出整体性的反应。

（三）心理 – 神经 – 免疫学途径

近几十年来出现的心理 – 神经 – 免疫学将心理社会因素、神经内分泌系统和免疫系统用一个词联结在一起，有两方面的研究：宏观上，证实心理应激可以影响免疫系统；微观上，探讨神经内分泌系统是如何与免疫系统相互作用的。

研究证实，很多感染性疾病的发生与个体的精神状态有关。经受巨大心理压力的患者单核细胞增多的机会较多，而患病后由于心理因素影响免疫反应，可使病程延迟而影响康复。动物模型研究表明，许多躯体疾病的发生、发展可能与心理神经因素通过免疫系统的作用有关。

心理社会因素通过免疫系统与躯体健康和疾病产生联系，可能涉及以下三条途径。

1. 下丘脑 – 垂体 – 肾上腺皮质轴　　应激造成暂时性皮质醇水平升高，而后者具有损伤细胞免疫作用，长久的应激与短时的应激不同，长期的应激可使细胞免疫功能增强。

2. 自主神经系统　　交感神经系统释放的儿茶酚胺可以与淋巴细胞膜上的 β 受体结合，影响淋巴细胞的功能。

3. 中枢神经系统　中枢神经与免疫系统有直接联系，免疫抑制可形成条件反射，改变免疫功能。

三、行为学习理论

拓展阅读 6-2
中医关于心身疾病的
论述

行为学习理论的基础是条件反射学说或学习理论。行为学习理论认为，某些社会环境刺激引发个体习得性心理和生理反应，表现为情绪紧张、呼吸加快、血压升高等，由于个体素质的差异，或特殊环境因素的强化，或通过条件反射的泛化作用，使得这些习得性的心理和生理反应被固化下来，最终演变成为症状或疾病。例如，哮喘儿童可因为哮喘发作会得到父母格外的关照而被强化。医学生中有时出现一种现象，学习什么疾病，就出现什么病的症状，这属于认知后的自我暗示，是一个自我强化的过程。米勒提出了"内脏学习"理论，认为疾病可以通过学习而获得。他通过一系列实验研究，提出个体的一些生理变化（如血压升高或降低、腺体分泌增多或减少、呼吸加快或减慢等）在心理社会刺激因素存在时可成为习得性反应。基于此原理提出的生物反馈疗法和其他行为治疗技术，被广泛应用于心身疾病的治疗中。

第三节　心身疾病的诊断及治疗

一、心身疾病的诊断

1. 一般流程　与其他精神障碍的诊断类似，心身疾病的诊断遵循一般疾病的诊断步骤，首先需要进行完整的病史采集，然后进行体格检查和精神检查，结合实验室检查结果等进行评估和诊断。排除单纯由器质性原因引起的情况之外，心身障碍还应具备以下几个基本条件。

（1）发病前必须存在明确的心理社会紧张刺激因素，这些刺激因素的出现和症状发生在时间上联系紧密，并且在障碍发展过程中，心理因素与躯体因素相互交织、相互影响。

（2）症状上必须具有以情绪障碍为中心的临床表现。

（3）常有一定的个性特征或不同程度的心理缺陷等易患素质。

拓展阅读 6-3
心身疾病的诊断程序

2. 会诊联络精神病学　心身障碍患者多选择在综合性医院就诊，综合性医院心身障碍的诊治不得不提到会诊联络精神病学（consultation-liaison psychiatry，CLP），其指精神科医生在综合性医院开展精神科医疗、教学和科研工作，为非精神科专业的临床医生提供联络或会诊服务，提高他们对患者所伴发心理反应或精神科问题的识别能力。

随着医学模式的转变，临床各科医生要随时注意预防和发现临床各科患者出现的心理问题，即使程度未达到精神障碍的程度，也要自然地把心理服务融入医患沟通、医患关系及本专科的日常诊疗流程之中。如果患者心理问题较严重、复杂，自己不能解决，则应请精神科医生、心理治疗师来会诊处理。

CLP 是基于医学心理学及心身医学的理论，主要处理躯体疾病合并的心理问题，也是精神障碍的"共患"或者"共病"问题。住院患者会诊联络统计学调查发现：会诊患者中，器质性精神障碍占 36.5%，神经症占 32.9%，躯体疾病伴发的心理反应占 13.0%，情感性精神障碍和精神分裂症占 10.6%。

CLP 经常处理的问题包括如下几项。

（1）心身疾病：原发性高血压、冠心病、哮喘、糖尿病、消化性溃疡、功能性胃肠病、肿瘤等临床常见的心身疾病，它们的特点是均有躯体方面器质性的病变，但其发生、发展、转归、结局都与心理社会因素有较密切的关系。

（2）精神障碍：严重的精神障碍可以因躯体疾病而并发、诱发。另外，已经有精神障碍的患者也可以因发生了躯体疾病而就诊，或因精神症状包括或表现出了躯体性内容而选择就诊于临床科室。常见而严重的问题有谵妄、兴奋躁动、精神分裂症样反应、偏执状态、严重抑郁、自伤、自杀等。

（3）轻型精神障碍：如应激相关障碍、焦虑障碍、躯体形式障碍、心境障碍、儿童青少年情绪问题等。

二、心身疾病的治疗

对于心身疾病的治疗，提倡"心身同治"，躯体治疗是很重要的一个方面，药物、手术、针灸、理疗等仍然必不可少，但是，传统治疗不够全面，必须重视和针对性地采取相应的心理治疗方法，必要时再辅以精神药物治疗。

1. 心理治疗　根据患者的不同病种、不同症状、个体的特异性，选择实行不同的心理治疗，如支持性治疗、生物反馈疗法、放松治疗、认知行为疗法等。心理治疗的重点在于缓解症状，改变认知模式，矫正适应不良行为，提高应对精神压力的能力。家庭和社会干预有助于建立良好的社会网络支持系统，从而减轻患者的心理冲突。

2. 精神药物治疗　心身疾病中常见的精神症状主要表现为焦虑、抑郁、情绪不稳、失眠、难以解释的躯体不适或者疼痛等，心理治疗可以有效地缓解情绪症状，但大多需要较长的时间，特别是对具有严重情绪障碍的患者，及时消除情绪症状有助于病情稳定与康复。因此，在心理治疗的同时，可以辅以精神药物，如抗抑郁药、抗焦虑药、镇静药等，以缓解或消除患者的情绪障碍，促进康复。

3. 物理治疗　与精神药理学及心理治疗相互补充，常用的物理治疗有重复经颅磁刺激治疗、生物反馈疗法、经颅直流电刺激等。

第四节　常见的心身疾病

一、原发性高血压

（一）心理社会因素

1. 情绪因素　各类人际关系紧张、社会地位和职业改变、家庭矛盾、经济收入和居住困难等，这些生活事件的应激导致的强烈焦虑、恐惧、愤怒和敌意情绪均可引起血压升高，一般使血压升高 20 ~ 80 mmHg。

2. 不良行为因素　研究证明，原发性高血压发病与高钠饮食、超重、肥胖、缺少运动、大量吸烟、酗酒、鼾症和生活不规律等因素有关。大量调查研究和实验结果说明，这些不良行为因素直接或间接受心理和环境因素影响。据美国统计，有原发性高血压、高胆固醇血症、吸烟特征的男性死亡率比对照组高出 5 倍。

3. 人格特征　多数学者的研究发现原发性高血压与病前性格有关。亚历山大指出原发性高血压患者具有双重矛盾心理，一方面想要尽量地表达自己的躁动，另一方面心中有一种消极和迎合的需要。邓巴曾提出原发性高血压患者的人格特征是害羞、追求完善、沉默和自我控制，但是当与权威发生冲突时，会出现"火山爆发式"的情绪。李明德发现原发性高血压患者中，A 型行为占 63.6%，对照组占 36.4%，有显著差异。王景和对原发性高血压患者进行调查发现急躁、易怒占 58.7%，Bunber 认为焦虑、强迫性、反对权威、求全责备是原发性高血压患者的人格特征。然而不少研究认为，焦虑情绪反应和心理矛盾的压抑即抑制性敌意是原发性高血压患者发病的主要心理因素。Cottier 等认为，A 型行为、敌意、神经质、过度焦虑和抑郁及缺乏应对能力可能都与原发性高血压发病有关，关于原发性高血压患者的人格特征尚存在争议。

4. 社会环境因素　从 20 世纪 50 年代至今，大量流行病学调查与动物实验结果均发现社会结构、生活事件、社会环境及生活方式的变化，均与高血压的发生有关。一般情况是，城市高于农村、发达国家高于发展中国家、脑力劳动高于体力劳动、男性高于女性。第二次世界大战期间，部分地区原发性高血压患病率由战前的 4%，上升至战后的 64%，称为"环境高血压"。实验证明，隔离状态、恐惧状态，都会导致血压升高（如暴露于猫前的老鼠血压上升）。Cobb 和 Rose 报告精神紧张的应激职业，长期警觉、高标准、严要求的从业人员原发性高血压发病率较高，这些都说明环境因素所致心理压力与原发性高血压有关。

5. 工作压力　Theorell 和 Lind 对瑞典中年人的工作压力与高血压的关系进行了研究，根据职务、工作责任和受教育程度的不同，分析工作要求与员工能力之间的不和谐程度，发现随着不和谐分数的增加，员工血压的平均收缩压水平从 130 mmHg 上升到 145 mmHg，自我不适感和疾病也随之增多。

（二）心理生物学机制

现代医学对原发性高血压的研究已有近百年的历史，但原发性高血压发病机制仍未完全阐明。目前认为，高级神经中枢功能失调在发病中占主导地位，体液、内分泌因素和肾也参与发病过程，遗传、社会心理应激与躯体因素共同起作用。精神紧张、情绪应激与高血压易病倾向的联系和大脑皮质与边缘系统功能失调有关，通过自主神经及神经内分泌途径使全身细小动脉痉挛，外周血管阻力增加，血压上升。具体涉及如下机制。

1. 丘脑功能失调，血管收缩，运动神经活动亢进，交感神经兴奋，肾上腺髓质内分泌增加，心排血量增加，导致血管痉挛，血压上升。

2. 丘脑功能失调，垂体 – 肾上腺皮质轴活动增强，类固醇使水钠潴留，血压升高。

3. 丘脑功能失调，垂体升压素分泌增多，致肾缺血，通过肾素 – 血管紧张素 – 醛固酮系统引起水钠潴留；长期高血压状态引起细小动脉硬化，组织器官缺血，反过来又加重大脑皮质与边缘系统的功能紊乱，形成恶性循环从而导致高血压。

1997 年，von Uexkull 等提出高血压的心身模型——情境循环观点，情境循环指的是功能调节过程，包括所处的环境及个体的评估。评估指血压调节方面设置调定值，血压升降由调定值所决定，调节系统根据个体受生理、社会、社会心理及情绪外部刺激的加工组合进行评估。根据个体习得行为，以自身察觉的情境，构筑个体的现实，对社会、心理及情绪水平上的问题进行解释。情境循环就是对高血压发病的生物、心理社会因素关系的描述。从心身医学观点研究高血压发病因素：在躯体水平是遗传，心理水平是内在冲突，社会水平是适应的问题。

（三）心身反应特点

原发性高血压是一个慢性疾病过程，治疗依靠健康的心理、坚持长期服药和家庭社会支持的环境。高血压患者具有心情烦躁、敏感、易紧张、易怒、记忆减退、注意力不集中、认知障碍、矛盾、怀疑、否认、不在乎或拒绝服药等心态。常见心理生理症状有头痛、头晕、眼花、心悸、耳鸣、倦怠等，以及睡眠障碍、呼吸急促、多汗、震颤等自主神经症状。

（四）临床干预策略

1. 运动疗法　是行为治疗方法之一，对临界高血压、Ⅰ期和部分Ⅱ期高血压患者来说，进行有规律的运动有较好的效果，如太极拳、体操运动、游泳等。运动可降低心搏次数，减少血压波动，改善左心室功能，降低血浆肾素活性与醛固酮浓度，降低收缩压和舒张压。

2. 松弛疗法　自我放松和自我心理调节是对原发性高血压很有效的心理治疗方法，尤其适合于焦虑、烦躁、紧张、恐惧、易怒情绪的高血压患者。可根据患者自身的情况，采用各种放松训练，如渐进松弛疗法等，应坚持不懈、持之以恒，会取得较好疗效。

基础链接6-3
生物反馈疗法

3. 生物反馈疗法　该疗法不仅是Ⅰ期高血压与临界高血压的首选治疗，也是Ⅱ、Ⅲ期高血压的辅助疗法。

二、冠心病

（一）心理社会因素

1. 情绪因素　有学者研究认为，情绪与冠心病的发生、预后有关，急剧情绪变化或痛苦的反应可引起猝死，国内外文献报告在猝死死因中，多为心肌梗死。急性心理应激可引起血管内皮功能障碍，减少冠状动脉的血流灌注，引起血管痉挛，导致心肌缺血。有研究表明，心源性猝死可由急性的情绪应激源促成。长期的负面情绪可能改变患者的行为方式，导致患者在自我照顾、饮食及行为方式等方面出现持续高风险的行为模式。大量研究证实，抑郁状态与冠心病的关联性最强，抑郁障碍患者静息状态心率增加和心率变异度下降，冠心病患病率是正常人群的2~3倍，而冠心病患者中抑郁障碍的患病率为17%~22%，是普通患者的3~4倍。最近一项针对已经发生了心肌梗死患者的前瞻性研究发现，重性抑郁是心肌梗死患者6个月内死亡的独立危险因素。对这些因心肌梗死而住院的患者进行18个月的随访研究，发现抑郁发作是以后心脏病致死的预测指标。Medalie等研究发现，高度焦虑者心绞痛发生率为低焦虑者的2倍，在情绪变化时可引起心电图ST段和T波改变。焦虑可使交感神经的活动增加，诱发急性心肌梗死或心源性猝死。此外，愤怒、敌意也是对冠心病患者造成不利影响的负性情绪，其中愤怒回忆对心功能的损害是最大的。心血管疾病与双相障碍的流行病学研究发现，经过年龄校正后，双相障碍的心血管疾病患病率仍然较高，且发病年龄更早，有研究表明可能早4~7年；双相障碍患者较无双相障碍患者发生多种致死性心脏事件的相对危险度为1.5~1.9。

2. A型行为模式　20世纪初，英国医生Williamosler提出，"典型的冠心病患者是一类敏感、有雄心的人，他的引擎表总是显示在全速前进"。Friedman等把这种行为特征称为A型行为模式。A型行为模式（type A behavior pattern，TABP）具有以下特点：争强好胜，好争执，敏感而缺乏耐心，雄心勃勃，积极工作，而又急躁易怒，即具有时间紧迫感（time-urgency）和竞争敌对（hostilily）倾向等。一项近 10 年的追踪观察结果发现，A 型行为者在整个观察期间冠心病总发生率及各种临床症状，包括心肌梗死、心绞痛等的出现率是 B 型行为者的 2 倍。这说明，A 型行为类型不是冠心病发病后出现的行为改变，而是冠心病的一种危险促进因素，故有人将 A 型行为类型称为"冠心病个性"（coronary prone individuals），属于一种独立的冠心病危险因素。近年来，对 A 型行为与冠心病关系的研究转移到分析 A 型行为概念下的具体行为特点与冠心病的关系。研究表明，对环境和其他人持有敌视态度的 A 型行为者发生冠心病的危险性增加。同时相关研究发现，A 型行为与冠心病关系最为密切的不是争强好胜、时间紧迫感，而是对人抱有敌视的态度和竞争敌对倾向。但是这些行为方式与冠心病相关的机制尚不清楚，可能与自主神经功能改变相关。

3. 心理社会环境因素　在冠心病的发病中起着重要作用。当今世界科技飞速发展，竞争更加激烈、工作和生活节奏加快、情绪紧张、心理压力增大、个体需要和社会环境的矛盾冲突、噪声及大气污染等，使机体、心理生理反应和身体反应显得过于缓慢，落后于社会和生产活动的节律，产生了社会 – 生物无节律，这些无节律构成了一系列疾病的共同前提，首先是心血管疾病，尤其是冠心病。流行病学资料研究表明，冠心病发病率西方国家高于东方国家，发达国家高于发展中国家，城市高于农村，脑力劳动者高于体力劳动者。国内外学者的回顾性调查研究显示：心肌梗死发病前的 6 个月内，其生活事件明显高于对照组；处于应激环境中的移民比具有相同饮食习惯的原籍居民的冠心病发病率要高；战争、自然灾害后心肌梗死发生率或猝死明显增加。

4. 不良的健康行为　包括吸烟、缺乏运动、过食和肥胖及对社会适应不良等。这些行为因素在特定社会环境和心理环境条件下形成，又进一步通过机体的生理病理作用，促进冠心病的形成。如一定的经济条件、饮食习惯、文化背景易造成肥胖，特定的工作条件和技术的进步造成缺乏运动等。

视频 6-1
不良情绪和冠心病

（二）心理生物学机制

冠心病发生机制尚未完全阐明，心理素质是冠心病的发病基础。冠心病合并 A 型行为特征的人，胆固醇、三酰甘油、去甲肾上腺素、促肾上腺皮质激素均增高，脂肪代谢紊乱，血流动力学异常和动脉管壁病变，三者是冠心病的发病基础。心理、社会因素使交感神经兴奋性增强，血压急剧升高，心率加快，血液凝固时间缩短，引起冠状动脉功能异常，血管内皮细胞功能损伤，发生心肌缺血、动脉硬化斑块破裂，从而发生心肌梗死和心源性猝死。当血管内皮细胞正常时，心理因素可使冠状动脉扩张，而当冠状动脉有病变，血管内皮功能受损时，心理因素可使冠状动脉收缩。除此之外，长期应激可导致垂体 – 肾上腺皮质系统兴奋，皮质醇分泌增多引起高血压。抑郁、血胆固醇及三酰甘油增高、钠潴留、血容量减少、心肌钾减少、室颤阈降低，并增加冠状动脉 – 肾上腺受体对儿茶酚胺的敏感性，使冠状动脉收缩，血流减少，心肌缺血缺氧。研究证实，具有易怒、敌对情绪和抑郁等不良心理的人在面对应激时，产生的去甲肾上腺素和白细胞介素 –6（IL-6）都比正常人多（这两种物质都与炎症相关）。心脑血管疾病患者也可以归因于可激活炎症过程的不良心理。从心身医学观点分析，冠心病属于典型应激性疾病，心理应激可使冠状动脉收缩，使血清胆固醇增高，并与心血管反应性呈正相关。

（三）心身反应特点

急性心肌梗死患者心理特点如下。

1. 焦虑期　发病 1~2 天，对死亡恐惧，焦虑不安，严重者出现惊恐症状，伴有不安、出汗、失眠及心跳加快、呼吸急促，强烈焦虑、惊恐发作，容易导致猝死。

2. 否认期　发病 2 天后，尤其 3~4 天，约 50% 的患者出现心理否认反应。所谓否认（denial），是指否定、漠视、淡化和回避应激事件的存在或严重性的一种心理应对方式，伴有一系列认知情绪和行为相应表现。否认机制在早期易导致延误诊断和治疗，在康复期的不利影响在于，存在否认机制的患者对康复治疗计划、不良行为矫正等往往不屑一顾。

3. 抑郁期　发病第 5 天，30% 的患者抑郁，自感因病生活不能自理，丧失工作、社交能力，担心经济损失及今后个人前途等，因而苦闷抑郁，丧失治疗信心。

4. 再焦虑期　患者离开监护病房，缺乏心理准备，或对监护病房有依赖，出于安全考虑而易产生焦虑反应。当病情好转时，随时告诉患者，并给予祝贺和鼓励，减少照料、通知监护日期，以减轻焦虑情绪。此外，有 11%~40% 的冠心病患者出现欣快、淡漠、多动或少动及兴奋不安等较严重的精神症状。

（四）临床干预策略

1. 评估与诊断　详细的问诊、体格检查及相应的辅助检查都是必要的，问诊本身就是系统地对社会心理因素进行评估的过程。评估内容包括患者情绪状态、日常对生活事件的处理方式、应对风格，观察患者的行为反应等。心理测验常用 A 型行为问卷调查表、生活事件量表、特质应对方式问卷及抑郁、焦虑等症状评定量表等。

2. 心理咨询与治疗

（1）心理支持和心理咨询：冠心病患者对病情过分关注、担心，因此对患者应热情和蔼、关心体贴，详细了解病情，认真做好各项检查，依据患者的特点，确定综合治疗方案，对临床不同特点进行解释性心理咨询，消除紧张，稳定患者情绪，增强战胜疾病的信心。

（2）矫正 A 型行为：A 型行为不仅是冠心病发生的危险因素，也是冠心病预后的重要危险因素。国内外许多学者认为改变 A 型行为模式，可减轻机体对外界刺激的过强反应，降低交感神经张力，恢复良性负反馈调节。在医生指导下进行认知疗法、放松训练、想象治疗，配合气功、生物反馈及音乐治疗等效果更好。

（3）冠心病合并焦虑障碍、抑郁障碍的药物治疗：除心理治疗外，临床上还可应用三环类或四环类抗抑郁药，近年来首选选择性 5-HT 再摄取抑制剂（SSRI）治疗，如艾司西酞普兰、盐酸帕罗西汀、盐酸氟西汀、盐酸舍曲林等。

（4）不良健康行为矫正：对吸烟、酗酒、过食、肥胖、缺乏运动及嗜咸食等不良行为进行矫正。1992 年，世界卫生组织提出的健康四大基石，对人的行为方式起到指引作用。冠心病患者在医生指导下有毅力克服依赖性，进行行为干预，参加文体活动，提倡健康文明的生活方式，对冠心病的防治具有现实意义。

三、糖尿病

（一）心理社会因素

1. 生活事件　面临生活事件时由于应激反应的过程，脏器功能发生变化，如果应激反应强度过大或持续时间过长，均可诱发疾病。有研究显示，1 型糖尿病症状出现前常有重大生活事件，如丧失亲人、父母离异等，同时此研究还发现胰岛细胞抗体（ICA）阳性家庭成员中有一半患者确定诊断前 5 年都经历了严重的生活事件和长期的家庭困扰。生活事件在 2 型糖尿病发生中也有一定作用。许多研究者注意到经历地震、火灾等事件后，糖尿病发生率比事件发生前的同一时期显著增加；Holme 通过回顾性和前瞻性调查发现，离婚与糖尿病的发生有显著关系；也有人发现失业与糖尿病的发生有关；还有资料显示美国贫困人群中糖尿病更为常见，而且黑人死于糖尿病的数量比白人高一倍多，并认为原因是黑人在政治上受歧视，在生活上动荡不安及贫困、失业等，经历了比白人更多的生活事件，从而推论 2 型糖尿病的发生与生活事件所致的应激有关。

2. 社会支持与应对方式　研究结果显示，糖尿病患者组与健康人群组相比，更具有孤独性、无子女或独生子女、提前退休等倾向，这些倾向的共同特点就是缺乏广泛的社会关系和相应的社会支持。姚树桥等对 131 例糖耐量减低（IGT）者和 91 例糖耐量正常者进行了 18 个月的追踪研究，结果发现 IGT 转糖尿病组患者积极应对方式显著减少，由 IGT 转为糖尿病和维持 IGT 低减的两组人群的社会支持利用度比追踪前显著降低。进一步多元回归分析和路径分析结果表明，应对方式和社会支持通过影响生活事件所致的心理应激，进而影响糖尿病的发生。因此，应对方式和社会支持在糖尿病发生中具有间接的作用。

3. 人格因素　在糖尿病的发病中起到一定作用。一些研究认为，A 型行为特征者的血液中肾上腺素、肾上腺皮质激素及血脂、血糖常处于较高水平，因此推测 A 型行为类型可能是糖尿病的潜在致病原因之一。人格因素决定了人的情绪模式和习惯化的行为方式，对个体应对环境压力的方式也有决定作用，因此，虽然不能确定何种人格特征和糖尿病有特异性关系，但是容易引发消极情绪的不良人格特征，如敏感、孤独、缺乏安全感、易紧张等在心身疾病发病中的作用是不可否认的。

4. 负性情绪和精神障碍　对于糖尿病患者而言，抑郁和焦虑是两个主要的精神心理问题，抑郁可能增加血糖控制的困难和糖尿病并发症，抑郁在糖尿病中的发生率是普通人群的 2～3 倍。抑郁的严重程度与 HPT 轴的调节差相关，抑郁障碍患者对血糖控制的依从性下降，包括不及时、不按量用药、饮食控制困难、运动减少、社会功能受损、医患沟通不畅等，而在抑郁控制良好的基础上，糖尿病的控制常常变得相对容易。焦虑患者经常对血糖过高过低存在预期性焦虑，尤其是担心疾病远期并发症，导致心神不宁、坐立不安。

精神分裂症患者 2 型糖尿病患病率高于一般人群，这可能与抗精神病药物导致的肥胖、不健康的饮食习惯和较差的卫生保健有关。非典型抗精神病药物的广泛使用增加了这种倾向，因此在精神分裂症治疗过程中对血糖、体重、血脂等的监测已经成为必要的手段。

视频 6-2
糖尿病的认识与预防

（二）心身反应特点

1. 一般心理反应　在患病初期，患者会进行自我概念调整，重新定位自己的工作和生活，容易出现悲观失望、焦虑紧张等不良情绪，工作生活消极被动，心态消沉。随着时间的推移，一些患者开始逐渐接受患病的现实，能够比较平静地看待疾病，并且按照医生的建议调整自己的生活；也有一些患者不接纳现实，怨天尤人，自怨自艾，长期处于消极悲观的情绪中，而且不配合治疗，这种状态很可能成为疾病恶化的原因。

2. 情绪障碍　抑郁情绪是糖尿病患者中一种最常见的心理障碍，糖尿病患者抑郁发生率大约是一般人群的 3 倍，糖尿病患者的抑郁比一般抑郁患者症状更严重，病程更长，更容易反复发作，每个患者平均要反复发作 4 次左右。而且抑郁障碍会严重破坏患者的糖代谢控制，加快糖尿病并发症的发生。焦虑障碍也是糖尿病患者的常见不良情绪，糖尿病人群焦虑障碍发生率远高于一般人群，以女性、未婚或离异、低教育程度的糖尿病患者合并焦虑障碍居多。

3. 进食障碍 糖尿病患者需要控制糖类食物的摄入，因为担心不当饮食加重病情，患者会采取一些措施调节饮食习惯，如果处理不当，就可能发生进食障碍。严重的进食障碍有两种形式，一种是神经性厌食，另一种是神经性贪食，这两种进食障碍可加重糖尿病病情，影响治疗效果。

（三）临床干预策略

1. 心理诊断与评估 对糖尿病患者的心理诊断和评估的内容主要包括情绪状态、工作生活和人际状况等。可采用贝克抑郁问卷、抑郁自评量表、焦虑自评量表、状态-特质焦虑问卷等来评定患者的抑郁及焦虑程度，采用生活事件量表、社会支持量表、应对方式问卷等来评定患者的社会生活及应对状况。

2. 临床心理干预 是糖尿病治疗重要的辅助方法，对于早期的2型糖尿病患者，单用心理干预也能起到稳定糖代谢的作用。在心理干预的各种方法中，以糖尿病教育、认知行为疗法及生物反馈疗法最为常用（图6-4）。

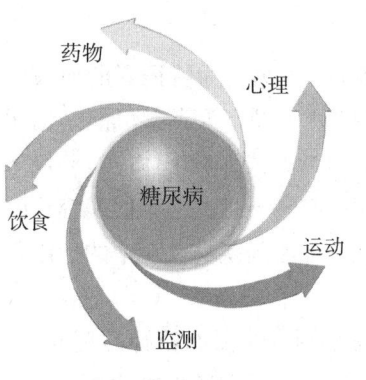

图6-4 糖尿病综合治疗模式

（1）健康教育：糖尿病患者的健康教育内容较为广泛，包括糖尿病基础知识、饮食控制、运动锻炼、降糖药物的使用、低血糖的预防与处理及尿糖和血糖的自我监测等。

（2）认知行为治疗：目前在糖尿病治疗中多采用团体治疗的形式，如由 Snook 及其同事发展起来的一种认知行为疗法，团体认知行为疗法（group cognitive behavioral therapy，G-CBT）。G-CBT 以认知行为疗法和理性情绪治疗为理论基础，采用几种认知和行为技术（认知重建、应激管理、示范）来帮助患者消除与糖尿病有关的痛苦，提高其应对技巧，促进自我管理、改善血糖控制。G-CBT 一般以 5~8 个患者为一个小型治疗团体，进行为期 4 周的连续治疗，每周 2 h，由一个心理学家和一个糖尿病教育工作者参与。大多数研究结果表明，糖尿病患者很乐意接受这一治疗方法，经过训练后的患者，非理性信念得到纠正，心理健康水平提高，如 90 项症状自评量表的得分明显地较训练前接近正常水平，糖代谢得到改善，HBA1c 水平明显下降。但也有研究结果认为，该训练程序的时间过短，有必要增加会期，至少增加到 6 个会期效果比较理想。

（3）生物反馈疗法：生物反馈的方法很多，但目前应用于糖尿病治疗的方法主要是皮温反馈和肌电反馈，即借助生物反馈的方法进行放松训练和外周皮肤温度升高训练。对于糖尿病患者而言，在糖尿病发病一年以内不适合进行生物反馈支持的放松训练治疗。深度放松时有些患者的血糖可能会出现明显下降甚至有发生低血糖的趋势。这种情况尽管十分少见，但仍应高度警惕。因此，在低血糖和剧烈运动后 1 h 以内，应避免进行生物反馈疗法。在患者出现低血糖症状时，更不要进行放松训练或者生物反馈疗法，直到低血糖症状消失或者通过血糖监测确定血糖水平已经高出正常水平时才能进行生物反馈疗法。如不进行血糖监测和血糖资料记录，对糖尿病患者就不适合进行生物反馈或放松治疗。

3. 精神药物治疗 对于符合抑郁/焦虑的患者，建议应用抗焦虑药/抗抑郁药进行干预，药品的选择尽量采用不良反应少的药物，并可能促进血糖的控制。

四、哮喘

（一）心理社会因素

1. 亲子关系 支气管哮喘是一种变态反应性疾病，心理因素可以诱发或者加重哮喘发作。往往起病于幼儿或儿童早期，进入青少年后逐渐缓解；成年后的哮喘常常合并慢性阻塞性肺疾病。1940 年，亚历山大将哮喘患者的哮鸣音和气道分泌物解释为"对母亲压抑的哭声"，认为特定的人格特征和潜意识冲突是导致哮喘的主要原因。虽然部分哮喘患者表现出依赖、强烈需要别人的照顾和关心的特点，但一直没有研究发现特异的人格类型特征。长期反复发作的哮喘会引起患者的焦虑、抑郁、沮丧和过分注意自己疾病的行为模式，如家长过分关注，给孩子过分的照顾，实际上不知不觉地使用了类似操作条件反射的方法，促使哮喘症状延续下去，使得发作更加频繁。

2. 应激性生活事件 5%~20% 的哮喘发作由心理因素促发，单独的心理因素一般不引起发病，多个明显的生活事件累积可能引发哮喘，如母子关系冲突、亲人死亡、弟妹出生、家庭不和、意外事件、心爱的玩具被破坏、进入幼儿园导致突然的环境变化引起不愉快的感受。

3. 负性情绪 情绪可以直接导致哮喘的发作。过度焦虑、愤怒等均可导致哮喘的发作，长时间处于精神压抑或焦虑状态，会诱发哮喘的发作。Sacher 认为情绪过度紧张会使情绪中枢所处的大脑皮质边缘系统抑制下丘脑神经分泌细胞，继而抑制脑垂体促肾上腺皮质激素分泌，肾上腺皮质激素的分泌减少，促使哮喘发作。近代研究还证实，情绪状态作为大脑中的一种刺激，可引起躯体内脏活动反应（包括支气管收缩反应），促使哮喘发作。有人研究发现，情绪作为哮喘的发病诱因，按其出现频度高低依次为：焦虑、愤怒、抑郁、恐惧、兴奋。

视频 6-3
坏情绪可加剧哮喘
拓展阅读 6-4
情绪性哮喘

4. 人格特征 与哮喘发作有密切关系。应用 Y-G 性格测验，显示患者有情绪不稳定和内向的特征。画人测验结果显示患者有寻求援助和保护的迹象，很少有敌意或攻击他人的倾向。罗夏墨迹测验的结果显示患者呈内向型，情绪表达贫乏，期待被他人接受，欲望过高。一些研究认为支气管哮喘患者的主要个性心理特征是内向、情绪不稳定、被动、好高骛远等。还有研究认为，自我克制、情绪压抑、内蕴性强的性格，即所谓 C 型行为特征者易患哮喘。

（二）心身反应特点

1. 哮喘发作时的紧张焦虑 哮喘发作时呼吸困难，患者会产生濒死感，出现极度紧张、焦虑、恐惧状态，而焦虑、恐惧的情绪又会加重哮喘发作，形成恶性循环。在未发作时，也会因担心再次发作而紧张焦虑，特别是在接触过敏原、气候转冷等外在条件下，紧张焦虑加重，反而促进哮喘的发作。

2. 对哮喘产生不良情绪 恐惧是哮喘患者的不良情绪之一。由于哮喘反复发作，患者因过分担心疾病的预后，易产生抑郁、悲观、感情脆弱、易于冲动、过分敏感和疑病倾向。患者的恐惧主要来自以下几个方面。

（1）恐惧哮喘引起的死亡：当重度哮喘引起患者重度缺氧时，患者常烦躁不安，有濒死的感觉。其实多数哮喘的死亡与治疗不及时或方法不当有关，如果患者的抗炎治疗适当或在哮喘急性发作时处理及时，完全可以避免死亡。

（2）害怕运动加重哮喘：因为担心运动会提高呼吸强度，并加重哮喘，患者过度地限制自身活动。其实哮喘患者应该和正常人一样有充实的生活并尽可能参加一切正常活动。

（3）担心哮喘的预后问题：由于哮喘较难完全治愈，有的患者还会因此出现严重的肺功能障碍。因此，患者对哮喘能否恢复，是否会留下后遗症而担心害怕。

3. 对抗治疗的心理　许多患者对长期服用某些药物，尤其是糖皮质激素的副作用产生恐惧心理，担心药物的毒副作用，担心长期服药会对药物产生依赖。另外，β_2受体激动剂可以引起心率增快、呕吐及肌肉颤动等反应，让患者感觉不适，容易产生对抗药物的反应。一些患者对吸入疗法存在一定的偏见，有的人觉得吸入的方法太麻烦、不易掌握，有的人误认为吸入疗法会使药物剂量越用越大，或认为长期用药会产生药物依赖性，因而对吸入疗法产生恐惧心理。

4. 自卑感和依赖感　在学龄儿童和青少年哮喘患者中，普遍存在自卑感和依赖感。由于家长不当的教育方式，儿童对自己缺乏信心，对父母过分依赖，患病的现实又加重了患者的自卑感和依赖感。哮喘的突然发作常常使患者不能适应，更加感到恐惧和无助，而依赖感和自信心的丧失常导致患者需要永久性的药物治疗。

（三）临床干预策略

1. 临床诊断　从心理社会角度，可通过听取患者诉说、观察患者反应、对患者进行访谈来了解其情绪状态、个性特点、成长历史、生活状态、家庭关系等方面情况，并从以下几个角度分析与发病有关的社会心理因素：①发病前有无丧失亲人等重大应激事件；②发病前有无就职、结婚、生育、下岗、职位变化等社会事件；③发病前有无人际关系冲突、生活环境显著变化；④发病与某一特定情境如节假日、考试、考核等有无直接关联；⑤哮喘发作的过程及患者对此的认识；⑥发作时患者的具体行为有哪些；⑦发作时家人有怎样的态度和行为；⑧没发作时患者的行为表现。从以上几个方面分析患者哮喘的可能诱因，为有效的心理干预做好准备。

2. 心理干预　应指导患者形成对哮喘的正确态度，如告诉患者哮喘一旦发作不要强忍，应尽快接受合适的治疗。在哮喘缓解时不要急于参与繁重或压力大的工作，因为一旦发作过一次，气管的敏感性就会增高，于是就会很容易再次发作。帮助患者评估他们面临的压力和生活状态，让患者形成宽松、自然的生活观，对压力大的患者教会他们腹式呼吸及自我放松训练等方法。

五、消化性溃疡

（一）心理社会因素

1. 生活事件　战争、日常生活重大变故会增强个体患溃疡的可能性或致使病情加重。在第二次世界大战中，由于空袭等，造成人群溃疡穿孔的发生率增加。国内学者也发现政治运动的冲击和亲人丧失等生活变故是导致消化性溃疡的重要因素。

2. 人格因素　邓巴认为，消化性溃疡是特殊的人格特征与特殊的情绪冲突相结合的结果，他总结的溃疡患者的易感人格是：工作认真负责，有较强的进取心，有强烈的依赖愿望，易怨恨不满，常常压抑愤怒。用艾森克人格问卷调查，发现溃疡患者具有内向及神经质特点。有研究发现溃疡患者多具有孤独、自负与焦虑、易抑郁等个性品质，因此认为不良个性染上不良习惯导致对社会的不适应，再加上较多生活事件压力而致溃疡发生。

3. 生活中其他的应激　大大小小的生活事件和烦恼均可能影响胃肠功能，情绪应激状态中发生的焦虑和抑郁反应，是消化性溃疡的重要原因。溃疡患者常伴有抑郁症状，抗抑郁治疗有效果。空中交通管制人员由于其工作的特点，十二指肠溃疡的发生率高于其他人群。在多变的环境中，长期的应激情绪易导致胃肠道障碍。

让两只猴子各坐在自己的约束椅子上，每20秒给一次电击。每个猴子都有一个压杆，其中一个若在接近20秒时压一下，能使两只猴子避免电击，否则两只猴子便一起受到同样电击；而另一只猴子是否压杠杆与电击无关。结果表明：两只猴子被电击的次数和强度虽然一致，但疲于压杆的猴子由于心理上负担沉重而患胃溃疡，另一只猴子却安然无恙（图6-5）。

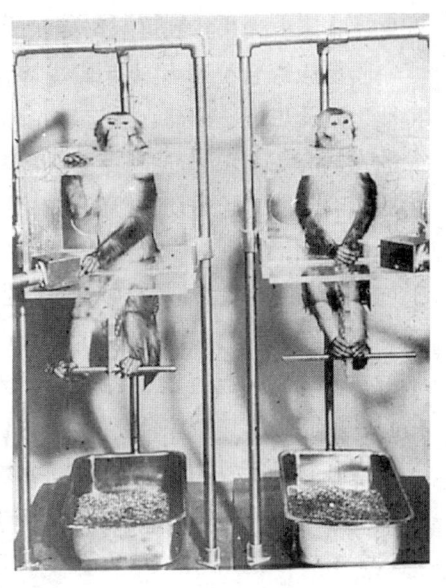

图6-5 "抉择的猴子"实验

（二）心身反应特点

焦虑和抑郁情绪伴随着消化性溃疡。这些情绪异常可能是造成溃疡的原因，也可能是由于长期患病备受折磨后，患者表现出的一种情绪体验。溃疡患者常伴有抑郁症状，应激时的抑郁情绪也很容易导致溃疡的发生。临床上发现有些患者报告自己存在消化道症状，但常常得不到检查的证实，采取抗溃疡药物治疗效果很差，可能的解释是这些人以抱怨身体不适来掩盖自己的抑郁情绪。试用抗抑郁药来治疗消化性溃疡，并辅以胃镜检查作为疗效指标，发现4周有效率达到46%～86%，有些顽固、难愈性溃疡也有好转，其药理作用除与阻断 H_2 受体及抗胆碱功能有关外，很可能也与缓解或消除了抑郁、焦虑情绪有关。

（三）临床干预策略

1. 评估 对躯体症状的详细回顾非常重要，有助于解释功能性疾病的性质，为后续社会心理因素的评估奠定基础。通过会谈或心理评估工具，了解患者的情绪障碍水平、人格特点、心理反应和应激水平。用90项症状自评量表了解患者的一般心理状况，用各种抑郁和焦虑量表评估情绪障碍，用艾森克人格问卷评估人格特点，用心理防御量表和社会再适应量表调查患者的心理防御反应和应激水平。

2. 心理社会干预 有效识别患者的社会心理因素，采用相应的治疗，包括生活要有规律，避免过度劳累，工作劳逸结合，注意饮食规律，戒烟和酒。心理治疗：①支持性心理治疗：解释、鼓励与安慰、保证、指导和积极暗示，对患者当前、表面、自己能意识到的问题给予指导、鼓励和安慰，以消除来访者的心理问题或情绪困扰；②认知治疗：改变患者固定化了的错误信念和习惯化了的不良认知方式，治疗患者的抑郁或焦虑等情绪障碍；③生物反馈疗法：治疗目的是训练患者在不用药的情况下，自动减少胃酸的分泌，配合一般性心理治疗效果更好。

3. 精神药物治疗 溃疡患者常伴有抑郁症状，应激时的抑郁情绪也很容易导致溃疡的发生。因此可以使用抗抑郁治疗，常规选用选择性5-羟色胺再摄取抑制剂类抗抑郁药，但剂量需要偏小，还需要注意药物相互作用及相应的胃肠道副作用。

六、功能性胃肠病

消化系统相关的心身疾病研究聚焦于神经内分泌、神经递质是如何在脑与胃肠道间相互作用的，更加关注功能性胃肠病。功能性胃肠病是一组胃肠道功能紊乱综合征，具有腹痛、腹胀、腹泻等消化系统症状，常伴有头痛、头晕、失眠、焦虑、抑郁等神经精神症状，反复发作并呈现慢性化，临床上无法找到可解释症状的辅助检查阳性发现。

肠易激综合征患者具有某些特定的人格特征，如神经过敏、内向、疑病倾向和癔症性人格特征，以及焦虑、抑郁、强迫、人际关系敏感、敌对和恐惧等负性情绪。抑郁障碍与肠易激综合征的发病有关。Almy 发现自主神经功能可以受到焦虑、抑郁、愤怒、恐惧和敌对等明显负性情绪的影响，使结肠运动功能失调，分泌功能紊乱。饮食因素也与本症有关，患者常对某些食物产生不良反应，特别是牛奶及其奶制品、豆类和脂类等。不注意节制饮食，吃过于粗糙、生冷和加工过于精制的饮食，以及缺乏纤维性食物等均可诱发或加重本病。肠易激综合征的病理生理学基础主要是胃肠动力和内脏感知异常，而造成这些变化的机制尚未完全阐明。中枢神经系统及脑 – 肠轴构成的脑 – 肠互动，将认知、情绪中枢 – 内分泌轴、肠神经系统及免疫系统有机地联系在一起，可能是肠易激综合征的发病机制。

大多数功能性胃肠病病程持续数年，多数预后良好，对患者的积极关注和发展建设性的人际关系有助于改善预后。40%～70% 肠易激综合征患者容易产生药物治疗的安慰剂效应。此病症状具有波动性，患者又往往是在症状恶化时前来就医，以后自行好转，因此，药物应用需要有节制。采用对症治疗控制不良反应，对失眠、焦虑者适当予以镇静剂。对腹痛症状重而上述治疗无效，同时伴有较明显精神症状者，可选择作用于去甲肾上腺素和 5– 羟色胺双通道的新型抗抑郁药治疗。对于存在明显心理因素的患者，应考虑给予心理行为治疗，包括认知行为疗法、放松治疗、催眠疗法、生物反馈疗法等。

视频 6-4
有些胃肠病要看精神科

七、经前期综合征

经前期综合征（premenstrual syndrome，PMS）是指反复在月经来潮前周期性出现的，以躯体、精神症状为特征的综合征，是临床常见病，症状错综复杂。本病症状多出现于经前 1～2 周，月经来潮后，症状方可减轻或消失，对患者生活、工作、学习和人际交往常常造成不良影响。约 90% 有周期性月经的妇女有经前生理改变，但只有对妇女正常日常生活有明显影响的才称为经前期综合征。50%～80% 的育龄期女性至少有过一次轻度的 PMS，30%～40% 需要治疗。Keye 于 1986 年的研究发现，PMS 患者在臆想、抑郁、转换性癔症、神经衰弱及社会精神内向方面的量表评分均高于非 PMS 的对照组。临床上对 PMS 安慰剂的治愈反应高达 30%～50%，有的治愈反应高达 80%，这种现象在很大程度上反映了应激反应和心理两方面的调节在 PMS 中的作用，也反映了患者的精神心理与社会因素之间的相互作用参与了 PMS 的发病。

视频 6-5
经前期综合征

PMS 既没有能提供诊断的特定病症，也没有特殊的实验室诊断指标，诊断的基本要素是确定经前期综合征症状的严重性，以及经潮后的情况，根据经前期出现的周期性典型症状，诊断多不困难，但需与心、肝、肾等疾病引起的水肿相鉴别。诊断方法：根据病史建立症状日记表，每天记录症状，连续 2～3 个周期。对 PMS 的主要症状进行评分。体格检查有助于鉴别一些有类似症状的器质性病变。黄体期体格检查可发现乳房触痛。

由于 PMS 的临床表现多样化，严重性不一，因此，不可能用一种治疗方案解决所有的症状，临床医生必须根据该病的病理生理和神经社会学特点，设计个体化治疗方案以达到最大疗效。

1. 教育和情感支持　PMS 的处理首先是情感支持。帮助患者调整心态，认识疾病，建立勇气和自信心，这种精神安慰治疗对相当一部分患者有效。另外，对患者家庭成员做有关疾病保健的宣传也十分重要，让家庭成员了解该疾病周期性发作的规律和预期发作的时间，理解和容忍患者经前期的行为失常，并协助调整经前的家庭活动，减少环境刺激，使患者的失控行为减少到最低程度。

2. 生活方式调整　规律有氧运动，调整睡眠习惯，适当增加碳水化合物摄入，低蛋白饮食，限制盐、咖啡，补充维生素和微量元素。如维生素 B_6 可调节自主神经系统与下丘脑 – 垂体 – 卵巢轴的关系，还可抑制催乳素的合成，每日口服 100 mg 可改善症状。

3. 心理治疗　纠正患者的负性思维，改变行为模式，用于纠正紧张、疼痛等症状。有研究显示认知行为疗法可改善 PMS。

4. 药物治疗　适用于一般治疗无效者，应根据症状的特点选择合适的药物。①抗焦虑药：适用于有明显焦虑的患者，如阿普唑仑，经前用药，一直用至月经来潮的 2~3 天。②抗抑郁药：对于以情绪障碍表现为主的 PMS 患者，目前常用选择性 5– 羟色胺再摄取抑制剂作为一线治疗药物，如氟西汀，抑制中枢神经系统 5– 羟色胺的再摄取，剂量 20 mg，每日 1 次，口服，可明显缓解精神症状及行为改变，但对躯体症状疗效不佳，连续用药与间隔给药疗效无明显差异。③促性腺激素释放激素（GnRH）类似物：造成低促性腺激素、低雌激素状态，以达到缓解症状的作用。④醛固酮受体拮抗剂：螺内酯口服，每次 20~40 mg，每日 2~3 次，不仅可拮抗醛固酮而利尿、减轻水潴留，而且对改善精神症状也有效。

轻中度 PMS 患者的症状经恰当治疗后均可得到缓解改善。选择性 5– 羟色胺再摄取抑制剂类抗抑郁药对严重 PMS 患者有效且无大的副作用，已成为治疗重度 PMS 的一线用药，其次是三环类抗抑郁药、抗焦虑药和 GnRH 类似物。大多数严重的 PMS 患者经上述药物治疗，症状可明显改善，生活质量显著提高。

拓展阅读6-5
经前期紧张综合征的应对

八、肿瘤

（一）心理社会因素

迄今为止，各种肿瘤的发病原因尚不明确，越来越多的研究表明，社会心理因素在肿瘤的发生、发展及治疗过程中起到了重要的作用。人们对人格、抑郁、应激和应激性生活事件与不同肿瘤的发生进行了研究，如常见的癌症型人格，由 Temoshok 首先提出，"C" 取 "癌"（cancer）的第一个字母，所以 C 型行为模式即癌症行为模式。Temoshok 归纳出癌症患者共有的基本心理特征为：不善于表达和宣泄焦虑情绪、抑郁，尤其是竭力压制本该发泄的愤怒情绪；行为上的表现则是过分屈从、过分自我克制、回避矛盾、姑息迁就、忍耐、依顺、合作性强；因怕得罪人而放弃自己的需要，因无力应对生活的压力而感到绝望，其癌症的发生率可高出正常人的 3 倍以上。

Bartron 发现因遭受抛弃而情绪极度压抑的人，血液中 T 淋巴细胞（肿瘤免疫的主要细胞之一）明显减少。动物实验也表明小鼠在紧张环境下糖皮质激素水平增高，T 淋巴细胞减少，胸腺退化，脾萎缩，皮下接种肿瘤的成功率及肿瘤生长的速度增加，后来的诸多研究验证了这些结果，证实了心理社会因素应激与免疫功能之间的相互关系。免疫组化等方法证明细胞上存在各种受体，这些受体是神经内分泌调节的物质基础，焦虑、抑郁和愤怒的情绪可使交感神经兴奋，促使肾上腺髓质释放肾上腺素和去甲肾上腺素。激素作用于免疫细胞上的受体，使淋巴细胞、自然杀伤细胞、吞噬细胞数量减少，功能减低，产生的抗原、抗体减少。

长期的心理应激和由此引发的不良情绪还可激活下丘脑 – 垂体 – 肾上腺皮质系统，分泌更多的可的松，可的松可使内脏器官血管收缩、血流量减少，导致细胞毒作用，使细胞变性、坏死，为癌症的发生提供物质基础。实验研究还发现，压抑和紧张可损伤细胞 DNA 的自然修复过程，为癌症的发生创造条件。由此推测，癌症患者发病前就存在社会心理因素或某些特殊的人格特征，这些因素与癌症诊断共同影响患者的心理与行为、治疗与康复。

（二）心身反应特点

诊断为癌症对患者来说是强大的心理应激事件，会对个体的心理、生理和行为产生巨大的影响，从而引发机体功能的进一步紊乱。临床表现主要有以下几方面。

1. 认知反应　指强烈的心理应激破坏了个体的认知功能，导致感知觉过敏或歪曲、思维或语言迟钝或混乱、自知力下降、自我评价降低等。

2. 不良情绪反应　患者表现为焦虑、恐惧、愤怒和抑郁等多种不良情绪。其中，最常见的情绪反应是焦虑。在获得诊断的初期阶段，患者会处在极度焦虑状态，过度的焦虑又可破坏认知能力，使人难以做出符合理性的判断和决定。

3. 行为反应　个体的行为主要表现为"战斗"或"逃避"两种类型。"战斗"表现为接近应激源，分析现实，研究问题，寻找解决问题的途径。"逃避"则是远离应激源的防御行为。此外，还有一种既不"战斗"也不"逃避"的行为，称为退缩性反应，表现为顺从、依附和讨好。

4. 自我防御反应　表现为患者运用各种自我防御机制以减轻应激所引起的紧张和内心痛苦，但多数自我防御只能暂时减轻焦虑和痛苦。

（三）临床干预策略

1. 一般性心理治疗　是指医务人员在与患者交往过程中，通过举止、表情、态度、姿势等影响患者的感受、认知、情绪和行为的过程。一般性心理治疗的基础是每个就诊的患者对医务人员都怀着一种尊敬、期望和求助的心理，医务人员的言行时刻影响着患者的心理。若医务人员有耐心、热情、和蔼可亲，具有暖人的言语和权威性的对疾病的解释，对患者会起到积极的作用。当患者处在患病状态，具有强大的心理压力时，给予一般性心理治疗能增强患者战胜疾病的信心。

2. 支持性心理治疗　注意充分调动患者心理上的积极因素加以支持和发扬，对患者心理上消极的一面积极给予疏导和宣泄，对灾难性情景有良好的指导作用。具体包括：①针对应激源的应对。一旦被诊断患了"癌症"，患者就处在察觉到面临死亡的威胁之中，患者对治疗过程充满不确定感，医生要及时向患者提供疾病的性质、程度、可能的治疗方案的优缺点、治疗过程中的注意事项等信息，增加患者对疾病的控制感。②减轻不良情绪。倾听、疏导、支持、放松等方法均可减轻患者不良情绪。对具有严重不良情绪的患者，必要时应给予抗焦虑、抗抑郁药物。③提高应对技巧。研究表明，对癌症及其治疗较恰当的应对技巧是接受、降低期望和积极生活。④恢复社会支持系统。癌症诊断不但引起患者的心理反应，也引起家庭成员的心理反应，严重者可破坏原有的社会支持系统，而广泛的社会支持是减轻患者不良情绪、提高机体免疫力的重要环节，如Levy对61名Ⅰ、Ⅱ期乳腺癌患者在诊断6周内体内自然杀伤细胞的活性检测发现，自然杀伤细胞的活性增高者至少1/3是得益于亲人的社会支持，提示被察觉到的社会支持可增强患者自然杀伤细胞的活性，可能是对抗肿瘤生长的保护因子。

3. 认知行为疗法　认知理论认为，发生在刺激和反应之间的认知过程在决定人的行为方面起着非常重要的作用，认知活动决定着人的情绪和行为，不良情绪和心理障碍的产生是个体歪曲的、不合理的信念和消极的思维方式造成的，对心理障碍的纠正和治疗是要发现和纠正个体的错误认知。在癌症的诊断和治疗过程中，患者会出现各种不良的认知，如"癌症等于死亡，是不治之症""癌症治不好，治好不是癌""家庭因我陷入了困境"等。上述不良认知可降低患者的依从性，并带给患者恶劣的情绪。虽然不良的认知与早年的生活经验、重大的挫折有关，但通过认知行为治疗可达到改变认知结构、消除不良情绪的目的。认知行为治疗的步骤：对患者的心理、行为进行诊断，寻找认知偏差或不合理信念，进行选择式干预。

研究进展 6-1
人类有望"饿死"癌
细胞

（李　勇）

复习思考题

1. 如何理解心理社会因素在心身疾病中所起的作用？
2. 心身疾病的诊治与躯体疾病的诊治有何不同？
3. A 型行为模式和 C 型行为模式分别是什么？对应何种疾病？
4. 比较常见心身疾病的心理社会因素有何异同？

网上更多……

 本章小结　　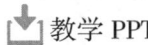 自测题　　 教学 PPT　　⚠ 临床案例

第七章
异常心理

关键词

异常心理　　　　生物－心理－社会模型　　　分类系统
应激相关障碍　　焦虑障碍　　　强迫性障碍　　　恐惧症
抑郁障碍　　　　人格障碍　　　性心理障碍　　　精神分裂症
非自杀性自伤

　　　　异常心理又称变态心理，是指人的知觉、思维、情感、智力、意志行为及人格等心理因素的异常表现，生活中常用精神病、变态行为、情绪障碍这样的词来对此加以描述和区分，是对许多不同种类的心理和行为失常的统称。鉴别正常心理和异常心理不是一件容易的事情，因为异常心理与正常心理之间的差别是相对的，甚至在某些情况下只有程度的不同；另外，异常心理的表现受多种因素的影响，观察的角度不同，标准也可能不一致；此外，心理评估常借助量表等间接手段进行，存在一定误判的可能性。本章将介绍异常心理的概念、病因和发病机制，异常心理的判别标准及临床上常见的异常心理，如应激相关障碍、焦虑障碍、强迫性障碍、恐惧症、抑郁障碍、人格障碍、性心理障碍、精神分裂症和非自杀性自伤等。异常心理相对于正常心理而言，在学习过程中需要把握好其判别标准，异常心理的三大分类和诊断系统是本章学习的一个难点，要把握好它们之间的不同点和分类原则；对于常见的异常心理疾病，要着重关注其病因和发病机制、临床表现及治疗方法等。

知识导图

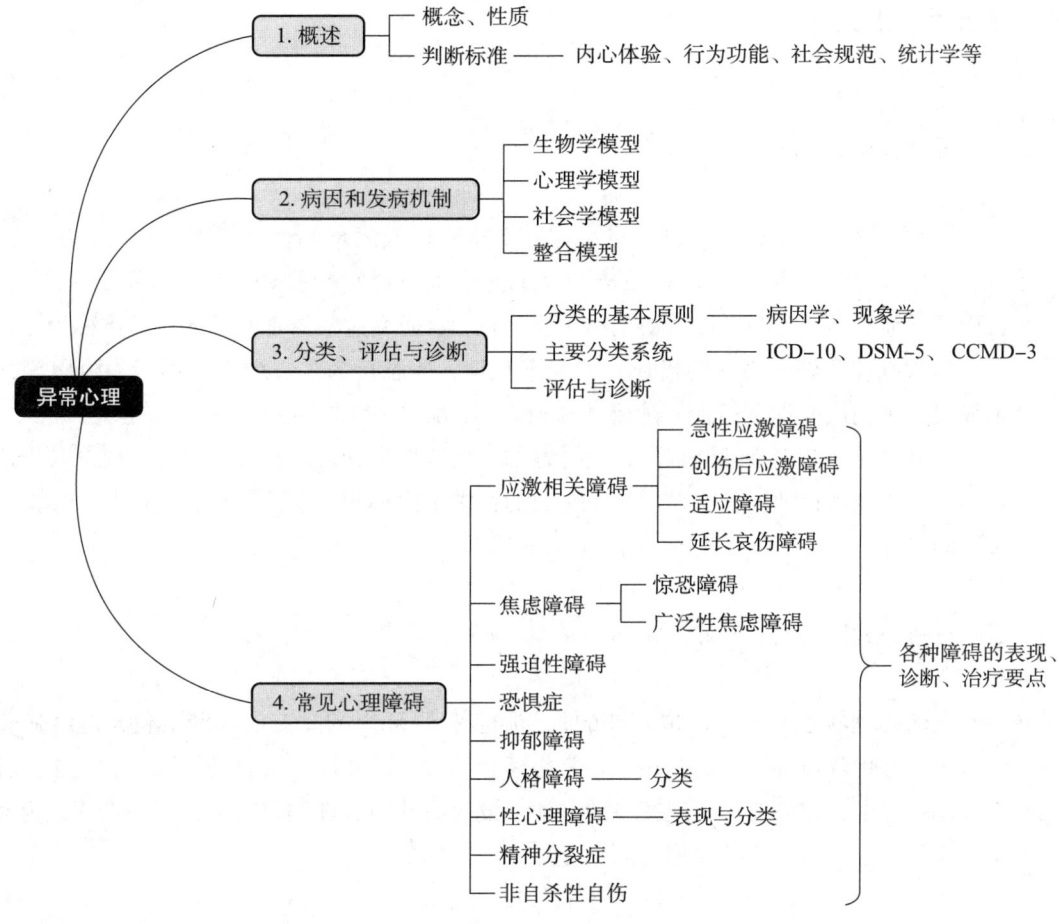

第一节　概述

一、异常心理的概念

异常心理（abnormal psychology）亦称变态心理或病理心理，指人的知觉、思维、情感、智力、意志行为及人格等心理因素的异常表现。我们将这些严重影响生活、学习和工作，表现各异且程度不等的非正常的心理活动统称为异常心理，研究这些异常心理的科学被称为变态心理学。

异常心理有许多不同的描述，如变态心理、变态行为、心理障碍和行为障碍等，但当前学术界更主张使用心理（精神）障碍（mental disorder）术语。心理障碍的概念有广义与狭义之分。广义的概念泛指健康心理的偏离，是对各种心理或行为异常的总称。狭义的概念是指这种异常应达到一定的严重程度，已明显影响了个人的正常生活和职业功能，或自感痛苦，即具有"诊断意义"的异常。

二、异常心理的性质

人的心理状态并不是一成不变的，会随着外界环境的改变而不断变化，也会随着机体内在的生理、心理环境的改变而变化。正常心理和异常心理并没有明确的界限，它处于一种不断演变的动态过程中，如果把这一连续体的一端假设为最佳的心理健康状态，另一端假设为最严重的变态，中间则是一个渐变的序列（图 7-1）。

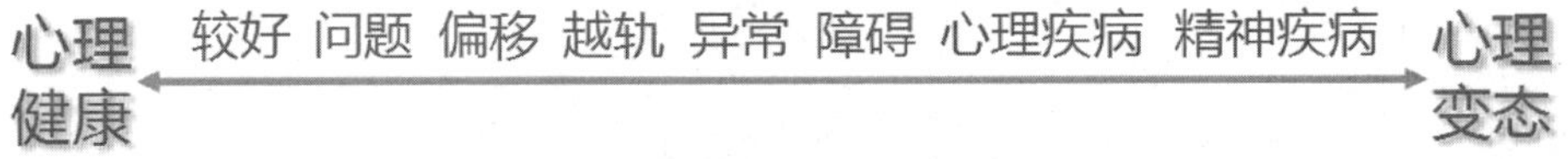

图 7-1　正常心理与
异常心理的关系

心理健康 ←——— 较好　问题　偏移　越轨　异常　障碍　心理疾病　精神疾病 ———→ **心理变态**

医学领域中，常用"疾病"（disease）来描述各种躯体异常或病变。疾病是一种影响人体器官与组织的生物学过程，通常有结构、功能和生化改变，以一定的症状和体征的形式表现出来。对于异常心理的描述，人们习惯于用"疾病"术语和思维模式来进行。当前，异常心理学研究领域大多采用"障碍"（disorder）而非"疾病"。其理由是：首先，心理障碍是一个描述性的概念，仅限于对事实和现象的辨认和界定，强调的是"病感"；其次，心理障碍一般不涉及理论性假设，只考虑表现，不牵涉异常心理与行为发生的本质、病理或者发病机制，易被各种学派接受和认同；最后，心理障碍是一个心理社会学概念，不单单是生物学概念，有利于心理学家、社会学家、教育工作者、法律工作者和人类学家等接受。

三、异常心理的判断标准

由于正常与异常心理活动之间的差别是相对的，加上客观与主观等许多因素对异常心理活动的表现有很大影响，因此，在判断异常心理与行为时很难明确一个绝对的标准。参考的判断标准主要有以下几个方面。

（一）异常心理是内心痛苦的体验

焦虑、抑郁、恐惧和强迫行为等，是人们经常感觉到的异常心理，也往往是患者求治的主要原因。人们都能比较容易地意识到，有明显内心痛苦的人都存在着不同程度的异常。这是我们在判断心理和行为的正常或异常时使用最多的标准，也称为主观体验标准。但是，没有痛苦体验的人不一定没有异常。例如，反社会型人格障碍和严重精神分裂症的患者往往自我感觉良好，而实际上早已经达到严重障碍的程度。同样的道理，具有某些痛苦的感觉也不一定是异常，如孕妇分娩时的体验等。

（二）异常心理是行为功能障碍

异常心理会导致个人生活领域的心理功能障碍（dysfunction）或功能低下（disability），包括社会功能或职业功能、生活能力和人际关系能力等。如智力低下、精神分裂症、抑郁症等，都会存在不同程度的功能障碍或低下，这一特征常被作为评价心理障碍严重程度的标准。因此，功能障碍是指那些应该能够完成的某些功能出现障碍，或者是个体本来已经具有的功能表现在非生理变化情况下明显削弱或丧失。

功能低下与个人痛苦可能同时存在于同一个体，如社交恐惧症，患者存在人际交往能力受损并可能影响职业功能，也有个人的主观体验。但是，并非具有痛苦体验的变态行为都有功能低下。例如异装症，可以有个人痛苦，但不一定存在功能低下，他们大多数人可以结婚并过着与一般人同样的生活。

（三）异常心理是社会规范的偏离

心理障碍患者常常偏离或违反社会规范，如反社会型人格障碍、某些性心理障碍、精神病患者的急性期等，他们的行为往往与社会标准相抵触，因此可以用此标准来评价和衡量，但此标准往往存在宽窄不一致情况。例如，政治犯和妓女的行为是违反社会规范的，但目前还不是异常心理诊断系统的内容；而严重焦虑或抑郁通常不违背社会规范，却是明显的心理障碍。此外，文化的多样性显著地影响着社会规范标准，同样的行为在不同的文化环境或在不同的历史阶段中也有不同的标准。

（四）异常心理是统计学的偏移

统计学观点认为，人的行为是呈正态分布的，大多数人的行为处于中间状态，变态是少见的行为，即统计学的偏移。判断一个人的心理是否正常，就是将他的行为与大多数人进行量化比较，看是否一致，这种量化研究和描述的方法称为统计学标准（图7-2）。按此观点，异常心理是行为过多或行为不足。例如，极端的内向或外向、极度的兴奋或抑郁都不正常。人们还可以将心理特征用统计学方法进行量化，形成心理测验。智力低下（mental retardation）主要是以此作为诊断标准的。当一个人的智商小于70时，我们将考虑他的智力不正常。

统计学标准的作用也是有限的，虽然统计学标准提供了一种定量的方法，但在许多情况下它却不能运用。例如，运动健将在统计学上是少见的，但没有哪一位变态心理学家认为他们是不正常的。只有那些正常人少见的行为，如幻觉、妄想、严重抑郁等，我们才认为是异常的。

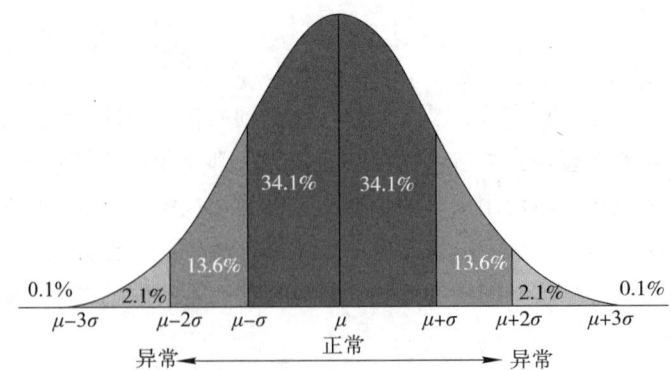

图7-2　异常心理的
统计学标准
μ：均数；σ：标准差

（五）对上述特征的综合考虑

通过对上述异常心理特征的讨论可以发现，每一种标准对异常心理都有很高的判断价值，但又不能适用于全部情况。没有哪一种标准可以单独作为判断所有异常心理的标准，这说明心理障碍的特点具有多样性和多变性。大量的研究似乎表明，医学专业永远无法对"疾病"或"失调"给出让人满意的定义。因此，当我们试图对千差万别的心理障碍进行判定的时候，还必须综合地运用多种标准。

美国心理学家苏珊·诺伦–霍克西玛（Susan Nolen-Hoeksema）将异常心理的标准定义为：行为、思维和感受符合下列一项或多项：在某一特定社会环境中不太常见，反常；给个体造成痛苦；干扰社会或职业功能；具有危险性。这是一种相对比较简单、易操作的描述。

极端的异常和正常心理之间在程度上是一个渐变连续的过程，在时间上也是一个变化的过程，此标准只不过是人为地划出了界限：这些心理异常已经达到非处理不可的时候。

第二节　异常心理的病因和发病机制

对异常心理机制的理论假设，包括对异常心理的原因及影响因素、发生机制、诊断和防治的分析与解释，称为异常心理的理论模型或理论观点。任何一种阐述异常心理发生与发展的理论都可能是一种模型，每一种模型都有利于我们对异常心理的认识和处理，但任何一种模型都不能单独解释所有异常心理的全部机制。

一、生物学模型

（一）理论

把心理障碍归因于生物学过程异常的理论解释称为生物学模型（biological model，biological paradigm），又称为医学模型（medical model）或疾病模型（disease model）。异常心理的生物学模型既是古老的观点，又是最新的理论。它起源于希波克拉底和盖伦等古代医学，他们把心理障碍解释为体液不平衡或是大脑发育不良。按照生物学理论，寻找心理障碍的生物学标记和特异性的诊疗方法一直是异常心理学的热点。可以预见，脑影像学、神经生化、基因检测等现代生物学新技术在各种心理疾病的研究和临床中将发挥越来越重要的作用。

（二）原因及影响因素

生物学模型理论认为，个体的心理障碍是由异常的生物学过程引起并受其影响。生物因素又称躯体因素，包括遗传、体质、结构、生理、生化、感染、年龄和性别等对异常心理的产生和发展起作用的因素，其共同特点是可以找到结构上或有形的病理变化。任何心理现象必然有其物质基础，人的感觉、知觉、思维、气质、能力、性格等心理活动在形成过程中，都有环境和遗传的双重作用。正常心理和异常心理也同样如此。

大量研究表明生物因素与心理障碍有关。如抑郁可能由脑内化学平衡失调引起，焦虑障碍可能是自主神经系统缺陷引起的过度唤醒，痴呆可能是因为脑的结构损伤等。

（三）预防与治疗

按照生物学模型的观点，心理障碍是由躯体因素引起的，心理异常是一种疾病，就需要像躯体疾病一样对待，需要通过住院、服药等特定的医学成果和技术进行治疗。1951年氯丙嗪作为第一个有效的抗精神病药在法国研制成功，近年来各种新型的抗精神病药层出不穷，使许多原来难以解决的心理障碍得到缓解，世界上使用精神活性药物者每年数以千万人计。可以预见，用于治疗人类心理障碍和提高人类心理活动水平的药物，将随着科学技术的进步而不断出现。与此同时，心理障碍的外科治疗、物理治疗及各种治疗性仪器等也在不断涌现。如近年开展的精神障碍的立体定向手术已在一定范围内试用，外科手术已被证明对重性抑郁症和厌食症有效。基因诊断、预防和治疗也在研究之中。

（四）评价

近百年来，生物学模型为各种心理异常提供了许多令人信服的科学证据，为探索心理障碍的确切原因、诊断和防治做出了极为重要的贡献。积极将高科技手段用于人类心理与行为的研究，必然成为探索心理奥秘最有前景的方向。可以预见，立足于生物医学模式的进展，将在很大程度上影响或改变着变态心理学的理论模式，为揭示各种心理障碍的本质展示了美好的未来。

但是，对人的心理现象的解释，如果仅仅遵循生物学的思维模式是不够的。在细菌学理论出现不久，人们就发现这一理论不能解释所有的疾病，如心脏病，包括遗传、抽烟、肥胖、生活压力，甚至个性都是其发病的原因。在异常心理学领域，一些问题如妄想性信念、歪曲的认知等，是不能单纯用生物学机制解释的。

二、心理学模型

异常行为的形成与个体的心理状态有着密切的关系，几乎每一种心理障碍在其发生、发展和防治中，都受到多种心理因素的影响。对异常心理现象的解释和处理，有丰富多彩的心理学理论，被称为心理学模型（psychological model）或心理学理论（psychological theory）。最主要的心理学模型见表7-1，详细内容请参考第三章心理学基本理论和第十一章、第十二章心理治疗相关内容。

表 7-1　主要的心理学模型

名称	理论体系	病因学说	治疗方法
精神分析理论	潜意识学说、人格结构学说、释梦学说、性心理学说、心理病理学说、心理防御学说	个体早期发展阶段满足本能欲望的努力被固着或退化，自我防御机制失效或扭曲	精神分析，洞察童年期成长过程，去除早年的创伤和压抑
行为主义理论	条件反射理论、操作条件反射理论、社会学习理论	异常行为都是通过学习获得的	系统脱敏、行为塑造等矫治异常行为，建立新行为
认知主义理论	不合理信念、认知歪曲、归因、自我效能、自我图式	心理障碍是认知加工过程扭曲和误解所致	艾利斯的理性情绪疗法、贝克的认知疗法、梅肯鲍姆的认知行为矫正
人本主义理论	自我实现论、以人为中心理论	自我无法实现、存在焦虑	以人为中心的治疗、存在主义治疗、格式塔治疗

三、社会学模型

社会学模型（social model）或社会文化模型（sociocultural model）认为社会本身对心理变态也负有责任，各种社会因素对个人心理异常的产生、发展和防治都有重要的作用。因此，社会学模型主张对心理障碍的定义、病因的解释及治疗都应立足于社会。

（一）原因

社会学模型认为大多数异常心理和正常心理一样都是个人社会文化生活的产物。经济贫困、种族歧视、生活变故、社会压力、天灾人祸、社会动荡等，都可能引起心理异常，异常心理乃是社会病理学的反映。一个健康、完满的社会环境，肯定有益于心理异常的防治；不利的或不稳定的社会环境必然增加人们的心理负荷，促使心理障碍的发生。

不同的社会文化关系也影响心理异常的表现方式。例如，在第一次世界大战期间，士兵中普遍出现的歇斯底里表现是瘫痪、失明、失听等。到了第二次世界大战时，对战争的恐惧和焦虑表现出来的却不再是瘫痪和失明，而是各种各样的心身疾病，如溃疡、高血压、哮喘等。这可能是因为在第一次世界大战时，更多的是短兵相接，如果瘫痪或失明了，就可以不上前线。这是心理防御机制在起作用，是一种"转换性"心理异常。但在第二次世界大战中出现了许多现代化的武器，着重于远距离杀伤，对战争的恐惧与焦虑转换成瘫痪已经失去意义，结果表现出心身疾病。

（二）诊断

社会因素对判别一个人的心理与行为是否正常十分重要，社会规范和习俗及社会适应能力也成为判别心理异常的重要标准。不同的社会背景对异常心理的判断存在一定的差异，如一些不太明显的心理与行为异常，一种社会背景下认为是异常，但在另一种社会背景下或不同的历史阶段中可能不算是异常。

（三）治疗

在治疗方面，社会学模型认为发生在精神疾病患者身上的心理变态并不是个人问题，而是社会的病态反映。因此，主张对精神疾病患者的治疗应当从只注意患者本身转移到整个社会方面，由此形成了社区心理卫生与治疗的原则。

不同的社会文化背景使人们对心理异常的处理办法也有很大的不同。有一种疗法称为社会心理治疗（social psychological treatment），它运用社会心理学的理论和方法及有关技术、技巧来诊断和治疗由心理社会因素造成的器质性、功能性心理障碍，以及与之有关的各种躯体疾病，防止和消除由于心理社会因素造成的不健康行为。

（四）评价

社会学模型从一个新的角度对心理异常进行解释，并提供了新的治疗措施，对异常心理学和精神病学的发展起了很大的促进作用，但它本身也只是强调了事物的一个方面。如果把社会文化标准看作精神健康唯一的或主要的决定性因素，任何人的生活习惯、娱乐或社会活动，如果不合乎时俗就有被作为变态行为的可能。因此，单纯用社会观点是不能对心理异常作出全面解释的。

四、整合模型——生物－心理－社会模型

从目前来看，任何一种模式或观点都不能完全说明所有的心理异常，因此都不可避免地带有局限性。在生物－心理－社会模型中，生物因素、心理因素和社会因素各有其独特的内容，同时又具有相互联系、相互包含和相互制约的不可分割的关系。生物因素是最基本的因素，是整个模式的核心部分，是心理学因素赖以产生的物质基础，也是心理和社会因素所作用的物质载体或承受者。心理因素是在生物因素的基础上产生出来的，它一旦产生会给生物因素带来深刻影响。社会因素也是客观存在的，它在个体生物学和心理学因素的基础上发挥作用，反过来又直接影响和制约着心理学因素，因此又是心理学因素赖以形成的根源。这个模式还告诉我们，在人的心理与行为活动（包括正常和变态）的发生、发展和变化过程中，所有因素是错综复杂地交织在一起而起作用的。

总之，生物－心理－社会模型表明，在解释各种各样的变态心理现象时，不应片面地只从某一个侧面来说明，而应该运用综合分析的观点，同时从社会的、心理的和生物的各个方面来探索心理变态发生的根源，这样才能避免简单化和片面性的偏向。

视频7-1
对精神疾病的重新认识

第三节　异常心理的分类、评估与诊断

一、分类的基本原则

在异常心理学中，分类（classification）是按照既定规则将异常行为纳入类目系统的方法，从而为心理障碍的识别、诊断和防治提供依据。异常心理的基本分类规则主要有两种。

1. 病因学分类　按病因学原则分类是医学科学发展所追求的理想目标，只有掌握疾病的病

因，才能深入探讨发病机制、症状体征及其相互联系，从而有利于诊断和防治。这种经典的分类方法源于生物医学传统，其基本假设是：要查明心理问题的特殊原因，有必要对特定的心理障碍进行确认和分类，心理疾病的每种形式之间都是有界限的，它表现出特殊的症状且遵循独特的可预知的疾病过程。心理障碍常被类比为躯体疾病，因为二者皆可患上、能够诊断，也都有相应的治疗方式。

2. 现象学分类　即症状学分类。几乎每一种特定的异常行为都不太可能有简单的单一解释，致使以病因学为主的疾病分类模式发生了困难，促使人们采用非理论性的途径，建立以主要症状命名的诊断分类，即依赖于对障碍表现的准确描述，依据症状表现并结合病程、预后和发病年龄等进行诊断。这成为当前对异常心理进行分类的主流方法。当然，现象学分类的不足也是明显的：它忽视了对主要的、决定性因素的病因学考虑，也忽视了主要因素、次要因素与促发因素等的区别对待。

异常心理采用"障碍"的概念，尽量避免使用"疾病"概念，并尽可能地采用现象学分类。首先要把种类繁多的心理障碍按各自的定义、临床特征、病程和结局进行划分，然后将每一诊断类别，根据其从属关系细分为病类、病种和病型。

二、主要分类系统

目前国际上有两个权威性的心理障碍分类系统，分别是由世界卫生组织制定的《国际疾病分类（第10版）》（International Classification of Diseases-10，ICD-10）和由美国精神病学会制定的《精神障碍诊断与统计手册（第5版）》（Diagnostic and Statistical Manual of Mental Disorders-5，DSM-5）。我国精神障碍诊断与分类系统由中华医学会于2001年制定，称为《中国精神障碍分类与诊断标准（第3版）》（Chinese Classification and Diagnostic Criteria of Mental Disorders-3，CCMD-3）。

这三种分类系统作为官方的工具，可供精神病学和心理学等相关学科共同使用。三种分类系统的病类不完全相同。

拓展阅读7-1
心理障碍三种分类系统的比较

目前，由WHO制定的《国际疾病分类（第11版）》（ICD-11）也已面世，鉴于其尚未广泛使用，本章暂不做介绍。

三、异常心理的评估与诊断

临床评估是对可能存在心理障碍个体的生理、心理和社会因素进行系统评价和衡量。从临床访谈与观察开始，收集有关来访者各方面的信息，采用评估的策略和程序，使用各种心理、行为评估的技术和工具来完成。评估不等于诊断，评估是全面深刻地了解一个人更多特征的过程，更倾向于个性了解。在临床工作中，评估与诊断往往是同时进行的。其常用的手段有临床访谈与观察、结构化临床访谈、标准化量表和客观生物学标记等。

临床诊断是指临床医生根据收集的病史资料，运用专业知识和经验，按客观规律进行分析综合，依据诊断标准确定诊断和处置的过程。其目的是选择合适的治疗手段，从而为预测疾病后果提供建议。病因诊断是最理想的医学诊断思路，但很多心理障碍的病因并未明确或者无法揭露，因此，诊断只能从症状开始进行分析。

第四节　常见的心理障碍

一、应激相关障碍

应激相关障碍（stress-related disorder）是指一组主要由强烈或持久的心理和环境因素引起的异常心理反应而导致的精神障碍，以往称为心因性精神障碍（psychogenic mental disorder）或反应性精神障碍（reactive mental disorder）。这类障碍的特点：发病时间与应激因素有密切的关系，症状反映刺激因素的内容，病程和预后也取决于刺激因素的及早解除等。应激相关障碍主要有急性应激障碍、创伤后应激障碍、适应障碍和延长哀伤障碍几种类型。

（一）发病机制

现代的应激概念应该是众多科学家观点的综合，主要包括三个方面：应激是一种刺激，应激是一种反应，应激是一种处理。但目前更多地倾向于将上述三个方面作为一个整体过程来认识。概括起来我们可以认为，应激是个体在察觉自身处于威胁或挑战情境中作出适应和应对的过程。这里需要强调的是：应激的结果可以是适应的和不适应的，应激源可以是生物的、心理的、社会的和文化的，应激反应既有生理的也有心理的，应激过程受个体多种因素的影响，认知评价在应激作用过程中起关键性作用。

心理应激是一个非常复杂的过程，是一个不断变化、失衡又平衡的整体。适度应激有积极的作用，过度应激则影响人们的心身健康。生物、心理和社会等诸多因素都可能成为应激源，但必定要在认知评价的基础上才能变成现实的应激源。许多因素，如环境刺激的质和量、认知评价、应对方式、社会支持、个人经历和个性特征等，都会显著地影响应激的过程和结果。

（二）临床表现

1. 急性应激障碍（acute stress disorder，ASD）　又称急性应激反应（acute stress reaction），是由于突然发生强烈的创伤性生活事件所引起的一过性精神障碍，多在应激性事件后几分钟至几小时出现症状，主要表现为强烈恐惧体验的精神运动性兴奋或精神运动性抑制，行为有一定的盲目性。本病病程短暂，症状常在几小时至 1 周内消失，最长不超过 1 个月。恢复后对病情可有部分或大部分遗忘，预后良好。按照临床优势，症状的表现可划分为以下几种状态。

（1）反应性朦胧状态（reactive twilight state）：主要表现为定向障碍，对周围环境不能清楚感知，注意力狭窄。患者处于精神刺激的体验中，表现为紧张、恐惧，难以交流；有自发言语，缺乏条理，语句混乱；行为紊乱，无目的性，偶有冲动。可出现片段的心因性幻觉。约数小时后意识恢复，事后有部分或全部遗忘。

（2）反应性木僵状态（reactive stupor state）：以精神运动性抑制为主要表现。目光呆滞，表情茫然，情感迟钝，呆若木鸡，不言不语，呼之不应；对外界刺激无反应，呈木僵状态或亚木僵状态。多有不同程度的意识障碍，有的可转为兴奋状态。一般持续几分钟或数小时，不超过 1 周。

（3）反应性兴奋状态（reactive excitement state）：以精神运动性兴奋为主，有强烈情感反应。

情绪激越，情感爆发，可有冲动伤人、毁物行为。一般在 1 周内缓解。

（4）急性应激性精神病（acute stress psychosis，ASP）：也称急性反应性精神病（acute reactive psychosis），是强烈并持续一定时间的创伤性精神病性障碍。临床以妄想或严重情感障碍为主，反应内容与应激源密切相关。呈急性或亚急性起病，历时短暂，一般在 1 个月内恢复，经治疗预后良好。

2. 创伤后应激障碍（post traumatic stress disorder，PTSD） 又称为延迟性心因性反应（delayed psychogenic reaction），是一种与遭遇到威胁性或灾难性心理创伤有关，并延迟出现和（或）长期持续的心理障碍。表现为个体对创伤性事件的反应在非创伤性情境中持续存在或反复发作。

PTSD 主要表现为在重大创伤性事件后出现闯入（intrusion）体验、回避（avoidance）和警觉性增高（hyperarousal）三大核心症状。患者以各种形式重新体验创伤性事件，有驱之不去的闯入性回忆、频频出现的痛苦梦境。有时患者仿佛又身临创伤性事件发生时的情境，重新表现出事件发生时所伴发的各种情感，持续时间可从数秒到几天不等，称为闪回（flashback）。患者面临、接触与创伤性事件相关联或类似的事件、情景或其他线索时，通常出现强烈的心理痛苦和生理反应。患者对创伤相关的刺激存在持续的回避，还有被称为"心理麻木"或"情感麻痹"的表现。

3. 适应障碍（adjustment disorder，AD） 指在紧张性生活事件的影响下，由于个体素质及个性的缺陷而导致对这些刺激因素不能适当调适，从而产生较明显的情绪障碍、适应不良行为或生理功能障碍。适应障碍多在紧张性刺激因素作用的 1 个月以内发生，持续时间较长，但一般不超过半年。随着刺激因素的去除及个体的不断调适，适应障碍也会逐渐缓解。

临床表现主要是情绪障碍，如焦虑和抑郁，也可表现为适应不良行为（包括品行问题和行为问题）及生理功能障碍，如失眠等。以焦虑情绪为主要表现者可出现紧张不安、神经过敏、担心害怕，同时可伴有心慌气短、消化不良、尿频等躯体症状，社会适应能力也可受到不同程度的影响，如注意力不能集中、学习成绩或工作效率下降等；以抑郁情绪为主症者可表现为整日愁眉苦脸、情绪不高，甚至对生活失去兴趣，自卑自责，无望及无助感，也常伴有食欲减退、睡眠障碍、体重减轻等躯体症状和社会适应能力降低、退缩等表现；以品行问题为主症者常见于青少年，他们在外界的压力下感到适应的能力不足，因此自暴自弃，有品行障碍与社会适应不良行为，如说谎、逃学、离家出走、打架斗殴、物质滥用、过早的性行为等。严重者可表现为攻击性或反社会行为。

三种应激障碍的比较见表 7-2。

表 7-2 急性应激障碍、创伤后应激障碍和适应障碍比较

类型	应激源	发病时间	病程	临床表现
急性应激障碍	异乎寻常的和严重的精神刺激	在受刺激后若干分钟至若干小时	一般持续数小时至 1 周，通常在 1 个月内	强烈恐惧体验的精神运动性兴奋或有情感迟钝的精神运动性抑制，可有轻度意识障碍
创伤后应激障碍	异乎寻常的创伤性事件或处境	遭受创伤数日至数月后	符合症状标准至少已 3 个月。病程一般较长	三大核心症状（闯入体验、回避和警觉性增高），有焦虑、抑郁、对创伤性经历的选择性遗忘
适应障碍	有明显的生活事件	在应激性事件或生活改变发生后 1 个月内	较长，但一般不超过 6 个月	以抑郁、焦虑等情感症状为主，伴有适应不良的行为障碍或生理功能障碍

4. 延长哀伤障碍（prolonged grief disorder，PGD）　又称病理性哀伤（pathological grief）、创伤性哀伤（traumatic grief）或复杂性哀伤（complicated grief），是指丧失亲人后出现的病理性哀伤反应。PGD 有别于正常的丧亲反应，其痛苦不能随着时间的推移而得到缓解，伴随着对死者的渴望或对死者的长期关注，往往持续 6 个月以上，最终导致个体的社会功能受到严重影响。

（三）诊断

急性应激障碍的诊断要点：①有异乎寻常的、严重而急剧的应激事件；②起病急，在受到精神创伤后的数分钟或数小时内发病；③症状出现的时间与应激事件密切相关；④临床上主要表现为有强烈情感变化的精神运动性抑制或精神运动性兴奋，可有轻度意识障碍；⑤病程短，症状随着应激源的消除或环境改变迅速缓解或逐渐减轻。若病程超过 1 个月，应考虑别的诊断。

创伤后应激障碍的诊断要点：①由严重的威胁性或灾难性应激事件引起；②精神障碍发生于创伤数日至数月后；③临床以反复重现创伤性体验、持续性回避和警觉性增高为主要症状，并有焦虑、抑郁、对创伤性经历的选择性遗忘等。

适应障碍的诊断要点：①有明显的生活事件（如生活环境或社会地位改变，为诱因），适应障碍往往发生于这些事件的 1 个月内；②在事件发生前，当事人的一般适应功能水平正常，但存在一定的个性缺陷或不足；③以情绪障碍为突出表现并伴有适应行为不良或生理功能障碍；④当事人的正常社会功能受到影响，如不能进行正常的学习、工作或训练，或以往的适应功能水平降低，人际关系也受到不同程度的影响，如不愿与人交往、怕见人，或变得易发脾气，影响同周围人的关系；⑤症状持续 1 个月以上，但一般不超过半年。

延长哀伤障碍的诊断要点：①发生在伴侣、父母、孩子或其他亲人死亡后；②临床表现为持续而普遍的悲痛反应，其特征是对死者的渴望或对死者的长期关注，并伴随着强烈的痛苦（如悲伤、内疚、愤怒、否认、自责、难以接受死亡、感到自己失去了一部分自我、无法体验积极的情绪、情感上的麻木、难以参与社交或其他活动等）；③痛苦的反应持续 6 个月以上；④明显超出了个体社会、文化或宗教背景下的正常反应，并严重影响个体的社会功能。

（四）治疗

1. 急性应激障碍　治疗干预的基本原则是及时、就近、简洁和紧扣问题。首先要使患者尽快脱离创伤情境，避免进一步的刺激。接着与患者适当地讨论问题，以减少可能存在的消极评价，给予支持，教以应对知识，鼓励勇敢面对。还要尽可能动员社会支持系统提供更多的帮助。必要时可以小剂量使用抗精神病药或抗抑郁药对症治疗，在改善症状的同时为心理治疗作准备。

2. 创伤后应激障碍　治疗主要采用危机干预与心理治疗技术，侧重于提供支持，帮助患者接受所面临的不幸，鼓励患者面对事件，表达和宣泄与创伤性事件相伴随的情感。治疗者要帮助患者认识其所具有的应对资源，并同时学习新的应对方式。各种形式的心理治疗在 PTSD 治疗中都有报告，公认有效的有焦虑处理、认知治疗和暴露治疗等。此外，还需要注意患者的社会支持情况。必要时可对症使用小剂量药物，如选择性 5- 羟色胺再摄取抑制剂（SSRI）等。

研究进展 7-1
虚拟现实治疗 PTSD

3. 适应障碍　治疗的根本目的是帮助患者提高处理应激境遇的能力，早日恢复到病前的功能水平，防止病程恶化或慢性化。心理治疗是适应障碍的主要治疗手段，要根据患者和病情的特点，在指导性咨询、支持性心理疗法、短程动力疗法、认知行为疗法等方法中酌情选用。抑郁和焦虑较为严重时可以选用药物治疗作为辅助手段。

4. 延长哀伤障碍 虽然对正常的哀伤反应是否需要干预未得到共识，但对 PGD 进行干预有较统一的意见，干预对 PGD 症状的改善有较为明确和持久的疗效。认知行为疗法能通过改变丧亲者的负性认知来调节不良情绪和改善不良行为，具体包括通过探索稳定患者哀伤情况、教会患者自我放松和转移、改善负性认知、如何与逝者保持健康关系等干预内容，以达到减轻 PGD 相关症状，改善患者生活质量的目的。形式可分为个体心理治疗、集体心理治疗和基于网络的心理治疗。复杂性哀伤干预（complicated grief therapy，CGT）通过提供哀伤信息、丧失调整、关注个人生活目标、计划未来等内容，来改善负性认知和心理不适感，也被证明对 PGD 治疗有效。

目前，尚无明确证据显示药物治疗可以缓解 PGD 哀伤的痛苦。药物的使用主要在于协助患者缓解伴随的失眠、抑郁情绪和不良认知等，可在仔细的医学评估和检查、明确诊断后酌情使用。

二、焦虑障碍

焦虑障碍（anxiety disorder）是以广泛和持续性焦虑或反复发作的惊恐不安为主要特征，预感要发生某种难以应对的危险，常伴有自主神经紊乱的头晕、心悸、胸闷、呼吸急促、出汗、口干、肌肉紧张等症状和运动性不安。

焦虑障碍发病原因可能与遗传、交感神经功能亢进、脑内 5- 羟色胺（5-HT）能神经活动障碍及脑内多巴胺（DA）能神经系统活化有关。弗洛伊德认为焦虑性神经症的产生是对本我的恐惧，来源于潜意识的冲突。患者意识到自己的本能冲动有可能导致某种危险，因而伴有失控感或将要发疯感，并有濒死感。精神分析学派相信焦虑症是过度的内心冲突对自我威胁的结果。冲突的来源主要有三个方面：自我（现实焦虑）、本我（本我焦虑）及超我（道德焦虑），患者本身的自我不健全或发育不良为素质性原因。行为主义学派认为引起焦虑的情境可作为条件刺激或信号，当个体感到自己的安全受到威胁时，便会诱发出交感神经功能亢进、下丘脑－垂体－肾上腺轴（HPA 轴）亢进、海马边缘系统中缝核活化的焦虑反应，此后类似情境刺激时便会产生病理条件反射性焦虑症。焦虑是一种习得性行为，起源于人们对刺激的惧怕反应，由于致焦虑刺激和中性刺激之间建立了条件联系，条件刺激泛化形成焦虑症。认知学派认为人们对事件的认知评价是焦虑症发生的中介。当个体对情境作出危险的过度评价时便会激活体内边缘系统、交感神经系统和 HPA 轴等引发焦虑反应，产生焦虑症。社会生活事件如学习紧张、工作压力、人际关系紧张等均可作为情境性刺激或心理应激，诱发焦虑症。

焦虑障碍在临床上分为惊恐障碍与广泛性焦虑障碍两种主要形式。

（一）惊恐障碍

惊恐障碍（panic disorder，PD）又称急性焦虑发作，是一种以反复的惊恐发作（panic attack）为主要原发症状的神经症。其典型表现是发作常突然产生，患者处于一种无原因的极度恐惧状态：呼吸困难、心悸、喉部梗塞、震颤、头晕、无力、恶心、胸闷、四肢发麻，有"大祸临头"或濒死感。此时，患者面色苍白或潮红、呼吸急促、多汗、运动性不安，甚至会做出一些不可理解的冲动行为。病情较轻者可能只有短暂的心慌、气闷，往往试图离开自己所处的环境以寻求帮助。急性焦虑发作的持续时间为数分钟至数十分钟，很少超过 1 h，然后自行缓解。一次惊恐发作常继之以持续性地害怕再次发作。

（二）广泛性焦虑障碍

广泛性焦虑障碍（generalized anxiety disorder，GAD）是指一种以泛化且持续的过度担心、焦虑和紧张不安为主的焦虑障碍，并有显著的自主神经症状、肌肉紧张及运动性不安。以下主诉常见：总感到神经紧张、发抖、肌肉紧张、出汗、头重脚轻、心悸、头晕、上腹不适。患者常诉及自己或亲人很快会有疾病或灾祸临头。这一障碍在女性中更为多见，并常与应激有关。病程不定，但趋于波动并成为慢性。

典型的焦虑障碍不难诊断。焦虑症的焦虑症状是原发的，凡继发于高血压、冠心病、甲状腺功能亢进等躯体疾病的焦虑应诊断为焦虑综合征。

抗焦虑药如苯二氮䓬类对控制惊恐发作有很好的疗效，对焦虑症状的控制效果明显快于三环类抗抑郁药和选择性 5- 羟色胺再摄取抑制剂、5- 羟色胺及去甲肾上腺素再摄取抑制剂（SNRI）等药物，常用于焦虑障碍的前期治疗，但不宜长期单独使用，否则有形成依赖和成瘾的可能，并导致认知功能的损害。认知心理治疗对于焦虑障碍是必要的。此外，行为治疗对惊恐障碍患者的回避性行为和预期焦虑有明显的疗效，多采用系统脱敏法。

三、强迫性障碍

强迫性障碍（obsessive compulsive disorder，OCD）或强迫症的特点是有意识的自我强迫与反强迫同时存在，二者的尖锐冲突使患者焦虑和痛苦。患者体验到冲动或观念源于自我，意识到强迫症状是异常的，但无法摆脱。强迫性障碍可发生于一定的社会心理因素之后，以典型的强迫观念和动作为主要症状，可伴有明显的焦虑不安和抑郁情绪。部分患者病情能在一年内缓解，超过一年者通常是持续波动的病程，可达数年甚至更长。强迫症状严重或伴有强迫人格特征及持续遭遇较多生活事件的患者，预后较差。

其发病可能与遗传、强迫型人格、尾核代谢功能亢进及脑内 5-HT 递质释放减少有关。精神分析学派认为强迫症的发生与肛欲期的自我控制大小便受阻导致肛欲期滞留发展成强迫型人格（该人格在心理应激下进一步发展）有关。认知学派认为人们经常有重复出现的想法是正常的，如人们经常思考一个问题，反复思考以求全面和细致。但如果一个人有不合理信念，对自己对事物有完美主义和过高的责任感要求，在思维方法上又有绝对化、片面性、夸大危险的想象等，则反复思考偏于负性评价，使重复想法添加了情绪色彩，因感到威胁和可能伤害自己而产生焦虑。患者为了避免威胁和伤害自己，采取反强迫性回避，于是患者觉得有必要采取象征性中和行为使自己的焦虑得到减轻，这类行为被操作条件反射强化，形成了持久的强迫症状。行为学派认为强迫观念和强迫行为的产生是观念、感觉、动作间形成条件反射性联系所致。各种各样的生活事件、心理应激常是发病和症状加重的诱因。

强迫性障碍的临床表现是反复出现某些强迫观念和强迫行为，虽竭力克制，但无法摆脱。特点是意识的自我强迫和自我反强迫同时存在，二者的尖锐冲突使患者焦虑和痛苦。

1. 强迫观念或强迫思维　是本症的核心症状，最为常见。主要表现是患者反复而持久地思考某些并无实际意义的问题，既可以是持久的观念、思想和印象，也可以是冲动念头。患者力图摆脱，但却摆脱不了并因此感到紧张苦恼、心烦意乱、焦虑不安等。

2. 强迫行为　强迫症的强迫行为一般是继发的，大致可以分为两类。①屈从性强迫行为（yielding compulsion）：这是为满足强迫观念的需要。例如，因怀疑被污染而一天数十次洗手或反复地洗涤，因怀疑门未锁好而往返多次进行检查等。②对抗性或控制性强迫行为（controlling compulsion）：这类行为是为对抗强迫思维、冲动或强迫表象，继发于强迫观念或某个欲望。其本意可能是在消灭灾祸，或防患于未然。

强迫性障碍患者可能只表现强迫观念或强迫动作，有的则两者同时存在。强迫的具体内容也会随时间而变化，但与此伴随的焦虑情绪始终存在。

药物治疗对强迫性障碍是有一定效果的，SSRI类药物是一线治疗选择。氯米帕明被认为对强迫性障碍有较好的效果。在一定程度上，高度结构化的心理治疗效果要优于药物治疗，但不是总能找到好的治疗方法。可用于强迫性障碍的心理疗法很多，其中一项有效的方法是暴露与反应预防（exposure and response prevention，ERP）。心理治疗与药物治疗可结合使用。在药物治疗时，运用心理治疗的方法与患者交谈，能明显提高其对治疗的依从性，有利于树立患者对治疗疾病的信心和耐心。

基础链接 7-1
ERP 治疗强迫症

四、恐惧症

恐惧症是指患者对某种客观事物或情境产生异乎寻常的恐惧紧张，并常伴有明显的自主神经功能紊乱的症状。患者所表现出的恐惧强度与他所面临的实际威胁极不相称，患者明知这种恐惧反应是过分的或不合理的，但在相同场合下仍反复出现，难以控制。由于不能自我控制，因而极为回避所害怕的事物或情境，影响正常的社会活动。如恐蛇症患者明知繁华的闹市区不会有蛇出没，但仍会因怕蛇而足不出户，甚至不敢听别人提到"蛇"，不敢看"蛇"字。

恐惧症女性多于男性，多见于青少年或成年早期，起病较急，往往在某一事物或情境面前引起一次焦虑和恐惧发作以后，该物体或情境就成为恐惧的对象。病程多迁延，有慢性化发展的趋势，病程越长预后越差。儿童起病者和单一恐惧者预后较好，广泛性的恐惧症预后较差。Magee等报告，男女的社交恐惧症终身患病率分别是11.1%和15.5%，仅次于抑郁症和酒精依赖，是位于第三位的心理障碍。1982年我国12个地区精神疾病流行病学调查显示，其患病率为0.59‰。

恐惧症的形成除遗传素质造成的个体易感性和人格特点外，与早期的创伤性经历和后期的社会学习有关。华生（Watson）曾以条件反射的实验方法，使一名儿童产生了对特定动物的恐惧，继而又以脱敏的方法使恐惧消除，有力地证明了条件反射和学习机制在本病发生中的作用。新近的研究大多着眼于社交恐惧症。

恐惧症的表现形式多种多样，按患者所恐惧的对象可分为场所恐惧症、社交恐惧症和特定恐惧症等。

1. 场所恐惧症（agoraphobia） 又称广场恐惧症，恐惧的对象为某些特定的场所或环境。如商店、剧院、车站、机场、广场、密室、拥挤场所和黑暗场所等。患者对公共场所产生恐惧，不敢到这些地方去。因为患者在看到周围都是人时，会极度恐惧，担心自己昏倒而无亲友救助，或失去自控又无法迅速离开或出现濒死感等。

2. 社交恐惧症（social phobia） 恐惧的对象主要为社交场合和人际接触。患者的核心症状是对人际交往感到紧张和害怕，因而避免和其他人打交道。患者在大庭广众面前怕被人注视，担心出丑，故害羞、胆怯、局促不安、尴尬和笨拙。严重者表现为面红耳赤、出汗、心慌、震颤、呕吐和眩晕等。病情较轻者害怕见生人，较重者可能因恐惧而回避朋友，与社会隔绝。少数患者与家人接触也很害羞。

3. 特定恐惧症（specific phobia） 又称单纯恐惧症。患者所恐惧的对象主要为以上两种以外的特定物体或情境，如动物、鲜血、尖锐锋利的物体或高空、雷电等。最常见的是动物恐惧，害怕猫、老鼠、狗、鸟、蛇或小昆虫等小动物。患者不敢摸、不敢碰、不敢看，严重的甚至不敢听到或看到与它们有关的事物。这类恐惧症状在儿童中较常见，部分患者从儿童恐惧症状一直持续至成年。

拓展阅读 7-2
形形色色的恐惧症

根据临床表现，对照诊断标准，恐惧症不难诊断。治疗包括药物治疗和心理治疗等，SSRI类药物和认知行为疗法适用于大多数的恐惧症。

五、抑郁障碍

研究进展 7-2
"抑郁症"的大脑秘密
拓展阅读 7-3
抑郁的易感人群
拓展阅读 7-4
产后抑郁症

抑郁障碍（depressive disorder）是以显著而持久的心境障碍为主要特征的一种疾病，抑郁症患者常有兴趣丧失、自罪感、注意困难、食欲丧失和有死亡或自杀观念，其他症状包括认知功能、语言、行为、睡眠等异常。所有这些变化的结果均导致患者人际关系、社会和职业功能的损害，近年来已成为威胁人类健康和影响生活质量的严重疾病。

抑郁障碍发病危险因素涉及生物、心理、社会多方面。目前多数学者认为抑郁障碍表现为多基因遗传方式，但并不遵循孟德尔遗传定律。成年女性罹患抑郁症的比例高于男性，约为2∶1。神经递质代谢异常被普遍认为是抑郁障碍发病的重要机制，5-HT功能低下、DA系统功能失调等假说均有相应的研究支持。儿童期有不良的经历，具有较为明显的焦虑、强迫和冲动等人格特质的个体易发生抑郁障碍。不利的社会环境对于抑郁障碍的发生也有重要影响。此外，躯体疾病特别是慢性中枢神经系统疾病或其他慢性躯体疾病可能为抑郁障碍发生的重要危险因素。迄今，围绕抑郁障碍的危险因素、疾病机制的研究较多，但其神经生物学基础和病理学基础尚无最终结论。

抑郁障碍典型的临床表现为"三低症状"，即情绪低落、思维迟缓和意志减退，但不一定出现在所有的抑郁患者身上。目前将抑郁症状归纳为核心症状、心理症状群与躯体症状群三个方面。

1. 核心症状　抑郁的核心症状包括情绪低落、兴趣缺乏和精力减退。①情绪低落：可以从闷闷不乐到悲痛欲绝，认为生活充满了失败，一无是处，对前途失望甚至绝望，存在已毫无价值感（无望和无用感），对自己缺乏信心和决心（无助感），十分消极。②兴趣缺乏：对以前喜爱的活动缺乏兴趣，丧失享乐能力。③精力减退：精力不足，感到疲乏无力，打不起精神，行动费劲，语调低沉，语速缓慢，行动迟缓，严重者可终日卧床不起。

2. 心理症状群　主要有：①焦虑，常与抑郁伴发，可伴发躯体症状，如胸闷、心跳加快和尿频等；②自罪自责，患者对自己既往的一些轻微过失或错误痛加责备，认为自己给社会或家庭带来了损失，使别人遭受了痛苦，自己是有罪的，应当接受惩罚，甚至主动去"自首"；③精神病性症状，主要是妄想或幻觉；④认知症状，注意力和记忆力等认知能力下降，认知扭曲也是其主要特征；⑤自杀，有自杀观念和行为的占50%以上，有10%～15%的患者最终会死于自杀，偶尔出现扩大性自杀和曲线自杀；⑥精神运动性迟滞或激越；⑦自知力受损。

3. 躯体症状群　表现为：①睡眠紊乱，多为失眠（少数嗜睡），包括不易入睡、睡眠浅及早醒等，早醒为特征性症状；②食欲紊乱，表现为食欲下降和体重减轻；③性功能减退；④慢性疼痛，表现为不明原因的头痛或全身疼痛；⑤晨重夜轻，患者的不适感以早晨最重，在下午和晚间有不同程度的减轻；⑥非特异性躯体症状，如头晕脑涨、周身不适、心慌气短、胃肠功能紊乱等，无特异性且多变化。

视频 7-2
抑郁者独白：I have a black dog

抑郁障碍的治疗目标：①提高临床治愈率，最大限度地减少病残率和自杀率，彻底消除临床症状；②提高生存质量，恢复社会功能；③预防复发。

抗抑郁药是当前治疗各种抑郁障碍的主要药物，能够有效解除抑郁心境及伴随的焦虑、紧张和躯体化症状，有效率为60%~80%。一般药物治疗2~4周开始起效。巩固期至少4个月，在此期间患者病情不稳，复发风险较大。首次抑郁发作维持期治疗为6~8个月；对于青少年发病，伴有精神病性症状、病情严重、自杀风险大、有遗传家族史、两次以上复发特别是近5年有两次发作者应维持治疗至少2年；多次复发者长期维持治疗。

对有明显心理社会因素作用的抑郁症患者，在药物治疗的同时常需合并心理治疗。认知行为疗法、人际心理治疗、婚姻及家庭治疗等一系列的心理治疗技术，可帮助患者识别和改变认知曲解，矫正患者适应不良行为，改善患者人际交往能力和心理适应功能等，有助于促进其康复，预防复发。对于严重抑郁伴有拒食、木僵、有严重自伤或自杀危险、难治性抑郁等情况者，还可以选择电休克治疗。另外，经颅磁刺激、深部脑刺激、迷走神经刺激术等物理治疗手段在临床上也有开展。

六、人格障碍

（一）人格障碍的定义

人格障碍（personality disorder）是指一个18岁以上的成年人在认知内容、情绪发放、冲动行为控制和人际关系等方面的异常。这些异常显著偏离特定的文化背景和一般的认知方式，在患者独自一人或参与社交活动等场合时均是恒定的，明显影响其社会功能与职业功能，造成对社会环境的适应不良，部分患者为此感到痛苦。患者虽然没有智能障碍，但适应不良的行为模式难以矫正，这种行为通常开始于童年期或青少年期，并长期持续发展至成年或终身，仅少数患者成年后可有一定程度改善。人格障碍的患病率至今不能确定，各种流行病学调查结果差别很大，在我国则缺少这方面的准确数据。发达国家人格障碍的总患病率为2%~10%。

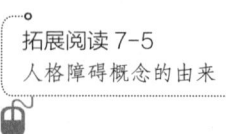
拓展阅读7-5
人格障碍概念的由来

人格障碍与人格改变不同。人格改变（personality change）是指一个人由于某种特殊原因导致人格上的显著变化，多为异常情况。人格改变是获得性的，多出现在成年期并有特定的前因，如严重或持久的应激、极度的环境剥夺、酒精中毒、脑外伤、精神病或神经症等疾病。

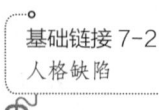
基础链接7-2
人格缺陷

人格障碍与人格缺陷（人格偏移）不同。人格缺陷是指一个人在人格某一方面或若干方面存在着缺陷，但达不到人格障碍的程度，可理解为处于正常人格与人格障碍中间的某种状态。

（二）人格障碍的病因

1. 生物学病因　研究证明，人格特质无论健康还是不健康都具有一定的遗传性，孪生子研究发现，正常人格特质的遗传度为30%~50%，而异常人格的总体遗传度也大致如此。

2. 心理病因　在人格特质的形成原因中，小部分来自遗传，大部分来自后天的经历。这样的科学发现令与人格障碍相关的心理治疗界欢欣鼓舞，因为后天的因素越多，心理治疗就越有空间发挥它的作用。

（三）人格障碍的分类与诊断

DSM-5把人格障碍分为4类：A类，"古怪群"，即以思想、言行的古怪、不合时宜为特征，包括偏执型、分裂样和分裂型人格障碍；B类，"戏剧化群"，以情绪不稳定为主要特征，包括反社会型、边缘型、表演型和自恋型人格障碍；C 类，"焦虑型"，以内心的紧张不安和忧虑为特征，包括回避型、依赖型及强迫型人格障碍；D 类，其他人格障碍。ICD-10 将人格障碍划分为特异型人格障碍、混合型及其他人格障碍两大类；CCMD-3 对人格障碍的分类与 ICD-10 相似，但去除了混合型人格障碍。

人格障碍的诊断较为困难。我们在临床上诊断一种疾病，基本上可以依据有关的诊断金标准（症状、体征和辅助检查结果等），而诊断人格障碍最有力的依据是在异常人格特质的表现上。因此，在人格障碍诊断时我们必须同时套用诊断标准和对异常人格特质的监测，这是目前国际社会中，尤其是相关科学研究中的一个要求。这样做的好处是同时认识到了人格障碍的类型和不同患者之间的个体差异。

（四）临床表现

人格障碍因类型不同，其临床表现也不一样。

1. 偏执型人格障碍（paranoid personality disorder）　表现为广泛的猜疑，不信任他人，嫉妒心强，主观偏执，此型男性多于女性。患者童年可能遭遇过某种挫折，逐渐出现孤僻、敏感、社交焦虑或恐惧。成年早期可出现多疑，常受点小批评即产生别人要害自己、要整自己的感觉。偏执型人格障碍似乎与偏执狂、偏执型分裂症（包括晚发性妄想痴呆）有关。晚发性妄想痴呆患者约半数（45%）病前具有偏执型人格特点，这两种疾病的关系有待于进一步研究。偏执型人格障碍的病程是漫长的，有的终身如此，有的可能是偏执型分裂症的前奏。随着年龄增长，人格趋向成熟或应激减少，偏执型特征大多缓和。这类患者不同于分裂型人格障碍患者或分裂症患者，因为他们能够从自我的幻想中很快地进入现实，从而避免了过激的行为。

拓展阅读 7-6
偏执型人格障碍的治疗

2. 分裂样人格障碍（schizoid personality disorder）　他们以观念、行为和外貌装饰的奇特、情感冷漠及人际关系明显缺陷为特点。此型男性多于女性。此类患者缺乏亲切感，不能表达对他人的体贴、关怀、温暖及愤恨。他们在孩童时期和未成年时代缺少同伴，多数有孤独症（autism）的类似表现，怕见人，社交焦虑，有奇特和古怪的想法，常沉湎于幻想。成年后表现为孤独、退缩，与亲人和社会疏远。行为怪僻，独来独往，缺乏性兴趣，婚恋受阻。有些人相信自己有某种灵感，极少数人可有创造发明。他们在平时的生活中处于自我孤立状态，几乎不表现出可以被临床诊断的焦虑倾向和抑郁心境。他们也不会因为心理问题而主动寻求治疗。他们的自动思维产生的原因是大脑皮质唤醒水平较高（阈值水平较低），这种唤醒水平可以通过认知神经科学的多项测试检测出来，如事件相关电位中 N1 幅度升高和 P3 幅度降低等。

3. 分裂型人格障碍（schizotypal personality disorder）　此类患者的思维常常僵化，他们在与别人的对话中不理解对话的上下文，对举一反三的事例缺乏联想。他们常常伴有明显的猜疑感，而且为了证实自己的猜疑，还自作聪明地扮演"侦探"的角色，这一点与偏执型和分裂样人格障碍不同。与边缘型人格障碍的放纵式生活不同的是，分裂型人格障碍患者的生活方式是较为拘谨的。

4. 反社会型人格障碍（dissocial personality disorder）　是研究较多的人格障碍类型，也是对社会影响最为严重的类型。这类患者多为男性。其基本特征是高度的攻击性，缺乏羞耻感，不能从经验中吸取教训，行为受偶然动机驱使，社会适应不良等。虽然在公众场合中，他们表现得温文尔雅、风度翩翩和仪表整洁等，但他们十分自负，对待别人没有同情心，伤害了别人之后也没有歉意，更没有悔意，对他们行为带来的结果没有责任感。尤其是外向特质明显的患者，他们心中充满对社会的仇视，并伺机报复，对个体实施肉体折磨甚至谋杀。身边的亲人和朋友会把他们描述为职业撒谎师。此型人格障碍的主要表现：自幼存在行为问题，成年后情感肤浅，甚至冷酷无情，脾气暴躁，自我控制不良，对人不坦率，缺乏责任感，与他人格格不入；法纪观念淡薄，行为受本能欲望、偶然动机和情绪冲动所驱使，具有高度的冲动性和攻击性；自私自利，自我评价过高，但行为缺乏感染力；对挫折的耐受力差，遇有失利则推诿于客观或者提出一些似是而非的理由为自己开脱，或引起反应状态；缺乏计划性和目的性，经常更换职务；缺乏良知，对自己的人格缺陷缺乏觉知；缺乏悔恨感与羞惭感，不能吸取经验教训；常有多种形式的犯罪，趋向伴发药物或酒精滥用。

5. 边缘型人格障碍（borderline personality disorder） 此类患者多为女性。在儿童或少年时代，她们常有被父母漠视、遗弃、虐待或父亲的性侵犯历史。她们想依附自己的父母，但同时又害怕再一次被遗弃或虐待，这种不安全依附（insecure attachment）迫使她们找出应对和发放情绪的策略，即极端或裂开的防御（splitting defense）机制。她们认为周围的世界和周围的人是"全黑"或"全白"的，并且她们在几分钟之内因为情绪的骤变，"全黑"和"全白"也会立刻180°地调转过来。虽然常常伴有类自杀行为（parasuicidal commitment）或自残行为，但她们始终没有放弃对美好生活及前途的期盼。因为特殊的认知模式，她们在生活中较为放纵自己，在性行为上多半不负责任，婚姻也常常不稳定。这类患者会合并进食障碍（如神经性贪食）、药物滥用和酒精依赖等其他精神障碍。按照弗洛伊德的客体理论，这类患者也极易对心理治疗师产生移情。

拓展阅读 7-7
边缘型人格障碍的治疗

6. 表演型人格障碍（histrionic personality disorder） 又称癔症型人格障碍或寻求注意性人格障碍，这是以过分情感用事，或以夸张的言行和自我表演来吸引他人的注意及暗示性增高为特点的人格障碍。以女性多见，男性患者年龄多在25岁以下，并且往往伴有酒精中毒、药物依赖和职业不稳定等过往史。

7. 自恋型人格障碍（narcissistic personality disorder） 此类患者对"低人一等"较为敏感，他们表现出的"自恋"，即自我欣赏，其实是自卑感的极端病态的反应。他们特别关注在很多待遇上的"公平"，如果自己得不到尊重或得不到自己想要的荣誉，便会对同伴等产生敌意，他们在行动上也会随之表现出"上进"，愿意用事实来证明自己的能力，以获得平等对待的可能。自恋型人格障碍患者的自我（ego）动力较大，其他人或是自己的本我（id）和超我（superego）都很难动摇这种自我的力量。这种人格障碍与表演型人格障碍都十分关注自己是否被别人注意或崇拜，但当有躯体疾病时，自恋型人格障碍患者的表现要更加病态。

8. 回避型人格障碍（avoidant personality disorder） 此类患者认为自己在很多方面，尤其在社会交往中的能力都十分低下，在与别人交往时怕别人拒绝自己，也怕自己在公开场合表现得让别人失望；但他们同时又与同年龄和同背景的人暗自比较，希望能满足别人对自己的期盼。这样一来，他们在情绪上的反应是较为激烈的，明显地伴有焦虑、抑郁或社交恐慌。惊恐障碍和广泛性焦虑障碍也常常合并这种人格障碍。

拓展阅读 7-8
回避型人格障碍的治疗

9. 依赖型人格障碍（dependent personality disorder） 此型以女性多见。与回避型人格障碍不同，依赖型人格障碍患者认为自己的生活技能较弱或感到十分无助，不能独立，而周围的亲人或好朋友在这些方面的能力却很强，于是他们不论次序不论场合地依附于别人。患者幼年时表现为对父母特别依恋，衣食住行和空闲时间安排都要由父母做主。由于不能独立生活，许可他人对其生活的主要方面承担责任；为了获得别人的帮助，他们随时需要有人在身旁，每当独处时便感到极大的不适。她们对别人给予的爱和帮助有感激更有索取。如果暂时失去了这种爱和帮助或者身边的亲人，她们就会立刻认为现实生活失去了意义。

10. 强迫型人格障碍（obsessive-compulsive personality disorder） 此型男女比例为2：1。表

现为患者过分寻求完美，做事循规蹈矩，刻板固执，缺少灵活性、创新性和效率。他们对人对己都过于严格，做事谨小慎微，要求十全十美，但又优柔寡断，缺乏自信。因过度注意细节或反复核对而忽视全局，延误时间，降低工作效率，影响人际关系，使他们经常处在紧张和焦虑之中。他们的婚恋也由于自己过分挑剔而延误，有的进一步发展成强迫症。

（五）人格障碍的治疗

人格障碍的治疗仍然是一个难题，截至目前，仍然没有看到药物可以有效治疗人格障碍的证据。

1. 心理治疗

（1）认知行为疗法：在人格障碍患者中使用的认知行为疗法有一些特殊性。掌握每一型人格障碍的病态中心意念、对待自己及别人的看法、相关的推论和行为模式，是有效地实施认知行为疗法的关键。这些患者有着异常的人格特质，他们思维中掺杂着一些扭曲的认知观念，而这些认知观念不是恒定不变的。这需要借助于心理治疗师给患者树立的标准而加以校正。当然这种校正一方面是长时间的，另一方面也需要患者本人和相关家人的积极配合。这些校正的具体实施不仅仅局限于治疗时间段内，更主要的是借助于家庭作业而实施在患者的日常生活中。治疗师开始时要向患者及其家属解释说明患者的病情、在接受治疗时可能的反复，以及他们必需的配合等，不断地引导患者走出自我"设定"好的病态环境，走进清醒的现实，最终康复。目前的研究结果显示，人格障碍的整个治疗时间可能持续2~3年，严重者可以长达7~8年。在西方国家，心理治疗师可以对患者进行20~30次的治疗。如果治疗次数较少，心理治疗师的责任在于在短短的几次治疗时间内，教导患者应对自己病态意念和行为的方法，让他们在疗程结束后能继续自我寻求解决问题的方法。原则上，这种疗法适用于所有类型的人格障碍。

（2）辩证行为疗法：这种疗法建立在认知行为疗法的基础上，通过正念、情绪调节、痛苦耐受、人际效能四个模块的技能训练，达到帮助患者稳定情绪、建立更好人际关系、恢复社会功能等目的，最初主要应用于有非自杀性自伤和自杀的个体，已被认为是一种有循证依据的治疗边缘型人格障碍的有效方法。

（3）夫妻疗法：适用于因夫妻一方的反社会型、边缘型、表演型或依赖型等人格障碍引起的夫妻关系危机。夫妻各自角色的认同在这个疗法中举足轻重。夫妻关系是圣洁的，夫妻关系的不稳定会危及对子女的教育和对父母的赡养，进一步还会影响社会稳定。社会学家发现，夫妻关系的类型大体上有：互补型、互让型、好友型和情绪释放型。在这些类型中，互让型的夫妻关系最稳定，情绪释放型的夫妻关系容易破裂。通常情况下，心理治疗师教导有问题的夫妻双方逐步提高最基本的表达和交谈技巧，并将这些技术逐步地运用在生活实践中，以应对各种问题。具体步骤包括以下五步：制订日程和目标，双方各自提出问题的症结，角色认同和学习，技巧的学习和运用，以及对最初计划的评估和修正。

（4）其他心理疗法：如家庭系统疗法（family systemic therapy）、集体疗法（group therapy）和支持疗法（supportive therapy）等。家庭系统疗法对各种人格障碍均有较大的帮助，因为家庭系统是实践和操练爱和宽容最理想的地方。集体疗法对边缘型、表演型和自恋型人格障碍的治疗效果也较为突出。

2. 药物治疗 目前的药物治疗难以改变人格结构，但在出现异常应激和情绪反应时少量用药仍有帮助。具有攻击行为者可给予少量抗精神病药或碳酸锂，亦可酌情试用其他心境稳定剂；有焦虑表现者给予少量抗焦虑药，但一般不主张长期应用。

3. 其他治疗　教育和训练对人格障碍，特别是反社会型人格障碍的危害行为有较大的帮助。行为外科治疗也在尝试中，采用立体定向的方法，通过射频治疗仪或 X 刀、γ 刀对杏仁核、扣带回、内囊前肢、尾状核下束等行毁损术可改变某些冲动行为。这一般要在药物和心理治疗无效时慎重实施。

拓展阅读 7-9
多重人格障碍

七、性心理障碍

（一）性心理障碍的概念

性心理障碍（psychosexual disorder）也称性欲倒错（paraphilia），是指性行为明显偏离正常的一组心理障碍，表现为以异常的性行为作为满足性需要的主要方式，从而不同程度地干扰了正常的性活动。鉴别性行为的正常与异常，不仅要从个体及双方的角度考虑，也要从社会角度考虑。凡是不符合特定文化环境要求的性行为，基本上都属于异常性行为。

性心理障碍一般不包括心理生理障碍时的性功能障碍，也不包括由于境遇造成的暂时的替代性生活的行为。继发于某些精神疾病和神经系统疾病的异常性行为，可统称为继发性性变态（secondary sexual deviation），应视为该疾病的症状之一，不诊断为性心理障碍。

（二）性心理障碍的判别标准

不同的国家、种族和社会对性行为有不同的价值观；即使是同一国家，在不同的历史发展阶段，对性行为的评价也可能有不同的理解及某种具有明显差异的社会规范和法律标准。因此，判别性行为正常与否没有简单的、绝对的标准，只能用相对的标准，从个体生物学属性和社会文化特征角度，结合变态心理的一般规律和性心理障碍的特殊性做出评价。

1. 以生物学特点为准则　从生物学角度考察，两性动物的性爱心理与行为特征是以发育成熟的异性为对象，并以性器官活动为中心。性行为应符合生物学需要与特征；反之，则是异常或变态的。

2. 以社会性道德规范为准则　凡是符合特定历史阶段某一社会所公认的社会道德规范或法律规定，就是正常的性行为；反之，则是异常或变态的。

3. 以对他人或社会的影响为准则　如果一种性行为使性对象遭受损害并感到痛苦，其性行为可能是异常的。

4. 以对本人的影响为准则　倘若一种性活动使其本人受到损害或感到痛苦，如名誉、地位的损害，内心世界性冲动与社会道德之间的强烈冲突，或因此导致悔恨、焦虑、抑郁等，则是异常的。

（三）性心理障碍的特点

大量的研究表明，性心理障碍主要表现为寻找性欲满足的对象和性行为方式与常人不同，而在其他方面的缺陷一般并不十分突出。因此，有必要说明下列几点。

1. 这些患者大多并非性欲亢进的淫乱之徒　他们大多性欲低下，甚至不能完成正常的性生活。

2. 他们并非全是道德败坏、流氓成性的人　大多数患者一般社会生活适应良好，工作尽责，性格内向、害羞、文雅，具有正常人的道德伦理观念，对自己性心理障碍行为触犯社会规范亦多有悔疚之心。

3. 他们没有突出的人格障碍 除单一的性心理障碍所表现的变态行为屡教不改之外，一般都没有其他反社会行为。

4. 对寻求性欲满足的异常行为方式有充分的辨认能力与削弱的控制能力 事后多有愧疚，亦想改变却又无能为力。

（四）性心理障碍的发生机制

性心理障碍的病因及其机制尚不太明确，但已知其发生与生物遗传、心理、环境和社会等方面因素有关。

1. 生物遗传学因素 多年来生物遗传方面研究的结果表明，大脑和神经系统中并未证实有任何特别的化学物质与性心理障碍有关，但已经发现某些生物学的倾向性。

2. 心理学因素

（1）心理动力学理论：把性心理障碍看作正常发育过程中异性恋发展遭受失败的结果，这种患者通常是男性，来源于儿童早期遭到恋母情结时的阉割焦虑和分离焦虑的威胁。儿童期未能解决的阉割焦虑或分离焦虑在无意识中持续发生作用，在当前环境触发因素作用下，解决现实两性问题发生挫折或困难，为了缓解此种焦虑、心理冲突以获得心理的安宁，应用心理防御机制，导致性心理退行到儿童早期幼稚的发展阶段的状态。异性恋发展受挫，性的生殖功能不能整合为一种成熟的发展方式，即性冲动被固着于不成熟的状态。露阴癖被看作是对阉割焦虑的一种逆向反应。

（2）行为主义理论：比奈、艾利斯和 Aschafferterg 等都曾在临床病例讨论中提出性心理障碍是后天习得的行为模式。Rachman 在一位男性志愿实验者面前反复显现一种女靴形象的图片，紧接着显现一种易于引起性兴奋的妇女图片，结合重复多次以后，只出现女靴图像志愿者也产生了性兴奋。这一实验提示和证明了恋物症的条件化形成机制。Carlisle 和 Young 提出了形成巩固的病理条件联系的原因。他们指出偶然联系不断出现在手淫和性想象中逐渐得以强化，从而牢固地形成病理性联系。

（3）整合理论模式：Meyer 和 Abel 等倡导和发展了整合理论模式，主张对不同理论可部分地整合在一起加以应用。

3. 环境和社会因素 一般来说，变态的性行为是不合理的社会强制和压抑所造成的性心理冲突的后果，所以它也是一种复杂的社会问题。如正常的异性恋活动受挫、重大的负性生活事件、儿童早期家庭环境中的不良因素、社会不良文化的影响等。

（五）性心理障碍的表现与分类

性心理障碍的表现形式多种多样。由于各个国家的性道德规范不同及对性心理障碍的观点不同，性心理障碍的范畴及分类存在一定的差异，如在美国早期的 DSM 系统中一直将性心理障碍归类于人格障碍，直至 1980 年 DSM-Ⅲ才将其单独列出，同时取消了同性恋。在 DSM-Ⅳ中，性心理障碍被分为性身份识别障碍和性欲倒错两大类。

1. 性身份识别障碍 易性症（transsexualism）的特征是在心理上对自身性别的认定与解剖生理性别特征相反，持续存在改变本身性别的解剖生理特征以达到转换性别的强烈愿望。

易性症的病因至今未明，目前易性症患者的性染色体及内分泌的检查均无异常发现，遗传因素的作用也无可靠证据。易性症的生殖系统性别特征发育完善，与两性畸形完全不同。妊娠期间母体内分泌含量异常假说只有间接证据。易性症与异装症不同，前者虽有异性着装但不产生性兴奋，更无手淫行为。对异性的强烈性认同及易性的欲望是其主要特征。

变性手术（transsexual operation）开始于 1926 年，通常是从男性变为女性，并有连续 20 年以上的追踪观察研究。较一致的结论是该手术所伴发的自杀率约占 2%，有 10% ~ 15% 的患者术后不满意，最终转回到术前既往性别角色是极少数的。女性变男性手术成功率只有 50% 左右，较男性变女性手术的成功率要低得多。我国上海、北京等地也曾做过变性手术。目前对易性症的手术治疗仍在争论中，有待于进一步探索。

2. 性欲倒错　又称性偏好障碍。

（1）恋物症（fetishism）：是指反复出现以异性使用的物品或异性躯体某个部分作为性满足的刺激物，几乎仅见于男性，他们通过吻、尝、抚弄该物品获得性满足，这些物品包括内裤、月经带、内衣、头巾、鞋、丝袜、发夹等，异性的头发、足趾和腿等也可成为眷恋物。恋物症初始于性成熟期，条件反射学说认为这些物体曾与引起性冲动的女性相伴出现，后来也可以单独引起性欲，也与异性恋在某种方面受到抑制有关。Binet 于 1877 年提出性兴奋偶然地和眷恋物结合在一起，后来成为恋物症的眷恋物。Rachman 于 1966 年用实验证明了这一发生机制。弗洛伊德认为，被选择的物品是该儿童认为是母亲曾具有的阴茎的代替物。气味对于产生恋物症对象很重要，行为主义者指出一个被选择物品的气味完全可能已经成为性欲唤起的有区别力的暗示。恋物症行为也可以是一种预后较好的青春期的性尝试行为。部分恋物症患者在结婚后具有异性性活动，恋物症症状自行消失。单身汉、慢性酒精中毒及正常性生活受阻者预后不良。

（2）异装症（transvestism）：特征是具有正常异性恋者反复出现穿戴异性装饰的强烈欲望并付诸实施，通过穿戴异性装饰可引起性兴奋，抑制此种行为可引起明显不安。主要见于男性，多始于童年或青春期，开始时偶尔穿着一两件异性服装，以后逐渐增加件数。患者着异装时往往有手淫活动，或以此作为性交前的性兴奋形式。很多异装症患者具有稳定的夫妻关系，症状的出现往往使完好的婚姻产生较为严重的冲突。他们除异性装扮外，不要求改变自身性别解剖生理特征。异装症者通常强烈地体验到一种难以遏制的紧张感和痛苦感，故 Trick 和 Tennent 称这种类型为强迫性异装症。

（3）露阴症（exhibitionism）：是较多见的性心理障碍，其特点是反复在异性面前暴露自身的性器官，以获取性满足，可伴有手淫，但无进一步性活动的要求。几乎仅见于男性，国外报道偶有女性露阴。通常发生在青春期，发生高峰期在 25 ~ 29 岁。露阴症最多见于春季，以白天的户外公共场合最多，他们选择人少或十分拥挤而有机可乘的场所，在一定距离时，突然暴露勃起的阴茎，以受害人出现情感或行为反应（如愤怒、害羞、恐惧、逃避等）获取性满足。他们除露阴外无其他进一步性要求，每次露阴之前有急剧产生的、强烈的、难以遏制的欲望并伴有强烈的紧张感，露阴之后即获轻松，但反复发生，其频率少者可数月或一年仅几次，多则数日一次。露阴症与强奸犯的露阴行为作为性挑逗的一种手段，进而实施强奸行为有本质的区别。因智力低下、酒精中毒、脑器质性疾病等或精神疾病产生的露阴行为不诊断为露阴症。

（4）窥阴症（voyeurism）：特征是反复出现暗中窥视异性下身、裸体和性活动行为，以达到性兴奋的强烈欲望，可伴有手淫，事后回忆窥视景象同时手淫，以获取性满足。窥阴症几乎均为男性。他们反复寻求在厕所、浴室和卧室等处偷看，一般没有进一步的性攻击行为。他们中大多数没有异性恋，只有少数是已婚男性，但是夫妻性生活一般是不满意的。窥阴症者多伴有焦虑和内疚感，有时有抑郁。

（5）摩擦症（frotteurism）：特征是在拥挤场所或乘对方不备，以生殖器或身体某些部位摩擦女性躯体或触摸女性身体的某一部分，以引起性兴奋。摩擦症仅见于男性。他们多在公共汽车内、地下铁道、车站和影剧院等场所与异性进行躯体接触和摩擦，可有射精行为。但没有与所摩擦对象性交的要求，没有暴露自己生殖器的愿望。

（6）性施虐症（sexual sadism）和性受虐症（sexual masochism）：性施虐症的特征是向性爱对象施加虐待以取得性兴奋，性受虐症是指接受性爱对象虐待以获得性兴奋。两者可以单独存在，也可并存。他们的性功能一般较弱，可以不通过性交而获得性满足。在性施虐症和性受虐症中，一种以割对方或自己的皮肤使其流血，通过吸吮血液，以增加性交时的快感，达到性满足的方式，称为嗜血淫症（vampirism）；另一种通过罩上塑料袋或勒颈，在部分缺氧的同时手淫，称为窒息自淫症（autoerotie asphyxia），由此引起死亡，称为性窒息（autoerotic asphyxiation）。

拓展阅读 7-10
性心理障碍的其他类型

（六）性心理障碍的治疗

1. 性心理教育

（1）儿童期性别角色教育：性别角色的健康教育，应从四个方面着手：①给予正确的角色期盼和性别角色装扮，使子女能根据自己的服饰和颜色等装扮来识别性角色；②要予以正确的性别角色行为引导，根据儿童性别特点开展有益于性别形成的游戏活动，注意男女在一定范围内的行为避忌，不做与该性别角色相悖的事情，从小形成与性别角色相适应的男性或女性行为方式；③给予相应性别角色的知识教育（性知识、性道德）和心理引导；④家长要认真扮好自身的性别角色，给子女做好榜样。

（2）性知识教育：针对不同年龄段青少年，开展有关性生理、性心理、性解剖和恋爱婚姻等方面的知识教育。

（3）性道德教育：性道德是指规定每个人性行为的道德规范。性道德渗透在职业道德、家庭婚姻道德及社会道德之中。性道德标准应具备自愿原则、无伤害原则和爱的原则。具备性道德观念，可以正确控制生理本能表现出的性要求，而不造成对他人的骚扰和对社会的不良影响；可以使自己的恋爱及以后的家庭组成沿着健康与和谐的方向发展。

2. 其他治疗

（1）心理治疗：是目前治疗性心理障碍的主要方法，各种疗法都可选用。一般认为，传统的心理治疗对性心理障碍的疗效不佳。但近几十年来，采用行为疗法（主要是厌恶条件疗法）对多种类型的性心理障碍患者有明显疗效。

（2）药物治疗：使用药物主要是解决与性激素水平有关的问题，或是解决与性心理障碍有关的其他心理障碍，如抑郁、焦虑等。目前国外使用最多的药物为醋酸环丙孕酮（cyproterone acetate），它通过有效降低睾酮水平来减少性欲望和性幻想。此方法被称为"化学阉割"（chemical castration）疗法，用于伴有攻击行为或伴有较强自我伤害的性心理障碍者。

八、精神分裂症

精神分裂症（schizophrenia）是一组病因未明的精神疾病，具有思维、情感和行为等多方面的障碍，以精神活动和环境不协调为特征。通常意识清晰，智能尚好，部分患者可出现认知功能损害。多起病于青壮年，常缓慢起病，病程迁延，有慢性化倾向和衰退的可能，但部分患者可保持痊愈或基本痊愈状态。在世界范围内，精神分裂症的终身患病率男女相当，占总人口的0.2% ~ 1.5%（Jablensky）。

精神分裂症的确切病因和发病机制至今未明。进入 20 世纪 90 年代以来，大多数学者都认为精神分裂症是一种多因素影响的疾病，人们主要从遗传（包括谱系、双生子、寄养子、分子遗传学）、免疫、实验临床心理学、脑影像、神经生化、社会心理因素（包括家庭教养环境、人格特征和生活事件等）、神经发育假说等方面进行研究。

精神分裂症的临床表现主要有四种类型。

1. 偏执型　是最常见的类型。患者开始表现敏感多疑，逐渐发展为妄想。妄想内容荒谬离奇，脱离现实，以关系、被害、嫉妒、钟情、夸大、自罪、非血统及物理影响妄想较多见。这些妄想常与各种类型的幻觉合并存在，如伴有与妄想内容相关的评论性、命令性或威胁性幻听。患者的情感和行为受幻觉妄想的支配，可出现恐惧、冲动、自伤、伤人等表现。

2. 青春型　多在青春期急性或亚急性起病，以思维破裂、情感和行为极不协调为主要临床表现，有较明显的思维联想障碍，思维零乱、散漫破裂，有生动幻觉，阵发而不固定的妄想，内容荒诞离奇。情感肤浅、倒错、作态、喜怒无常，时而痴笑，时而发怒，变化莫测。行为荒唐幼稚，本能欲望亢进，性色彩浓厚，可有不拘场合的猥亵行为，也可出现意向倒错，吃脏东西，甚至吃大小便。

3. 紧张型　有紧张性兴奋和紧张性木僵两种基本表现形式，可单独发生，也可交替出现。紧张性兴奋为不协调的精神运动性兴奋，患者行为明显增多而杂乱，不可理解，突然发生，常无目的性，可出现冲动伤人、自伤或毁物行为，骂人、喊叫；紧张性木僵表现为精神运动性抑制，患者缄默不语、不吃不喝、静卧不动，或有肌张力增高，出现蜡样屈曲、空气枕头等症状，身体长时间固定在一个姿势上，对周围环境刺激缺乏反应，但这时患者的意识是清楚的，当木僵解除时患者能回忆整个经过。

4. 单纯型　表现为日益加重的思维贫乏、情感淡漠和意志减退。开始时表现为话少，不愿与人接触，逐渐变得孤僻、被动，活动减少、生活懒散、不求上进，常无故旷课或旷工。对亲人疏远、冷淡，对任何事情都不感兴趣，行为古怪、退缩，脱离现实，无法适应社会生活。

精神分裂症按照临床表现进行诊断并不困难。诊断的确定仍然要依靠病史，结合精神症状及病程进展的规律。精神分裂症以抗精神病药物治疗并结合支持性心理治疗及社会心理康复治疗为主。针对疾病发展的不同阶段，治疗的侧重点有所不同。在急性期以药物治疗为主，在症状得到基本控制以后进行心理治疗，以恢复患者的自知力，促进其社会功能的恢复。

拓展阅读 7-11
恐怖分子是"精神病"吗？
视频 7-3
精神分裂者的内心独白

九、非自杀性自伤

近年来，关于非自杀性自伤（nonsuicidal self-injury，NSSI）的报道逐渐增多。NSSI 是指在无自杀意图的情况下，直接、故意、反复地伤害自己的身体，且不会导致死亡的行为。NSSI 行为在青少年人群中极为常见，一项对 164 名抑郁症青少年进行的 28 周随访发现，在调查前 1 个月，36% 的患者至少有过一次 NSSI 行为，在随访期间，37% 的患者报告出现了 NSSI 行为。NSSI 常始于 10 岁早期且持续多年，15～17 岁是出现该行为的高峰年龄，女性更容易发生。因为 NSSI 而住院治疗的个体在 20～29 岁达到高峰然后下降。

对青少年抑郁症 NSSI 行为的研究发现，其发生机制涉及多方面因素，如 HPA 轴的功能紊乱、阿片样肽失调、奖赏神经回路的异常、遗传等。另外，家庭因素包括家庭环境和家庭结构、负性生活事件、社会支持度低、抑郁障碍病史、饮酒史、合并精神心理障碍等也会影响 NSSI 行为的发生。

Klonsky 提出了 NSSI 功能的 7 个主要模型，包括情感调节、自我惩罚、反分裂、人际影响、人际界限、寻求刺激和反自杀。

　　NSSI 行为包括切割、灼烧、针刺、击打或摩擦等多种方式，最常见的自伤行为为切割皮肤。NSSI 的特点：第一，与任何自杀意图无关；第二，是故意对身体造成的伤害；第三，自己能预期到只会有轻微的身体损害，是非致命性的，不会危及生命。反复出现或重复发生是 NSSI 的核心特征之一，在自我伤害过程中或不久后能体验到渴望的缓解或反应。绝大多数发生 NSSI 的个体不会寻求临床关注。NSSI 常与下述情况有关：在自我伤害行动的不久前，出现人际困难或负性的感觉或想法，如抑郁、焦虑、紧张、愤怒、广泛的痛苦或自责；在发生该行动之前，有一段时间沉湎于难以控制的故意行为；频繁地想自我伤害，即使在没有采取行动时。

　　目前尚缺乏针对 NSSI 有效的具体药物及物理治疗方法。有研究显示，小剂量丁丙诺啡（阿片受体部分激动剂）可以减少抑郁症状、严重的自杀意念及 NSSI 行为，针对 NSSI 行为的心理干预可能会有效。青少年辩证行为疗法、心智化治疗（mentalization-based therapy，MBT）、青少年安全替代疗法、认知行为疗法和发展性团体心理治疗等心理治疗方法均可采用。

（凤林谱　董再全）

复习思考题

　　1. 生活中常见的异常心理现象有哪些?

　　2. 结合生物 – 心理 – 社会医学模式，思考异常心理的产生原因有哪些。

　　3. 不同时代、文化背景下，对异常心理的认知有什么差异?

　　4. 应激相关的精神障碍有哪些? 各主要临床表现是什么?

　　5. 如何减少应激对健康的影响?

　　6. 如何从社会角度实施对抑郁、焦虑等常见异常心理的管理?

网上更多……

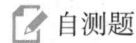 本章小结　　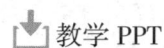 自测题　　⬇ 教学 PPT　　△ 临床案例

第八章
患者心理

关键词

患者	病感	患者角色	角色适应
求医行为	遵医行为	患者心理反应	患者心理干预

临床医学工作的对象不单是"疾病",更是"患者"。患者心理是指患者在产生病感或生病后伴随着诊断、治疗和护理过程所发生的一系列心理反应或心理变化。患者心理受到疾病本身的影响,同时又反过来影响疾病的发生、发展、变化。临床医学工作者应了解患者的基本心理行为特征,并在实际工作中予以关注和调节。准确把握患者心理将有助于深化"以患者为中心"的理念、优化医患关系、减少医疗纠纷、增强患者满意度、促进患者康复。

知识导图

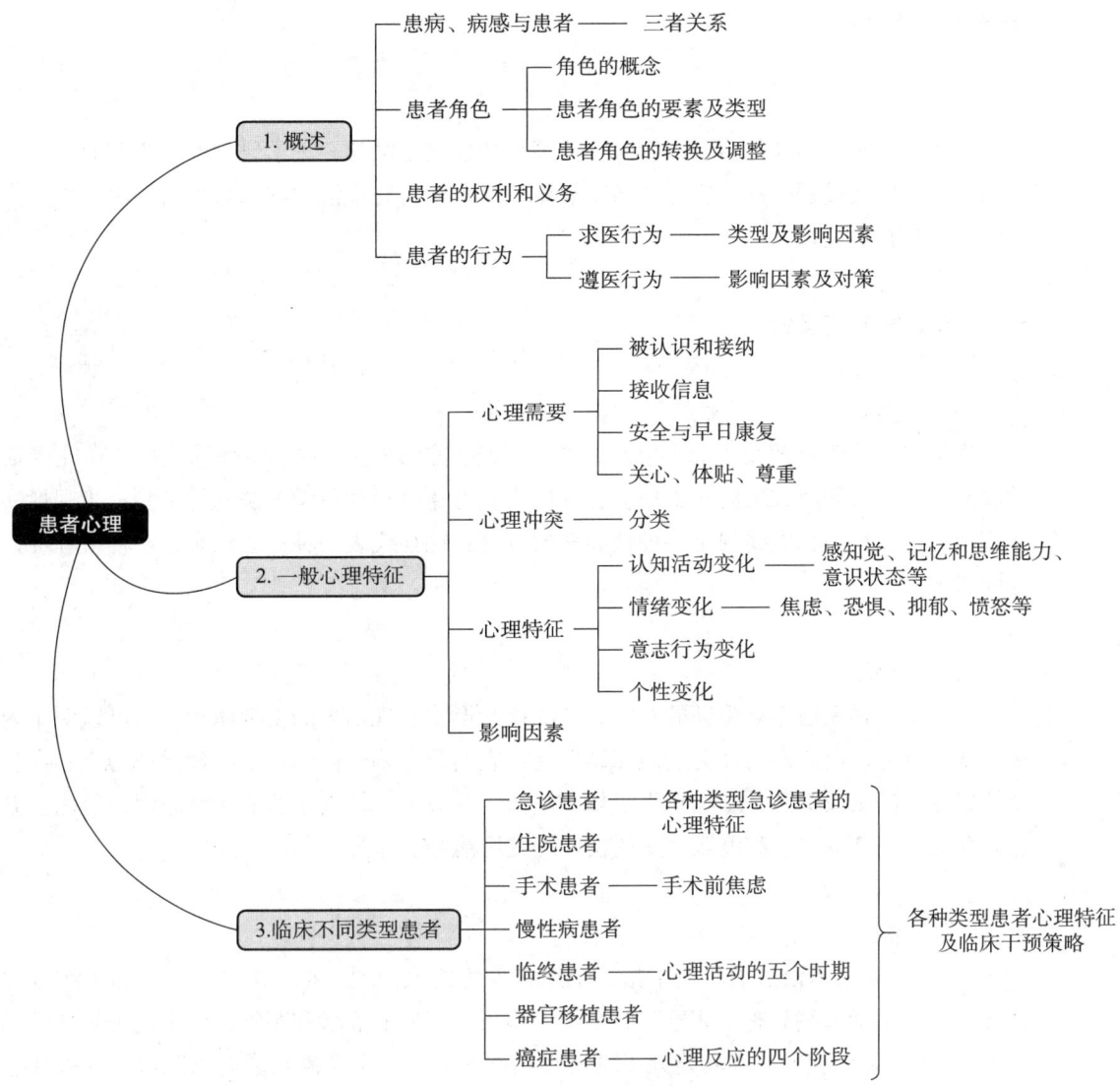

第一节　概述

患者的心理活动及行为与临床医疗关系密切，它是医学心理学研究的一个方面，研究患者在疾病发生、发展过程中的一般心理活动规律，以及患者心理活动状态与疾病发生、发展、治疗和转归的相互影响关系。

一、患病、病感与患者

（一）患病

患病包括客观性改变（如器官组织结构和功能的变化）、主观性病感及社会功能受损三方面的表现，三者可同时或不同时出现。客观性改变可通过医学科学方法进行检验，主观性病感则不能直接验证。社会功能受损是一种社会学的概念，往往代表一种社会状态，一种被社会认可的非健康状态。

（二）病感

病感是一种无法客观验证的、以一定的症状形式表现出来的主观体验。它可以源于内在的客观病变，也可以由心理与社会功能障碍引起。它通常影响个体的整个心理活动乃至心身状态，使个体感觉不舒服或痛苦，影响正常工作和生活，并成为个体去求医的主要原因，但病感并非等同患有疾病，病感的严重程度跟患病的实际程度可能会有差异。

（三）患者

"患者"这一术语过去常用来指一个患有疾病的人。现在把"患者"定义为患有各种疾病的特殊人群，包括那些只有"病感"的个体（即虽有病痛的症状和感觉，但未发现躯体病理改变的人），也就是说生理或心理功能处于不正常状态的人。当个体满足具有求医行为、被社会认可和有特定社会文化背景的认同这三个基本条件时，即称为患者。

二、患者角色

（一）角色的概念

"角色"本意指在戏剧表演中，演员在舞台上的言谈举止要得体，符合剧情。"角色"一词比较形象地反映了行动中人和人的关系，是社会行为和社会规范的具体体现。20 世纪 20 年代，美国心理学家 Mead 首先将"角色"这一戏剧术语引入社会心理学，称为社会角色（social role）。社会角色是社会规定的用于体现社会地位的行为模式，也就是与人的社会地位、身份相一致的一整套权利、义务和行为模式。社会中的一切行为都与各自特定的角色相联系，如医生是一种社会角色，作为医生就应该履行救死扶伤、治病救人的责任和义务，并享有诊断、治疗疾病的权利，其行为应该符合医生角色的行为规范。人的社会地位与身份在不同社会条件下有所不同，因而一个人可以同时或分别扮演不同的社会角色（图 8-1）。

当一个人接受了某一社会角色，该社会角色的权利、义务和行为模式通过角色期待得以体现。角色期待是人们对处于特定社会位置的人的行为模式所持有的期望，担当某一角色的人应该符合他人和群体对该角色的期待，否则就会被认为不合适、不恰当。

个体在社会中扮演多种角色，其行为必须随时间、环境的不同而进行调整的现象，叫作角色转换。例如，一名医生因病住院，该医生就由医生角色转换为患者角色，就应安心接受治疗，而不应对治疗过程横加干涉。

基础链接 8-1
"社会角色"的含义

在角色转换过程中，如果能随着角色的变化顺利地适应变化，表现为角色适应，否则表现为角色冲突。角色冲突有三种类型：①个人期望与角色要求发生矛盾；②个人身兼多种角色，不同角色之间的矛盾；③不同的人对同一社会角色的角色期待不同产生的矛盾。当个体出现角色冲突时，应及时进行心理调节，恰当处理各方面的关系，适应角色要求，否则可能会出现适应障碍。

（二）患者角色的要素及类型

当一个人经过各种检查被医生确认患病后，即具有了患者角色（又称患者身份），这是一种特殊的社会角色，其心理和行为也将发生相应的变化，同时其原有的社会角色也会部分或全部被患者角色所替代。患者角色有其相应的角色特点，享有相应的权利和义务，但部分患者面临角色转换时可能存在角色适应等问题。

社会学家帕森斯（Parsons）首先提出患者角色，并从社会学的角度观察患者与周围人的互动，总结出四点患者角色的要素。

1. 减免平日的社会角色　患者从常规的社会角色中解脱出来，减轻或免除平日所扮演的其他社会角色所承担的责任，减免的程度与疾病的性质和严重程度有关。

2. 无须承担疾病责任　患者对陷入疾病状态没有责任，疾病是超出个体控制能力的一种状态，并非患者愿意的，患者本身就是疾病的受害者，无须对疾病负责。

3. 恢复健康的责任　患病处于一种非正常状态，不符合社会需要，也不符合患者意愿，影响个体的生理、心理健康及社会适应能力。因此，患者有接受治疗、康复的义务，努力让自己痊愈。

4. 寻求医疗帮助的责任　患者不会因为有恢复健康的意愿就能达到健康状态，必须接受正规专业的医疗帮助，并在治疗中积极配合，才能尽快恢复健康。

患者角色按特征分类，一般有以下四种类型：①客观型，对患者角色充分理解，实事求是地评估病情，遵守医疗的相关规定，对医务人员充分信赖，与医务人员建立良好的沟通渠道，积极配合治疗，逐渐适应疾病造成的变化；②主观型，对患者角色缺乏理解，用主观的要求代替患者角色，对医务人员不信任、不尊重，对诊疗持否认态度，企图用自己的想法改变医疗工作，常对医务人员的工作不满、挑剔、不配合；③依赖型，固着于患者角色，希望得到更多、更好、更持久的关心，表现出对他人的绝对依赖，缺乏自主性；④厌恶型，极力否认和逃避患者角色。

（三）患者角色的转换及调整

一个人处于患病状态，其原有的行为模式及社会期望、责任都随之发生了相应的变化。这个变化是从失衡达到新的社会心理平衡的艰巨过程，对患者而言，完成这个角色转变并不容易，需要医务人员的帮助和指导。面对这个角色转变，患者会有角色适应和适应不良两种类型。

角色适应是指患者基本上与社会期待的患者角色的心理活动和行为模式相符合。例如，承认自己患病，适当关注自身疾病，积极遵从医嘱，主动采取各种措施促进健康恢复；疾病痊愈后能及时从患者角色中解脱出来，恢复到正常社会角色中去。

但有的患者，从一般社会角色转换到患者角色或从患者角色返回到一般社会角色的过程中，出现各种偏差，不能顺利完成角色的转变，就称为患者角色适应不良，角色适应不良往往会影响治疗效果或社会功能。

1. 常见的角色适应不良和干预

（1）角色冲突（role conflict）：主要发生在常态角色向患者角色转换时，多见于突然患病的个体。虽然意识到自己患病但拒不接受患者的身份，从而产生心理冲突，又由于疾病或不适应住院的新环境而产生睡眠障碍、食欲下降，表现出愤怒、激动、焦躁、茫然和委屈，患者认为患病是受到了挫折，是社会对自己的不公平。针对这些特点，医务人员首先要体谅患者的心情，要细致耐心地安抚患者，让患者尽快适应患者角色，用精湛娴熟的技术、清晰的言语表达增加患者对医务人员的信任；其次，要帮助患者了解疾病的相关治疗知识，消除患者的焦虑感和恐惧感，从而减轻心理冲突。

（2）角色缺如（role scarcity）：常发生于常态角色向患者角色转换时，或发生在疾病突然加重，患者没有进入患者角色时。主要表现为意识不到自己有病或否认自己有病（精神疾病除外），其原因主要是患者认识不到自己已经患病，不肯接受患病的事实，这是一种否认心理。其不良后果可能是拒医、延误治疗时机，导致病情进一步恶化。针对这种情况，医务人员对患者应细致体贴，从患者的关注点出发有策略地进行引导。医务人员对意识状态清醒的患者，介绍有关的医学知识，使其正视疾病；对精神疾病患者或癌症患者，不刻意强调诊断的结果，而是用委婉的方式引导患者配合治疗，促进患者的康复。

（3）角色强化（role intensification）：多发生在患者角色应回归正常社会角色时。患者由于适应了患者角色，对治疗产生了习惯性心理，如按时打针吃药、按医嘱办事等。虽然躯体疾病已康复，但患者的依赖性加强和自信心减弱，心理上产生了"虚弱感"，对自己的能力表示怀疑、失望和忧虑，对原来承担的社会角色感到惶恐不安，安心于已经适应的患者生活模式，不愿重返原来的工作、学习和生活。对具有此种心理的患者，应以科学的态度给予耐心的解释，出示检查检验结果，证明其病情已经好转，并尽可能详细介绍如何服药、如何巩固疗效等；主动帮助患者制订后续的康复计划，增强其康复的信心；鼓励患者适量工作，逐步回归社会。对不能恢复病前状态的患者，也要给予精神上的支持，使之承认现实，逐渐接纳现实，做力所能及的工作。对一些家中无人照顾的老人和因家庭人际关系不好而不愿出院的患者，要做好家属的思想工作，要求家属尽量为患者提供帮助，使其早日恢复正常生活。

（4）角色减退（role reduction）：通常发生在已经进入患者角色后的中后期，是患者角色冲突的再现。由于环境、家庭、工作等因素，以及正常社会角色所承担的责任和义务，患者需要重新承担起应免除的社会角色的责任，从而弱化了患者角色，表现为急于出院或中断治疗。这种现象出现后，由于个体没有完全将自己作为患者对待，对医务人员的建议或劝阻会相当厌烦，甚至出现对立情绪，这对疾病的进一步治疗和康复不利，对此，医护人员应当积极地劝导，告知疾病的治疗恢复需要一个连贯的过程，引导患者积极配合治疗。

（5）角色假冒：此类患者并非患病，而是为了摆脱某种社会责任、义务或获得某种利益而诈病。从广义上来说，此类人不是患者，但从狭义上来说，挂了号相当于有了某种形式上的约定，也属于就诊者，医院必须按照程序处理。医疗机构和医务人员须加强对他们的识别和认识，做出妥善处理。

（6）角色恐惧：是指患者对疾病缺乏正确的认识，患病后不能接受疾病，夸大疾病影响和后果。主要表现为对疾病过度恐惧、担忧，对治疗缺乏信心，过多地考虑疾病的后果，对自己的健康过度悲观。患者往往四处求医，滥用药物，一旦疗效不好，还可能自暴自弃、放弃治疗，任凭疾病发展。医务人员要耐心细致地解释疾病的病因机制、治疗方法和预后；同时，要根据患者的心理特征采取合适的心理治疗方法，与患者建立良好的医患关系，给予足够的倾听与共情，有效缓解患者的焦虑、恐惧等。

患者角色适应不良的现象在很多患者身上都可能会出现，医务人员对此要有所理解和做好心理准备，从了解患者的心理需求和就医行为入手，妥善解决这类问题。

2. 影响患者角色适应的因素　患者角色适应受很多因素影响，如患者的年龄、文化教育背景、生活经历和家庭、工作及社会环境等。其中，最常见的影响因素是疾病性质和严重程度，如果疾病引起明显躯体和心理不适，患者往往会及时就医；反之患者会漠视疾病，不易进入角色。此外，住院患者生活环境改变，医院的各项规章制度，也会影响患者的角色适应。在患病初期，不适应现象更加明显，许多患者最初不安于患者角色，急于求成，对医疗的要求不切实际，认为很快就能根除疾病，或否认逃避，认为疾病对健康的影响不大，在病情演变和治疗过程中，患者才慢慢适应和规范自己的角色行为。

三、患者的权利和义务

患者作为一种特殊的社会角色，与之相应的便是享有特定的权利和需要承担的义务。

（一）患者的权利

一般是指患者在患病期间享有的权利和必须保障的利益，患者权利中的"权利"不是严格意义上的法律权利，而是一种合理的、道义的、有条件的权利，这种权利的实现依赖于医务人员的道德义务，同时也受社会制度、医疗卫生制度及医学发展水平等客观条件制约。

患者的权利包括：①平等享受医疗保健的权利；②享有疾病的知情权和诊治的知情同意权；③要求隐私保密的权利；④享有被尊重、被了解的权利；⑤享有免除部分社会责任和义务的权利；⑥享有监督自己医疗及护理权利实现的权利。

拓展阅读 8-1
患者的隐私权

（二）患者的义务

权利和义务是相互联系、不可分割的统一体，一个人在享有权利的同时必须承担义务，承担义务才能享有权利。患者在享有医疗权的同时，也应尽一定的义务，医患双方共同努力从而使患者的健康权利得以实现。

患者的义务包括：①及时就医，争取早日康复；②寻求有效的医疗帮助，遵守医嘱；③遵守医疗服务部门的各项规章制度与规定；④按时、足额支付医疗费用；⑤与医务人员密切合作，配合诊治护理工作；⑥尊重医务人员及其他患者。

四、患者的行为

患者与疾病相关的行为主要表现为求医行为和遵医行为两个方面。

（一）求医行为

求医行为是指个体察觉到自己有某些疾病的症状时，寻求医疗帮助的行为，如主动求医、真实提供病史和症状、积极配合治疗和护理、保持乐观向上的情绪、积极促进康复等。而个体患病后采取何种行为，取决于患者本身的认知判断，以及社会或他人对患者的影响。

1. 求医行为的类型

（1）主动求医型：当个体感到身体不适或产生病感时，在自我意识支配下产生求医动机，为治疗疾病、维护健康而主动寻求医疗帮助的行为。这是社会生活中最常见的求医行为。

（2）被动求医型：患者自我意识不成熟、意识丧失或自我能力缺乏，不能做出求医决定和实施求医行为，由患者家属或他人做出求医决定而产生的求医行为。常见于儿童、意识不清的危重病患者和缺乏自知力的精神疾病患者。此种求医类型的特点是本人无法做出决定，需要他人做出决定，在他人陪伴下前往医院就医。

（3）强制求医型：指个体虽自知患有对本人生命造成威胁或对社会公众形成危害的严重疾病，却无"病感"或求医动机，甚至讳疾忌医，被他人强制送医的行为。主要是由公共卫生机构或患者的监护人为维护他人的健康和安全而给予强制性治疗的行为，主要对象是有严重危害公众安全的传染性疾病或精神疾病患者。

2. 影响求医行为的因素　求医行为是一种复杂的社会行为，受到诸多因素的影响，如对疾病性质和严重程度的认识水平、对症状或不适的心理体验及耐受程度、社会地位和经济状况等，都影响患者是否寻求医疗帮助。概括起来，影响求医行为的因素主要有以下几个方面。

（1）对疾病的认知程度：包括对疾病严重程度和可能后果的认知。

（2）心理因素：包括对疾病或某些医疗手段是否过于恐惧或害怕，因求医经验形成的对医院的心理定势等。

（3）经济因素：包括医疗费用的负担能力等。

（4）求医条件：包括医院距离、交通便利性、医疗水平高低等因素。

（5）社会文化因素：如社会习俗、文化背景、宗教信仰等。

（6）动机：包括疾病诊治和检查的目的及非医疗目的，如法律纠纷方面的动机等。

（二）遵医行为

遵医行为是指患者遵从医务人员开具的处方或其他医嘱，进行检查、治疗和预防疾病的行为。患者的遵医行为是保证医疗、护理措施得以实现的重要条件，与其相对应的不遵医行为，是指患者不遵守医嘱要求的行为。了解患者遵医行为特点和影响遵医行为的因素，帮助患者建立良好的遵医行为，对提高医疗护理质量有重要作用。

1. 影响遵医行为的因素　多种多样，涉及医患双方，主要有以下几个方面。

（1）医患关系：若医患关系不良，患者对医生缺乏信任、没有好感，可能发生不遵医行为。

（2）认知偏差：患者不能很好地理解医嘱，如医嘱中的一些术语让患者产生理解偏差（图 8-1），或者对疾病的严重后果缺乏客观认识，这种认识上的偏差可能导致不遵医行为。

（3）治疗信心不足：疗效不好，患者失去治疗耐心，同时对疾病治愈的信心也不足，会影响到他们对医嘱执行的主动性，可能发生不遵医行为。

（4）治疗经验：患者根据以往的治疗经验，判定医生的医嘱没有价值时，可能发生不遵医行为。

医院出院带药清单

	规格	总量	单位	剂量	频率		用法		单价	备注
	0.25g*48 粒/盒	1	盒	1粒	tid	7天	po pc		22.40	出院带药
	5mg*100s	14	片	5mg	bid	7天	po		0.15	出院带药
	5mg*100s	21	片	5mg	bid	7天	po		0.25	出院带药

总计：3条　　　　　　　　　　总金额：29.75

图 8-1　部分医生的医嘱让患者无法理解

（5）经济因素：患者感到自己的经济条件难以按医嘱治疗时，可能发生不遵医行为。

2. 提高患者遵医行为的措施　患者的遵医行为是治疗计划得以实施的保障。Sackett 提出，要使患者能够自觉地遵循医嘱，必须满足 3 个前提条件，即正确的诊断、治疗方案利大于弊、患者同意并能积极参与。因此，提高患者的遵医程度必须采取综合措施，从多方面着手。

（1）建立良好的医患关系，切实为患者着想，同情和关心患者，满足患者的合理需求，取得患者的信任，为患者创造良好的治疗环境（图8-2）。

（2）选择恰当的治疗方法，提高服务质量。

（3）加强健康教育，利用"知、信、行"的教育模式，让患者了解疾病，从而帮助患者建立良好的遵医行为。

（4）加强监督，对患者的不遵医行为进行必要的干预。

图 8-2　某医院门诊处和病房床上的温馨提示

拓展阅读 8-2
我国某医院的人文环境建设

第二节　患者的一般心理特征

患者的一般心理特征是指个体患病后所具有的常见（共同）心理特征。个体被认定为患者后，就由一般的社会角色进入特殊的患者角色。患者存在各种心理需要，他们不仅有和健康人一样的基本需要，还有患者角色条件下的特殊心理需要，但在临床工作中却容易被医务人员所忽视。当患者的需要未能被满足或没有被全部满足时，就会出现各种各样的心理冲突，出现各种心理反应，满足患者的内在心理需要是解决患者心理问题的根本途径。满足患者的心理需要不仅有助于改善医患关系，而且对提高医疗服务质量也有促进作用。作为医务工作者，了解和掌握患者的心理需要和心理活动特征尤为必要。

一、患者的心理需要

需要，是个体对某种目标的渴求和欲望。需要可以通过动机影响人的行为，也可以直接决定情绪产生的性质和强度。美国心理学家马斯洛将人类的需要概括为五个层次，即生理的需要、安全的需要、归属与爱的需要、尊重的需要、自我实现的需要。医务人员一般容易注意到患者外在的情绪和行为变化，而忽视与外在行为和情绪相关的内在需要。

患者作为特殊的社会成员，与健康的社会成员相比，以上各层次的需要在具体内容上有着明显的不同。其生理的需要受到影响，安全的需要受到威胁，归属与爱的需要被部分或完全剥夺，尊重的需要可能受到伤害，自我实现的需要难以达成，正因为患病后难以满足这些需要，所以，这些心理需要会变得比平时更加强烈。患者的一般心理需要大致包括以下几个方面。

（一）被认识和接纳的需要

患者由于原有的社会角色减弱，以往能够满足需要的途径暂时被中断，在新的人际群体中迫切希望被认识、被重视、被接纳，尤其是医务人员和亲属的接纳及重视。住院患者入院后进入一个陌生的环境，需要被新的群体接纳，需要与病友沟通和建立关系，医务人员应主动将新入院患者及时介绍给同室的其他病友，努力营造温暖、接纳的氛围。

（二）接收信息的需要

患者不仅关注自己病情变化，也留意一切与自身疾病相关的信息。一方面，患者需要了解关于自身疾病的信息，如自己得的是什么病、疾病会发生什么变化、应该采取什么治疗手段、治疗过程有没有危险、预后如何等；另一方面，患者需要了解医院的信息，如医院对患者的基本要求、医院的作息制度、医院的查房制度等。如果不能获得这些信息，患者就会感到紧张、焦虑甚至恐惧。此外，患者需要了解院外的相关信息，如家庭、单位情况及社会的变化等，以减少与世隔绝的感觉。因此，医务人员应该为患者建立畅通的信息渠道，并充分利用医患沟通技巧为患者提供必要的相关信息，以便增强患者对医护人员的信任感，从而为医疗活动的顺利开展奠定良好的基础。

（三）安全与早日康复的需要

因为患者的生命安全受到疾病的威胁，所以原有的安全需要变得更加强烈。他们把自己的生命托付给医护人员，渴望得到救助并期望早日康复。患者在求医过程中，心理活动比较复杂，大多对诊断、检查、治疗等行为存有疑虑，对药物、受损等也十分顾虑、担心、恐惧，患者的这些心理反应应当引起医务人员的重视。医务人员应避免任何可能影响患者安全感的行为，对任何诊疗措施，都要提前与患者沟通，详细耐心地解释说明，以减少疑虑和恐惧。当患者感受到医务人员在用最好的、最正确的方法全力救治他时，便会增强安全感和信心，从而有助于稳定患者情绪，使其主动配合医务人员的医疗行为。

（四）关心、体贴、尊重的需要

患者的依赖性增强，情感变得脆弱，他们盼望亲友关心探视，希望医务人员有热情亲切的服务态度。患者患病后尊重的需要会变得更加强烈，他们对别人的评价变得敏感，自尊心比平时更易受到伤害。医务人员应当无条件地尊重和接纳患者，不管他（她）们的社会身份如何、地位高低，对待每一个患者都应该亲切而有礼貌，要称呼姓名，主动热情，合理公平（图 8-3）。这不仅是医学伦理道德对医务人员的要求，也是建立良好医患关系，使治疗顺利进行的前提条件。

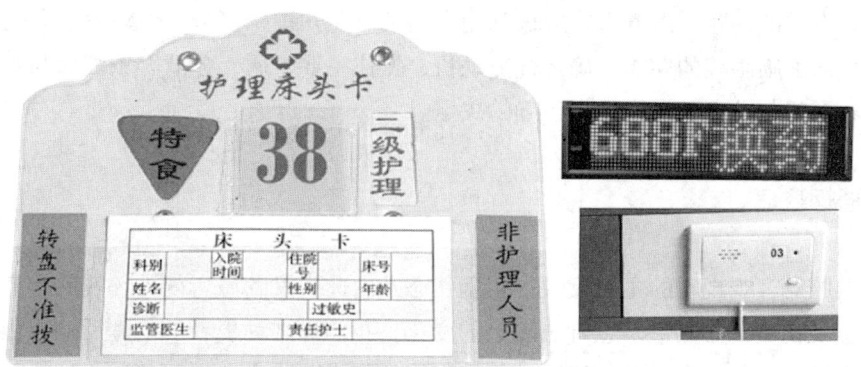

图 8-3 病床号
设床头号的目的是便于管理，但用床位号或疾病名称等直呼患者是不恰当的

二、患者的心理冲突

患者在患病期间，常常是多种需要、多个动机并存，矛盾重重，难以取舍，易陷入复杂的心理冲突之中。患者的主要心理冲突如下。

（一）双趋冲突

两个相互对立的目标，产生难以取舍的动机冲突。患者在这种冲突中常犹豫不决，因为两个目标都很重要，而一个动机的满足会导致另一动机的受挫。例如，患者认为某医生是教授，学术知名度高，而另一位医生临床经验丰富，也许能让自己康复得更快，难以决定让哪一位医生诊治疾病，陷入两者选一的动机冲突之中。

（二）双避冲突

两个目标患者都不愿选择，使他陷入进退维谷的动机冲突。例如，一位胆结石患者，手术可以干净利落地治疗疾病、缓解疼痛，但手术可能会引起出血或其他意外甚至死亡；而保守治疗，则可能治疗不彻底，有复发的可能。这两种选择都有弊端，他都不愿接受，但又不得不接受一种选择，这就导致了双避冲突。

（三）趋避冲突

一个目标或事件对患者有利有弊，既可满足他的某种需要，又可能造成某种危险，趋向与回避动机同时存在。例如，某患者需要做胃镜，确定胃部病变情况，胃镜检查会给患者带来难受和痛苦，这是患者要回避的，但胃镜检查能帮助明确诊断，这对患者具有吸引力，这就使患者陷入是否做胃镜的动机冲突中。因此，医务人员应该帮助患者分辨心理冲突对于患者的利弊因素，解释护理措施和医疗处置的安全性及对患者的必要性等，缓解或消除患者的动机冲突。

（四）双（多）趋避冲突

个体对两个或多个目标具有趋近又回避的矛盾状态。例如，当患者身上有多种慢性病存在时，往往不知道先就诊于哪一专科，或者不知道以哪种系统的疾病治疗为主，都有利弊，患者陷入顾此失彼的抉择矛盾与冲突中。

现实中患者的动机冲突是多层面的、复杂的，远不止上述几种形式，往往相互交错，而不能轻易获得解决，此时便会造成各种不良的心理反应，影响患者的遵医行为和疾病的治疗效果。对于与治疗决策有关的问题，医务人员应该利用自己的专业知识，设身处地体察患者的心理，帮助患者了解他们所面临困境的性质，确定优势动机，抓住主要矛盾，分清轻重缓急与利弊，从而缓解患者的内心矛盾与冲突，最终做出正确的决定。

三、患者的心理特征

心理是人脑对客观现实的主观反映，疾病状态及由此引发的患者内外环境的改变，作为患者大脑反映的客观现实，必然带来患者心理上的变化，我们称之为患者的心理反应。患者的心理活动会更多地指向与自身疾病相关的问题。研究表明，患者普遍会有以下几种心理特征。

（一）患者的认知活动特征

患者在疾病状态下认知功能的改变主要体现在感知觉、记忆和思维能力、意识状态几个方面。

1. 感知觉变化　患者的注意力由外部转向内部，特别关注患病部位的感受及自身体验，感知觉的指向性、选择性、理解性及范围都会相应地发生变化。

患者处于身体虚弱状态，对疾病各种症状的敏感性增强，对躯体反应的感受性增强，对疼痛、牵拉、肿胀等不适的感受程度常与躯体改变的程度不符，对自身正常的呼吸、血压、心跳、胃肠蠕动及体位等感觉都异常敏感。有的患者对周围环境的感受性也发生变化，如对声音、光线、温度等特别敏感，并伴有烦躁不安的情绪。因此，医院要保持安静的环境，限制无关人员的探视，为患者营造良好的休养环境。另外，患者还可能出现时间知觉偏差，如病房中常见的"度日如年"感，以及空间知觉异常。还有的患者会出现感觉迟钝，如味觉异常，对食物的味道不敏感，甚至感觉缺失。

2. 记忆和思维能力受损　记忆方面，患者存在不同程度的记忆受损。一些躯体疾病可能伴发明显的记忆减退，如某些脑器质性病变、慢性肾衰竭等，可能造成患者不能准确回忆病史，记不住医嘱，对刚进行过的活动也不能准确回忆等。患者的思维能力也受到一定影响，特别是逻辑思维能力、分析判断能力等，在医疗问题的抉择上犹豫不决，即使是一些不太重要的事情，患者也不能清楚地分析判断。

3. 意识状态变化　若患者高级中枢神经系统受损就会引起意识障碍，可表现为嗜睡、意识模糊、昏睡、昏迷等不同程度的意识障碍。各种急性重症感染、颅内非感染性疾病、心血管疾病、内分泌与代谢疾病、严重的外伤与中毒、水电解质代谢障碍都有可能引起脑功能损害，从而引起意识障碍。

此外，患者的猜疑心理也影响其对客观事物的判断。急重症患者和久治不愈的患者容易盲目猜疑，对他人的表情、行为等敏感多疑。有的患者见到医护人员低声说话时，就以为是在讨论自己的病情，觉得自己的病重了，甚至没救了；有的患者对别人的好言相劝也半信半疑，甚至曲解别人的意思；有的患者对服药打针和处置检测也疑虑重重，担心误诊，担心服错药、打错针；有的患者身体某部位稍有不适，就胡乱猜想。一般来说，内向性格、病前疑心较重、易受消极暗示影响和心理疾病的患者，疑虑较重。

（二）患者的情绪特征

患者的情绪变化是各种心理变化中最常见的。心境不佳和情绪不稳定是患者普遍存在的两种情绪特征。

1. 情绪活动强度的变化 在很多情况下，患者对消极情绪刺激的反应强度大于正常人。对于一个已经由于疾病影响而处于焦虑状态中的患者而言，微弱的刺激便能让他变得惊恐不安。少数患者情绪反应减弱，甚至对多数刺激无动于衷，这意味着患者可能病情严重或者有严重心理障碍。

2. 情绪活动的稳定性 一些处于疾病状态的患者变得易激惹，情绪脆弱易受伤害，有时甚至为一些微不足道的小事"毫无道理地"激动不已，或气愤争吵，或悲伤哭泣。

3. 患者常见的负性情绪反应 疾病带来的痛苦及对工作、生活等其他方面的影响，使患者普遍会出现不同程度的情绪问题。常见的一些典型情绪反应如下。

（1）焦虑：是患病时普遍存在的情绪反应，包含紧张、不安、担心和害怕的成分。焦虑是个体感受到威胁或预期要发生不良后果时所产生的情绪体验，主要产生于患者候诊、等待医生检查、等待检查结果、等待治疗及希望看到疗效的过程中，是对疾病的性质、转归和预后不明确等感到担心和害怕而产生的情绪反应（图8-4）。焦虑伴随明显的生理反应，如自主神经系统活动增强、肾上腺素分泌增多，引起血压升高、心率加快、呼吸加深加快、出汗、面色苍白、口发干、大小便频率增加等。焦虑的心理生理反应容易和躯体疾病相混淆。

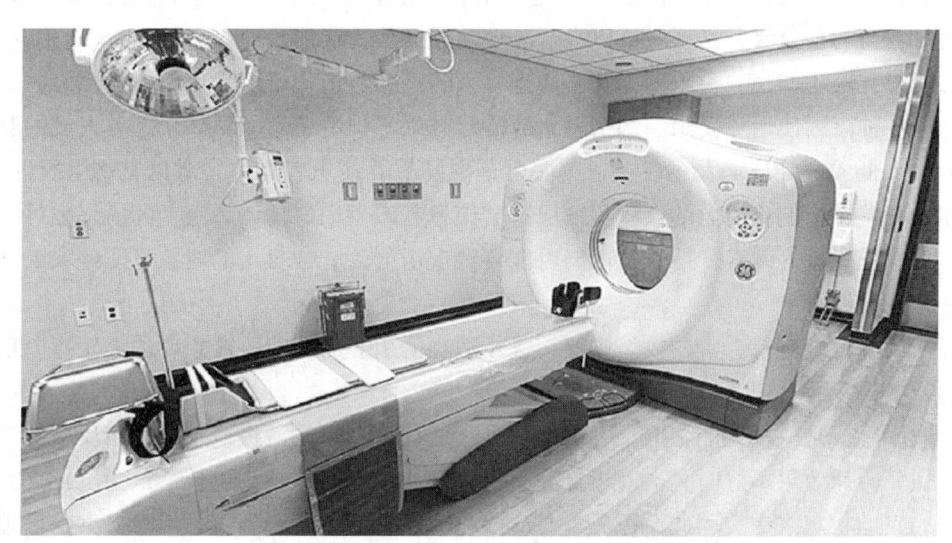

图 8-4 磁共振成像
面对各种检查和复杂的仪器，患者会感到焦虑

可将患者焦虑分为三类：①期待性焦虑，即感到即将发生，但又不能确定的重大事件发生时的不安反应。例如，尚未明确诊断，对自己患了什么病、病情轻重、预后等情况均不了解时的情境；刚入院患者对医院环境不熟悉，并期待医务人员尽快给予合理有效的治疗时等。上述患者通常容易发生期待性焦虑。②分离性焦虑，患者住院不得不与自己的家人、朋友、同事及熟悉的环境分离，暂时离开维持心理平衡和生活需要的环境和条件，便会产生分离感，同时伴随情绪反应，尤其是依赖性较强的老年人和儿童则更加明显。③阉割性焦虑，是一种自我完整性遭破坏和威胁时所产生的心理反应，特别是需要手术的患者，最容易产生此类焦虑反应。

一定程度的焦虑反应可以调动机体的心理防御机制，有利于摆脱困境。但长期过度焦虑会导致心理上不平衡，妨碍疾病的治疗和康复。医务人员对此应高度重视，设法帮助患者减轻心理负担。

（2）恐惧：是患病初期普遍存在的情绪反应，指周围有不可预料及不确定的因素而导致无所适从的心理或生理上的一种强烈反应。表现为害怕、受惊的感觉，有回避、哭泣、颤抖、警惕、易激动等行为。不同年龄、性别的患者生活经验不同，产生恐惧的原因不同，儿童患者的恐惧多与黑暗、陌生、疼痛相联系，成年患者的恐惧多与住院、损伤性检查、手术疼痛、是否影响将来生活能力等相联系，患者的恐惧常伴有疑虑、怀疑、担心等。

恐惧情绪可严重影响治疗进程和效果。医务人员应认真识别患者的恐惧表现并分析原因，有针对性地对患者进行心理疏导和心理护理，对可能给患者带来的痛苦和威胁适当说明，并给予安全暗示和保证。

（3）抑郁：是患病中后期普遍存在的情绪反应，是以情绪低落为特征的情绪状态。轻度抑郁表现为心情不好、悲观失望、自信心降低、兴趣减退等，严重的抑郁则表现为睡眠障碍、无助、冷漠、绝望、回避、食欲减退、兴趣丧失甚至轻生。患者的抑郁情绪，主要与疾病危重或病情迁延、疗效不佳、预后不良及对工作和生活影响较大等因素有关，此外还与患者的个性、家庭支持及社会经济因素有关。长期严重抑郁是对患者最严重的危害之一，抑郁情绪会增加医生对患者作出诊断的难度，也会降低患者的免疫功能，延迟病愈的正常进度，甚至可能引起并发症，减少患者所能获得的社会支持，妨碍患者同医务人员的合作。

因而，医务人员要提供积极的治疗信息，多为患者进行解释、开导，尽可能消除或减轻患者的躯体症状，逐渐树立治疗的信心和勇气；增加对患者的关注，多与患者交流，转移患者的注意，鼓励患者与病友交流，必要时可以进行心理治疗或药物治疗。

（4）愤怒：疾病作为一种阻碍因素会使当事人的理想、抱负难以实现而引发愤怒情绪。愤怒反应多见于各种原因使治疗受阻、病情恶化或治疗效果不佳的患者。例如，医务人员的服务态度差、技术水平低或医疗环境及条件差、医院管理混乱等，使患者有许多意见又难以投诉与解决；患者身体状况差、患上难治愈的疾病等情况都会使患者产生愤怒情绪；患者的愤怒也可来自家人不支持、工作受影响等因素。严重的愤怒可能导致攻击行为，被攻击的对象可能是家人、医务人员甚至是患者自己。

医务人员应正确对待患者的愤怒情绪，进行适当的引导与疏泄。若患者的愤怒指向自己，应予以理解，更需冷静处理。

（5）失助感：是一种无能为力、无所适从、听之任之、极端消极被动的情绪反应。当患者感到病势凶猛、治疗效果不好时，会对康复完全失去信心，对前途感到绝望，认为已经无力回天而陷入深深的失助状态之中。因此，医务人员应多与患者交流，解释病情及治疗方案，增强患者的信心。

（三）患者的意志行为特点

患病后患者会表现出意志行为的主动性降低，对他人的依赖性增强。如有的患者意志力减退，不能坚持服用苦涩的药物，未遵医嘱而使疗效受到影响。医务人员应尽量激发患者在疾病中的积极主动性，对严重依赖者应给予必要的指导或心理治疗。

有的患者还有行为退化现象，行为退化使患者的情感反应和行为表现显得幼稚，其行为表现与年龄、社会角色不相称，退回到婴幼儿时期的模式。如躯体不适时发出呻吟、哭泣，甚至喊叫，以引起他人关注，获得关心、同情及照顾；自己能料理的日常生活也依赖他人去做，希望得到家人、朋友、医务人员无微不至的照顾或因亲友照顾不周、病情反复等因素大发脾气。

（四）患者的个性特点

个性比较稳定，一般不会随时间和环境的变化而发生改变，但患病情况下，部分患者会出现个性改变。患者可表现为独立性降低而依赖性增强，被动、顺从、缺乏自尊等。尤其一些慢性迁延疾病或重大疾病导致患者体像改变，影响以往的正常工作和生活时，如一些患者患病后变得自卑，部分截肢患者可能会变得自卑、冷漠，卒中患者可能变得孤僻和退缩等。要注意患者的个性改变是以患病为契机，受多方面因素作用的结果，并非所有患者都会出现个性改变。

> 基础链接 8-2
> 患者的被动依赖

四、影响患者心理反应的因素及干预

1. 对疾病的认知评价　患者对疾病的认知评价直接影响其情绪反应的性质和强度。患者会根据自己已有的关于疾病的知识和经验，对所患疾病进行认知评价，当被评价为危及生命的重病时，必然唤起其严重的情绪反应；反之，当评价为病情轻微时，则可能引起轻度的情绪反应。

2. 心身障碍　是指由心理社会因素导致的躯体障碍。在躯体症状出现之前，心理问题已经存在；当躯体症状发展时，心理反应会变得更加严重。

3. 性格特征　不同性格的人对待疾病的态度和出现的心理反应有很大差别。例如，性格开朗、乐观、抱有积极生活态度、意志坚强的人，患病后能正视现实，心理反应较轻，容易从消极的情绪状态中摆脱出来；反之，性格懦弱、意志薄弱、神经质性格的患者，患病后心理反应较重，并且反应持续时间很长。

4. 人际关系　医患关系、病友关系、亲友关系良好时，可能会减轻患者的心理反应；反之，将加重患者心理反应。

5. 强化因素　患者患病后得到了一系列平时难以得到的"好处"，如充分的休息、配偶的体贴、饮食的改善、经济上的赔偿等，这些强化因素的存在有时会使患者长期陷入患者角色，进而难以自拔。

第三节　临床不同类型患者的心理特征和干预

临床经常见到各种不同的疾病，这些疾病病因不同，临床表现各异，病程和预后也大不相同，患者也因此表现出不同的心理特征。不同的心理状态会影响患者的病程和预后，乐观积极的心态有助于患者病情的稳定，悲观消极的心态不利于患者疾病的治疗。临床医生应关注如何对患者进行心理疏导，根据患者的心理活动，通过语言、表情、态度和行为改变患者的认知、情绪和行为，改善病理心理状态，引导患者以良好的心态积极配合治疗，促使患者尽快恢复健康。以下介绍的是临床上不同疾病患者的心理特征，以及根据患者的心理特点进行相应的心理干预。

一、急诊患者的心理特征及干预

医院急诊科大多是急重症患者，常因意外事故或疾病突然发作而就诊，此类患者起病急骤，往往缺乏思想准备，病情变化迅速，短时间内可能面临生命的威胁，必须尽快采取抢救或其他应对措施，才能避免意外后果的发生。

（一）发生意外事故患者的心理特征

此类患者遇到了突发事件如车祸或工伤事故等，情况严重者可能会导致躯体创伤或意识障碍。患者突然遭受巨大的躯体或心理创伤，往往来不及做出反应，常常表现为目光呆滞、面无表情、呆若木鸡。部分患者受到意外伤害后躯体受伤情况严重，尤其是头面部及其他部位受伤需要清创缝合的患者，担心自己头面部会留下瘢痕导致毁容，不能接受现实，情绪非常不稳定。当患者了解自己的疾病将严重威胁到自身健康或生命安全的时候，表现出对死亡的恐惧和强烈的求生欲望，希望尽快得到医护人员的救治，尽快恢复健康。例如，患者来到医院急诊科后表现为高度紧张、情绪冲动，有的患者无视医疗秩序，大吵大闹，强调自己必须马上得到救治。

（二）心、脑血管疾病患者的心理特征

急诊患者最常见的就是心、脑血管疾病的急性发作，如脑卒中或心肌梗死等。这类患者往往在情绪激动或劳累等诱因下急性起病，此后迅速出现躯体不适，心肌梗死患者往往因胸痛引起濒死感，产生对死亡的强烈恐惧，表现为烦躁不安，伴有抑郁、焦虑等情绪障碍。脑血管意外往往由负性情绪刺激或紧张性生活事件诱发，由于本病的病死率和致残率都很高，加上患者害怕出现言语障碍、肢体瘫痪、半身不遂等症状，心理上产生巨大的压力，表现为恐惧、焦虑、猜疑、抑郁等，这种情绪对患者的治疗和康复非常不利。

（三）自杀患者的心理特征

急诊经常见到自杀者，这类患者自杀原因多样，常见的中毒有急性有机磷农药中毒、镇静催眠类药物中毒、酒精中毒、煤气中毒及其他药物中毒等。自杀者可能在生活中受到重大刺激或者一时想不开而采取极端行为，当然也有部分患者蓄谋已久，因对生活彻底失去了信心而自杀，幸而被家人或朋友及时发现送诊。这类患者被送到医院急诊科后心理反应比较复杂，部分患者经历了生死关头而幡然醒悟，突然感觉到生命的可贵，转化为强烈的求生欲望，进而非常配合医护人员的抢救治疗，同时担心救治结束后是否会对身体健康造成影响，表现为焦虑紧张、后悔恐惧。另有部分患者自杀意念强烈，被家人、朋友强制送到医院后仍不肯配合治疗，不肯说明自己服用了何种药物，给治疗带来极大的困难，对于这类患者一方面迅速采取抢救措施，催吐、洗胃等；另一方面进行积极的心理干预和心理支持，了解患者自杀的原因和症结并采取针对性的措施，迅速扭转患者放弃生命的意念，争取患者以积极的态度配合治疗。

（四）急诊患者的心理干预

对于急诊科患者，应该根据患者的特点迅速采取有效措施抢救治疗，并进行积极的心理干预，缓解患者焦虑、紧张情绪，争取得到患者的主动配合，尽可能地挽救生命或减少创伤。

1. 主动热情，迅速抢救　医护人员接到患者后，迅速了解、观察和判断病情，采取准确而果断的急救措施，如吸氧、吸痰、人工呼吸、气管切开、洗胃、输液治疗等。对于确实由疾病所致的难以忍受的疼痛，医护人员应迅速有效地解除患者的痛苦。医护人员娴熟的医疗技术，沉着有序的措施，会给患者带来心理上的安慰和满足，自然会让患者对医护人员产生信任感，并因此放松心情，主动配合治疗。

2. 心理安慰和心理支持　急诊患者因起病急骤，缺乏心理准备，心理上会产生强烈的无助

感，特别需要别人的安慰和支持。医护人员应以真挚的同情心和温暖的言语对患者进行安慰，告诉患者会得到全力以赴的救治，激发患者的积极性和潜在的力量，使患者心身处于良好的状态。对于因疾病的折磨，一时不能摆脱痛苦的患者，医护人员要给予极大的同情、关怀和尊重。引导他们说出内心的委屈和苦衷，给患者一定时间宣泄内心的不安，有针对性地对患者进行安慰、劝导、支持、鼓励和帮助，配合家属用真挚的感情去安抚患者受伤的心灵，增加治疗的信心和力量。

二、住院患者的心理特征及干预

很多患者因为病情严重，需要住院接受治疗，患者一旦入院，就完全脱离了原来的生活环境，一般要多个患者同住一个房间，每天面对的是医护人员和陌生的病友，生活方式也发生了改变，由此产生多种心理问题。国内外对住院患者心理状况及特点的研究大多都表明，住院患者的心理问题中以抑郁、焦虑和躯体化症状为主要表现。如 Kroenke 等的研究结果发现，在医疗机构中，抑郁、焦虑和躯体形式障碍是普遍存在的心理障碍，它们的发生率有 5%～10%，且常常存在共病情况。Kunik 等的研究发现，住院患者中存在焦虑和（或）抑郁症状者高达 80%。总体来说，住院患者有以下共同的心理特点。

（一）感知觉过敏

患者由于环境和身份的改变，加上病痛的影响，对外界刺激和疾病症状的感受性会增强。对医护人员的一举一动非常敏感，经常无故猜测医护人员的言语内容是否蕴含着关于自己疾病的信息，因此反复追问。对疾病造成的疼痛感受也会跟平时不同，平时感受不到的疼痛在住院期间往往会反应过度，大喊大叫，稍稍有身体方面的不适，赶紧向医护人员求助。

（二）抑郁

一般来说，疾病严重到一定的程度才会考虑住院，疾病可能造成的躯体功能的损伤、工作能力的影响及可能引起的经济方面的问题都会给患者造成沉重的压力。患者因此对未来失去信心，感觉活着没什么意思，甚至有可能会产生悲观厌世的情绪。具体表现为情绪低落，寡言少语，对前来探望的亲人朋友也毫无兴趣。对于有潜在自杀愿望的重性疾病患者，医护人员要勤于巡视和细心观察，及时配合家人做好心理疏导。对于达到抑郁症程度的患者，应及时请精神科医生会诊，给予药物治疗，防止意外事件的发生。

（三）焦虑

焦虑是住院患者经常遇到的心理问题，在住院患者中发生比例较高，疾病导致的无助感是造成患者焦虑的主要原因。住院期间患者因无法正常工作，主要是卧床休息或接受治疗，加上疾病造成的身体不适感，因而坐立不安，非常容易紧张，注意力难以集中，甚至会有头晕、心慌、心悸的躯体表现。对于这些患者，医护人员应该及时进行心理疏导和心理支持，及时讲解疾病的基本常识，告知患者疾病的发生、发展和可能发生的后果，让患者对自己的病情了然于胸。此外适当安排病友的集体文娱活动，让患者合理安排住院时间，以放松心情。对于焦虑表现较为严重的患者可以在医护人员指导下通过放松技术或生物反馈技术进行肌肉和心身的放松，必要时酌情服用抗焦虑药。

（四）行为退化

大部分患者入院后都能以积极的心态主动配合医护人员的治疗。少部分患者由于病情比较严重，病程较长，加上不同的个体素质，如容易接受暗示和长期习惯以自我为中心者，入院后慢慢习惯了自己患者的身份。过分依赖别人，行为退缩，过分强调自己的患者角色，即使自己力所能及的事情也要依靠别人来完成，希望能够得到更多的关心和照顾。有时为了引起家人和医护人员的重视而故意无病呻吟或刻意夸大自己疾病的主观感受。对于这类患者，医护人员应该根据疾病的特点和患者的个性特征做出鉴别，对患者进行有针对性的心理辅导和认知矫正，让患者明白作为患者应该承担的义务，只有主动参与和积极配合治疗，才能够早日康复。

（五）影响住院患者心理问题的因素

影响住院患者心理问题的因素中有很多主观因素，分析结果显示个性特征、认知方式、疾病情况和临床治疗等因素对心理问题的产生有显著影响。发病是否危重、是否有过意识障碍，以及是否会有后遗症等也会影响患者住院的心理状态。此外，还包括很多客观因素，如应激事件、社会支持、既往史等。住院行为本身就是应激源，住院期间的应激源主要包括住院环境的改变、角色的改变、医护人员的影响等几个方面，这几个方面的改变很容易引起患者负性心理反应。

拓展阅读 8-3
住院患者的心理评估
和具体调节措施

三、手术患者的心理特征及干预

手术是治疗外科疾病的一种常用方式，手术治疗具有针对性强、快捷迅速的特点。绝大多数患者可通过成功的手术治疗而得到康复，但手术也会产生一些不良后果，如疼痛、术后并发症、躯体受损、生活质量的降低甚至意外死亡等。因此，手术对患者是一种严重的刺激，会让患者感觉到压力和紧张，直接影响患者的正常心理活动，产生一些不良的心理反应，并由此对手术的顺利进行和康复产生影响。医护人员应关注手术患者的心理问题，针对患者特点采取积极的干预措施，有效减少不良的心理反应，促进患者尽快康复。

（一）手术前心理反应

即将手术的患者，由于缺乏对疾病的认识，又害怕手术不成功，心理上会发生变化，特别是随着手术日期的临近，这种变化越发明显，主要表现为以下几点。

1. 焦虑　是大多数手术患者常见的心理反应，面对即将到来的手术，患者常常感到莫名的紧张，担心手术医生的技术和经验不足，担心麻醉过程中可能会出现意外，担心术后疼痛难忍。并且随着手术日期的临近，焦虑程度不断加重。调查研究显示，大部分患者的焦虑持续存在，Johnston 的研究结果表明，患者不仅在手术前感到焦虑，手术中、手术后及入院前后都会表现出典型的焦虑症状。医护人员对于患者的焦虑表现应该进行心理辅导和心理干预，一方面让患者了解疾病及手术常识；另一方面教会患者如何放松，调节心情，必要时服用抗焦虑药对症处理。

2. 害怕与恐惧　很多患者是第一次做手术，对手术常识缺乏了解，尤其是听说曾因麻醉或手术意外而死亡的个例，使患者更加紧张、恐惧，忧心忡忡。担心自己的手术不成功，怕术中出血、术后感染、术后疼痛，怕影响今后生活质量，担心丧失劳动能力，因此承受极大的心理压力，甚至会有一些躯体方面的表现，如心慌、心悸、尿频、腹泻、睡眠障碍等。

导致患者恐惧的原因主要有：①医院的特殊环境与气氛，安静肃穆的手术室，人来人往的医护人员及医护人员的专业制服，都会让患者感觉莫名的紧张。②术前准备和特殊检查，术前常规的抽血、穿刺、清肠、备皮及影像学检查等，会使患者对即将到来的手术产生一种既期待又害怕的心理。③消极暗示，医护人员或家属言语中无意透露出的同类患者手术不成功或发生严重的并发症等，会对患者造成消极的心理影响。对于这类患者，医生对患者进行术前谈话和麻醉师对患者进行术前探视是必要的措施，应该在术前积极提供有关手术的详细信息，通过术前谈话介绍相关的手术、麻醉知识，坦率地介绍可能出现的手术风险和后果，让患者对手术有充分的认识和预估，可以有效地缓解术前紧张和焦虑。

基础链接 8-3
手术前焦虑和恐惧的
心理干预

3. 悲观抑郁　多见于因肿瘤、车祸、外伤、严重感染而需要手术的患者，此类手术多导致生理结构或生理功能受到破坏、肢体残缺、器官切除等，尤其对于一些发现较晚需要立即手术的恶性肿瘤患者。患者对这些突如其来的不幸，毫无预感和心理准备，因此表现为精神抑郁、情绪低落、沉闷、寡言少语、对外界事物漠不关心。对此，医护人员在术前要耐心解释，虽然截肢致残或脏器切除，但能除病消痛，生命能够延续下来，况且机体有很强的代偿功能，只要生存下来就会有未来，要让患者有充分的思想准备，顺利地承认和接受术后现状，尽量减少精神创伤。

（二）手术后心理反应

顺利完成手术的患者一般会有一种摆脱疾病痛苦之后的轻松，感觉已经摆脱了痛苦，憧憬着健康的未来。部分患者因为手术导致躯体结构和功能的改变，会产生异常的心理变化，适应躯体结构和功能的改变需要较长时间。另外有部分手术失败的患者会焦虑抑郁、悲观失望，甚至会对未来丧失信心，产生轻生念头。术后常见的心理反应和心理障碍如下。

1. 焦虑抑郁　部分患者因为手术导致身体器官的摘除、截肢，或者接受了器官移植术，这些手术不但会导致躯体结构的改变，还会影响躯体的各项生理功能，特别是手术未达到预期效果或手术失败，均会导致患者出现严重的焦虑和抑郁。患者表现为紧张不安、不愿活动、食欲减退、睡眠障碍等，或者表现为易激惹、冲动、发脾气等。对于这一类患者，术后医护人员应该及时向患者介绍手术情况，对于手术效果不佳或出现严重并发症的患者应该给予耐心细致的关怀、同情和支持，鼓励他们面对现实、承认现实并采取积极的应对措施。

2. 术后谵妄　部分患者在手术麻醉完全苏醒后第二天开始出现注意障碍和意识水平降低，常出现错觉和幻觉。在此过程中常常发生定向力障碍，如分不清时间、地点，不认识亲人等，也会发生记忆力的障碍，此类情况多见于老年男性，因此也称为老年术后谵妄。术后谵妄发生的原因有多种：首先，手术本身是一种应激源，对身体是一种刺激，手术导致神经内分泌改变，最终导致谵妄的发生；其次，术后水电解质紊乱、低血压、低血糖等生物因素导致患者躯体代谢失衡，诱发不同程度的意识障碍；再次，部分老年患者本身存在听觉、视觉障碍，活动不便，加上环境因素的刺激，容易导致谵妄的发生。大多数术后谵妄患者几天内可以恢复正常，少部分发展为慢性谵妄，会对躯体健康造成影响。对术后谵妄患者在治疗上要维持水电解质平衡，补充营养，保持明亮安静的病房环境，减少对患者的刺激，提供必要的心理支持和保证安全的防护措施。

四、慢性病患者的心理特征及干预

慢性病病程较长，一般超过 3 个月，症状顽固，病情反复，患者长期经受疾病的折磨，往往产生各种不良的心理反应，而不良情绪和心理往往又会诱发疾病发作，使得疾病迁延不愈，形成恶性循环。

（一）慢性病患者的心理特征

1. 情绪沮丧　大部分患者往往缺乏思想准备，一旦得知自己患了慢性病，就会想到需要长期治疗，而且无法治愈，因而表现为沮丧不安。因治疗过程中时有病情反复，部分患者对治疗缺乏信心，感觉自己无能并且成了家庭和社会的负担而产生自卑情绪。

2. 抑郁　有的慢性病患者因病影响了生活自理能力，需要家人长期照顾，感觉给家庭带来了经济负担，拖累了家人，因而情绪低落，整日沉默不语，对未来失去信心，感觉活着没意思，甚至会采取自杀行为。

3. 易激惹　很多患者因病情久治不愈，不能接受现实，食欲不振，睡眠不佳，情绪变得不稳定，遇事容易激动，行为冲动，稍不如意就发脾气，对治疗、护理不配合，经常与病友或医务人员发生冲突。

4. 主观感觉异常　部分慢性病患者患病后过分关注自身，对极轻微的冷、热、光的变化及疼痛也不能忍受，敏感多疑。出现一点新的症状变化就焦虑不安，怀疑自己患了不治之症，到处翻阅有关资料，咨询相关专家，看到相似的症状就自我诊断，对号入座。

5. 被动依赖　慢性病患者长期住院治疗或居家休养，在别人的长期照顾下而依赖性增强，性格变得脆弱，本来自己能做的事情也不做，总希望别人多关心自己。有的住院患者病情稳定了也不愿出院，担心出院后病情变化，对医院和医护人员产生依赖心理。

（二）慢性病患者的心理干预

1. 为患者提供心理支持　有些慢性病的发生、发展直接与心理、社会因素有关。因此，应通过良好的语言态度和行为，建立良好的医患关系，为患者创造一个舒适和谐的治疗环境，尽可能减少对患者的不良刺激（图 8-5）。主动与患者沟通，为患者解决实际问题，让患者感觉到安全和安心，保证诊疗的顺利进行。

2. 理解同情患者　慢性病患者长期遭受心身折磨，心身痛苦，情绪波动较大。医护人员应该施以同情，换位思考，设身处地为患者考虑，即使患者偶有冲动言行，也应该以宽容和真诚的心去对待他们，维护患者自尊，从而赢得患者的信赖和尊敬。

图 8-5　某医院墙上的壁画
良好的医疗环境让就医过程变得不再"冷冰冰"

3. 认知矫正　患者的消极情绪与疾病的直接刺激和患者的认知评价有关。很多患者由于对疾病缺乏正确的认知，认为自己患的慢性病无法治愈，加上治疗过程中药物的不良反应，因而产生消极悲观情绪。对这部分患者应该向他们讲解疾病和药物的基本特点，纠正他们对疾病和治疗的歪曲认知，引导他们认识到生命的价值，即使所患疾病在短期内无法痊愈，也应该积极面对，积极配合治疗。

4. 密切观察患者的心理动态，防患于未然　有些患者为摆脱心身痛苦，可能会产生自杀动机，此时患者心理上冲突激烈，往往会有言行方面的异常表现。医护人员应善于观察，及时发现问题并采取预防性措施，如安排专人陪护、亲人陪伴、加强巡查，必要时适当给予镇静药等。

五、临终患者的心理特征及干预

临终是指由于疾病晚期或因意外事故而造成人体主要器官衰竭，依靠现有的临床技术和手段已经无法治愈，死亡即将发生的过程。我国将预计能存活 2 ~ 3 个月的患者都称为临终患者。大多数临终患者已不可能治愈，患者自知不久离世，死亡已经不可避免，此时在生理、心理上都要承受各种痛苦和压力，产生各种悲观失望的心理。随着病情进展及各种外部原因会导致不同的心理变化，患者病情也会随之波动，由此对临床的治疗造成不利影响。所以，负责终末期治疗的医护人员应该注意观察并总结临终患者的心理特征，有针对性地提供心理支持和心理治疗，缓解各种不良情绪，帮助患者树立正确的生死观，增加对病情的科学认识，使得患者尽量在有限时间内也能积极参与和配合治疗，最大程度地减轻临终患者的心理和身体痛苦，舒适且有尊严地走完人生的最后旅程。

（一）临终患者的心理特征

美国精神病学家、著名的临终关怀心理学创始人罗斯（K. Ross）将临终患者的心理活动变化分为五个时期。

1. 否认期　当患者得知自己的疾病已进入晚期时，不承认自己病情严重，希望出现奇迹。对可能发生的严重后果缺乏思想准备，总希望有治疗奇迹出现以挽救死亡。有的患者不仅否认自己病情恶化的事实，而且在临终前仍谈论病愈后的设想。

2. 愤怒期　随着病情的进展，患者度过了否认期，知道预后不佳，但不理解病情为何恶化到这种程度，常怨恨命运对自己不公。表现为悲愤、烦躁、克制力下降，拒绝治疗，甚至因疾病痛苦得不到缓解、各种治疗无效而抱怨医务工作者，敌视周围的人，或者对家属和医务工作者横加指责。

3. 妥协期　患者由愤怒期转入妥协期后，承认死亡的来临，为了延长生命，患者会提出种种"协议性"的要求，希望能缓解症状。有些患者认为许愿或做善事能扭转死亡的命运，有些患者则对所做过的错事表示悔恨。患者这时能顺从地接受治疗，期望得到及时有效的救助，达到一定的效果，延缓死亡时间。

4. 抑郁期　尽管采取多方努力，但病情仍日益恶化，患者已知自己生命垂危，心情极度伤感，此时患者可能很关心死后家人的生活，急于安排后事，留下自己的遗言。许多人很急切地要见到自己的亲人或朋友，希望得到更多人的同情和关心。

5. 接受期　这是垂危患者的最后阶段，患者对于面临的死亡已做好准备。极度疲劳衰弱，表情淡漠，常处于嗜睡状态。原有的恐惧、焦虑和最大的痛苦已逐渐消失，表现平静。

以上是临终期患者常见的心理特征，但在实际情况中，许多临终患者并不是仅有一种心理症状，而是多种心理特征的组合，如同时有焦虑、抑郁和悲观等。在针对不同的临终患者进行心理分析时，不仅要考虑患者的自身因素，如性别、年龄、教育背景、性格特点、所患疾病等，还要考虑患者的外部因素，如家庭环境、亲属关系、同事关系等。

（二）临终患者的心理干预

针对终末期患者的心理特征进行心理干预和心理治疗，不仅能有效地缓解患者的焦虑、抑郁等负面情绪，还可以促使患者树立正确的人生观和疾病观，正确地面对疾病和死亡，从而让患者积极配合临床治疗，减少疾病造成的痛苦，提高临终患者的生存质量，平静地度过最后的人生。

1. 建立良好的医患关系，关注患者心理变化　临终患者有自己的心理特征，积极关注患者的心理变化是建立良好医患关系的前提，也是进行心理干预的基础。临终患者在疾病的折磨下可能会痛苦不堪，精神上会有各种情绪变化，所以医护人员要准确、及时地掌握患者的各种心理变化，制订相应的心理干预措施。

2. 心理支持　临终患者要面对即将来临的死亡和与亲人永别的痛苦，其心理反应是极其复杂的。在这个阶段医护人员要以极大的同情心和责任感从各方面给予关怀、安慰和支持，如在精神上给予支持，在生活上给予关怀，使患者在心理上获得一种安全感。

3. 增强患者的信心和勇气　部分临终患者对治疗失去信心，消极地等待死亡的来临。面对这样的患者，医护人员要激发他们的求生欲望，增强其求生的信心和勇气，积极配合治疗。同时对患者进行死亡教育，教育患者正确对待疾病和死亡，采取乐观态度，由消极被动变为积极主动。

4. 维护临终患者的尊严和生命价值　患者尽管处于临终阶段，但个人尊严和权利不应该因此而受到影响，要把尊重患者、爱护患者摆在首位，保证患者的基本权利，他们有权享受患者的待遇，有权要求少受或免受疾病的痛苦。对临终患者进行心理干预的一个原则就是要以患者为中心而不是以疾病为中心，最后的日子里满足他们的心理需求比满足生理需求更为重要，在政策、经济条件允许的范围内尽量满足患者的各种心愿，尽量让患者轻松体面地离开人世。

5. 宣泄情绪　医护人员和家人要主动接近患者，以同情的心态耐心地对患者进行安抚，引导患者将内心压抑的焦虑悲观等负面情绪通过倾诉等方式宣泄出来，使患者感到被人尊重和关注，平静地面对死亡。

6. 放松治疗控制疼痛　由于疾病的影响，越到疾病的晚期，疼痛的程度越重、发作的频次越高，要了解疼痛的性质、程度、部位等，还要善于从患者的表情、情绪等外部反应判断其疼痛程度。一方面要适当应用药物止痛，另一方面尽量减轻患者的心理压力，良好的心理状态能有效提高患者疼痛的阈值，通过心理支持与放松等方法鼓励和支持患者积极乐观地面对疼痛的折磨。

拓展阅读 8-4
临终关怀医院

六、器官移植患者的心理特征及干预

移植是指将一个个体的细胞、组织或器官用手术或其他方法，导入自体或另外一个个体的某一部分中，以替代原已丧失功能的器官的临床技术。开展最早的是肾移植，到目前为止，国内接受肾移植的患者已经超过6万例，最长的术后存活期已经超过20年。特别是近几年，随着临床外科技术和新型免疫抑制剂的应用，器官移植技术得到了越来越广泛的应用，术后生存质量和生存时间也大幅提高，目前无论是等待器官移植患者还是接受器官移植术后患者都已经是一个庞大的群体。这些患者有着大致相同的心理特征，研究和分析这类患者的心理特征，对于有效利用各种器官资源，提高患者移植后生存质量，具有重要意义。

等待移植手术患者大多表现为焦虑、抑郁。导致这些心理问题的主要因素包括：症状的恶化、对疾病本身的恐惧、器官和手术的不确定性、可能面临的失去工作能力后对社会的适应问题、等待器官时间的长短等。

患者在手术前往往表现出强烈的绝望和恐惧感，可能与以下因素相关：经济上的压力、担心失去社会支持、不能进行日常活动、饮食限制、对手术的焦虑等。Santo 等研究显示，等待肝移植患者中，38% 的患者报告有不同类型的恐惧，最常见的恐惧与手术（22%）、死亡（18%）、器官移植的排斥（7%）相关。

对等待器官移植的患者进行心理干预，使患者维持稳定的心理状态，不仅对于减少不良心理反应、提高生存质量有重要的意义，而且可以使患者以积极的心态迎接即将到来的移植手术、提高手术成功率、减少术后生理排斥反应和心理排斥反应。曾有国外学者做了一项针对等待肝移植的慢性肝病患者进行教育心理干预的研究，主要采用了如下方法：①对患者家庭成员进行肝病专业知识辅导，尽量让他们在满足患者需求方面起到支持作用；②对患者进行肝病知识、药物应用、副作用及其如何影响生存质量等进行讲解；③培训患者制订针对慢性肝病的应对策略，调整自己的生活模式；④学会放松训练，积极调整饮食营养结构等；⑤根据患者的知识水平印制小册子和宣传手册进行教育。结果显示，与未采取上述措施进行干预的对照组相比，患者肝移植手术成功率明显提高，术后生存质量也明显提高，证实了训练和心理干预的有效性。

接受器官移植术后患者同样面临较多的心理问题。器官移植较多的是将异体的器官移植到患者体内，排斥反应作为器官移植后最常见的问题，大多数患者都已知晓。患者术后首要的问题就是可能发生的排斥反应，患者会担心是否会因为排斥反应而影响器官的正常功能，Ziegelmann 建立的"器官移植受者术后心理反应量表"包括五个方面，其中之一就是受者对移植器官功能的担心。除了存在生理排斥外，还存在着心理排斥，20 世纪 70 年代，研究者对此进行了归纳总结后认为，患者心理上接纳外来的器官进入体内并且成为身体的一部分大致需要三个阶段：异体物质期、部分同化期和完全同化期。

1. 异体物质期　移植术后初期，患者感到其他人的组织器官进入了自己体内，心理上有一种不适应感和排斥感。特别是如果对方是死囚犯或者是自己厌恶的一名亲属，这种感觉会更加强烈，感觉到自己身体的完整性遭到破坏，因此会产生抑郁和沮丧；如果器官的供体是来自患者熟悉的人，这种心理排斥感会相应减弱。

2. 部分同化期　患者开始从心理上整合新的器官，不良心理反应开始减少。

3. 完全同化期　经过一段时间后，患者心理上慢慢适应和接受了异体的器官。但大部分患者仍然对供体的个人情况充满好奇，四处了解供体的个性特征甚至生活经历。供体的兴趣爱好等个性特征可能会对患者产生潜移默化的影响，曾有报道，患者接受肝移植术后习惯和爱好发生了变化，以前从不运动的患者爱上了爬山，而这正是死去的供体生前最喜欢的运动。

器官移植术后患者心理反应的发生率很高。国外曾有学者报道，在调查的接受肾移植的 292 例患者中，有 94 例（34%）产生了较为严重的抑郁、焦虑情绪，有 7 例曾发生自杀行为，而且术后一年仍有高达 23% 的患者存在明显的社会适应不良。器官移植术后患者维持稳定的心理状态不但会消除心理排斥反应的发生，也会有效缓解患者的生理排斥反应，这些对于器官移植是否成功非常重要。

对于接受器官移植术的患者进行有效的心理和社会支持可以有效缓解患者的各种不良心理反应和心理压力。亲属和家庭要主动地从身体上和心理上关心和爱护患者，鼓励患者术后仍然要坚持配合治疗，从而减少各种并发症的发生。此外，要鼓励患者积极融入社会，适当参加一些社会活动，力所能及地恢复部分工作，使患者充分感受到自我的尊严和社会价值。

拓展阅读 8-5
器官移植患者的心理
护理计划

七、癌症患者的心理特征及干预

（一）癌症患者的心理特征

癌症是严重威胁人类健康的重大疾病，近几年来已经成为全球最重要的公共卫生问题之一，随着我国经济社会的发展、环境的污染和人口老龄化的加重，癌症已经居于我国城市全死因的第一位，农村全死因的第二位。预计在未来几十年内，我国癌症发生率和死亡率整体将继续呈上升趋势。研究显示，癌症的发生、发展与心理社会因素密切相关，常见的心理社会因素包括生活事件、个性特点、不健康的行为习惯等。

不同的病情和治疗过程及不同的个性特点，使癌症患者表现为不同的心理特征，情绪表现和行为方式也有所不同，但获知被诊断为癌症的信息后，患者的心理反应大致都会经历以下几个阶段。

1. 休克 - 恐惧期　患者在得到诊断消息的瞬间，在消息的刺激下会当场产生暂时性的知觉丧失、头晕、心慌、茫然、不知所措，对外界刺激没有反应，甚至会有短暂性休克。清醒后表情震惊、惊恐万分，精神极度紧张，夜间不能入睡。

2. 否认 - 怀疑期　患者逐步冷静下来后，开始对诊断结果产生怀疑，怀疑检查错误或医生的诊断错误，企图以否认和逃避现实的方式来达到心理平衡。在此期间，频繁地去不同医院找不同的专家就诊，希望能够证实诊断结果是错误的。"否认"是一种心理防御机制，短时间内对于缓解心理紧张、减少心理刺激、维持心理平衡是有益的。但是，如果患者一味地沉浸于否认 - 怀疑期而不能自拔，不肯承认现实，对于患者的尽早明确诊断、确定治疗方案很不利，甚至有可能会错过最佳的治疗时间，从而延误病情。

3. 愤怒 - 沮丧期　当患者最终接受了现实并确定自己患了癌症后，情绪变得容易激动，易激惹。经常因一点点小事而对家人或医护人员大发脾气，经常大声喧哗，愤愤不平。严重时会攻击别人，感觉上天很不公平，为什么患病的人偏偏是自己，有被生活遗弃、被命运捉弄的感觉，并因此怨天尤人。等平静下来后又会悲观绝望，认为自己一切都完了，在剩下时间里治疗已经失去意义，并因此拒绝配合治疗，拒绝亲友同事前来看望，认为别人的探视都是可怜自己、没有必要，自己要做的只是消极地等待死亡的来临。在此期间，有的患者甚至会产生轻生念头或出现自杀行为。

4. 接受 - 适应期　经过一段时间后，患者终于认识和接受了自己患病的事实。情绪逐渐平静下来，能够安静地思考，并开始逐步适应现实，主动询问了解疾病的常识和自己的病情，冷静地对自己的未来做出规划，同医护人员和家人协商、选择以确定自己的治疗方案，并积极配合治疗。部分患者在此过程中逐步树立与疾病做斗争的信心和勇气，开始以平和的心态对待生活，适应自己的新身份。仍然有部分患者不能正确看待事实和不能适应现状，开始进入一段较长时间的情绪低落和悲哀期，想到自己还未完成的工作和事业，想到亲人及子女的生活、前途和家中的一切而自己又不能顾及时，便会从内心深处产生难以言状的痛楚和悲伤。再加上疼痛的折磨和药物的各种副作用，进而产生轻生的念头，一旦产生了这种心理，就可能采取各种手段过早结束自己的生命。

此外，在癌症治疗过程中，由于药物、放化疗、手术等引起的不良反应也会对患者造成心理影响，如放化疗引起的恶心呕吐等，如果持续时间较长，会引起患者强烈的焦虑和恐惧。化疗导致的脱发，也会严重影响患者的自尊心，导致患者不愿意继续治疗。一些肿瘤手术会造成躯体结构永久性的改变，如截肢、器官摘除等都会对患者造成心理影响，特别是女性乳腺癌患者乳房切除术后会导致女性患者严重的焦虑、抑郁和强烈的自卑感。研究也证实，术后乳房缺失患者会发生自我概念的改变、有强烈的不确定感及社会适应能力的改变，而经过假体植入乳房重建的患者术后的抑郁程度明显降低，自信心明显增强。

（二）癌症患者的心理干预

癌症患者存在明显的不良心理反应，但长期以来，对癌症患者的情绪和心理问题未能给予足够的重视，往往侧重于手术和放化疗。随着传统医学模式的改变，对癌症患者进行积极的心理辅导和心理干预，使患者以积极的心态面对疾病和治疗已经成为癌症治疗的重要部分，对癌症患者进行心理干预一般包括以下内容。

拓展阅读 8-6
癌症与暗示疗法

1. 对患者病情的告知　在患者的诊断完全确定后，家属和医护人员就面临着是否将患者病情的真实情况告知患者本人的问题。基于患者知情权的考虑，目前大多数学者认为不应该隐瞒患者诊断治疗的情况，而应该选择在合适的时机和场合与患者进行坦率的交流，取得患者的配合，激发患者求生的欲望，以有利于治疗的继续进行。但告诉患者本人时，应该根据患者本人的性格特点和疾病的特点选择合适的时机和合适的方式，采取循序渐进的方法，避免对患者造成强烈的心理冲击。

2. 认知行为疗法　对患者进行疾病知识的普及教育，引导患者认识和纠正自己关于疾病的错误认知，让患者明白即使所患疾病目前没有好的治疗手段，也可以采取积极的手段尽量延长生存期，而积极的手段就包括患者本人良好的心态和积极的配合。采取的行为治疗主要包括放松训练和生物反馈治疗等，通过行为训练让患者学会放松肌肉和心情，减轻癌症给患者造成的巨大心理压力。

3. 处理患者不良的情绪问题　抑郁和焦虑是大部分癌症患者常见的心理反应，家属和医护人员提供积极的支持性心理治疗，给予患者真诚的安慰和鼓励，对患者的痛苦表示高度的同情，认真地满足患者合理的需求，让患者感觉到家庭和医护人员的温暖和关心，可以极大地缓解紧张、焦虑和抑郁的情绪，提高患者治疗的依从性。对于部分患者出现的严重焦虑症状，可以使用抗焦虑药治疗，对于存在严重自杀意念和自杀行为的患者，应该积极采取抗抑郁治疗，并且加强陪护，防止意外事件的发生。

4. 加强患者的社会支持　除了加强患者与家庭成员之间的联系，还应鼓励患者积极参加社交活动。目前国内各地成立了多家癌症康复中心或癌症康复俱乐部，鼓励患者参与这些俱乐部的活动，中国抗癌协会康复分会把这些团体纳入了组织，提出"让社会知道癌症不等于死亡，癌症患者需要康复治疗"这一宗旨，带领患者积极参与治疗和各种康复活动，患者之间可以相互交流彼此的经验和心得，大大提高了患者的自信心和治疗的积极性。

（韩洪瀛）

复习思考题

1. 患者有哪些常见的角色适应不良？
2. 如何提高患者的遵医行为？
3. 患者一般心理特征有哪些？

4. 临床不同类型的患者心理变化有何差异？

网上更多……

▇ 本章小结　　▇ 自测题　　▇ 教学 PPT

第九章
医患关系与医患沟通

关键词

医患关系	人际关系	医生角色	患者角色
医患关系模式	医患沟通模式	医患沟通	沟通技巧

医患关系是医患双方和与双方利益关系有密切联系的社会群体及个体在医疗卫生活动中客观形成的一种互动关系，贯穿医疗卫生活动的全过程。医患沟通是指医生和患者之间的交流和互动过程，旨在传达信息、分享意见及建立理解、信任与合作的关系。医患关系与医患沟通不仅在疾病的诊断、治疗、康复等方面具有重要意义，在患者的健康教育、健康促进、健康检查及预防措施方面也有重要的价值，对医疗卫生服务的最终效果有重要影响。医患关系和医患沟通的发展变化还会影响医院医德、医风建设和医疗机构的形象。好的医患关系离不开好的医患沟通，二者是促进社会和谐进步的重要组成方面。

知识导图

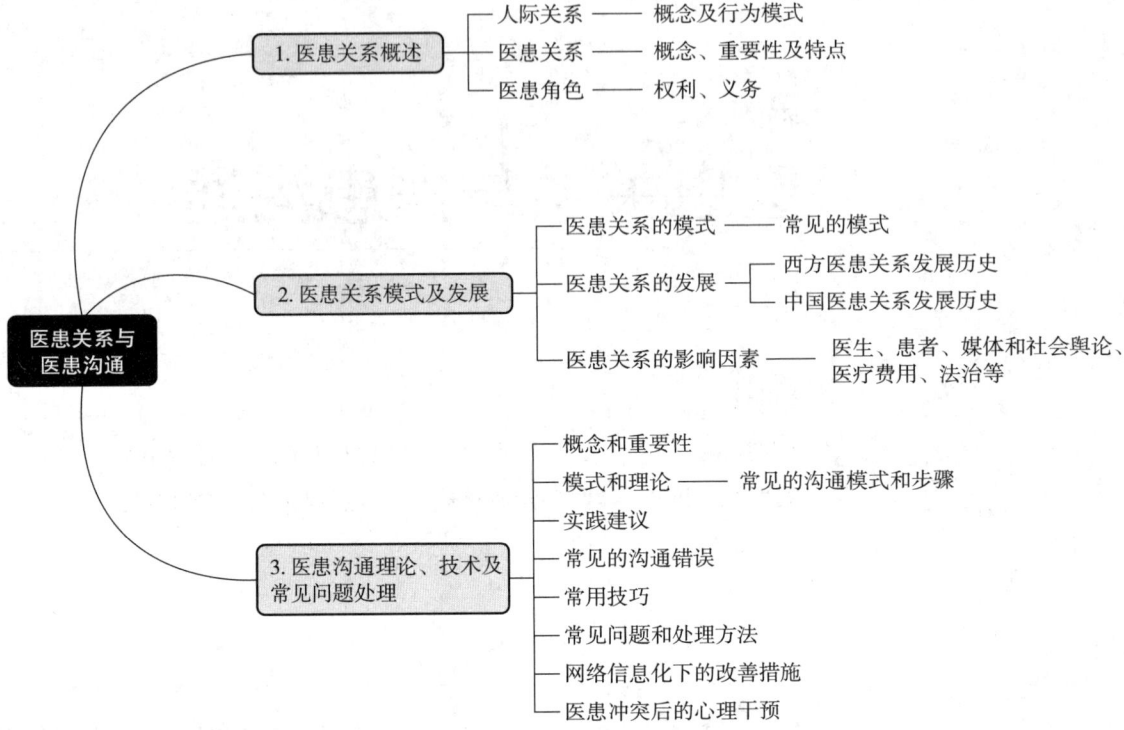

第一节　医患关系概述

一、人际关系

（一）人际关系的概念

人际关系（interpersonal relationship）是指在社会生活过程中，个人与他人之间的互动、相互作用的方式和程度。它涉及人与人之间的联系、情感、沟通与合作，并且对个人的心理和情感健康产生重要影响。人际关系包括家庭、友谊、爱情、职业、社交网络等各个方面。一个健康的人际关系通常建立在彼此之间的尊重、信任、支持和照顾基础之上，能够带来积极的互动和共同的体验，同时也能够提供情感上的满足和支持。人际关系的质量对于个人的幸福感和生活质量至关重要。

（二）人际关系行为模式

人际关系行为模式涉及个人在与他人互动和相处时所展现的行为方式和习惯。常见的人际关系行为模式如下。

1. 合作与合适性　积极参与合作并尊重他人的意见和需求，寻求双赢的解决方案。
2. 有效沟通　善于倾听和表达自己的观点，尊重他人的观点，用清晰、明确的方式进行沟通。
3. 共情和理解　能够理解和关心他人的感受和处境，表达支持和鼓励，建立共情和亲密感。
4. 社交技巧　具备适应不同社交场合和人群的能力，包括自我介绍、礼貌待人、表达感谢、解决冲突等。
5. 管理冲突　能够以积极、非攻击性的方式处理冲突，寻求妥协和解决方案，维护良好的人际关系。
6. 身体语言　注意自己的姿态、眼神、面部表情等非语言沟通方式，使其与言语一致，并表达友好和尊重。
7. 社交支持　能够提供帮助和支持他人，以及寻求他人的帮助和支持，建立互惠关系。
8. 心理弹性　适应和应对人际关系中的挫折和困难，具备解决问题的能力，并从中学习和成长。

这些行为模式可以帮助个人建立积极、健康的人际关系，并促进良好的相互影响和互动。

拓展阅读9-1
人际吸引程度和有关个性品质

二、医患关系

（一）医患关系的概念

医患关系（doctor-patient relationship）广义上是指一种在医疗卫生活动中围绕医务人员与患者及其亲属之间建立起来的特殊人际关系。狭义上指在医疗活动中医务人员为了促进和改善患者健康而与患者建立起来的特殊人际关系（图9-1）。其特殊性在于是医疗卫生活动中客观形成的互动关系，其核心是医患双方主要围绕疾病的诊断、治疗和康复开展活动。作为医疗卫生活动的

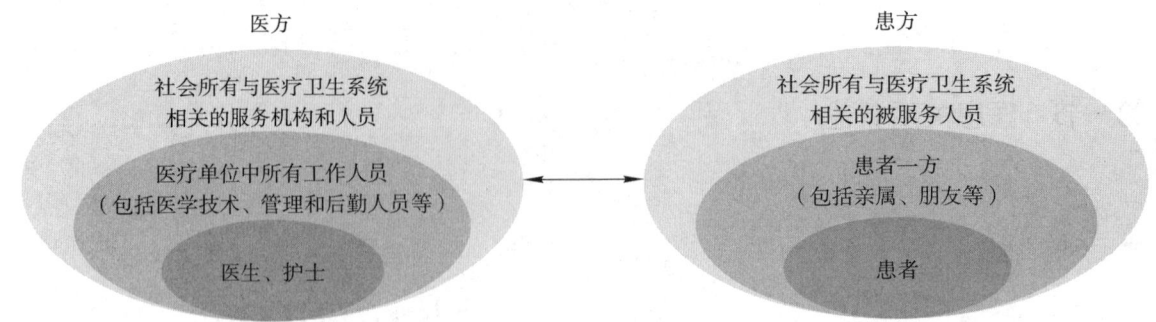

图9-1 广义与狭义的医患关系

重要组成部分，和谐的医患关系不仅有利于提高疾病的诊疗效果，也有利于促进和谐医院和社会的构建，更是医疗质量评估的重要指标之一。

（二）医患关系的重要性

"有时去治愈，常常去帮助，总是去安慰"是体现医患关系最好的描述。医患关系是医疗卫生服务质量和效果的基础。现代医疗技术的飞速发展和广泛的临床应用，常导致医生将患者的健康或不健康抽象为一些临床指标或评分，而弱化了患者作为整体的诉求，导致沟通与交流时间缩短，从而影响到诊断和治疗效果，最终破坏了医患的信任关系，导致诸多不良后果，引发医患矛盾。因此，建立良好的医患关系非常重要。

1. 信任和沟通　医患之间建立信任关系是十分重要的。信任可以使患者更愿意分享病情和病史，而医生则能够更全面地了解患者的情况，以便做出准确的诊断和治疗。另外，良好的沟通能够帮助医生和患者之间更好地交流，理解和共同制订治疗计划，提高治疗的效果。

2. 治疗依从性　医患关系良好的患者更有可能积极配合治疗，遵循医嘱并按时进行治疗。他们更可能听从健康建议，进行必要的检查和康复措施，从而提高治疗的效果和预后。

3. 心理支持　面对疾病和治疗过程，患者常常会有一定的恐惧、焦虑和心理压力。医生作为患者的支持者和倾听者，能够提供专业的医疗信息和情感上的支持，减轻患者的焦虑和压力，促进身心的康复。

4. 患者满意度　良好的医患关系有助于提高患者对医疗服务的满意度。患者感受到医生的关心、体贴和专业知识的运用，他们会对医生的治疗和服务更加信任和满意，有利于提升患者的满意度，为建立良好的医患关系奠定良好的基础。

总之，良好的医患关系不仅能够提高医疗服务质量和治疗效果，还能够提高患者的满意度和整体医疗体验。这对于医生和患者来说都是非常重要的，有助于构建一个更加协作和有效的医疗体系。

（三）一般医患关系的特点

1. 专业性　医患关系是基于医生作为专业医疗提供者，患者作为治疗和护理的接受者之间的专业关系。医生应具备专业知识和技能，患者应依赖医生的专业建议和决策。

2. 不对等性　医患关系中存在一种明显的权利不对等，医生作为专业医疗提供者拥有专业知识和技能，而患者则处于相对被动地接受治疗和护理的地位。

3. 医学信息不对称性　医生作为医疗专业人员，拥有更多的医学知识和信息，而患者则相对缺乏相关知识。因此，医生需要以易于理解的方式向患者传达医学信息，以便患者做出明智的决策。

4. 信息共享性　医患关系依赖于医生和患者之间的有效沟通和信息共享。医生应提供清晰和准确的医学资讯，而患者应提供个人病史和症状等相关信息。

5. 多层次和多维度性　一方面，疾病的复杂性和不确定性常导致同一患者可能同时罹患多种疾病，其接受干预的疾病可能存在多维度的需要，有时可能还涉及多个内外科室的联动诊疗，如既要稳定患者的血糖、血压，也需要改善患者的睡眠、饮食等。另一方面，随着疾病的演化发展，同一患者的某一个次要疾病在某一特定阶段可能会上升成为影响患者目前健康状况的主要疾病。在这个过程中，患者因为不同疾病带来不同的生理感受和心理感受，渴望得到专业治疗恢复健康的同时，也渴望得到医务人员的尊重、照护、帮助和关爱。与此同时，医务人员不仅需要关注到患者疾病伤痛的发展变化，也需要关注到患者的情感需求、心理变化和现实需求，不夸大、不漠视患者的现实需求和心理变化，实现医患双方多层次、多维度需求满足的有效互动。

6. 时限性　从患者开始就医到疾病诊治结束，医患关系经历从建立、发展到结束的不同时期。相比于其他类型的人际关系，时限性是医患关系的重要特点，即从诊疗开始建立到疾病诊治完毕后结束。在医患关系结束后，医生作为个人是否愿意与曾经的患者交往属于医生个人的选择，医生对自己的选择负责。

7. 动态性　医患关系并非一成不变，而是在医疗卫生活动中伴随着疾病的发展过程和治疗结局在动态发生变化，如高血压、糖尿病等慢性病的长期管理就不是一次诊疗结束就可以解决的，因此在慢性病的发展变化中，医患关系也会动态变化。良好的医患关系可能会促进疾病的转归和获得良好的预后，而不良的医患关系可能会导致疾病的恶化和不良预后。此外，因为疾病诊疗结局的不理想可能也会导致患者对医务人员产生不满、厌恶、愤怒或攻击行为，使双方失去对彼此的信任、尊重和忠诚。建立和维护良好的医患关系也是医务人员的基本技能之一。

（四）当前医患关系的主要特点

1. 患者权益意识增强　随着医疗信息的普及和患者受教育水平的提高，患者对自身权益的意识有所增强。患者更加重视自己的医疗权益，要求医生提供更多的信息和参与决策的机会。

2. 医疗透明度要求增加　患者对医疗过程和决策的透明度要求越来越高。他们希望能够了解自己的疾病诊断、治疗方案、手术风险等相关信息，以便做出知情的决策。

3. 医患沟通的重要性增加　医患沟通成为医疗过程中的关键环节。患者希望与医生有良好的沟通，得到更多的关注和理解。医生也认识到与患者有效沟通的重要性，以提高治疗效果和患者满意度。

4. 医疗纠纷风险增加　医疗纠纷的发生频率有所增加，因为患者在医疗决策、治疗效果和服务质量方面的期望也更高。医生和医疗机构面临着更大的责任和风险，需要加强医疗质量管理和健全纠纷解决机制。

5. 可利用信息技术的机会和挑战　信息技术的不断发展为医患关系带来了机会和挑战。患者可以通过在线平台获取医疗信息和预约医生，但也可能面临信息的混乱和不准确性，以及与医生面对面沟通的减少。

6. 患者主导的医疗需求增加　患者越来越倾向于主动管理自己的健康状况。他们更加关注预防和健康促进，追求个性化的治疗方案和综合医疗服务。

以上特点对医生和医疗机构提出了新的挑战和机遇。建立良好的医患关系需要医生更加关注患者权益、提供透明的医疗信息、加强沟通和合作，以满足患者的期望并提高医疗质量。

（五）网络信息化下医患关系的特点

1. 不可靠的信息来源　网络上存在大量的医疗信息，但其中很多信息并非来自可靠和专业的渠道。患者可能会受到虚假、不准确或不完整信息的误导，导致错误的自我诊断或治疗决策。

2. 医患沟通的局限性　通过网络平台进行医患沟通可能会面临时间延迟、字数限制、无法进行面部表情和语音交流等问题。这些因素可能降低沟通的效果，导致信息不完整或存在误解的风险。

3. 隐私和安全问题　在网络平台上，患者的健康信息可能受到数据泄露、未经授权的访问或其他安全风险的威胁。保护患者的隐私和数据安全是一个重要的挑战。

4. 专业责任和法律问题　医生在网络平台上提供医疗建议或诊断时，可能面临专业责任和法律风险。确保医生在提供远程医疗服务时遵守适用的法规和道德准则，以确保患者的安全和权益。

5. 技术依赖和技能要求　使用网络平台进行医疗交流，就要求医生和患者具有一定的技术能力。这对一些老年人、低技术能力人群或无法获得稳定网络连接的人来说可能是一个挑战。

6. 缺乏身体接触和亲身观察　通过网络平台无法进行身体接触和亲身观察，从而限制了医生对患者病情和症状的全面评估，可能会对诊断和治疗决策产生一定的影响。

三、医患角色

医方和患方是医患关系的两大主体，医患关系则是这两大主体在医疗卫生活动中产生的特殊关系，医疗活动的顺利进行依赖于和谐的医患互动。针对性地对医、患两个群体普及以医患沟通技能为核心的基础知识和基本技能，有利于促进医患之间的和谐互动，对医疗卫生活动顺利开展具有重要作用。

基础链接 9-1
权利和义务的含义和
相互关系

（一）医方角色和权利、义务

医方广义上通常指在特定的医患关系中为患者健康负责的群体或机构，狭义上通常指在特定的医患关系中，由掌握医疗卫生知识和医疗技能，并直接从事疾病诊疗、进行疾病预防保健工作的特定专业人员。通常社会文化背景下对角色行为有规定，这些角色行为规定了医务人员的职业行为，也保证了医务人员能行使其职责和义务。

医生的角色特征通常包括以下方面。

1. 专业知识与技能　医生应具备扎实的医学知识和丰富的临床经验，能够准确诊断和治疗疾病，并掌握最新的医疗技术和研究成果。

2. 关心和尊重患者　医生应对患者展示关心和尊重，尊重患者的隐私和人权，关注患者的感受和需求，并为患者提供支持和安慰。

3. 良好的沟通和倾听技巧　医生应具备良好的沟通和倾听技巧，能够与患者进行有效的交流和理解，倾听患者的需求和关切，并向患者提供清晰、准确的医学信息。

4. 道德和伦理责任　医生应遵守医学伦理规范和法律法规，保持诚实、正直和敬业的精神，始终以患者的健康和福祉为首要考虑。

5. 决策能力和责任感　医生应具备独立的决策能力和责任感，能够在复杂的医疗情境中综合考虑患者的疾病特点、治疗选择和风险，并为患者做出恰当的决策。

6. 团队合作与协调能力　医生应具备良好的团队合作和协调能力，与其他医疗人员、护理人员和患者家属合作，实现综合医疗团队的有效协作，提供全面的医疗服务。

7. 持续学习和专业发展　医生应不断学习和更新医学知识，关注医学科学的最新发展，并参与持续教育，以提高自身的专业水平和医疗质量。

总之，医生的角色特征要求他们不仅要具备专业的医学知识和临床技能，还要关心患者、与患者进行有效沟通、尊重患者的权益，以及具备道德责任感和良好的团队合作能力，为患者提供全面、高质量的医疗服务。作为医疗专业技术的主要提供者和实施者，医生的权利和义务与患者的生命安全密切相关。

医生的权利：①病情询问权；②疾病诊断权；③对患者进行检查的权利；④对患者进行医学治疗的权利；⑤死亡判定权；⑥参与医学司法活动的权利；⑦从事医学研究和参与学术交流的权利；⑧继续教育的权利；⑨获得劳动报酬的权利。

医生的义务：①提供医疗卫生技术支持的义务；②医疗行为告知义务；③为患者保密的义务；④健康教育的义务；⑤紧急救治的义务。

拓展阅读 9-2
美国医学会制订的
"医生的行为标准"

（二）患方角色和权利、义务

患者是指在医疗或医学上接受治疗或关注的个人。患者通常因身体或心理健康问题而寻求医生或医疗机构的帮助。患者可以患有各种疾病、症状或伤害，包括但不限于感染、慢性病、急性损伤、精神疾病等。医务人员通过对患者的评估、诊断和治疗来提供必要的医疗护理和支持。以患者为中心的医疗方法旨在尊重和满足每个患者的特定需求和健康目标。

患者角色的权利、义务等参考第八章"患者心理"第一节相关内容。

第二节　医患关系模式及发展

一、医患关系的模式

由于医患关系中医患双方的态度、角色和权力分配不同，导致在现实中医患关系常常是复杂和多样化的，可能不完全符合某个特定的模式，而是相互交织、演变和协商的结果。常见的有以下几种模式。

（一）萨斯-何伦德模式

托马斯·萨斯（Thomas Szasz）和马克·何伦德（Mark Hollander）于1956年发表《医患关系的基本模式》，文中提出了三种主要医患关系模式：①主动-被动型（active-passive model），医生处于主动支配地位，患者处于被动地位，这种关系的特点是"医生为患者做什么"，模式对应的原型属于"父母-婴儿"型；②指导-合作型（mentoring-collaborative model），为目前临床工作中最常见的医患关系模式，是构成现代医患关系的基础模式，其特征是"医生告诉患者做什么和怎么做"，模式原型属于"父母-儿童"型；③共同参与型（mutual-participation model），是以生物-心理-社会医学模式为指导思想而发展出的一种现代医患关系模式，其特征是"医生帮助患者自我恢复"，模式原型属于"成人-成人"型。

（二）维奇模式

美国学者罗伯特·维奇（Robert Veatch）提出3种类型：①纯技术模式，医生将所有关于疾病和健康的事实进行陈述并得到患者理解，医生根据事实治疗疾病，解决问题；②权威模式，医生充当类似家长的角色，不仅有为患者做出医学决定的权利，甚至具有做道德决定的权利；③契约模式，医患双方关于责任和利益达成一种非法律性的约定关系，彼此的关系并非绝对平等，但存在共同利益，分享道德权利和道德责任，共同对做出的各种决定负责。

（三）布朗斯坦模式

布朗斯坦（Braunstein）提出2种类型：①传统模式，医生绝对权威，负责决定，患者则服从决定；②人道模式，将患者视为一个完整的"人"，医生为患者提供技术上的服务，还以同情心、责任心关注其心理、社会层面的诉求，患者主动参与医疗过程，对决定具有发言权，医生在很大程度上是教育者和指导者。

（四）萨奇曼探究模式

理查德·萨奇曼（Richard Suchman）设计的探究模式，将医患关系分为5个连续阶段：体验症状阶段、接受患者角色阶段、接触医疗服务阶段、依靠医生阶段和痊愈康复阶段。每个阶段，患者都需做出不同的决定，采取不同的行动。

二、医患关系的发展

医患关系的发展可以追溯到古代文明的起源，可以说是人类社会发展的伴随产物。从古代的医药神秘主义到现代的医学科学，医患关系经历了漫长的历程和变革。

（一）西方医患关系发展历史

1. 古代医学　在古代，医药主要受到宗教和神秘主义的影响。医学被视为一种神圣的艺术，医生通常是神职人员，他们通过祈祷、施放符咒和采用草药等方法来治疗疾病。医生与患者之间的关系常常建立在信任、敬畏和依赖的基础上。

2. 古希腊和古罗马时期　在这一时期，医学开始逐渐从神秘主义转向理性主义。希腊医学家希波克拉底（Hippocrates）提出了以患者为中心的医学原则，并强调医生与患者之间的信任和责任。医学伦理和职业道德的概念开始形成。

3. 中世纪　在中世纪，医疗由修道院和教会系统主导，医学与神学紧密结合。医生仍然是以教士身份从事医疗活动，医学知识受到宗教信仰的限制。医生与患者之间的关系仍然以信仰和依赖为基础。

4. 文艺复兴和启蒙时期　文艺复兴和启蒙运动改变了医学的发展方向。医学开始独立于宗教，成为一门独立的学科。科学方法开始应用于医学实践和研究。医学伦理和患者权益的概念逐渐形成。医生与患者之间的关系开始更加注重合作和理性。

5. 工业革命时期　工业革命催生了现代化的医疗体系，大规模的城市化和工业化使得医生与患者之间的距离逐渐拉大。医疗成为一种商业活动，医生的地位和权威开始受到挑战。医患关系逐渐变得复杂和商业化。

6. 医学专业化和医患关系危机 20世纪，医学进一步专业化，医学知识增长迅速，技术的发展对医疗有了重大影响。然而，医疗资源不平等、患者权益受损及医患沟通不畅成为医患关系的挑战。医患之间的信任和沟通问题引发了医患关系的危机。

7. 当代医患关系 在当代，医患关系逐渐从"父子"模式向"合作关系"模式转变。医疗责任的共担、患者参与决策的重要性得到认可。医学伦理和患者权益保护得到重视，医患关系开始注重患者的个体化需求和健康结果。

（二）中国医患关系发展历史

中国医患关系发展的历史也经历了从古代崇拜和尊敬到近代冲突和困扰，再到现代强调患者权益和合作的转变。

1. 古代医学 中国古代医学以中医为主，医疗常常与宗教和哲学相结合。医生被视为有着高度的知识和技能，并被尊崇为"大夫"。古代医患关系建立在尊敬和信任的基础上，医生有责任治疗和照顾患者。

2. 近代医学引进 在19世纪，近代医学开始引入中国。外国医生和传教士带来了西方的医学知识和技术，设立了医院和学校。然而，由于文化差异和信仰的影响，医患关系发展并不顺利，时常出现争议和冲突。

3. 医疗体制改革 1949年中华人民共和国成立后，中国进行了医疗体制改革。公立医院成为主要的医疗机构，医生成为国家员工。医患关系的特点是医生权威较高、医疗资源有限，患者通常被认为是医生的依赖对象。

4. 改革开放与市场经济 20世纪80年代以来，中国进行了市场经济的改革开放。医疗服务逐渐走向市场化，医患关系也发生了变化。患者对医疗资源的需求增加，医院和医生面临着更大的经济压力。医患之间出现了信息不对称、信任缺失和矛盾冲突等问题。

5. 患者权益保护 21世纪以来，中国开始重视患者权益保护并进行相关立法。医患关系逐渐朝着平等、尊重和共同合作的方向发展。患者参与和知情权得到强调，对医生及医疗机构的责任和道德要求也更加突出。

在新的医患关系模式中，医生和患者之间更强调平等、尊重和合作。医生不再是单方面的权威，而是与患者共同参与决策和治疗过程的合作伙伴。医生越来越重视患者的意见和价值观，将患者的需求和期望纳入治疗计划中，提供更加个性化的医疗服务。

另外，随着信息技术的发展，互联网和社交媒体改变了医患之间的信息传递方式。患者可以更容易地获取医学知识和医疗信息，对医疗决策有更高的参与度。但与此同时，也出现了医疗虚假信息的传播和自我诊断的问题，需要医生和患者共同面对和应对。

此外，医患关系中的文化、性别、经济和权力等因素也对关系的发展产生了影响。医生和患者之间的意识形态、社会背景和权力差距可能导致偏见、不平等及关系的紧张。因此，建立一个平等、尊重和合作的医患关系需要考虑这些多样的因素，并采取措施来缩小差距和促进沟通。

总结起来，医患关系的发展经历了从神秘主义到理性主义，从依赖到合作的演变。现代医患关系注重患者的权益和参与，强调患者中心、共同决策和个性化医疗。然而，医患之间的信任和沟通仍面临挑战，需要医生和患者双方共同努力，建立良好的医患关系，以获得更好的医疗结果和患者满意度。

三、医患关系的影响因素

1. 医生对医患关系的影响　医生通过沟通能力、专业知识、关怀和尊重等因素，直接影响医患关系的质量和效果。医生积极地与患者进行沟通和合作，尊重患者的权益和决策，以患者为中心，能够建立起良好的医患关系，提高医疗质量和患者满意度。相反，如果医生缺乏沟通能力、缺乏尊重和关怀，可能会导致医患之间的冲突和矛盾，影响患者的治疗效果和体验。因此，医生在医患关系中扮演着至关重要的角色，需要持续努力提升自己的专业操守和技能，以提供最佳的医疗服务。

以下是医生对医患关系影响的几个主要方面。

（1）沟通和倾听能力：良好的沟通和倾听能力是建立良好医患关系的关键。医生应该有效地传递信息、理解患者的需求和关注，并与患者进行真正的对话。医生的准确表达和倾听能力可以增强患者的参与感和提高满意度，建立信任关系。

（2）专业知识和解释能力：医生应该具备广泛的医学知识和技能，能够清晰、准确地解释疾病的诊断、治疗方案和预后。医生用简单明了的语言解释复杂的医学概念，有助于患者理解和参与决策，并减轻患者的焦虑和不确定感。

（3）尊重和关怀：医生对患者的尊重和关怀是建立信任和合作的基础。医生应该尊重患者的人格和意见，以人为本，关注患者的感受和需求。通过表达关怀和关注，建立起一种亲密和融洽的医患关系。

（4）患者参与和自主权：医生应该鼓励患者的参与和实施自主权，尊重患者在治疗决策中的权利。医生应提供充分的信息，帮助患者理解和评估各种治疗选择的利弊，并与患者共同制订治疗计划。医生的支持和协助有助于患者更好地参与医疗决策和管理自己的健康。

（5）时间管理和关注度：医生在忙碌的医疗环境中要考虑到时间管理和关注度。对于每一个患者，医生应该给予足够的时间和关注，充分了解患者的情况，回答患者的问题。医生的专注和关注可以提升患者的满意度和信任感。

（6）道德和伦理：医生的道德和伦理原则对医患关系的发展起着重要作用。医生应该遵守职业道德准则，保持高度的专业操守和道德标准，以诚信、正直、公正和保密为基础行事。医生应该尊重患者的隐私权、知情权和自主权，确保患者的权益得到充分保护。

（7）知识更新和技术应用：医生应该不断更新医学知识，对最新的研究和技术有所了解，并将其应用于实践中。医生的专业知识和技术水平的提高可以保证更好的医疗服务，提升患者对医生的信任感和满意度。

2. 患者对医患关系的影响　患者在医患关系中也发挥着重要的作用，他们的态度、期望和行为会直接影响医患之间的互动和关系。以下是患者对医患关系影响的一些主要因素。

（1）沟通和表达能力：患者的沟通和表达能力对医患关系起着重要作用。良好的沟通技巧可以帮助患者清晰地传达症状、需求和担忧，使医生能够更好地了解患者的情况，并提供适当的医疗建议和治疗方案。

（2）知识和教育水平：患者对疾病和治疗的知识水平也会影响医患关系。有一定医学知识的患者可能更加主动参与医疗决策，更理性地评估治疗选择，能更好地理解医生的建议。一方面，这可以促进患者的自主决策和合作；另一方面，患者对不准确或片面信息的误解可能导致决策和处理的偏差。

基础链接 9-2
"医学伦理学"的定义

（3）期望和态度：患者的期望和态度会对医患关系产生影响。患者的期望可能包括对治疗结果的期望、对医生角色的期望、对医疗服务的期望等。积极的态度和合作的心态有助于建立积极的医患关系，而消极的态度和不合作的行为可能导致矛盾和冲突。

（4）自信和自主权：一些患者可能更具有自信和自主权，更愿意在治疗过程中参与决策和管理自己的健康。这种自信和自主权的表现可以促进医患之间的合作和共同决策，提高患者的治疗依从性和满意度。

（5）文化和社会因素：患者的文化背景、社会环境和价值观也会对医患关系产生影响。不同文化背景的患者可能对疾病和治疗有不同的观念和期望，而社会因素如性别、种族、经济状况等也会对患者的态度和体验产生影响。

（6）患者满意度和反馈：对医患关系的发展和改进至关重要。患者的满意度反映了他们对医疗服务的评价和体验，而患者的反馈可以帮助医生了解患者的需求和改善医疗服务。

患者作为医患关系的一方，其态度、参与程度、知识水平和沟通能力都会对医患关系的发展产生影响。因此，患者积极参与医疗决策、保持良好的沟通和合作态度，以及提供真实和有价值的反馈，都有助于建立良好的医患关系，提高医疗效果和患者满意度。

3. 媒体和社会舆论对医患关系的影响　随着信息网络的发展，媒体和社会舆论也对医患关系产生重要影响。以下是一些常见的影响方式。

（1）塑造公众观念：媒体对医患关系的报道和呈现可以塑造公众对医生和患者的观念。积极的报道和专业形象可以增加对医生的信任和尊重，进而提高患者对医疗建议的接受度。

（2）患者信息获取：媒体是患者获取医疗信息的重要渠道。媒体的报道可以对患者的意识、知识和判断产生直接影响。然而，不准确或误导性的医疗信息可能会造成患者的混乱和焦虑，进而对医患关系造成负面影响。

（3）引发矛盾和医疗纠纷：媒体对医疗事故、医疗纠纷或患者不满的报道可能引发公众的关注和社会舆论。这会对医患关系产生负面影响，导致医生与患者之间的信任和合作受损。

（4）患者权益呼声：媒体和社会舆论经常将患者权益置于关注焦点。媒体通过报道医疗事故、医疗安全问题或患者不满等事件，推动对患者权益的关注和呼吁，可促使医疗界改善服务和提高质量。

（5）患者医患沟通期望：部分患者可能受到媒体对医患沟通理想化呈现的影响，对医生的期望过高。这可能导致患者不满足于医生的沟通水平和信息传递，增加医患沟通难度。

对于医生和医院而言，了解媒体和社会舆论的影响是至关重要的。医生需要努力提供专业的医疗服务，并通过积极沟通和透明的信息披露来建立信任。医疗机构应积极回应媒体报道，加强与患者和公众的沟通，确保医疗服务的质量和透明度，以维护良好的医患关系。

4. 医疗费用和医保对医患关系的影响

（1）经济压力和医疗费用：医保制度的设立和运行对患者的医疗费用承担起到了一定的保障和调节作用。医保可以减轻患者的经济负担，使其能够更容易地接受必要的医疗服务。然而，医保覆盖范围、报销比例和支付限制等制度设计的不同，可能导致患者对医疗费用的实际支付产生不满和矛盾。

（2）就医选择和医生信任：医保制度可能对患者的就医选择产生影响，如医保可能要求患者在指定的医疗机构就诊或限制特定医生的服务范围，这会限制患者对医疗服务的选择。此外，医保制度对患者的支付方式和额度也会影响患者对医生的信任和选择。

（3）质量监控和管理：医保制度可审查、评估及监控医疗机构和医生的行为与质量，有助于提高医疗服务质量和保障安全，保护患者的权益。医保制度的质量监控和管理机制，包括医疗事故调查和不良事件的追责，可能提供了一种以患者为中心的医疗保障。

（4）纠纷解决和医疗赔偿：医保制度在医疗事故纠纷和医疗赔偿方面也发挥着一定的作用。医保机构可能参与调解和解决医疗争议，提供相应的医疗赔偿和救济渠道，为医患之间的纠纷提供一种安全和可靠的解决途径。

5. 法治和法律对医患关系的影响　法治和法律对医患关系有着重要的影响。以下是法治和法律对医患关系影响的几个方面。

（1）医患权益保护：法律规定了医患双方的权利和义务，以确保医患关系的平等和公平。例如，患者在医疗过程中享有知情同意、隐私保护、医疗质量监督和投诉等权益，医生则有义务提供合理的医疗服务和承担相关责任。

（2）医疗纠纷解决：法律为医疗纠纷的解决提供了法律程序和机制。患者可以通过司法途径或其他争议解决机构来维护权益和寻求补偿。医生和医疗机构也有责任遵守法律，合法合规地处理医疗纠纷。

（3）医疗责任和医疗事故：法律规定了医生和医疗机构的责任和义务，特别是在医疗事故发生时。这些法律规定涉及医疗标准、医疗事故赔偿机制、医疗保险等方面，保护了患者的权益并提供了法律救济的途径。

（4）医患合同和知情同意：法律要求医患双方建立医患合同，并确切规定了医疗服务的范围、费用、风险和责任等条款。此外，医疗法律还要求医生在进行治疗前征得患者的知情同意，并提供足够的信息让患者理解治疗的风险和效果。

（5）医疗法规和标准：法律对医疗行为和诊疗规范进行了规定，以确保医疗服务的质量和安全。这些法律要求医生和医疗机构遵守医疗伦理、诊疗规范和管理要求，以提供高质量的医疗服务。

法治和法律的存在和实施是维护医患关系稳定和健康的重要保障。法律的规定和约束，可以加强医患之间的互信和合作，确保患者的权益得到保护，提高医疗服务质量和安全水平。同时，医生和医疗机构应加强对法律法规的了解和遵守，以避免法律风险和纠纷的发生。

第三节　医患沟通理论、技术及常见问题处理

一、医患沟通的概念和重要性

医患沟通（doctor-patient communication）可以定义为医生和患者之间的交流和互动过程，旨在传达信息、分享意见和建立理解、信任和合作的关系。这种沟通涉及医生和患者之间的双向交流，其中医生提供医学知识、解释诊断和治疗方案，而患者则表达自己的症状、需求和期望。

医患沟通是医疗过程中至关重要的一环，对于治疗效果、患者满意度和医患关系的质量起着重要的作用。良好的医患沟通可以帮助医生获取患者的全面信息，制订适当的治疗计划，提高患者对治疗的理解和依从性，减少不必要的医疗误解和纠纷。

医患沟通应当尊重患者的权益和维护其尊严，体现医生的专业素养和关怀及患者的参与和共同决策。它需要清晰的语言表达、有效地听取和理解对方的意见和感受，确保双方达成共识并共

同制订适当的治疗方案。

总体而言，医患沟通的目标是促进双方之间的共同理解、信任和合作，以达到最佳的医疗效果和患者满意度。其重要性在于通过积极主动地参与和加强医患沟通，改善医疗决策、提高医疗质量，并促进医患关系的健康发展。

二、医患沟通的模式和理论

医患沟通理论提供了医生与患者之间更好沟通的指导，并有助于建立更好的医患关系，提高医疗结果和患者满意度。医患沟通理论较多，常见的医患沟通理论主要有以下几种。

1. 以患者为中心的沟通模式（patient-centered communication model，PCC 模式）　该沟通模式主要指帮助医务人员提供与患者价值观、需求和偏好相一致的护理，使患者能够表达意见并积极参与有关其健康和保健的决策。PCC 模式的核心概念：①引出和理解患者的观点（如关注、想法、期望、需求、感受和功能）；②在患者独特的社会心理和文化背景下理解患者；③达成对患者问题和符合患者价值观的治疗的共同理解。

PCC 模式的基本技能包括建立关系、收集信息、提供信息、分享决策、总结治疗方案。沟通实践技巧范例：①建立关系，热情得体地问候患者，保持眼神交流，表现出兴趣，积极倾听，表达同情；②收集信息，开放式问题询问，让患者完成回答，澄清和总结信息，探索疾病对患者的影响；③提供信息，坦率地表达，避免专业术语，使用以患者为导向的证据（patient-oriented evidence that matter，POEM），鼓励提问，确认患者理解；④分享决策，探索患者偏好，确定治疗选择的障碍，协商和协议；⑤总结治疗方案，获得患者的理解并讨论随访，使治疗成功。

拓展阅读 9-3
PCC 模式中语言和非语言沟通的方法

2. 以关系为中心的沟通模式（relationship-centered communication model，RCC 模式）　相比于 PCC 模式主要强调患者本身，没有完全融入临床医生的观点和经验，RCC 模式能很好地兼顾患者和医生的观点。在 RCC 模式中，临床医生意识到自己在与患者沟通中的情感变化，这就不仅要考虑患者的情绪，也要考虑其自身的情绪。具体沟通技巧主要包括 PEARLS 陈述和 ART 技术。

（1）PEARLS 陈述：该技术是由医疗保健传播学院（Academy of Communication in Healthcare，ACH）创立，旨在帮助临床医生在医疗活动中了解向患者表达同理心的方式。其每个字母代表一个关键步骤，具体步骤和操作范例如下。

1）建立伙伴关系（P，partnership）：与患者建立良好的关系是良好医患关系的开端（如"让我们一起努力"）。

2）感知患者情绪（E，emotion）：感知患者情绪，从而加强医患关系（如"我想这对你来说是多么令人沮丧""你看起来很沮丧""你看起来很担心""我听到你说你很生气"）。

3）恰当表达歉意（A，apology）：对沟通中可能存在的不足或问题及时表达歉意，有助于建立和稳定医患关系（如"很抱歉让你久等了"）。

4）向患者表示尊重（R，respect）：倾听患者的意见、顾虑和经历，向患者表达尊重（如"你真的很努力才渡过难关"）。

5）合理化患者的感知（L，legitimization）：对患者的感受表达理解和同情（如"像你这样的情况，大多数人都会有同样的感受"）。

6）给予支持（S，support）：应给予患者恰当的情感支持和关怀（如"我会陪你渡过难关"）。

（2）ART 技术：主要指信息传输和接收，每个字母代表一个关键步骤。

1）询问（A，ask）：询问患者对诊断或症状的看法。

2）回应（R，response）：以积极的倾听和（或）同理心回应他们。

3）告知（T，tell）：说出你的观点。

3. 四习惯模式（four habits model，FHM） 1996 年 Frankel 等基于循证医学证据，为构建临床医生与患者在沟通中达到快速建立融洽关系和信任、促进信息的有效交流、表现出关心和关怀、增加坚持和积极健康结果的可能性的目标，将临床医患沟通归纳为"四习惯模式"。主要内涵是：①准备沟通；②获得患者的观点；③表达同情与共鸣；④与患者讨论技术谈话。其包含 4 个维度、14 项基本沟通技能、35 个具体沟通技巧及 20 项预期结果，这些习惯相互嵌套、相互关联。

4. SPIKES 模式 是一种用于医患沟通中传递坏消息的框架。这个模式的每个字母代表一个关键步骤，用于帮助医生以敏感、关怀和有效的方式向患者传达不幸的消息。它包括六个步骤：①会谈设置（S，setting up the interview）。在这一步骤中，医生需要为沟通创造一个适当的环境。他们可以选择适当的场所和时机，确保患者和家属都可以集中注意力，并提供足够的时间进行沟通。②评估患者的感知（P，assessing the patient's perception）。医生需要了解患者对病情的认知和期望。这将帮助医生了解患者对消息的接受程度，并提供相应的支持。③获得患者的邀请（I，obtaining the patient's invitation）。医生需要确认患者对于得知真相的渴望程度。他们可以询问患者是否愿意听到详细的信息，并在患者准备好时继续进行沟通。④提供知识和信息（K，giving knowledge and information）。在这一步骤中，医生以简明扼要的方式向患者传递坏消息。他们需要使用清晰、简明的语言，避免使用专业术语或医学术语，逐步揭示消息的重要部分。⑤回应患者的情绪和表达共情（E，addressing the patient's emotion and empathizing）。医生在面对患者的情绪反应时需要表现出同理心和关爱。他们应该积极关注患者的情绪，确保患者感到被理解，并提供情感上的支持。⑥策划治疗和总结（S，strategizing and summarizing）。在最后一步中，医生应与患者一起制订下一步的策略和行动计划。他们应为患者提供可行的选择，并确保患者理解治疗选项和可能的结果。

5. SHARE 沟通模式 日本心理肿瘤学会（Japan Psycho-Oncology Society，JPOS）基于向癌症患者阐述真相的研究设计了 SHARE 模式。 SHARE 模式的字母代表的是病情告知时的四个要素：①支持的环境（S，supportive environment）；②告知坏消息的方式（H，how to deliver the bad news）；③提供附加消息（A，additional information）；④做出恰当的保证及提供情绪支持（RE，reassurance and emotional support）。其步骤和操作建议如下。

（1）S：①介绍自己；②选择一个安静的环境；③与患者建立关系；④邀请家属了解病情。

（2）H：①避免使用专业术语；②解释疾病的全过程；③告知坏消息；④讨论治疗和应对策略；⑤确认家属了解有关情况；⑥如果不能清楚地解释情况，应该寻求帮助。

（3）A：①理解患者的意愿并确认这些意愿；②解释未来的治疗策略；③提供其他的医疗信息。

（4）RE：①表达同理心；②鼓励和安慰患者及家属积极思考；③表示关注。

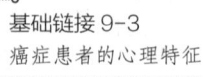
基础链接 9-3
癌症患者的心理特征

三、医患沟通的实践建议

1. 建立良好的关系和信任 良好的医患沟通是良好医患关系的基础，良好的医患沟通可以采用以下方法：①使用倾听技巧，给予患者足够的时间表达自己的症状、问题和担忧，并展示出兴趣和尊重；②通过身体语言、面部表情和非语言沟通来营造舒适和亲切的氛围；③ 遵循 SPIKES 模式或其他相关模式的步骤，在敏感和重要的情景中提供支持和关怀。

2. 使用清晰简明的语言 医患沟通中使用专业术语或医学术语可能会降低沟通效率，影响沟通效果，因此在医患沟通中应当：①避免使用医学术语或专业术语，使用患者可以理解的简单明了的语言；②使用可视化工具、图示和简化的解释来帮助患者理解复杂的概念和信息。

3. 患者教育和信息分享 恰当的患者教育和信息分享有助于改善医患沟通效果，因此在沟通中建议：①使用适合的方法，向患者提供相关的医学知识和信息，帮助他们理解疾病、治疗方案和预后；②鼓励患者提问，回答他们的问题，确保他们对所接受的医疗信息有充分的理解。

4. 共同决策和参与 好的医患沟通应该是双向的，因此在沟通中建议：①基于相关模式的指导，积极与患者进行共同决策；②尊重患者的观点、信仰和价值观，考虑他们的意见，共同找到最佳的治疗方案。

5. 情感支持和理解 良好的医患沟通需要医生给予患者恰当的情感支持、理解和关怀，其操作建议：①表达对患者情感的关注和支持，帮助他们应对疾病的困扰和焦虑；②使用肯定的语言和态度，给予患者支持、鼓励和肯定。

6. 持续的沟通和跟进 医患沟通并不是横断面的关系而是一种持续性的关系，所以维持良好的医患关系可以：①建立起持续的沟通渠道，通过面对面会议、电话、电子邮件或在线平台与患者进行联系；②跟进患者的进展，解答他们的进一步问题，提供持续的支持。

7. 尊重和保护隐私 涉及隐私的问题往往体现出患者对医生的信任程度，因此在医患沟通中，医生应尊重患者的隐私和对个人信息进行保密。确保沟通环境的私密性，只在适当的场合和授权的情况下与其他专业人员分享患者的信息。

8. 强调明确的沟通目标 在医患沟通中，明确沟通的目标是至关重要的。医生应确保患者在沟通过程中清楚目标是什么，以及他们想要达到什么结果，这有助于确保沟通的重点和效果。

9. 使用积极语言 积极的语言和态度可以帮助患者建立积极的心态，并增强他们的合作意愿。使用鼓励性语言，肯定患者的努力和进展，并提供支持和希望。

10. 解决沟通障碍 在医患沟通中，可能会遇到一些沟通障碍，如语言障碍、文化差异、情绪问题等。医生应努力克服这些障碍，寻找适合的解决方案，确保有效的沟通。

11. 持续学习和反思 医患沟通是一个不断学习和提升的过程。医生应保持对沟通技巧和策略的学习，参与相关培训和专业发展活动。同时，进行沟通的反思和自我评估，不断改进和提升自己的沟通效果。

综上所述，有效的医患沟通需要医生给予足够的倾听和理解，使用简洁明了的语言，积极进行患者教育和信息分享，并鼓励患者参与共同决策。同时，情感支持和尊重患者的隐私是至关重要的。持续的沟通和跟进有助于建立持久的医患关系，并提供优质的医疗服务。

四、医患沟通中常见的沟通错误

在医患沟通中，常见的沟通错误包括以下几个方面。

1. 过度使用专业术语 医生在与患者交流时过度使用专业术语，导致患者难以理解。医生应使用平易近人的语言，避免使用专业术语和医学术语，确保患者可以理解所传达的信息。

2. 倾听不够 医生急于给予指导和解答，而忽视倾听患者的观点和意见。医生应花时间倾听患者的问题、需要和顾虑，以建立有效的沟通。

3. 中断患者发言　医生在患者尚未表达完整意见时中断他们的发言，导致患者感到被忽视或不被重视。医生应尊重并等待患者表达完整，然后再做出回应。

4. 缺乏情感支持　医生忽视了患者的情绪困扰和焦虑，只关注疾病本身。医生应显示情感支持，倾听患者的情感需要，提供相应的理解和安慰。

5. 不清晰的信息传达　医生的语言表达不清晰，信息模糊或有歧义，患者对治疗方案和医学建议理解不准确。医生应使用清晰、简明的语言，确保信息准确传达给患者。

6. 缺乏问询和确认　医生未向患者提问、询问或确认对方是否理解所传达的信息。医生应主动提问患者，了解他们的病情、需求和期望，并确认患者对所传达的信息有清晰的理解。

7. 缺乏文化敏感性　医生未考虑患者的文化背景和信仰，可能使用不当的言语或行为，冒犯了患者。医生应关注患者的文化差异，并尊重他们的个人偏好和价值观。

正确认识和处理这些沟通错误可以帮助医生提高沟通技巧，改善医患关系，并提供更有效的医疗护理。

五、医患沟通中的常用技巧

医患沟通是建立良好医患关系的关键，医患沟通技巧的运用可以增强医患之间的理解、信任和合作，提高治疗效果和患者满意度。以下是一些常用的医患沟通技巧。

1. 倾听技巧　医生应该积极倾听患者的话语，给予他们足够的时间表达自己的症状、问题和担忧。倾听时要保持专注，避免打断患者，表现出兴趣和尊重。

2. 非语言表达　除了言语，身体语言和面部表情也是沟通的重要组成部分。医生应该保持开放的姿势，进行眼神接触，展现表达友好和关怀的微笑，以营造舒适的氛围。

3. 简化和明确语言　医生应该使用简单明了的语言，避免使用医学术语或专业术语，以确保患者能够理解并参与沟通。医生还可以使用图示和可视化工具来帮助解释复杂的概念和信息。

4. 患者教育　医生应该积极向患者提供相关的医学知识，使他们能够理解疾病的相关信息、治疗方案和预后，以便能够做出知情的决策。

5. 确保双向交流　医生应该鼓励患者提问并回答他们的问题，促进双向交流和信息共享。这有助于患者更好地了解自己的病情，并提高他们对治疗计划的参与度。

6. 探索和尊重患者的观点与价值观　医生应该尊重患者的观点、信仰和价值观，避免强加自己的意见。在提供建议和治疗方案时，医生应该尊重患者的自主权和选择权。

7. 肯定和鼓励　医生应该给予患者支持、鼓励和肯定，以增强他们的信心和合作意愿。积极的语言和肯定的态度可以帮助患者建立积极的心态，并增强治疗的效果。

8. 情感支持　医生应该展现对患者情感的关注和支持，帮助他们应对疾病的困扰和焦虑。医生可以通过表达理解、提供安慰和情绪支持等方式来促进情感连接。

9. 处理冲突和困难　当遇到患者的不满、疑虑或不理解时，保持冷静和耐心，倾听他们的意见，并提供解释、辅导和支持。寻求共同理解和解决问题的方法，避免指责和争论。

10. 尊重隐私和保密性　确保尊重患者的隐私和保密性，遵循法律和伦理要求。在沟通中保证患者个人信息的保密性，让患者感到放心和安全。

拓展阅读 9-4
"表达共情、试探性询问和有效性反馈"举例

六、医患沟通中的常见问题和处理方法

医患沟通中的常见问题和处理方法包括以下几个方面。

1. 语言障碍 如果患者的母语不是医生所用的语言，可以寻求专业的翻译服务或使用语言辅助工具来确保有效的沟通。此外，医生可以使用简单且通俗易懂的语言，避免使用专业术语，以帮助患者更好地理解和参与。

2. 文化差异 医生应了解患者的文化背景，并尊重他们的价值观和信仰。尊重和理解可以帮助建立起良好的跨文化沟通，避免误解和冲突。医生可以询问患者的文化习俗和信仰，在治疗过程中适当地考虑和尊重他们的文化需求。

3. 患者焦虑和恐惧 在面对患者的情绪反应时，医生应展现同理心和理解。提供心理支持和情绪安抚，鼓励患者表达他们的担忧，并提供适当的信息和解释以减轻焦虑感。医生还可以建议患者寻求外部的心理咨询和支持。

4. 信息不足或过载 医生应以适应患者的方式提供所需的医学信息。可以使用简单明了的语言及图表、图像或可视化工具来辅助解释。医生还应确保患者对信息的理解，通过回答问题和澄清疑虑来消除信息的不足或过载。

5. 患者合作度低 医生可以与患者建立信任和合作的关系，通过积极的倾听、患者教育和共同决策的方式来增强患者的参与度。医生可以鼓励患者提问和表达意见，了解他们的需求和优先事项，与他们共同制订治疗方案，并提供支持和鼓励。

6. 冲突和不满意 当患者对治疗方案、医学建议或沟通方式表达不满时，医生应保持冷静和耐心，倾听他们的意见，并提供解释和支持。医生可以寻求共同理解和解决问题的方法，避免指责和争吵。在处理冲突时，医生应尊重患者的意见和权益，与患者之间建立积极的沟通和合作关系。

7. 不理解或忘记关键信息 医生可以使用简单清晰的语言、可视化工具或图片来帮助患者记忆关键信息。医生还可以建议患者在面诊时准备纸、笔，以记录关键信息，或者提供一份书面总结供患者回顾。

8. 患者对治疗方案的不遵守 医生应当与患者进行开放和诚实的对话，了解其不遵守治疗方案的原因。医生可以针对具体问题提供解决方案、提供更符合患者生活习惯的治疗方案，或与患者讨论并制订更切实可行的方案。

9. 时间不足 尽管医生面临时间压力，但在沟通时也要尽可能给予患者足够的时间。在处理时间紧迫的情况下，医生可以使用简明扼要的语言，提供关键信息和建议，并提供后续的支持和资源，以确保患者在整个治疗过程中得到必要的指导和支持。

10. 患者对疾病或治疗的错误观念 医生应当耐心地纠正和解释患者可能存在的错误观念和误解。使用简单明了的语言和具体的例子来帮助患者理解正确的信息，并提供相关资源和参考资料，加深他们的理解。

11. 缺乏沟通的记录和追踪 医生应该建立和维护良好的沟通记录，并在下次就诊或随访时及时回顾。这有助于医生了解患者的病情和需求，确保信息流畅，并提供一贯的医疗关怀。

12. 患者对诊断或治疗方案的怀疑 医生可以提供更详细的解释和理由，阐明诊断和治疗方案的依据，并准备相关的研究和参考资料作为支持。医生还可以鼓励患者提问，并通过互动来解答他们的疑虑和担忧。

13. 患者过度使用互联网造成的不准确或虚假信息 医生可以向患者推荐可靠的医学资源或网站，提供准确和可信的信息来源。医生可以与患者讨论他们在互联网上找到的信息，解释其中的误解或不准确之处，并指导患者正确利用互联网获取有用的医学信息。

14. 患者情绪过于激动或不合理要求 医生需要保持冷静和耐心，倾听和理解患者的情绪表达，并试图找出情绪背后的原因。医生可以通过温和的语气和非语言表达来安抚患者，并将焦点放在解决问题和满足患者的合理需求上。

15. 患者不愿意分享关键信息 医生需要与患者建立信任关系，以使患者感到舒适和安全，从而愿意分享关键信息。医生可以以开放性和非判断性的方式询问问题，鼓励患者分享他们的担忧和隐私问题。医生还可以提供隐私保护的说明，并强调维护患者隐私的重要性。

16. 医患之间的语言和文化差异导致误解 医生需要增强跨文化沟通的意识和敏感性。积极了解和学习不同文化的礼仪和习俗，尊重和适应患者的文化背景。医生应使用简单易懂的语言或图表等辅助工具，避免使用过于专业化或难以理解的词汇和术语，以提升沟通的有效性。

以上是医患沟通中常见问题的处理方法，医生需要根据具体情况和个体差异进行灵活应对。关键是建立良好的沟通基础，并以尊重、理解、共情和教育为出发点，与患者合作达成共同目标。常见医患纠纷处理流程见图 9-2。

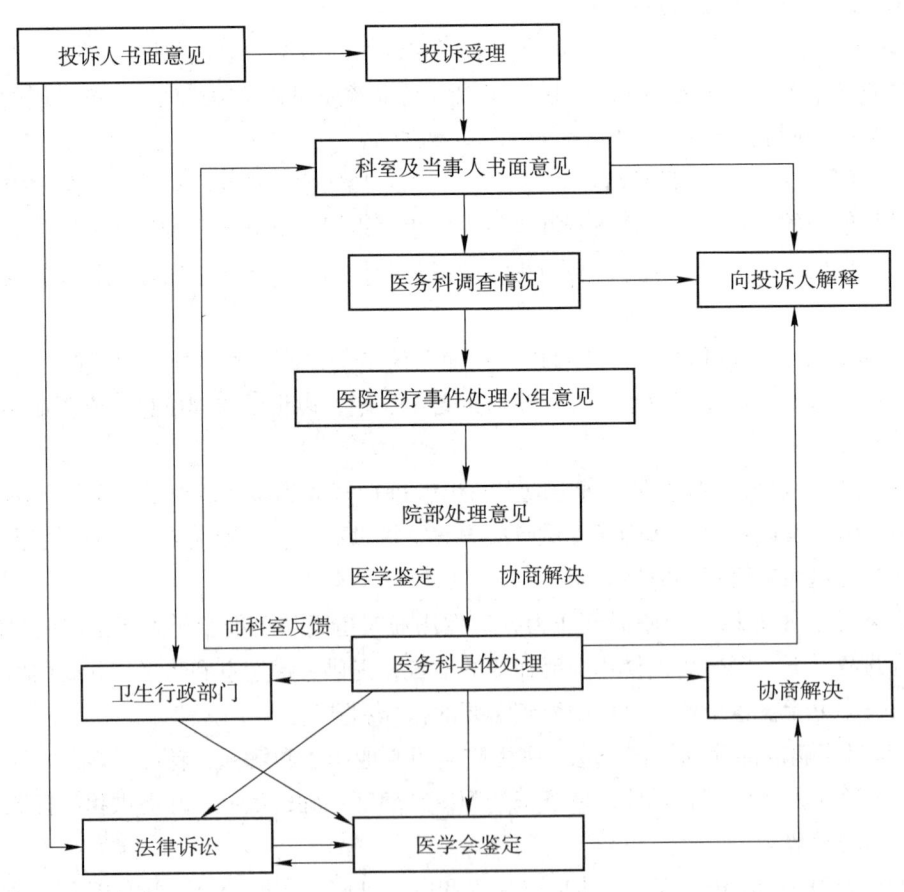

图 9-2　医患纠纷处理流程

七、网络信息化下医患关系的改善措施

新时代背景下，网络信息化已成为推动医疗卫生领域创新发展的重要引擎，正逐步改变着医

生与患者之间的沟通方式，为打造良好的医患关系，需要注意如下几个方面。

1. 提供可靠的医疗信息　网络平台应确保提供的医疗信息来自权威和可靠的医疗机构或组织，以帮助患者获取准确的医学知识。这可以通过与医学专业机构、学术期刊和医生合作来实现。

2. 加强沟通和互动　网络平台可以提供多种形式的互动功能，如在线聊天、视频咨询等，以促进医患之间的有效沟通。医生应及时回复患者的问题和疑虑，尽量提供更个性化和贴近患者需求的服务。

3. 保护隐私和数据安全　网络平台要确保患者的个人信息得到充分保护，采取必要的技术和管理措施防止数据泄露和未经授权的访问。相关的法规和规范也应得到遵守。

4. 专业态度和道德标准　医生和相关医疗服务提供者要始终遵守专业道德和职业标准，提供优质的医疗服务。这包括适当的诊断和治疗，关注患者的隐私和权益，以及建立良好的医患沟通关系。

5. 便捷性和易用性　网络平台应设计简洁明了、用户友好的界面和功能，以优化医患使用体验。应考虑到不同人群的技术能力和需求，并提供易于操作和访问的解决方案。

6. 促进医患教育　网络平台可以提供医学知识和资源，以帮助患者了解疾病、诊断和治疗选项。医生和医疗专家可以在网上提供健康教育和健康管理的指导，促进患者的自我管理和参与。

八、医患冲突后的心理干预

医患冲突后的心理干预可以帮助医生和患者处理冲突带来的压力和情绪困扰，重建彼此之间的信任和合作关系。以下是一些常见的心理干预方法。

1. 心理咨询和支持　医生和患者可以寻求心理咨询师或心理医生的帮助。通过倾听和支持，他们可以倾诉自己的感受和困惑，获得专业的建议和指导，以更好地应对冲突，并找到解决问题的路径。

2. 冲突解决技巧培训　医生和患者可以接受冲突解决技巧的培训，学习如何有效地沟通和协商，以解决冲突。这些技巧包括积极倾听、表达自己的需求和感受、寻求双赢的解决方案等。

3. 团体支持　参加医患关系的团体支持活动，与其他经历过类似冲突的医生和患者分享经验和心情。这种团体支持可以带来理解和共鸣，减少孤独感，并得到彼此的支持和鼓励。

4. 健康生活方式　医患冲突可能给身心带来压力，因此重点关注自己的健康和福祉是必要的。通过良好的睡眠、健康的饮食、适度的运动和放松技巧，可以缓解压力，增强心理韧性。

5. 团队合作　医患冲突的解决通常需要医疗团队的协作。医生和其他医护人员可以共同制订解决方案，通过多学科团队的合作和协调，确保医疗过程的顺利进行。

在进行心理干预时，需要根据个人情况和具体冲突的性质，选择合适的方法。关键是积极主动地寻求帮助和支持，与专业人士和团队合作，以促进医患关系的恢复和健康发展。同时，持续关注和维护医患关系的良好状态也是预防和处理冲突的重要手段。

（沈宗霖）

复习思考题

1. 医患关系的概念是什么？

2. 医患关系的影响因素有哪些？

3. 医疗费用和医疗保险对医患关系的影响是什么？

4. 常见的医患关系模式有哪些？

5. 常见的医患沟通模式有哪些？

6. 医患沟通常用技巧有哪些？

网上更多……

　本章小结　　　　自测题　　　　教学 PPT

第十章

心理评估

关键词

心理评估　　心理测验　　标准化　　信度　　效度　　常模

人格测验　　智力测验　　神经心理测验　　智商　　比率智商

离差智商　　评定量表

　　　　心理评估是对人的心理品质及水平做出客观、系统的描述，在临床上是心理诊断的前提和依据。心理评估的常用方法包括心理测验法、观察法、会谈法和调查法，其中心理测验法作为一种标准化、数量化的方法，是我们需要重点掌握的。很多因素可以引起测验结果的偏倚，因此对测量过程进行严格的控制或称标准化，是心理测验获得准确结果的保证。标准化测验的技术指标包括信度、效度、常模等。心理测验可以分很多种，智力测验和人格测验是其中常用的，神经心理测验和一些临床评定量表也在神经、精神、心理领域得到广泛使用。本章我们将学习心理评估尤其是心理测验的基本知识，熟悉常用测验的操作方法。

知识导图

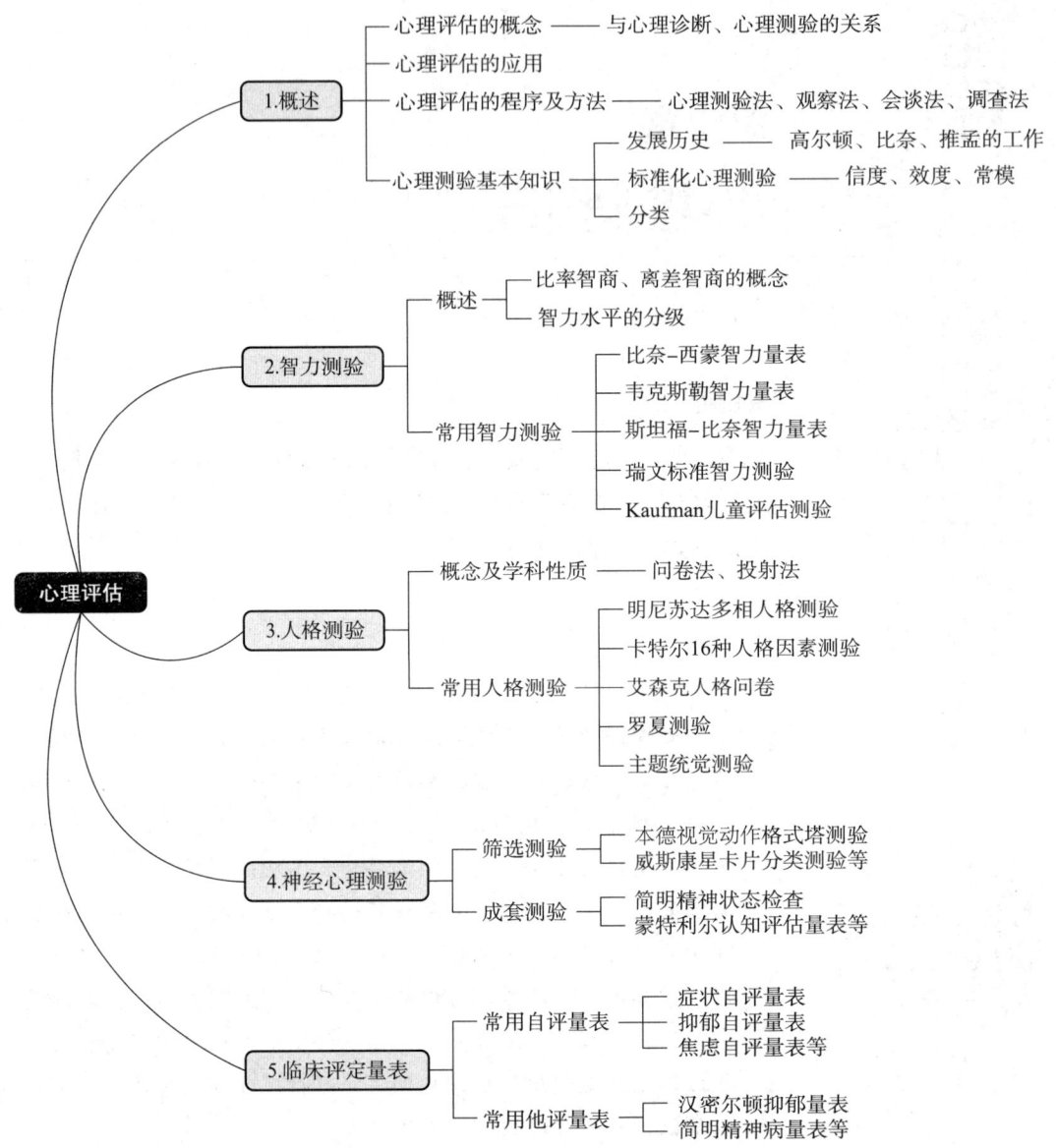

心理评估

1.概述
- 心理评估的概念 —— 与心理诊断、心理测验的关系
- 心理评估的应用
- 心理评估的程序及方法 —— 心理测验法、观察法、会谈法、调查法
- 心理测验基本知识
  - 发展历史 —— 高尔顿、比奈、推孟的工作
  - 标准化心理测验 —— 信度、效度、常模
  - 分类

2.智力测验
- 概述
  - 比率智商、离差智商的概念
  - 智力水平的分级
- 常用智力测验
  - 比奈-西蒙智力量表
  - 韦克斯勒智力量表
  - 斯坦福-比奈智力量表
  - 瑞文标准智力测验
  - Kaufman儿童评估测验

3.人格测验
- 概念及学科性质 —— 问卷法、投射法
- 常用人格测验
  - 明尼苏达多相人格测验
  - 卡特尔16种人格因素测验
  - 艾森克人格问卷
  - 罗夏测验
  - 主题统觉测验

4.神经心理测验
- 筛选测验
  - 本德视觉动作格式塔测验
  - 威斯康星卡片分类测验等
- 成套测验
  - 简明精神状态检查
  - 蒙特利尔认知评估量表等

5.临床评定量表
- 常用自评量表
  - 症状自评量表
  - 抑郁自评量表
  - 焦虑自评量表等
- 常用他评量表
  - 汉密尔顿抑郁量表
  - 简明精神病量表等

第一节　概述

一、心理评估的概念

心理评估（psychological assessment）指利用心理学的理论和方法对人的心理品质及水平做出全面、系统和深入、客观描述的过程。所谓心理品质包括心理过程和人格特征等内容，如情绪状态、记忆、智力、性格等。

与心理评估密切相关的两个概念是心理诊断和心理测验。心理诊断（psychodiagnosis）指对有心理问题或心理障碍的人做出心理方面的判断和鉴别。心理评估与心理诊断的概念基本一致，只是心理评估外延要大于心理诊断，心理评估是心理诊断的前提和依据。心理测验（psychological test）的外延小于心理评估，是心理评估所需的方法、手段之一。

二、心理评估的应用

目前，心理评估已广泛应用于心理学、医学、教育、人力资源、军事、司法等多个领域。

心理评估在医学心理学中的作用非常重要。临床上各类患者在发病过程中都会涉及不同程度的心理问题或心理障碍，对这些问题的把握有助于全面了解患者的病情和实际状况，也是防治心身疾病的一个重要方面。医学心理学工作的一个重要领域是临床心理干预，而心理评估是心理干预的重要前提和依据，可以帮助医生做出心理诊断，还可以指导制订心理干预措施，并对心理干预的效果做出评价。与医学相关的领域，如医学教育、行为医学、公众健康服务、精神病与精神卫生学、医学社会学、康复心理学、护理心理学等，均涉及心理评估技术的应用，并且心理评估发挥越来越重要的作用。

在教育方面，心理评估可以评价个体在学习或能力上的差异、人格的特点及相对长处和弱点，评价儿童已达到的发展阶段等；在人力资源方面，心理评估的结果可以为客观、全面、科学、量化地选拔人才提供依据，因为它可以预测个体从事某种活动的适宜性，进而提高人才选拔的效率与准确性；在升学就业指导方面，心理评估可以为升学就业提供参考，帮助学生了解自己的能力倾向和人格特征，确定最有可能成功的专业或职业，进而做出最佳选择。

三、心理评估的程序及方法

心理评估因目的不同，一般程序也有所区别，但基本过程是一致的，与医学诊断的过程十分相似。在评估过程中常用的方法包括心理测验法、观察法、会谈法和调查法等，其中心理测验法作为一种标准化、数量化的方法，比其他方法所得结果更客观，是我们需要重点掌握的一种方法。本章的内容主要围绕心理测验法展开。

（一）心理评估的基本程序

1. 确定评估目的　首先要确定被评估者或提出评估要求的人的首要问题是什么，进而确定评估目的。如要了解学习困难的原因，就需要鉴别学生的智力水平或人格特征；在临床上进行心理咨询时，首先要对来访者做出有无心理障碍的判定。

2. 明确评估问题与方法　详细了解被评估者当前的心理问题，问题的起因、发展，可能的影响因素，被评估者早年的生活经历、家庭背景及当前的适应情况、人际关系等。这与医学病历中的主诉、现病史、既往史、家族史等内容很相似。当然这里关注的中心是心理问题，所涉及的内容也更广泛。在这一过程中，主要应用心理评估的调查法、观察法和会谈法。

3. 了解特殊问题　是对一些特殊问题、重点问题的深入了解和评估，类似于医学诊断过程中的生理生化检查。除进一步应用上述方法外，还主要借助于心理测验的方法，有时还采用"作品"分析法。

4. 结果描述与报告　当获取了大量的信息之后，按照一定的理论模式和要求，进行系统归类、比较、统计整理、分析表达，以便对所获取的信息有一个全面、系统、明晰的了解。在此基础上，进一步对所获取信息的科学性、可信性、准确性等做出客观评价，写出评估报告、做出结论，并对当事人及有关人员进行解释，以确定下一步处理目标。

（二）心理评估的常用方法

1. 心理测验法　是依据心理学的原理和技术，对行为样本进行客观性描述的标准化测量手段。这是一种定量分析方法，通常采用严格标准化和信效度高的测量工具。与心理测验法关联的一个概念就是心理测量（psychological measurement），指的是根据一定法则，用数量化的手段对现象或行为加以确定和测定。两者含义基本一致，从语义上说，"测验"是名词，而"测量"是动词，测验指的是测量的过程。

心理现象是客观存在的，它和物理、生理现象一样，也是可以测量和做量化分析的。心理测验正是为了这一客观需求而产生的心理测量技术。有了这种技术便能取得心理行为变化与量化的数据，从而可以比较、鉴别和评价不同个体之间心理行为上的差异，或者同一个体在不同时期、不同条件或不同情景下的心理反应和心理状况。在医学心理学的研究与临床实践中，可广泛应用各种心理测验对心理、行为进行评价。

在心理评估中，心理测验法占有十分重要的地位。观察法等其他方法都难免受评估者主观意识的影响，而心理测验法采用标准化、数量化的原则，所得结果又可参照常模进行比较，从而克服了观察法等方法的缺陷。

2. 观察法（observational method）　是通过对被评估者行为表现直接或间接（通过摄影录像设备）的观察或观测而进行心理评估的一种方法。在进行心理评估时，离不开对被评估者的观察，其是评估者获得信息的常用手段。观察法的优点是材料比较真实和客观，对儿童的心理评估及对一些精神障碍者的评估而言，观察法显得尤为重要。不足之处是，观察法得到的只是外显行为，只能间接反映被评估者的内部心理，观察结果的有效性还取决于观察者的洞察能力、分析综合能力等。

在心理评估中观察内容常包括仪表、体型、人际交往风格、言谈举止、注意力、兴趣、爱好、各种情境下的应对行为等。实际观察中，应根据观察目的、观察方法及观察的不同阶段选择观察目标行为，对每种准备观察的行为应给予明确的定义，以便准确地观察和记录。记录时还要注意因观察方法不同灵活采用记录方式，尽量准确、全面地记录下被评估者的行为表现。

观察法分为自然观察法与控制观察法两种形式。前者指在自然情境（如家庭、学校、医院或工作环境）中，被评估者的行为不受观察者干扰，按照其本来方式和目标所进行的观察；后者指在经过预先设置的情境中所进行的观察。一般来说，自然观察中的行为表现更真实、客观，而控制观察中的行为则可能出现偏差。比较理想的方式是采用"单向玻璃"或监视器进行观察，但注意不要违反医学及心理学的伦理原则。

3. 会谈法（interviewing method）　又被称为交谈法、晤谈法，指评估者通过与被评估者有目的地交谈来收集有关对方心理特征与行为的数据资料的评估方法。会谈法也是心理评估最常用的基本方法之一，其特点为：①作为一种评估方法，会谈与日常生活中的交谈有着明显区别，是有目的、按一定操作规范进行的交谈；②会谈法是评估者与被评估者之间相互影响和相互作用的过程，整个会谈过程不仅是评估者通过提问方式作用于被评估者的过程，而且是被评估者通过回答等方式反作用于评估者的过程。

依据会谈的结构化程度，会谈可以分为结构化会谈、非结构化会谈和半结构化会谈。

（1）结构化会谈（structured interview）：又称为标准化会谈，这种会谈按照预先确定的统一的标准程序进行。会谈中询问哪些内容，按照怎样的次序提问，使用怎样的句子提问都应依据会谈的提纲或手册进行。评估者需要严格依据程序，不应随意调整顺序或对某些问题作解释。结构化会谈的优点在于它使用标准化的程序，这样的会谈有助于确定会谈结果的可靠性。

（2）非结构化会谈（unstructured interview）：又称为非标准化会谈，这种会谈需要预先确定会谈的主题或大纲，但无须确定严格的提问方式和程序。与结构化会谈不同，这种会谈弹性大，评估者具有更多自主性，可以根据会谈中的具体状况来调整如何提问、追问等。非结构化会谈的优点正是它的灵活性，提高了会谈的效率，也能够对会谈中特殊的地方进行深入探讨。

（3）半结构化会谈（semi-structured interview）：是常用的会谈方式。它有预先确定的会谈提纲，但询问的方式和次序可以灵活进行，因此可以说是介于结构化和非结构化会谈之间。

会谈作为一种互动的过程，在会谈中评估者起着主导和决定的作用。评估者应努力掌握访谈过程的主动权，积极影响被评估者，尽可能让他们按照预定的计划回答问题。因此，评估者掌握和正确使用会谈技巧非常关键。常用的会谈技术有倾听（listening）、回应（reflection）、细节（detail）、澄清（clarification）、共情（empathy）、对质（confrontation）、解释（interpretation）、沉默（silence）、总结（summation）等。这些内容可以参考第十一章、第十二章。

4. 调查法（survey method）　在心理评估里，调查法是指当资料不可能从被评估者处获得时，间接地从相关的人或材料那里获取资料的一种方式。当然，即使有些资料可以从被评估者处获得，也可以通过调查进行印证来权衡其可信性。

按取向性进行分类，调查法包括历史调查和现状调查两种。①历史调查：主要是为了了解被评估者过去的一些情况，如各种经历、表现、成就、个性、人际关系等。调查对象包括档案、书信、日记、履历表等文献资料和了解被评估者过去经历的人。②现状调查：主要围绕与当前问题有关的内容进行，如在现实中的表现水平和适应能力等。调查对象包括被评估者的同学、同事、父母、亲友、老师、领导、兄弟姐妹等。

调查方式除一般询问外，还可采用调查表（问卷）的形式进行。调查法的优点是可以结合纵向和横向两个方面的内容，广泛而全面。不足之处是调查常常是间接性的评估，材料真实性容易受被调查者主观因素的影响。所以调查时不仅仅要考虑调查内容，还要考虑到被调查者与被评估者的现实情感、利益等关系。

四、心理测验的基本知识

（一）心理测验的发展历史

我国古代已经有许多关于人的个性、才能评定的论述。春秋战国时期，我国教育家孔子就曾根据自己的观察评定学生的个体差异，把人分为中人、中人以上和中人以下，这相当于测量学中的命名量表和次序量表。孟子也说过"权，然后知轻重；度，然后知短长。物皆然，心为甚"，指出了心理现象的可测性。隋炀帝创行开科取士，科举制度在我国通行了 1 300 年，这是一个逐渐成熟的官员测试系统。这些早期的测试涉及民事法律、军事、农业、税收和地理等多方面的问题。

拓展阅读 10-1
测量狂人高尔顿

心理测验的思想源自对人个体差异的研究。了解个体差异的一个重要转折是达尔文出版了具有高度影响力的《物种起源》，根据达尔文的理论，一个物种中一些个体具有比其他成员更为适应或在一个特定环境中能成功的特性，只有那些最好的或最具适应性特点的个体才能生存下来。高尔顿将达尔文的理论应用于人类的研究，为证明他的观点，高尔顿开始了一系列的个体差异研究（如反应时间、视力和体力等）。高尔顿的工作随后由美国心理学家卡特尔扩展，他创造了"心理测验"的概念。

心理测验的第二个主要基础是实验心理学的研究和早期试图通过科学的方法解开人类意识奥秘的尝试。冯特于 1879 年在莱比锡大学建立了第一个心理学实验室，被认为正式成立了科学心理学。实验心理学的诞生和发展给心理测量过程带来了另一个要求——严格的标准化，标准化是现代心理测验的重要评价指标。

拓展阅读 10-2
第一个智力量表

与此同时，由于社会需要的推动，心理测验逐渐朝向实用和普及的方向发展。现代测验的一个重要突破是在 20 世纪初，法国教育部任命了一个委员会来研究如何确定智力低于正常的个体，从而为他们提供合适的教育方式。该委员会中的一个成员是比奈，他与法国医生西蒙一起合作，开发了第一个重要的普通智力测验，即比奈–西蒙量表。比奈的工作启动了系统评估人类智力个体差异的尝试，之后智力测验的理念逐渐席卷全球。其中最著名的是美国斯坦福大学推孟（Terman）教授于 1916 年修订的"斯坦福–比奈量表"。这一量表首次使用了"智力商数"的概念，简称为 IQ，是心理年龄和实际年龄的比值，从此"智商"一词便为全世界所熟悉。后来美国心理学家韦克斯勒（Wechsler）又进一步提出了"离差智商"的概念。目前世界上的智力测验虽为数众多，但其基本原理和主要方法都是由比奈奠定的，在心理测量的发展史上，比奈的贡献是不可磨灭的。

心理测验运动自 20 世纪初兴起，20 年代进入狂热，40 年代达到顶峰，50 年代后转向稳步发展。在此期间测验的主要发展趋势包括：①编制出了一批操作测验，既可弥补语言文字量表在理论上的缺陷，又可适用于文盲和有言语障碍的人。②出现了团体智力测验，扩大了测验的应用范围。团体测验是在第一次世界大战期间，为满足军队对官兵选拔和分派兵种的需要而出现的。③多重能力倾向测验逐渐受到重视。随着因素分析理论的发展，多重能力倾向测验在第二次世界大战后编制出来。④除智商外，涉及情感适应、人际关系、动机、兴趣、态度、性格等人格特点的测验也逐渐发展起来。⑤认知心理学崛起后，将实验法与测验法结合，产生了信息加工测验，为了解人类心理能力提供了一些补充方法。

尽管测验的效果还存在争议，心理测验仍是目前了解人的复杂心理状态的最有力工具。到目前为止，国际上有上千种心理测验在应用。

（二）标准化心理测验的基本条件

1. 心理测验的误差　在心理学上，测量任务比较困难。心理现象更抽象复杂（如智力或攻击性），这是一个既不能看到也不能接触的特征。由于没有可用的刚性标准来测量某些特征，心理测验结果的"弹性"就更大，很多因素可以引起测验结果的偏倚，称为测量误差。心理测验的误差来源主要有以下几个方面。

视频 10-1
测验偏差

（1）测验自身：来源于测验编制过程，如条目的代表性、题目设计的难度、对题目的理解等，测验计分方法有时也会有影响。衡量一个测验是否客观有效的指标主要包括信度、效度、常模等。

（2）施测过程：测量环境的好坏及各种条件是否一致会给测量结果带来很大影响。如一个嘈杂、有许多意外干扰、过冷或过热的环境，会使被试者的注意力不能集中，对测量感到不适和厌烦。如测量时间不一致、限制时间不统一或者随意调换测验程序等都会使结果出现较大偏差。

（3）主试者因素：如主试者对被试者的偏好态度、对结果的预期等，都会影响被试者的反应。主试者情绪的好坏、疲劳与否及前后对比效应等也会影响到对评分标准的掌握。因此，主试者需要经过标准化的训练，以避免这些干扰因素。

（4）被试者因素：被试者情绪、心身状态、应试动机的强弱也会直接影响测验成绩。如果一个被试者对测验毫无兴趣，只是被动做出反应，甚至消极对抗，其结果会产生极大偏差。所以在做心理测验之前，要使被试者明确测验的意义，充分发动其应试动机，以保证测验顺利完成并得到真实结果。需要注意的是，某些测验可能会诱发测验焦虑，测验焦虑是被试者在测验前或测验中的一种紧张体验。这种紧张体验在一定强度下有助于测验成绩的提高，但过分强烈则使被试者注意力不能集中而影响测验结果。

拓展阅读 10-3
"有趣"的心理测试，
真的准吗？

2. 心理测验的标准化　为了减少误差，就要控制无关因素对测验目的的影响，对测验过程进行严格的控制，从而使心理测验获得准确结果，这个控制的过程称为标准化。测验的标准化包括测验编制的标准化和测验使用的标准化两方面。制作过程的标准化可保证测验本身符合要求，而使用过程的标准化可保证操作规范、使用得当。

测验编制的标准化要求在编制测验工具时遵循特定的编制程序和原则，通过测试不断修改，最终达到较满意的效果。衡量一个测验是否达标的技术指标主要包括以下几种。

（1）信度（reliability）：指测验结果的可靠性或一致性，即多次测验分数稳定可靠、一致的程度。它既包括时间上的一致性，也包括内容和不同评分者之间的一致性。信度的大小用信度系数衡量，其数值在 –1 ~ +1 之间，系数值越大，信度越高，表明测验的一致性越好。通常能力测验的信度要求在 0.80 以上，人格测验的信度要求在 0.70 以上。

（2）效度（validity）：指测验的有效性或准确性，即测验能够测量出其所欲测量心理特性的程度。一个测验的效度越高，表明它所测量的结果越能代表欲测量行为的真正特征（图 10-1）。

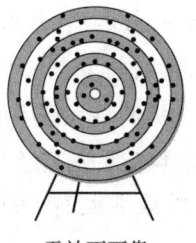
无效不可靠

可靠但无效

可靠有效

图 10-1　信度和效度的示意图

（3）常模（norm）：是指某种测验在某种人群中测查结果的标准量数，是一种用于参考比较的标准量数，即指一定人群在测量所测特性上的普遍水平或水平分布状况。常模由标准化样本测验结果计算而来，即某一标准化样本的平均数和标准差。有了常模，一个人的测验成绩才能通过比较而得出优劣高低、正常或异常的结论。由于人的心理现象所受影响因素较多，每一种心理测验工具都要建立自己的常模，甚至同一量表在不同国家、地区应用或随着时代的变迁，都要重新修订，建立新的常模。建立常模是一个烦琐而复杂的过程。步骤：①科学抽样，从清楚而明确定义的人群总体中，抽取到容量足够大并具有代表性的被试样组。②用拟建立常模的测验，采用标准化施测手段施测该测验。③对收集到的全部资料进行统计分析处理，真正把握被试组在该测验上的水平分布状况。采用较多的评估形式是 T 分数、Z 分数、百分位、标准九分、划界分等。这些分数的相互关系如图 10-2 所示，具体应用时要根据实际情况而定。

测验使用的标准化又可分为三个方面：①施测过程标准化，如必须有统一的指导语和时间限制等；②评分计分标准化，如必须有详细准确的评分规则；③分数解释标准化，如必须有合适的常模和解释标准。

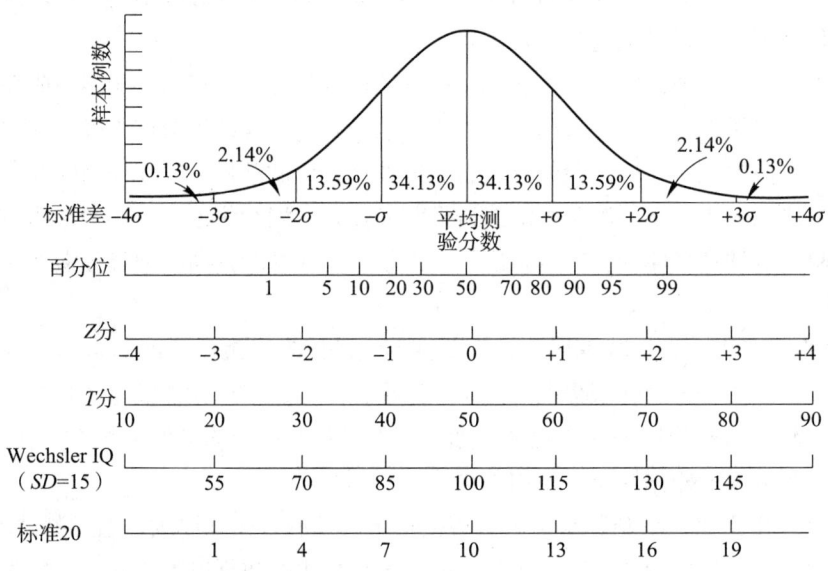

图 10-2　正态分布与标准分的关系

（三）心理测验的基本类型

据统计，已经出版的心理测验有 5 000 余种，这些测验可以根据不同的分类标准分成很多种。需要注意其分类是相对的，从不同的角度进行分类，同一个测验可以归为不同的类别。

1. 按测验功能分类

（1）能力测验：能力的含义较为笼统抽象，可进一步分为普通能力测验与特殊能力测验。前者即通常说的智力测验，后者则用于测量个人在音乐、美术、体育、机械、飞行等方面的特殊才能。能力测验包括智力测验、心理发展量表、适应行为量表和特殊能力测验等。

（2）成就测验：主要用于测量被试者经过某种正式教育或训练之后对知识和技能的掌握程度。因为所得得的主要是学习成就，所以称作成就测验，最常见的是学校中的学科测验。能力测验和成就测验的区别在于：成就测验多是测量有计划的或比较确定的情境（如学校）中学习的结果；而能力测验（特别是能力倾向测验）则是测量较少控制的或不太确定的情境中习得的结果，也就是在个人生活中经验累积的结果。

（3）人格测验：主要用于测量性格、气质、兴趣、态度、品德、情绪、动机、信念、价值观等方面的个性心理特征，即个性中除能力以外的部分。能力测验和人格测验之间有显著的区别，能力测试与能力或潜力相关，而人格测验测试人的特定行为，与个体的外显和内隐性格有关，如一个人在特定情况下显现出特定行为或反应的趋势。

（4）神经心理测验：主要用于评估正常人和脑损伤患者的脑功能状态。临床上，神经心理测验在脑损伤定位诊断、脑功能诊断及损伤的康复与疗效评估方面发挥着重要的作用。

（5）临床评定量表：是对自己主观感受和他人行为的客观观察进行量化描述的量表。此类测验种类和数目繁多，最早始于临床精神科，以后推广到其他临床科室和研究领域。

2. 按测验对象人数分类

（1）个别测验：一次只测试一个人，与个体治疗中一次只治疗一个人一样，通常是由一位主试者与一位被试者在面对面的情形下进行。此类测验的优点在于主试者对被试者的行为反应有较多的观察与控制机会。有些测验需要由主试者记录其反应时，就必须采用个别测验。

（2）团体测验：在同一时间内由一位主试者（必要时可配助手）对多数人施测，如一个老师在课堂上对一组学生进行的考试。此类测验的优点在于可以在短时间内收集到大量资料，因此在教育上被广泛采用。其缺点是被试者的行为不易控制，容易产生测量误差。

3. 按测验性质分类

（1）构造性测验：测验所呈现的刺激和被试者的任务是明确的，只需被试者直接理解进行明确的回答，无须发挥主观想象。多数测验均采用这种形式。

（2）投射性测验：测验所呈现的刺激没有明确意义，问题模糊，对被试者的反应也没有明确规定。被试者做出的反应存在较大主观性和个体差异性，主试者通过这种差异来把握和推测被试者的心理特征。只有少数测验采用这种形式，代表性的投射性测验有罗夏墨迹测验、主题统觉测验（TAT）、自由联想测验和填句测验等。

4. 按测验方式分类

（1）纸笔测验：用文字或图形材料进行测验，实施方便，多用于团体测验。优点是经济高效；缺点是易受被试者文化程度的影响，因而对不同教育背景的人使用有效性不同，甚至无法使用。

（2）操作测验：通过对图片、实物、工具、模型的辨认和操作进行测验。优点是不受文化因素的限制；缺点是不宜团体实施，需花费大量的时间。

（3）口头测验：测验项目使用言语材料，采用主试者口头提问、被试者口头作答的形式。

（4）计算机测验：测验项目可为文字或图形，在计算机上显示，被试者按键作答。随着计算机技术的普及和发展，计算机测验因其高效经济的优点逐渐获得越来越多的应用。

第二节　智力测验

一、概述

智力测验（intelligence test）是指根据有关智力概念和智力理论经标准化过程编制而成的用于评估个人一般能力的测验。在教育、临床医学、司法鉴定、人事管理等许多领域中，往往需要对智力进行评估。

（一）智力的概念

"智力"一词原意是一种天生的特点及倾向性。此后，"智力"一词随着心理测验的发展而逐渐普及。

在测验领域的所有主要概念中，智力是最难以定义的，对智力的看法是编制智力测验的理论前提。比奈定义的智力为"采取和保持一个明确方向的倾向，为达到预期目的而做出调整的能力，以及自我反省的能力"；斯皮尔曼将智力定义为"能够得出任何关系或关联的能力"；根据弗里曼的观点，智力是"个人对自己的环境的调整或适应"；安德森认为，智力是"二维的，基于信息处理速度和受抑制过程影响的执行功能的个体差异"。不同理论支持下，智力测验的形式和内容也有所差异。我国多数心理学家认为：智力是各种认识能力的综合表现，是观察、记忆、注意、想象、思维等能力的综合，抽象思维能力和创造性解决问题的能力是智力的核心。

视频 10-2
智力的争议
拓展阅读 10-4
智力的种族差异

（二）智商

智商是智力的量化单位，即通过智力测验将智力水平数量化，用数字的形式表达出来，便于人们理解与比较。计算智商的公式有比率智商和离差智商两种。

1. 比率智商　由推孟提出，其公式为：$IQ = (MA/CA) \times 100$。

公式中，MA 为心理年龄（mental age，又称智力年龄），是某儿童智力测验成绩所达到的水平，该成绩的分数是以一群同龄儿童（样本）在该测验的平均成绩为标准计算出来的；CA 为实足年龄（chronological age），即该儿童在测验时的实际岁数。例如，某儿童智力测验时的 CA 为 10 岁，他的智力测验成绩达到了 12 岁儿童的平均水平（MA 为 12），由比率智商公式计算出该儿童的 IQ 为 120。另一个 10 岁儿童在智力测验的成绩为 8 岁儿童的平均水平（MA 为 8），则 IQ 为 80。

比率智商公式建立在儿童智力水平随着年龄增长而提高的线性关系的基础上，但智力中大多数成分发展到一定年龄阶段便停止发展，呈平台状态，而且老年人智力水平还有所下降。因此，比率智商计算方法应用于成年人时结果不太准确。

2. 离差智商　由韦克斯勒提出，其公式为：$IQ = 100 + 15(X - M)/SD$。

韦克斯勒为了改进比率智商的缺陷而提出了离差智商，他认为人类智商在任何年龄阶段均呈常态分布，可以用标准分的方法计算智商。公式中，M 为该年龄阶段样本在智力测验的平均成绩，X 为某被试者在智力测验的成绩，SD 为样本成绩的标准差。在该公式中 $(X - M)/SD$ 是标准分（Z），如果 $X = M$，则标准分（Z）为零。为了不使 IQ 为 0，当被试者的智力测验成绩与其所在年龄组样本的平均成绩恰好相等时，规定该被试者的 IQ 为 100，即 $X = M$ 时，其 IQ 为 100。同时规定每个标准差为 15，如果 IQ 为 115，则被试者 IQ 高于平均智力水平一个标准差；如 IQ 为 85，则表示被试者 IQ 低于平均智力水平一个标准差。离差智商计算方法克服了比率智商计算方法受年龄限制的缺点，成为目前通用的 IQ 计算方法。

（三）智力水平的分级

智力量表编制后，经过标准化的采样（样本必须代表性好，其测验成绩呈正态分布），可以将智力水平根据 IQ 值进行分级，通常是将智商平均值（100）和其上、下一个标准差（一般为 15）的范围定位为"平常智力"，其余依据高于或低于平常智力水平依次分级，其分级方法见

表 10-1。

表 10-1　智力水平分级

智力水平	韦克斯勒智力量表	比奈 – 西蒙智力量表
极优秀	130 以上	132 以上
优秀	120 ~ 129	123 ~ 131
中上	110 ~ 119	111 ~ 122
中等	90 ~ 109	90 ~ 110
中下	80 ~ 89	79 ~ 89
边缘	70 ~ 79	68 ~ 78
轻度智力缺损	55 ~ 69	52 ~ 67
中度智力缺损	40 ~ 54	36 ~ 51
重度智力缺损	25 ~ 39	20 ~ 35
极重度智力缺损	< 25	< 20

二、常用智力测验

（一）比奈 – 西蒙智力量表

比奈 – 西蒙智力量表（Binet Simon scale of intelligence）是 1905 年法国心理学家制定出的第一个正式的心理测验，包括 30 个项目。1908 年进行了第一次修订，1922 年传入我国，1982 年由吴天敏先生修订，共 51 题，主要适合测量小学生和初中生的智力（表 10-2）。

表 10-2　比奈 – 西蒙智力量表 3 岁儿童测试内容举例

每个年龄组有 6 道题，每题代表 2 个月智龄。只要完成 6 题便可以，有 1 题为备选题。

1. 串珠：要求将 48 颗珠子串在一起
2. 看图说出物体名称：有 18 张图片（马、树、衣物、球、飞机、轮船等），要求说出 10 张
3. 用积木搭桥
4. 回忆动物图片
5. 临摹圆形
6. 画直线
7. 顺背三位数

（二）韦克斯勒智力量表

韦克斯勒智力量表（Wechsler intelligence scale，WIS）由美国心理学家韦克斯勒制定，为了更真实地反映出一个人的智力情况，其编制了若干套智力量表。韦克斯勒成人智力量表（Wechsler adult intelligence scale，WAIS）适用于 16 岁以上的成人，韦克斯勒儿童智力量表（Wechsler intelligence scale for children，WISC）适用于 6 ~ 16 岁学龄儿童，韦克斯勒学前儿童智力量表（WPPSI）适用于 4 ~ 6.5 岁的儿童。

中国修订本为"中国修订韦克斯勒成人智力量表（WAIS-RC）"，全量表（full scale，FS）共

含 11 个分测验，其中 6 个分测验组成言语量表（verbal scale，VS），5 个分测验组成操作量表（performance scale，PS）。根据测验结果，按常模换算出 3 个智商，即全量表智商（FIQ）、言语智商（VIQ）和操作智商（PIQ）。WISC 及 WPPSI 的结构与 WAIS 相当，但言语量表和操作量表所含的分测验数目和内容各有不同。WAIS 言语量表分测验内容见表 10-3。

表 10-3　WAIS 言语量表分测验

项目	内容
知识（I）	由一些常识问题所组成，测量知识及兴趣范围、长时记忆等能力
领悟（C）	由一些社会价值、社会习俗和法规理由等问题所组成。测量社会适应和道德判断能力
算术（A）	由一些心算题组成，测量数的概念、数的操作能力、注意集中能力及解决问题的能力
相似性（S）	找出两物（名词）的共同性，测量抽象和概括能力
背数（D）	分顺背和倒背两种，即听到读数后立即照样背出来（顺背）和听到读数后，按原来数字顺序的相反顺序背出来（倒背）。测量短时记忆和注意力
词汇（V）	给一些词下定义。测量词语的理解和表达能力
数字 – 符号（DS）	9 个数字，每个数字下面有一个规定的符号。要求按此规定在数字下面填上所缺的符号。测量手 – 眼协调、注意集中和操作速度
填图（PC）	一系列图片，每图缺一个不可少的部件，要求说明所缺部件名称和指出所缺部位。测量视觉辨别力、对构成物体要素的认识能力及扫视后迅速抓住缺点的能力
积木图案（BD）	用红白两色的立方体复制图案。测量空间知觉、视觉分析综合能力
图片排列（PA）	把无秩序的图片调整成有意义的系列。测量逻辑联想、部分与整体的关系及思维灵活性等能力
拼物（OA）	将一物的碎片复原。测量想象力、抓住线索的能力及手 – 眼协调能力

被试完成全部项目测试后，可分别查找相应的换算表，得到各分测验量表分及 3 个智商。言语智商（VIQ）代表言语智力水平，操作智商（PIQ）代表操作智力水平，而全量表智商（FIQ）可代表被试者的总智力水平。对被试者做智力诊断时，不仅需要依据 3 种智商的水平，还要比较 VIQ 与 PIQ 的关系，以及分析各分测验量表分的剖析图，最终做出判断和评价。

（三）斯坦福 – 比奈智力量表

斯坦福 – 比奈智力量表（Stanford-Binet intelligence scale）是美国斯坦福大学推孟教授于 1916 年对"比奈 – 西蒙智力量表"修订而成。1937 年和 1960 年，斯坦福 – 比奈智力量表又经过 2 次修订，成为目前世界上广泛流传的标准测验之一。测验以个别方式进行，通常幼儿不超过 30～40 min，成人不多于 90 min。测验程序是从稍低于被试者实际年龄组开始，如果在这组内有任一项目未通过，则降到低一级的年龄组继续进行，直至某组全部项目都通过，这一年龄组就作为该被试者智龄分数的"基础年龄"；然后再依次实施较大的各年龄组，直至某组的项目全部失败，此年龄组作为该被试者的"上限年龄"。现已有第 4 版，它共有 15 个分测验组成 4 个领域，即词语推理、数量推理、抽象视觉推理及短时记忆。我国陆志韦于 1937 年修订了 1916 年版本，1986 年吴天敏根据陆氏修订本再作修订。最初该量表是为预测儿童学习能力而编，因此一直在教育上使用较多。

（四）瑞文标准智力测验

瑞文标准智力测验是英国心理学家瑞文于 1938 年设计的非文字智力测验。该测验可以测试人的一般智力水平，尤其可以测量人解决问题的能力、观察力、思维能力、发现和利用自己所需的信息及适应社会生活的能力。它的主要特点是适用年龄广泛，测验对象不受文化、种族、语言的限制，并且可用于一些生理缺陷者，如用于聋哑儿童、文盲。测验既可以个别进行，也可以团体实施，使用方便，省时省力，结果解释直观简单，测验具有较好的信度和效度。瑞文测验的编制者曾于 1947 年、1956 年对瑞文推理测验做过小规模修订，1947 年又编制出适合小年龄儿童和智力落后者的彩色推理测验，同时还编制了适合高智商者的高级推理测验。1985 年，我国学者张厚粲等对该测验进行了修订，建立了中国常模。

（五）Kaufman 儿童评估测验

Kaufman 儿童评估测验（Kaufman assessment battery for children，K-ABC）是考夫曼（Kaufman）根据 Luria 信息处理能力和 Sperry "左右脑功能分工理论" 于 1983 年编制而成，用于 2 ~ 12.5 岁儿童，是目前国外比较常用的儿童智力、一般能力、成就水平量表。测验编制者考夫曼夫妇都是美国测定智力与成就方面的著名学者。该套测验与其他智力量表相比，其理论基础、所测项目、测试方法都具有新意和突破。K-ABC 由 16 个分测验组成，有 10 个是有关心理加工方面的测验，另外 6 个是关于成就方面的测验。测验编制者认为，智力是按 "个体解决问题和信息加工的模式定义的"，为体现这一特性，该测验中既有个体解决新问题能力的评定，又有个体加工信息模式的分析，同时还包括个体一般知识的掌握水平。

第三节　人格测验

一、概念及学科性质

人格测验（personality test）也称个性测验，测量个体行为独特性和倾向性等特征。人格是一个人比较稳定的心理活动特点的总和，每一种人格理论都假定这种个别差异的存在，假定这些差异是可以测量的，并根据本学派的理论采用不同的方法评估人格。

因此，人格测验种类很多，通常将最常用的人格测验分为两大类。

1. 问卷法　由许多涉及个人心理特征的问题组成，进一步分出多个维度或分量表，反映不同人格特征。即对拟测量的人格特征编制若干测试题（问句），让被试者逐项回答，从其答案来衡量评价某项人格特征。问卷法不仅可以测量外显行为（如态度倾向、职业兴趣、同情心等），同时也可以测量自我对环境的感受（如欲望的压抑、内心冲突、工作动机等）。常用人格问卷有艾森克人格问卷（EPQ）、明尼苏达多相人格测验（MMPI）和卡特尔 16 种因素人格测验（16PF）。问卷法的人格测验结果假定被试者是坦率而真实地回答测试题，可能在某些特定场合，如招聘考核（或入学许可）进行该类测验时，被试者的回答倾向于好的答案，即选择社会所期望的答案，回避不利的答案。同时由于个人的行为随时间而有所改变，所以人格测验比能力测验的稳定性要差。

2. 投射法　投射（projection）在心理学上的解释，是指个人把自己的思想、态度、愿望、情绪或特征等不自觉地反映于外界的事物或他人的一种心理作用。投射理论认为，被试者对测验题材的解释，可以反映其心理功能。编制投射测验的心理学家认为，人们常将内心情感及感觉投射到环境里去，假定面对着空泛而无限制的刺激情境（测验题材），个人可以自由想象或不自觉地对它做出种种反应，便会将一个人一些潜在深层动机和人格特性投射出来；由于每个人的经验不同，对刺激所知觉的内容不同，因此，所作的反应就不可能相同。分析反应的结果，可以提示一个人的人格形态和深层动机，这就是投射设计的基本原理。

二、常用人格测验

（一）明尼苏达多相人格测验

明尼苏达多相人格测验（Minnesota multiphasic personality inventory，MMPI）由明尼苏达大学教授哈瑟韦（Hathaway）和麦金利（Mckinley）于 1940 年初编制，最初只作为一套对精神疾病有鉴别作用的辅助量表，后来发展为人格量表，是迄今应用极广的一种人格测验。该问卷的制定方法是分别对正常人和精神疾病患者进行预测，以确定在哪些条目上不同人有显著不同的反应模式，因此该测验最常用于鉴别精神疾病，协助临床诊断，在精神医学、心身医学、行为医学、司法鉴定等领域应用十分广泛。

MMPI 适用于 16 岁以上、至少有 6 年教育年限者。1989 年初我国宋维真等完成了 MMPI 中文版的修订工作，并制定了全国常模。1989 年 Butcher 等完成了 MMPI 的修订工作，称 MMPI-2，MMPI-2 提供了成年人和青少年常模，可用于 13 岁以上青少年和成年人。

该量表既可个别施测，也可团体使用。MMPI 共有 566 个自我陈述形式的题目，其中 1～399 题是与临床有关的，其他属于一些效度量表，题目内容范围很广，包括身体各方面的情况、精神状态及家庭、婚姻、宗教、政治、法律、社会等方面的态度和看法。被试者根据自己的实际情况对每个题目做"是"与"否"的回答，若不能判定则不作答。可根据被试者的回答情况进行量化分析，或做人格剖面图，现在除手工分析方法外，还有计算机辅助分析和解释系统。

MMPI 包括 4 个效度量表和 10 个临床量表（表 10-4）。各量表结果采用 T 分形式，可在MMPI 剖析图上标出。一般某量表 T 分高于 70 则认为存在该量表所反映的精神病理症状，如抑郁量表 ≥70 分就认为存在抑郁症状（图 10-3），但具体分析时应综合各量表 T 分高低情况。

表 10-4　MMPI 分量表内容

分量表	项目	内容
效度量表	疑问 Q（question）	被试者不能回答的题目数，如超过 30 个题目，测验结果不可靠
	掩饰 L（lie）	测量被试者对该调查的态度。高分反映防御、天真、思想单纯等
	效度 F（validity）	测量任意回答倾向。高分表示任意回答、诈病或存在偏执
	校正分 K（correction）	测量过分防御或不现实倾向。高分表示被试者对测验持防卫态度

续表

分量表	项目	内容
临床量表	疑病量表（hypochondriasis，Hs）	测量被试者疑病倾向及对身体健康的不正常关心。高分表示被试者有许多身体上的不适、不愉快、自我中心、敌意、需求、寻求注意等
	抑郁量表（depression，D）	测量情绪低落、焦虑问题。高分表示情绪低落，缺乏自信，有自杀观念，有轻度焦虑和激动
	癔症量表（hysteria，Hy）	测量被试者对心身症状的关注和敏感性，自我中心等特点。高分反映自我中心、自大、自私、期待更多的注意和爱抚，与人的关系肤浅、幼稚
	精神病态性偏离量表（psychopathic deviation，Pd）	测量被试者的社会行为偏离特点。高分反映被试者脱离一般社会道德规范，无视社会习俗，社会适应差，冲动敌意，攻击性倾向
	男性化或女性化量表（masculinity-femininity，Mf）	测量男子女性化、女子男性化倾向。男性高分反映敏感、爱美、被动等女性化倾向，女性高分则反映粗鲁、好攻击、自信、缺乏情感、不敏感等男性化倾向
	妄想量表（paranoia，Pa）	测量被试者是否具有病理性思维。高分提示多疑、过分敏感，甚至有妄想存在，平时思维方式为容易指责别人而很少内疚，有时可表现强词夺理、敌意、愤怒，甚至侵犯他人
	精神衰弱量表（psychasthenia，Pt）	测量精神衰弱、强迫、恐惧或焦虑等神经症特点。高分提示强迫观念、严重焦虑、高度紧张、恐惧等反应
	精神分裂症量表（schizophrenia，Sc）	测量思维异常和行为古怪等精神分裂症的一些临床特点。高分提示思维古怪，行为退缩，可能存在幻觉妄想，情感不稳
	躁狂症量表（mania，Ma）	测量情绪紧张、过度兴奋、夸大、易激惹等躁狂症的特点。高分反映联想过多过快，情绪激昂，夸大，易激惹，活动过多，精力过分充沛、乐观、无拘束等特点
	社会性内向量表（social introversion，Si）	测量社会化倾向。高分提示性格内向，胆小退缩，不善社交活动，过分自我控制等；低分反映外向

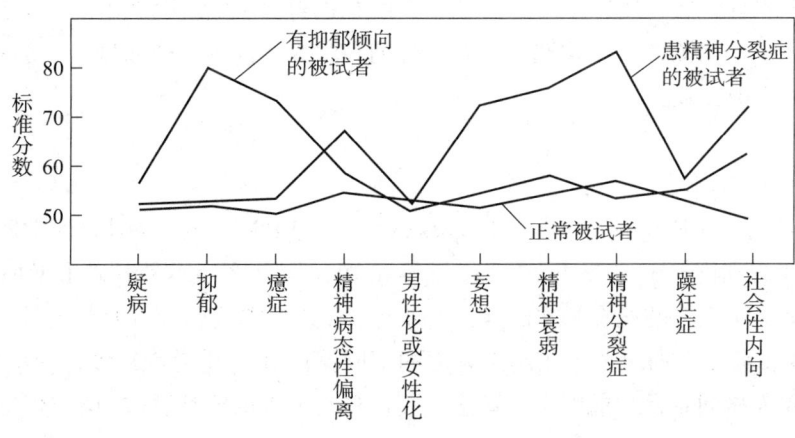

图 10-3 明尼苏达多相人格测验剖析图

（二）卡特尔 16 种人格因素测验

卡特尔 16 种人格因素测验（sixteen personality factor questionnaire，16PF）是美国伊利诺州立大学人格及能力测验研究所卡特尔（Cattell）教授经过几十年的系统观察和科学实验，以及用因素分析统计法确定和编制而成的一种测验。他认为 16 个根源特质是构成人格的内在基础因素，测量这些特质即可知道个体的人格特征。16PF 用来测量以下特质：A 乐群性，B 聪慧性，C 稳定性，E 特强性，F 兴奋性，G 有恒性，H 敢为性，I 敏感性，L 怀疑性，M 幻想性，N 世故性，O 忧虑性，Q1 激进性，Q2 独立性，Q3 自律性，Q4 紧张性。16PF 有 A、B、C、D、E 式五种复本。A、B 为全本，各 187 项；C、D 为缩减本，各 105 项。前 4 种复本适用于 16 岁以上并有小学以上文化程度者，E 式为 128 项，专为阅读水平低的人而设计。16PF 主要用于确定和测量正常人的基本人格特征，并进一步评估某些次级人格因素。A、B、C、D 式均有 3 种答案可供选择：A（是的）、B（介于 A 与 C 之间）、C（不是的），凡答案与计分标准相符计 2 分，相反计 0 分，中间计 1 分；E 式有 2 种答案可供选择。16PF 结果采用标准分（Z 分）。通常认为 <4 分为低分（1～3 分），>7 分为高分（8～10 分）。高、低分结果均有相应的人格特征说明（图 10-4）。

因素	原始分	标准分	低分者特征	1	2	3	4	5	6	7	8	9	10	高分者特征
A	10	5	缄默孤独	·	·	·	·	A	·	·	·	·	·	乐群外向
B	9	6	迟钝、学识浅薄	·	·	·	·	·	B	·	·	·	·	智慧、富有才识
C	11	4	情绪激动	·	·	·	C	·	·	·	·	·	·	情绪稳定
E	14	6	谦虚顺从	·	·	·	·	·	E	·	·	·	·	好强固执
F	21	9	严肃审慎	·	·	·	·	·	·	·	·	F	·	轻松兴奋
G	11	5	权宜敷衍	·	·	·	·	G	·	·	·	·	·	有恒负责
H	13	6	畏缩退怯	·	·	·	·	·	H	·	·	·	·	冒险敢为
I	15	9	理智、注重实际	·	·	·	·	·	I	·	·	·	·	敏感、感情用事
L	10	5	信赖随和	·	·	·	·	L	·	·	·	·	·	怀疑刚愎
M	17	9	现实、合乎常规	·	·	·	·	·	M	·	·	·	·	幻想、狂放不羁
N	10	6	坦白直率、天真	·	·	·	·	·	N	·	·	·	·	精明能干，世故
O	9	6	安详沉着、有自信心	·	·	·	·	·	O	·	·	·	·	忧虑抑郁、烦恼多端
Q1	12	6	保守、服从传统	·	·	·	·	·	Q1	·	·	·	·	自由、批评激进
Q2	18	8	依赖、随群附众	·	·	·	·	·	Q2	·	·	·	·	自主、当机立断
Q3	9	4	矛盾冲突、不明大体	·	·	·	Q3	·	·	·	·	·	·	知己知彼、自律严谨
Q4	14	6	心平气和	·	·	·	·	·	Q4	·	·	·	·	紧张困扰

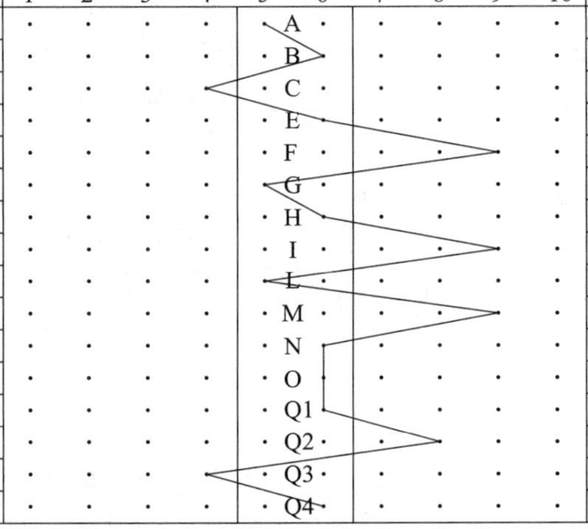

图 10-4　卡特尔 16 种人格因素测验轮廓图

这一测验能在约 45 min 的时间内测量出 16 种主要人格特征，16 种人格因素是各自独立的，相互之间的相关度极小，每一种因素的测量都能对被试者某一方面的人格特征有清晰而独特的认识，更能对被试者人格的 16 种不同因素的组合做出综合性的了解，从而全面评价其整个人格。本测验在国际上颇有影响，凡具有相当于初三以上文化程度的人都可以使用，具有较高的效度和信度，广泛应用于人格测评、人才选拔、心理咨询和职业咨询等工作领域。该测验已于 1979 年引入国内并修订为中文版。

（三）艾森克人格问卷

艾森克人格问卷（Eysenck personality questionnaire，EPQ）是由英国心理学家 Eysenck 根据其人格三个维度的理论，于 1975 年在其 1952 年和 1964 年两个版本的基础上增加而成。人格三个维度的理论即决定人格的三个基本因素：内外向性（E）、神经质（又称情绪性，N）和精神质（又称倔强、讲求实际，P），人们在这三方面的不同倾向和不同表现程度，便构成了不同的人格特征。艾森克人格问卷是目前医学、司法、教育和心理咨询等领域应用最为广泛的问卷之一。

EPQ 成人问卷适用于测查 16 岁以上的成人，儿童问卷适用于 7～15 岁儿童。国外 EPQ 儿童本有 97 项，成人本有 101 项。我国龚耀先的修订本成人和儿童均为 88 项。

EPQ 由三个人格维度量表和一个效度量表组成。

1. E 量表（extrovision scale） 表示性格的内外倾向。高分表示外向，低分表示内向。外向的人爱交际，渴望常有兴奋的事情，喜欢冒险，寻求刺激，向外发展，行动被一时的冲动所左右，喜欢实际的工作；对问题反应迅速，但漫不经心，随和乐观，喜欢说笑，好动而不踏实。内向的人与其相反，安静，离群，内省，不愿与人接触；保守，思前顾后，不凭一时冲动；生活严谨有节制；有点悲观，踏实可靠，价值观以伦理规范为标准。

2. N 量表（neuroticism scale） 表示情绪的稳定性，又称为神经质量表。高分者表现为焦虑，紧张，易怒，常常抑郁，睡眠不好，有心身不适的主诉，情绪常有过分的情况，对各种刺激的反应都非常强烈，难以平衡克制，适应环境的能力较差，并常有偏见。而情绪稳定的人，N 量表的分数很低。

3. P 量表（psychoticism scale） 表示心理状态，所以又称为精神质量表。高分表示孤独，不关心别人；常有麻烦，在哪里都不能适应得好；可能是残忍的，不人道的，缺乏同情心，感觉迟钝；对人抱有敌意，具有攻击性；喜欢一些古怪的不平常的事情，有冒险行为。

4. L 量表（lie scale） 测定被试者的掩饰程度。

EPQ 结果采用标准分 T 分表示，根据各维度 T 分高低判断人格倾向和特征。还将 N 量表和 E 量表组合，进一步分出外向稳定（多血质）、外向不稳定（胆汁质）、内向稳定（黏液质）、内向不稳定（抑郁质）4 种气质类型（图 10-5）。

EPQ 为自陈量表，实施方便，有时也可以作团体测验，是我国临床应用最为广泛的人格测验。但其条目较少，反映的信息量也相对较少，故反映的人格特征类型有限。

（四）罗夏测验

罗夏测验是现代心理测验中重要的投射测验，也是研究人格的一种重要方法。罗夏测验为

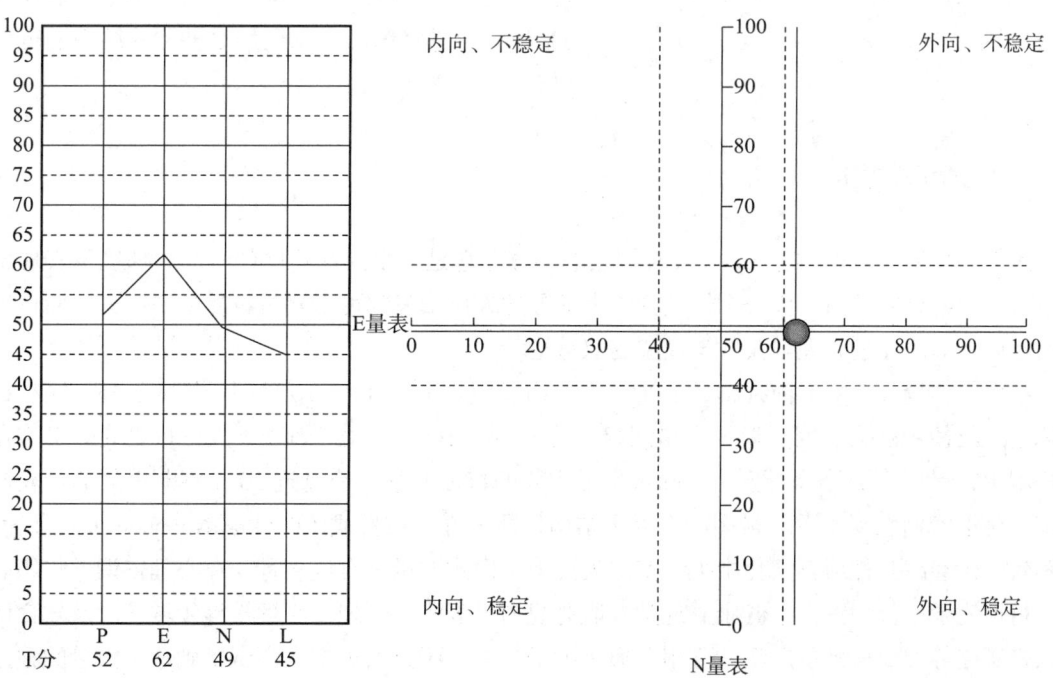

图 10-5 艾森克人格问卷两维度剖析图

1921 年由罗夏（Rorschach）设计和出版，是为了临床诊断中对精神分裂症与其他精神病做出鉴别，也用于研究感知觉和想象能力。然而直到 1940 年，罗夏测验才被作为人格测验在临床上得以应用。1990 年龚耀先完成了该测验的修订工作。

罗夏测验材料由 10 张结构模糊的墨迹图组成，其中 5 张黑色墨迹图，2 张黑、灰外加红色墨迹图，3 张彩色墨迹图（图 10-6）。测试时将 10 张图片按顺序一张一张交给被试者，要求说出在图中看到了什么，不限时间、回答数目，尽可能多地说，直到被试者停止回答时换另一张，每张如此进行。看完 10 张图后，再从头对每一回答进行询问，问被试者看到的是整张图还是图中的哪一部分，为什么这些部位像他所说的内容，并将所指部位和回答的原因一一记录。虽然罗夏测验结果主要反映个人人格特征，但也可反映对临床诊断和治疗有意义的精神疾病指数，如抑郁指数、精神分裂症指数、自杀指数、应付缺陷指数及强迫方式指数等，但这些病理指数都是经验性的。罗夏测验是一个颇有价值的测验，但计分和解释方法复杂，经验性成分多，实施起来有相当的难度。

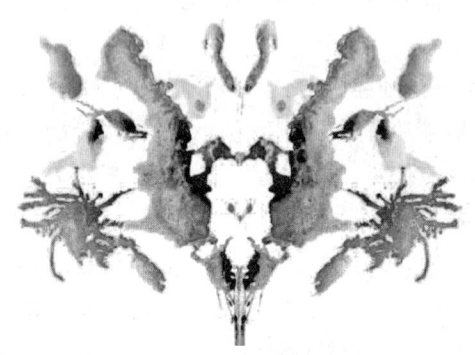

图 10-6 罗夏测验

图 10-7 主题统觉测验

（五）主题统觉测验

测验方法属于投射技术，全套测验共有 30 张比较模糊的人物图片（图 10-7），其中有些是分别用于男人、女人、男孩和女孩的，有些是共用的。测验时让被试者根据图片内容按一定要求讲一个故事。被试者在讲故事时会将自己的思想感情投射到图画中的主人公身上，因此，通过主题统觉测验，可以反映一个人的人格特点。后来在此基础上衍生出了投射技术中的结构技法，临床医学家还用这种测验结果进行病理分析。

三、其他人格测量方法

人格的特质（trait）是一个人最有特点的部分，它是一个人在不同的时间、环境下表现出来的一致行为特点或倾向，代表个体差异。大部分的人格量表都可以测量特质的一部分，而量表设计的好坏，则需经过心理学及数学模型的双重检验。

维度型测量方法除上面提到的 EPQ（大三因子模式）、16PF（16 种因子模式）外，还有目前国际上广泛使用的大五因子模式人格问卷。将上述的 16 种、大三因子等人格量表同时实施在一个样本中，运用主成分分析方法，筛选出最主要的特征变量。经过近 20 年不断重复的量表调查测试，科学家们发现了重复最多的五因子结构，即大五因子模式（the big five model），它们的信度和效度已经在多种语言文化中被证实。大五因子模式的量表有许多种，在心理咨询、临床心理学、精神病学、行为医学、健康心理学、职业规划、工业（管理）心理学等领域，以及教育研究和人格研究等方面得到了广泛的应用。通过因子分析，研究人员多次尝试找到最小数量的独立人格维度，经研究最后支持五个维度的概念（表10-5）。目前在中国文化中，此量表的结构、信度和效度也已经得到了检验。

表 10-5 大五人格维度

维度	特征	对立特征
外向性（extraversion）	个体社会化、受领导喜欢和自信	退缩、安静和保留
神经质（neuroticism）	个体焦虑、无安全感	镇定和自信
责任心（conscientiousness）	坚持、负责和有组织	懒惰、不负责任和冲动
宜人性（agreeableness）	温暖、合作性好	不愉快和不合作
经验开放性（openness to experiences）	充满想象力和好奇心	思维僵化，思想狭隘

第四节 神经心理测验

一、概述

神经心理测验是测量患者在脑部受损时所引起心理变化的特点，其重点是测量行为的变化情况，赋予脑功能以量化指标，从而可以在更深层次上了解大脑结构与功能的关系。了解不同性质、不同部位的病损处于不同病程时的心理变化及仍保留的心理功能的情况。这些信息可为临床神经病学家在临床诊断、制订干预计划和康复计划方面提供依据。

神经心理学量表的种类繁多，常用的量表可分为两类，单项认知测验量表和成套认知测验量表。单项测验是一种结构，主要检查一种脑功能（如感知觉、运动、视觉、记忆和思维等）。这类测验历史较长，种类繁多，较局限，操作简便，易被患者接受。而成套的测验则是由许多单个测验所组成，不局限于研究哪一种性质的心理变化，而是作综合研究，全面检测被试者脑功能损害的程度和范围及多方面的心理功能，对认知功能评价全面，但操作时间较长。这一类测验发展较晚，测验种类不如第一类多。在采用标准化成套测验时，根据不同对象和目的，还需选择另外一些联合测验。

二、筛选测验

筛选测验用于筛查患者有无神经病学问题，并初步判断患者的行为或心理问题是器质性还是功能性的，以决定患者是否要进行更全面的神经心理功能和神经病学检查。

1. 本德（Bender）视觉动作格式塔测验 是一种被广泛应用的心理测验。这一测验的操作十分简单，仅要求被试者临摹几张几何图形（图10-8）。Bender于1938年编制这一测验时，目的在于应用视觉运动的整体功能，诊断儿童或成人的心理功能发育不全、脑器质性缺损及人格障碍。

2. 威斯康星卡片分类测验 是一种单项神经心理测定方法，首先由Berg于1948年提出，后由Heaton于1981年进行了扩充和发展，用于检测正常人的抽象思维能力，是为数不多的能够

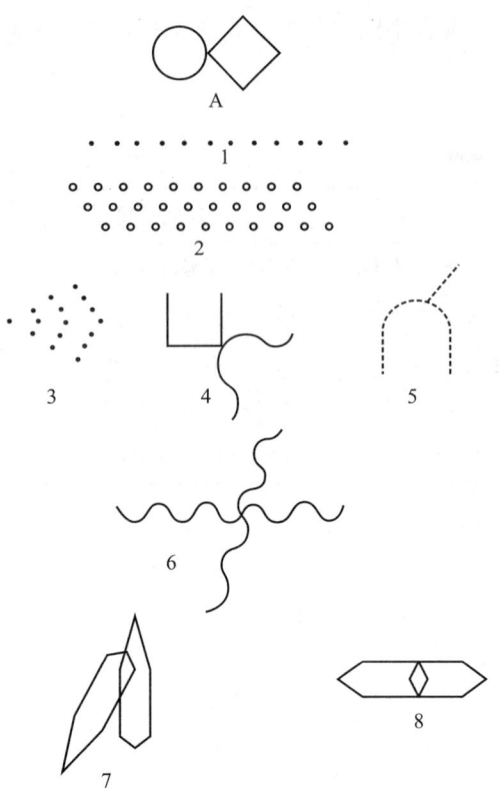

图 10-8 本德视觉动作格式塔测验
A 为示例，1~8 为测验图

较敏感地检测出有无额叶局部脑损害的神经心理测验之一，尤其是对额叶背外侧部病变较为敏感，对由不同原因引起的智力缺陷者也有鉴别作用。其所测查的是根据以往的经验进行分类、概括、工作记忆和认知转移的能力。反映被试者的认知功能状况，即抽象概括、工作记忆、认知转移、神经心理过程、注意力、信息提取、分类维持、分类转换、刺激再识和加工、感觉输入和运动输出等。适用范围为正常成人、儿童（6 岁以上）、精神疾病患者、脑损伤者、非色盲者。

3. 本顿视觉保持测验　是一套广泛流行的心理测验，是为评定视知觉、视觉记忆和视觉结构能力而设计的，是重要的临床检查和研究的工具。它共有三种替换测验（C、D、E 型），每种包括绘有图形的 10 张卡片（图 10-9），其中除 2 张是绘有 1 个图形外，多数是绘有 3 个图形，2 个较大的，1 个较小的。这种同时呈现 3 个图形的方式对单侧空间不注意的问题比较敏感，适用于 7 岁以上的儿童和成人。若个体的本顿视觉保持测验分数远低于预期的分数水平，则可能有病变。测验手册还说明了非病变因素对测验表现可能造成的影响。当然，在用于临床诊断时，还需要参考其他测验结果、个案史及背景资料等。本顿视觉保持测验有多种团体资料，如精神分裂症患者、情绪失调儿童、智能不足者等。

4. 快速神经学甄别测验　是马蒂（Mutti）等于 1974 年编制，此后进行了修订（1979 年），原用于甄别学习困难。通过实践证明，此测验对儿童神经学查体有用，对朗读、书写、拼音或计算等技能的诊断可提供重要参数，但不是甄别学习困难的理想工具。该测验包括 15 个方面：书写能力、数的知觉能力（在手心上书写）、眼追踪、手指鼻的协调动作、迅速重复手动、前后行走、臂和腿的能力等。

5. 韦克斯勒记忆量表（WMS）　由韦克斯勒于 1945 年编制，湖南医科大学龚耀先教授修订，此量表测验的是综合记忆能力，包括 7 个分测验，对知识、定向、计数、理解记忆、数字广度、视觉再生和词汇联想方面的记忆功能进行评定。WMS 常用于神经科和精神科临床诊断方面。从患者的年龄校正分及记忆原始分得出记忆商（MQ）。即先计算各个分测验的总分，然后在患者作业的原始分数上加上患者的年龄校正分，这就是患者加权记忆得分，再查表得到 MQ。MQ 低提示存在脑器质性疾病或脑功能障碍。

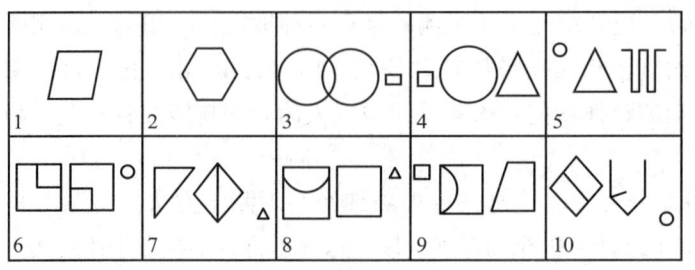

图 10-9　本顿视觉保持测验

6. 临床记忆量表　由中国科学院心理研究所许淑莲教授等编制，主要用于临床、记忆神经心理和记忆老化的研究。适用于 7 ~ 89 岁，这个量表的特点是备有有文化和无文化 2 个群体的正常值，以便于文盲被试者使用。根据临床近记忆障碍常见的特点，该量表侧重于短时记忆和学习能力的检查。此量表包括甲、乙两套难度相同的量表，每套量表共分 5 个分测验，包括指向记忆、联想学习、图像自由回忆、无意义图形再认和人像特点联系记忆，其中前 2 项属听觉记忆，中间 2 项属视觉记忆，最后 1 项为听觉与视觉结合的记忆，用于检查回忆和再忆活动、语文和非语文记忆、与思维有关记忆等。本量表的结果也以记忆商表示，即将各测验的分数换算成量表分数，再将量表分数相加，最后按被试者的年龄得出相应的记忆商，作为衡量人记忆水平的指标。

三、成套测验

成套测验是复合型评估，由许多单个测验组成，是定向、注意、记忆、计算及视空间功能等多个方面的测验的综合。

1. 卢里亚 – 内布拉斯加（Luria–Nebraska）成套测验　由苏联心理学家卢里亚（A. R. Luria）编制，是经过大量脑损伤患者定位、定性诊断的临床实践后总结而成的一套神经心理检测技术。我国由徐云和龚耀先于 1986 年进行修订，已制定了一套地方性常模。成人版测验由 11 个分量表共 269 个项目组成。

2. 国内神经心理学成套测验　由安徽医科大学认知神经实验室与香港大学临床心理研究所联合编制。本测验共由 12 个分测验组成，通过测查注意、记忆、执行功能、视空间能力等综合反映大脑功能。目前已完成各个年龄段共 800 余名被试者的测试，初步得出国人各年龄段多种认知功能的正常值。

3. 简明精神状态检查（MMSE）　由福尔斯坦（Folstein）于 1975 年发表，用于评价定向力、注意力、记忆力、计算力及语言功能等，满分 30 分，得分越高表示认知功能越好。我国目前用的是 MMSE 的中文修订版，并根据教育程度设立不同的痴呆界定值：文盲≤17 分，小学≤20 分，中学≤22 分，大学≤23 分，即提示有认知功能缺损。MMSE 现已成为使用最广泛的认知检查量表，具有敏感性好、易操作等优点。适用于老年人群，可作为流行病学大样本调查的筛查工具，也用来区分痴呆的严重性，在国内外被广泛运用于认知功能的筛查及痴呆药物治疗有效性的临床评价。其检测痴呆的敏感度多在 80% ~ 90%，特异度为 70% ~ 80%。

4. 蒙特利尔认知评估量表（MoCA）　由加拿大 Nasreddine 等根据临床经验并参考 MMSE 的认知项目和评分而制定，2004 年 11 月确定最终版本，是一个用来对认知功能异常进行快速筛查的评定工具，包括注意与集中、执行功能、记忆、语言、视结构技能、抽象思维、计算和定向力 8 个认知领域的 11 个检查项目（图 10–10）。MoCA 目前多用于认知障碍的筛查。但 MoCA 同样也会受到教育程度的影响，文化背景的差异、检查者使用 MoCA 的技巧和经验、检查的环境及被试者的情绪及精神状态等均会对 MoCA 的分值产生影响。

5. 阿尔茨海默病评定量表 – 认知分量表　由 Rosen 等在 1984 年修订，用于评估阿尔茨海默病的认知功能，是目前运用最广泛的认知评价量表。此量表现在是用于轻中度痴呆治疗药物疗效评估的最常用量表，通常将改善 4 分作为治疗显效的判定标准，其可靠性和检测效力经过多中心临床研究的证明，是目前应用最广泛的抗痴呆药物临床试验的疗效评价工具。

6. 严重障碍量表　由 Saxton 等在 1990 年编制，包括定向力、注意力、记忆力、语言、视知觉、结构，同时还包括详细的行为评估，耗时约 30 min。总分范围为 0 ~ 100，评分越低，说明

姓名：_____ 性别：____ 出生日期：_____ 教育水平：_____ 检查日期：_____

视空间与执行功能	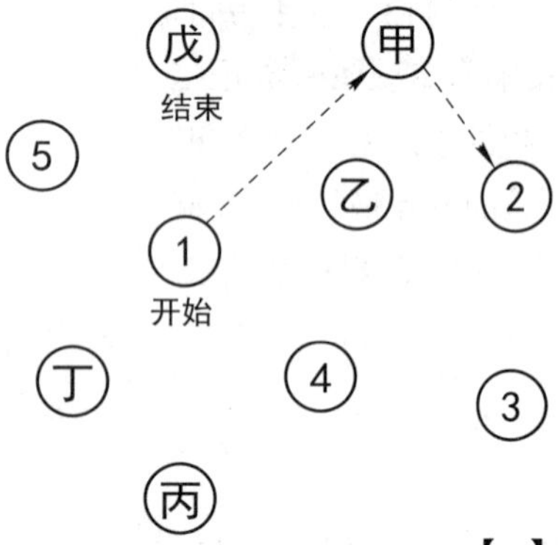	复制立方体	画钟表（11点过10分）（3分）	得分

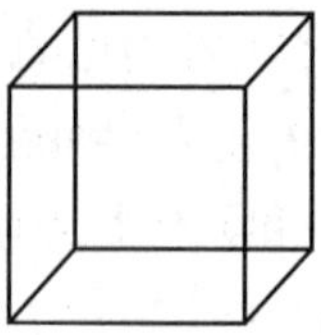

【 】 （视空间与执行功能）
【 】 （复制立方体）
【 】轮廓　【 】数字　【 】指针　___/5

命 名		___/3

【 】　　　　【 】　　　　【 】

记 忆	读出下列词语，而后由患者重复上述过程2次 5 min后回忆		面孔	天鹅绒	教堂	菊花	红色	不计分
		第一次						
		第二次						

注 意	读出下列数字，请患者重复（每秒1个）	顺背【 】 2 1 8 5 4 倒背【 】 7 4 2	___/2

读出下列数字，每当数字1出现时，患者必须用手敲打一下桌面，错误数≥2不给分　　【 】 5 2 1 3 9 4 1 1 8 0 6 2 1 5 1 9 4 5 1 1 1 4 1 9 0 5 1 1 2　___/1

100连续减7　　【 】93　　【 】86　　【 】79　　【 】72　　【 】65
4~5个正确给3分，2~3个正确给2分，1个正确给1分，全都错误为0分　___/3

语 言	重复：我只知道今天张亮是来帮过忙的人【 】　　狗在房间的时候，猫总是躲在沙发下面【 】	___/2
	流畅性：在1 min内尽可能多地说出动物的名字　　【 】____（N≥11名称）	___/1

抽 象	词语相似性：如香蕉-橘子=水果　[ ]火车-自行车　　[ ]手表-尺子	___/2

延迟回忆	回忆时不能提示	面孔【 】	天鹅绒【 】	教堂【 】	菊花【 】	红色【 】	仅根据非提示回忆计分	___/5
选 项	分类提示							
	多选提示							

定 向	【 】日期　　【 】月份　　【 】年代　　【 】星期　　【 】地点　　【 】城市	___/6

总分　___/30

图 10-10　蒙特利尔认知评估量表

痴呆程度越重。对于中晚期的痴呆，是运用最广泛的评价工具，其有效性在中度到重度痴呆患者中已经被证明。此量表目前是评价中度到重度阿尔茨海默病疗效的最常用量表，已应用于美国的临床试验并取得满意结果，已有中文版本，信度和效度良好。

7. Halstead-Reitan 成套测验（H-RB） 我国由龚耀先修订并完成中国的常模。H-RB 包括成人、少年及幼儿用 3 套测验，每套测验分为 10 个分测验，分别测量大脑的抽象思维概念形成能力、记忆和注意的能力、言语能力、感知 - 运动能力等。H-RB 包含多方面的内容，对于确定脑损害的程度和部位非常有利。H-RB 是鉴别脑 - 行为障碍的一种较可靠的心理测验工具，测验结果有助于诊断脑病变的情况，并确定某些症状群的性质和定位，评估脑与行为的关系。这套测验也存在一定的局限性，如测验时间太长，结果处理和分析复杂，某些项目对瘫痪患者不适用，从而影响临床应用。

8. 失语症检查 言语是人类最重要的认知功能之一，又与思维、学习、记忆有着紧密关系。言语障碍是临床常见的高级功能障碍，了解失语症的言语功能损害情况，是研究大脑和言语行为关系的重要途径，并为言语障碍的康复治疗提供依据。这方面较常用的有明尼苏达失语症测验、波士顿失语症诊断测验、Spreen Benton 失语症测验等，国内近年来在失语症的检查方法上进展很快，如汉语失语症检查法（草案），中国科学院心理研究所编制的临床汉语言语测评方法，北京大学医学部编制的汉语失语症检查法等相继出现。

9. 卢里亚 - 内布拉斯加神经心理学成套测验 这套神经心理学成套测验原是苏联心理学家卢里亚在临床实践中对大量脑损伤患者进行定位、定性诊断的心理学检查技术。1975 年，美国内布拉斯加大学的高尔顿教授及其同事对这一技术作了修订和标准化的工作。整个测验包括 11 个量表，共有 269 个项目，每个测验项目都针对某种特定的神经功能。另外还有几个附加量表，即定性量表。

四、神经心理测验中需注意的问题

1. 正确认识各种量表的正常值和划界分 目前国内的神经心理学评定量表多数是从国外引进而来，由于语言及文化背景的差异，在不同文化背景下使用时，有可能影响测评的信度和效度。因此，在使用时要注意所用的测评工具是否经过中文版本的信度和效度检验。对一些使用分界值的筛查工具要特别注意，国外推荐的分界值可能并不完全适用于国内的情况。一些使用常模的测量也应先进行国内常模研究，不宜直接引用国外常模。应用划界分不能仅限于一项测验，应尽可能采用多项测验，才能全面了解脑功能的变化。

2. 测评者最好要经过统一的培训 只有接受过正规神经心理测验的培训，并获得有关部门颁发的神经心理测验操作资格证书者，才能从事神经心理测验。有时神经心理测验还涉及国家的执法，因此应慎重对待。各种神经心理学量表一般都有指导语和较详尽的操作程序，对量表的熟练程度会对测量结果产生一定的影响，对测量工具越熟悉，操作经验越丰富，得出的结果就越客观。在多中心或由多位评定者进行研究时，评定者之间的一致性是一个非常重要的信度指标，评定者最好要进行统一的培训。

3. 控制好混杂因素的影响 神经心理学量表测评是用数量化指标来评估大脑的认知功能，行为的定量测试不像生化、影像指标那样单纯，会受到被试者的年龄、教育程度、职业，被试者测验时的情绪、环境、动机、测试的时间及合作程度等多种因素的影响。故各种神经心理学量表的测试应尽量在安静和没有外界干扰的环境下进行，并尽量取得被试者的理解配合，这样才能真实反映被试者的情况。

4. 根据测查的目的选用测验 如被试者的病情需要对其脑功能进行全面评估，则选用成套神经心理测验；患者表现某些脑功能缺损，可因人而异地选用单项神经心理测验，以验证脑损伤的程度及功能部位。根据被试者具体情况选用恰当的测验，有时还应联用其他心理测验，如智力测验、记忆测验、人格测验，以全面评估被试者的当前状况，得出确切的结果。

5. 正确掌握神经心理学量表结果的分析方法 在很多单项的临床神经心理量表的评估中，被试者所得的分值多与常模的划界分相比较，以评价各种认知功能的缺损。由于大脑是一个复杂的系统，脑的功能涉及多个不同区域的共同参与，并且大脑具有很强的可塑性。当脑损伤后，会有局限性功能缺损，与其他认知功能表现不平衡，在一些综合性测试中的表现失去一致性。因此，对神经心理测验结果作分析及解释时，必须对所有测验结果及资料包括临床表现做全面综合的考虑，才能做出可靠准确的评估。

第五节　临床评定量表

一、概述

评定量表是临床心理评估和研究的常用方法，一般认为评定量表并不是严格意义上的心理测验，虽然有些经常使用的评定量表也具有数量化、标准化等特征，但其与标准化心理测验之间仍存在差异。差异主要表现在：评定量表主要以实用为目的，往往没有严格的理论背景；可使用原始分数直接评定，不一定需要转换成标准分数；大多数只作为筛查工具，不能作为诊断工具。评定量表的应用范围已经从心理学扩展到精神病学乃至临床医学和社会学等多个领域。它具有数量化、客观、可比较和简便易用等特点。

从使用上来说，评定量表分为自评量表和他评量表两种。自评量表是指测试者自己可以独立测试并根据标准进行评价，评价结果通常也通俗易懂；他评量表是在施测者的要求下对被试者进行的评定，测试的针对性更强，结果的分析较复杂，被试者无法独立完成。

二、临床常用自评量表

（一）症状自评量表

症状自评量表（symptom checklist-90）又名90项症状自评量表（SCL-90），德若伽提斯（Derogatis）于1975年编制。该量表共有90个项目，采用10个因子分别反映10个方面的心理症状情况（图10-11）。通常是评定1周以来的情况。

1. 量表特点 ①心理健康症状自评量表具有容量大、反映症状丰富、能准确刻画被试者的自觉症状等特点。它包含较广泛的精神病症状学内容，从感觉、情绪、思维、意志、行为直至生活习惯、人际关系、饮食睡眠等均有涉及。②它的每一个项目均采取1~5级评分，即所列条目描述的症状是"没有、很轻、中等、偏重、严重"5个级别。③作为自评量表，这里的"轻、中、重"的具体含义应该由自评者自己去体会，不必做硬性规定。④该量表既可以用来进行心理健康状况的诊断，也可以用做精神病学的研究。

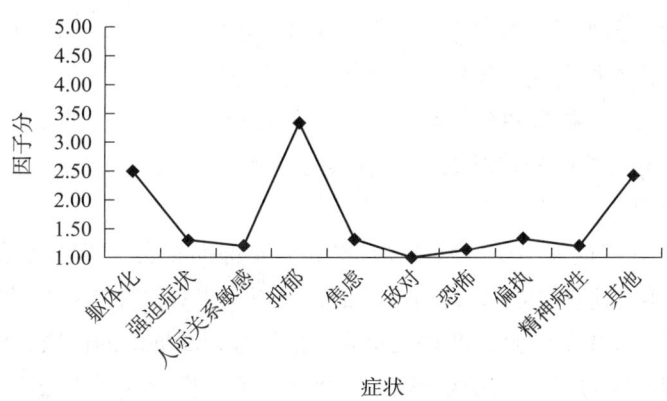

图 10-11 SCL-90 轮廓图

2. 量表的内容及实施方法 量表共 90 个项目，包含较广泛的精神症状学内容，从感觉、情绪、思维、意志、行为直至生活习惯、人际关系、饮食睡眠等均有涉及。SCL-90 的项目均采用 5 级（1~5 或 0~4）评分制，分别为"没有、很轻、中等、偏重、严重"，被试者根据自己最近的情况和感受对各项目进行恰当评分。

3. 量表各因子及其含义 ①躯体化，该因子主要反映主观的身体不适感。②强迫症状，反映临床上的强迫症状群。③人际关系敏感，主要指某些个人不自在感和自卑感，尤其是在与他人相比较时更突出。④抑郁，反映与临床上抑郁症状群相联系的广泛的概念。⑤焦虑，指在临床上明显与焦虑症状相联系的精神症状及体验。⑥敌对，主要从思维、情感及行为 3 个方面来反映患者的敌对表现。⑦恐怖，与传统的恐怖状态或广场恐怖所反映的内容基本一致。⑧偏执，主要是指猜疑和关系妄想等。⑨精神病性，其中有幻听、思维播散、被洞悉感等反映精神分裂样症状的项目。⑩其他，未能归入上述因子，主要反映睡眠及饮食情况。

4. 量表测验效用评价 ①在精神科和心理咨询门诊中，作为了解就诊者或者受咨询者心理卫生问题的一种评定工具。②在综合性医院中，常以该量表了解躯体疾病求助者的精神症状，并认为结果满意。③应用 SCL-90 调查不同职业群体的心理卫生问题，从不同侧面反映各种职业群体的心理卫生问题。

5. 适用范围 适用对象包括初中生至成人（16 岁以上）。目的是从感觉、情绪、思维、意志、行为直到生活习惯、人际关系、饮食睡眠等多种角度，评定一个人是否有某种心理症状及其严重程度。它对有心理症状（即有可能处于心理障碍或心理障碍边缘）的人有良好的区分能力。适用于测查某人群中哪些人可能有心理障碍，可能有何种心理障碍及其严重程度。此量表在国外已广泛应用，在国内临床研究，特别是精神卫生领域，也已广泛使用。但需注意的是，该量表不适合躁狂症和精神分裂症急性期患者。

（二）抑郁自评量表

抑郁自评量表（self-rating depression scale，SDS）是含有 20 个项目，分为 4 级评分的自评量表，原型是 Zung 抑郁量表。其特点是使用简便，并能相当直观地反映抑郁患者的主观感受。主要适用于具有抑郁症状的成年人，包括门诊及住院患者。只是对严重迟缓症状的抑郁，评定有困难。同时，SDS 对于文化程度较低或智力水平稍差的人使用效果不佳。

1. 量表构成 ①精神病性情感症状（2 个项目），②躯体性障碍（8 个项目），③精神运动性障碍（2 个项目），④抑郁的心理障碍（8 个项目）。此量表简单，由 20 道题组成，是自己根据自己 1 周内的感觉来回答的。20 个题目之中，分别反映出抑郁心理、身体症状、精神运动行为及心理方面的症状体验，因为是自我评价，不需要别人参加评价，也不用别人提醒。如果是文盲，可以由别人帮念题目，不得由别人代答，自己判定轻重程度。

2. 结果分析　将 20 个题目的各个得分相加，即得粗分。总粗分的正常上限为 41 分，分值越低状态越好。标准分为总粗分乘以 1.25 后所得的整数部分，标准总分为 53 分，我国以 SDS 标准分 ≥50 为有抑郁症状。

3. 注意事项　此评定量表不仅可以帮助诊断是否有抑郁症状，还可以判定抑郁程度。因此，一方面可以用来作为辅助诊断的工具，另一方面也可以用来观察在治疗过程中抑郁的病情变化，作为疗效的判定指标。需说明的是，此评定量表不能用来判断抑郁的性质，仅仅用于抑郁症的自评提示，所以不是抑郁症的病因及疾病诊断分类用表，不能作为诊断依据。如果读者自测分数较高，并不代表就患上了抑郁症，应及时到精神科门诊进行详细的精神状况检查、诊断及治疗。

（三）贝克抑郁自评量表

贝克抑郁自评量表（Beck depression inventory，BDI）由美国著名心理学家贝克于 20 世纪 60 年代编制，贝克将抑郁表述为 21 个"症状 – 态度类别"，BDI 的每个条目便代表一个类别。后来发现，有些抑郁症患者，特别是严重抑郁者，不能很好地完成 21 项评定。贝克于 1974 年推出了 13 项版本，新版本品质良好，被广泛应用于临床流行病学调查。此处介绍 BDI 的 13 项版本。

1. 内容及实施方法　各项症状分别为：抑郁，悲观，失败感，满意感缺失，自罪感，自我失望感，消极倾向，社交退缩，犹豫不决，自我形象改变，工作困难，疲乏感，食欲丧失。各项均为 0~3 分四级评分，无该项症状 = 0 分，轻度 = 1 分，中度 = 2 分，严重 = 3 分。每一项均有 4 个短句，让被试者选择最符合他当时心情或情况的一项。

2. 结果分析　BDI 只有单项分和总分两项统计指标。贝克提出，可以用总分来区分抑郁症状的有无及其严重程度：0~4 分（基本上）= 无抑郁症状，5~7 分 = 轻度，8~15 分 = 中度，16 分以上 = 严重。

3. 应用情况　BDI 是最常用的抑郁自评量表，适用于成年之后的各年龄段，在用于老年人时会有一些困难，因为 BDI 涉及许多躯体症状，而这些症状在老年群体中可以是与抑郁无关的其他病态甚或衰老的表现。

（四）焦虑自评量表

焦虑自评量表（self-rating anxiety scale，SAS）由华裔教授 Zung 于 1971 年编制，是一种分析患者主观症状的相当简便的临床工具。其适用于具有焦虑症状的成年人，具有广泛的应用性。国外研究认为，SAS 能够较好地反映有焦虑倾向的精神病求助者的主观感受。而焦虑是心理咨询门诊中较常见的一种情绪障碍，所以近年来 SAS 是咨询门诊中了解焦虑症状的常用自评工具之一。从量表构造的形式到具体评定的方法，都与抑郁自评量表十分相似。

1. 评分标准　SAS 采用 4 级评分，主要评定症状出现的频度，其标准为："1"表示没有或很少时间有，"2"表示有时有，"3"表示大部分时间有，"4"表示绝大部分或全部时间都有。20 项条目中有 15 项是用负性词陈述的，按上述 1~4 顺序评分。其余 5 项是用正性词陈述的，按 4~1 顺序反向计分。

2. 统计指标　将 20 个项目的各个得分相加，即得粗分，用粗分乘以 1.25 以后取整数部分，就得到标准分。按照中国常模结果，SAS 标准分的分界值为 50 分，其中 50~59 分为轻度焦虑，60~69 分为中度焦虑，70 分及以上为重度焦虑。

3. 注意事项 ①评定的时间范围，应强调是"现在或过去1周"。②由于焦虑是神经症的共同症状，故SAS在各类神经症鉴别中作用不大。③关于焦虑症状的临床分级，除参考量表分值外，主要还应根据临床症状特别是要害症状的程度来划分，量表总分值仅能作为一项参考指标而非绝对标准。

（五）贝克焦虑量表

贝克焦虑量表（Beck anxiety inventory，BAI）由美国贝克（Beck）等于1985年编制，含有21个项目的自评量表。该量表用4级评分，主要评定被试者被多种焦虑症状烦扰的程度。适用于具有焦虑症状的成年人，能比较准确地反映主观感受到的焦虑程度，其总分能充分反映焦虑状态的严重程度，帮助了解近期心境体验及治疗期间焦虑症状变化动态，是用于了解焦虑症状的常用检测工具。

1. 项目及评分标准 BAI有21个自评项目，把被试者被多种焦虑症状烦扰的程度作为评定指标，采用4级评分法。其标准为"1"表示无；"2"表示轻度，无多大烦扰；"3"表示中度，感到不适但尚能忍受；"4"表示重度，只能勉强忍受。

2. 评定方法 量表均由评定对象自行填写。在填表之前应向填写者交代清楚填写方法及每题的含义，要求独立完成，自我评定。BAI分析方法简单，将自评完成后的21个项目分数相加，得到粗分，总分15~25分为轻度焦虑，26~35分为中度焦虑，36分及以上为重度焦虑。

3. 注意事项 ①评定时间范围应是"现在"或"最近一周"内的自我体验。②应仔细检查评定结果，不要漏项或重复评定。③可随临床诊治或研究需要反复评定，一般间隔时间至少1周。

三、临床常用他评量表

（一）汉密尔顿抑郁量表

汉密尔顿抑郁量表（Hamilton depression scale，HAMD）由汉密尔顿（Hamilton）于1960年编制，是临床上评定抑郁状态时最常用的量表，后又经过多次修订，版本有17项、21项和24项三种。HAMD是经典的抑郁评定量表，已被公认。方法简单，标准明确，便于掌握，可用于抑郁症、躁郁症、焦虑症等多种疾病抑郁症状的评定，尤其适用于抑郁症。此处介绍的是24项版本。

1. 评定方法 应由经过训练的2名评定员对被评定者进行HAMD联合检查。一般采用交谈与观察方式，待检查结束后，2名评定员分别独立评分。若需比较治疗前后抑郁症状和病情变化，则于入组时，评定当时或入组前1周的情况；治疗后2~6周，再次评定。

2. 评定标准 HAMD大部分项目采用0~4分的5级评分法：无，轻度，中度，重度，很重。少数项目评定则为0~2分3级评分法：无，轻中度，重度。

3. 结果解释 按照Davis JM的划分，总分超过35分，可能为严重抑郁；超过20分，可能是轻或中度的抑郁；如小于8分，则没有抑郁症状。17项版本则分别为24分、17分和7分。HAMD可归纳为7类因子结构：①焦虑/躯体化（anxiety/somatization），由精神性焦虑、躯体性焦虑、胃肠道症状、全身症状、疑病和自知力6项组成。②体重（weight），仅体重减轻1项。③认知障碍（cognitive disturbance），由自罪感、自杀、激越、人格或现实解体、偏执症状和强迫症状6项组成。④日夜变化（diurnal variation），仅日夜变化1项。⑤迟缓（retardation），由抑郁情绪、工作和兴趣、迟缓和性症状4项组成。⑥睡眠障碍（sleep disturbance），由入睡困难、睡眠不深和早醒3项组成。⑦绝望感（hopelessness），由能力减退感、绝望感和自卑感3项组成。这样可更简单明了地反映患者病情的实际特点，并且可以反映靶症状群的治疗效果。

（二）汉密尔顿焦虑量表

汉密尔顿焦虑量表（Hamilton anxiety scale，HAMA）包括14个项目，由 Hamilton 于1959年编制，是精神科中应用较广泛的由医生评定的量表之一。主要用于评定神经症及其他患者的焦虑症状的严重程度。

1. 评定方法　应由经过训练的2名评定员进行联合检查，采用交谈与观察的方式，检查结束后，2名评定员各自独立评分。若需比较治疗前后症状和病情的变化，则于入组时，评定当天或入组前1周的情况，治疗后2~6周，再次评定。

2. 评定标准　HAMA 的评分为0~4分，5级：无症状，轻，中等，重，极重。

3. 注意事项　本量表除第14项需结合观察外，所有项目都根据患者的口头叙述进行评分；同时特别强调受检者的主观体验，这也是 HAMA 编制者的医疗观点。因为患者仅仅在有患病的主观感觉时，方来就诊，并接受治疗，故以此可作为病情进展的标准。虽然 HAMA 无工作用评分标准，但一般可这样评分："1"症状轻微；"2"有肯定的症状，但不影响生活与活动；"3"症状重，需加以处理，或已影响生活和活动；"4"症状极重，严重影响其生活。另外，评定员需由经过训练的医生担任，做一次评定需10~15 min。

4. 结果解释　按照全国精神科量表协作组提供的资料，总分≥29分，可能为严重焦虑；21~28分，肯定有明显焦虑；14~20分，肯定有焦虑；7~13分，可能有焦虑；如<7分，便没有焦虑症状。一般 HAMA 的14项版本分界值为14分。该量表仅分为躯体性和精神性两大类因子结构：①躯体性焦虑（somatic anxiety），由肌肉系统症状、感觉系统症状、心血管系统症状、呼吸系统症状、胃肠道症状、生殖泌尿系统症状和自主神经系统症状7项组成。②精神性焦虑（psychic anxiety），由焦虑心境、紧张、害怕、失眠、认知功能、抑郁心境及会谈时行为表现7项组成。因子分=组成该因子各项目的总分/该因子结构的项目数，通过因子分析可以进一步了解患者的焦虑特点。

HAMA 是一种医生用焦虑量表，这是最经典的焦虑量表，尽管它不尽理想，但在所有同类量表中，它的使用历史最长，用得最多。本量表评定方法简单易行，可用于焦虑症，但不太适用于估计各种精神疾病时的焦虑状态。同时，与 HAMD 相比，有重复的项目，如抑郁心境、躯体性焦虑、胃肠道症状及失眠等，故对于焦虑症与抑郁症，HAMA 与 HAMD 一样，都不能很好地进行鉴别。

（三）躁狂量表

躁狂量表（Bech-Rafaelsen mania rating scale，BRMS）主要用于评定躁狂状态的严重程度。适用于心境障碍和分裂情感性精神病躁狂发作的成年患者，是目前应用最广泛的躁狂量表。

1. 评定方法　一般采用会谈与观察相结合的方式进行评定。由经过量表训练的精神科医生进行临床精神检查后综合家属或病房工作人员提供的资料进行评定。一次评定需20 min 左右。评定的时间范围一般规定为最近一周，若再次评定一般间隔2~6周。

2. 项目和评定标准　BRMS 共有13项，项目采用0~4分的5级评分法："0"无该项症状或与患者正常时的水平相仿，"1"症状轻微，"2"中度，"3"较重，"4"严重。每项症状都有评分标准。

3. 计分方法　BRMS 的主要统计指标为总分。0～5 分为无明显躁狂症状；6～10 分为有肯定躁狂症状，22 分及以上有严重躁狂症状。总分反映疾病严重性，总分越高，病情越严重；治病前后总分值的变化反映疗效的好坏，差值越大疗效越好。

4. 应用与评价　该量表评定标准明确，项目数量适中，便于掌握，有良好的信度和效度，能较好地反映治疗前后的变化，是评定躁狂状态的较好量表，适合于临床躁狂状态的评估。

（四）简明精神病量表

简明精神病量表（brief psychiatric rating scale，BPRS）是一个评定精神病性症状严重程度的他评量表，适用于具有精神病性症状的大多重性精神病患者，尤适宜于精神分裂症患者。

1. 评定方法　评定由评定人员对患者做量表精神检查后，分别根据患者的口头表述和观察情况，依据临床症状定义和临床经验进行评分（表 10-6）。一次评定大约需做 20 min 的会谈和观察。评定的时间范围一般定为评定前一周的情况。评定员须由经过训练的精神科专业人员担任。

表 10-6　简明精神病量表

圈出最适合患者情况的分数：

依据口头描述	依据检测观察	未测 0	无症状 1	可疑或很轻 2	轻度 3	中度 4	偏重 5	重度 6	极重 7
1. 关心身体健康									
2. 焦虑									
	3. 感情交流障碍								
4. 概念紊乱									
5. 罪恶观念									
	6. 紧张								
	7. 装相和作态								
8. 夸大									
9. 心境抑郁									
10. 敌对性									
11. 猜疑									
12. 幻觉									
	13. 动作迟缓								
	14. 不合作								
15. 不寻常思维									
	16. 情感平淡								
	17. 兴奋								
18. 定向障碍									

总分：　　焦虑忧郁因子：　　缺乏活力因子：　　思维障碍因子：
　　　　　激活性因子：　　敌对猜疑因子：

2. 项目和评定标准　BPRS最常用的为18项版本。所有项目采用1~7分的7级评分法，各级的标准为："1"无症状，"2"可疑或很轻，"3"轻度，"4"中度，"5"偏重，"6"重度，"7"极重。如果未测则计0分，统计时应剔除。

3. 各项目名称和定义

（1）关心身体健康：指对自身健康过分关心，不考虑其主诉有无客观基础。

（2）焦虑：指精神性焦虑，即对当前、未来情况的担心、恐惧或过分关注。

（3）情感交流障碍：指与检查者之间如同存在无形隔膜，无法实现正常的情感交流。

（4）概念紊乱：指联想散漫、零乱和解体的程度。

（5）罪恶观念：指对以往言行的过分关心、内疚和悔恨。

（6）紧张：指焦虑性运动表现。

（7）装相和作态：指不寻常的或不自然的运动性行为。

（8）夸大：即过分自负，确信具有不寻常的才能和权力等。

（9）心境抑郁：即心境不佳、悲伤、沮丧或情绪低落的程度。

（10）敌对性：指对他人（包括检查者）的仇恨、敌对和蔑视。

（11）猜疑：指检查当时认为有人正在或曾经恶意地对待他。

（12）幻觉：指没有相应外界刺激的感知。

（13）动作迟缓：指言语、动作和行为的减少和缓慢。

（14）不合作：指会谈时对检查者的对立、不友好、不满意或不合作。

（15）不寻常思维：即荒谬古怪的思维内容。

（16）情感平淡：指情感基调低，明显缺乏相应的正常情感反应。

（17）兴奋：指情感基调增高，激动，对外界反应增强。

（18）定向障碍：指对人物、地点或时间分辨不清。

4. 统计指标和结果分析

（1）总分（18~126分）：反映疾病严重性，总分越高，病情越重，治疗前后总分值的变化反映疗效的好坏，差值越大疗效越好。一般研究入组标准可定为>35分。

（2）单项分（0~7分）：反映症状的分布和靶症状的严重程度。治疗前后的变化可以反映治疗的靶症状变化。因BPRS为分级量表，所以能够比较细致地反映疗效。

（3）因子分（0~7分）：反映症状群的分布和疾病的临床特点，并可据此画出症状群廓图。一般归纳为5个因子：①焦虑忧郁，包括1、2、5、9，共4项；②缺乏活力，包括3、13、16、18，共4项；③思维障碍，包括4、8、12、15，共4项；④激活性，由6、7、17共3项组成；⑤敌对猜疑，由10、11、14共3项组成。

5. 信度和效度　经广泛应用，BPRS具有良好的信度和效度，应用于精神分裂症患者，其联合检查一致性r为0.787~0.97。检查－再检查的单项评定一致性r为-0.11~0.77，除焦虑、紧张、奇特行为姿势外，P均小于0.05。各单项症状的量表评定和临床记录的阳性阴性符合率，κ为0.37~0.82。除猜疑一项外，均有显著性意义。其总分与临床严重程度的等级相关性$r=0.84$，与临床疗效判断的相关性$r=0.6$。

6. 应用评价　它是精神科应用得最广泛的评定量表之一。该量表长度适中，症状项目合理，既能比较全面地反映患者的精神状况，又比较简便，容易掌握，为大多数精神科工作者接受，适宜临床常规应用和协作研究应用。国内外多年的临床实践证明其有良好的可靠性和真实性。

BPRS没有操作用评分标准，准确把握评分标准有一定的困难，尤其是对初学者，可能影响评分者之间的一致性。此外，在 BPRS 项目设置中，反映阴性症状的项目不足，不能区别不同性质的兴奋状态，此为其弱点。

（程宇琪　张云淑）

复习思考题

1. 心理评估的方法有哪几种？各自有何特点？
2. 心理测验可以如何分类？
3. 什么叫心理测验标准化？为什么心理测验需要标准化？
4. 智商指什么？各种智力测验是如何测出人的智商的？
5. 常用的人格测验工具分别适用于何种情况？
6. 神经心理测验和临床评定量表分别指什么？它们与智力测验和人格测验有何关系？
7. 临床评定量表中自评量表与他评量表的区别有哪些？

网上更多……

 本章小结　　　 自测题　　　 教学 PPT

第十一章
心理干预

关键词

心理危机干预	心理咨询	心理治疗	来访者
求助者	咨访关系	治疗关系	非语言行为沟通
自杀	心理护理	心理康复	

　　本章介绍心理干预、心理治疗、心理咨询等基本概念，阐述心理咨询与心理治疗及危机干预的相关技术、实施步骤与原则，为医学生有效应对未来职业行为中的各种心理问题或障碍及危机事件奠定知识基础。同时，就心理护理和心理康复的知识进行简要介绍，帮助医学生理解心理护理和心理康复的积极社会意义，为更好地提升整体临床干预效果发挥积极的促进作用。

知识导图

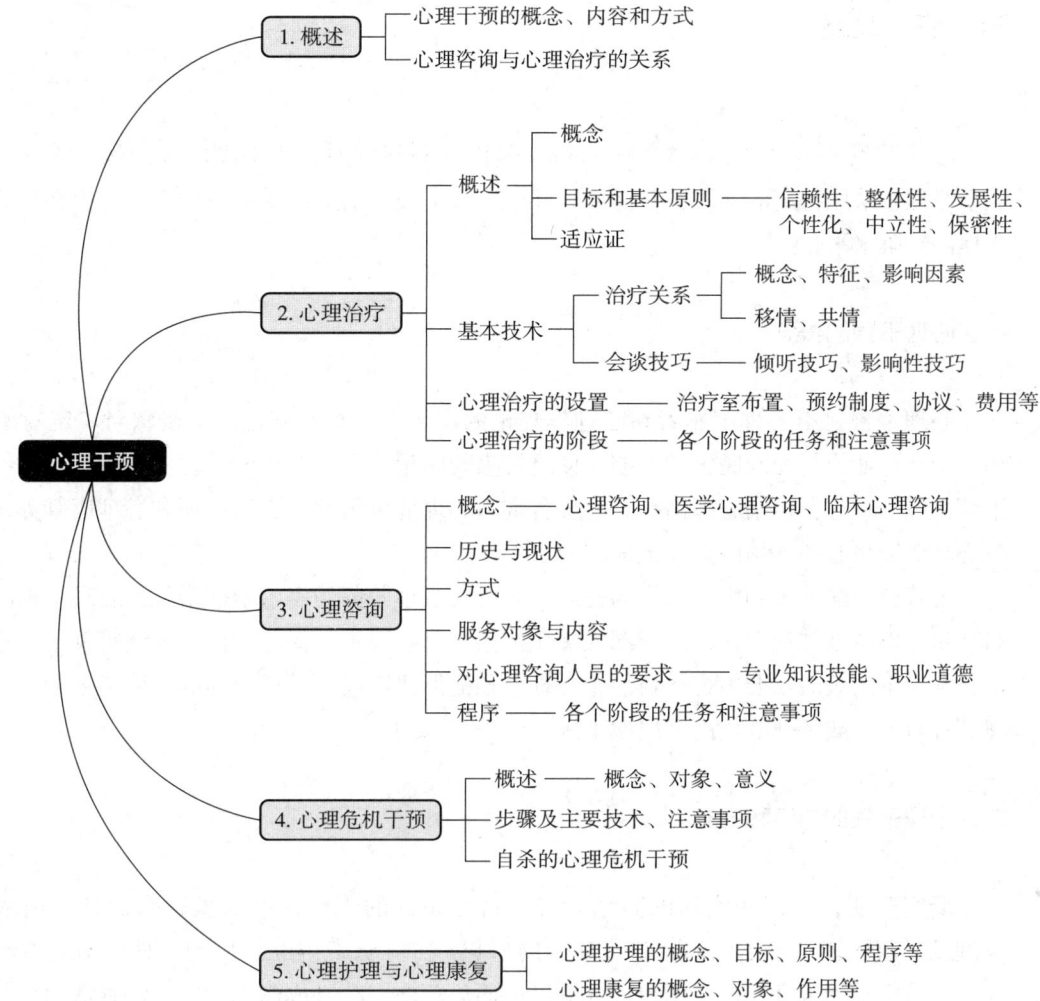

心理干预

1. 概述
—— 心理干预的概念、内容和方式
—— 心理咨询与心理治疗的关系

2. 心理治疗
- 概述
  - 概念
  - 目标和基本原则 —— 信赖性、整体性、发展性、个性化、中立性、保密性
  - 适应证
- 基本技术
  - 治疗关系
    - 概念、特征、影响因素
    - 移情、共情
  - 会谈技巧 —— 倾听技巧、影响性技巧
- 心理治疗的设置 —— 治疗室布置、预约制度、协议、费用等
- 心理治疗的阶段 —— 各个阶段的任务和注意事项

3. 心理咨询
- 概念 —— 心理咨询、医学心理咨询、临床心理咨询
- 历史与现状
- 方式
- 服务对象与内容
- 对心理咨询人员的要求 —— 专业知识技能、职业道德
- 程序 —— 各个阶段的任务和注意事项

4. 心理危机干预
- 概述 —— 概念、对象、意义
- 步骤及主要技术、注意事项
- 自杀的心理危机干预

5. 心理护理与心理康复
—— 心理护理的概念、目标、原则、程序等
—— 心理康复的概念、对象、作用等

第一节 概述

心理干预（psychological intervention）是医学心理学的重要手段之一，其目的是根据一定的科学原理，采用特定的程序，对情绪与环境进行干预，消除或缓解各种心理障碍和烦恼，帮助人们提高健康水平。

一、心理干预的概念

心理干预是指心理工作者在心理学理论的指导下，有计划地、按步骤对一定对象的心理活动、个性特征或行为问题施加影响，使之发生朝向预期目标变化的过程。心理干预是各种心理学干预手段的总称，包括心理治疗、心理咨询、心理危机干预、心理护理和心理康复等，心理治疗与心理咨询是心理干预的重要组成部分。

随着社会的进步和生活水平的提高，人们对心理服务的需求不断增长，心理干预的思想、策略和对象也越来越社会化，逐渐深入文化传播、公共卫生、保健、疾病控制等领域，甚至成为制定公共卫生政策的重要内容。目前，心理干预的形式已经从早期单纯的个体治疗领域，进一步扩展到针对团体或特殊群体的多层次干预。

二、心理干预的内容和方式

研究表明，对某些疾病的高危人群进行预防性的干预，可以显著降低其发病率。我国中医理论早就提出"不治已病，治未病"的思想，如《黄帝内经》提到"是故圣人不治已病治未病，不治已乱治未乱，此之谓也。夫病已成而后药之，乱已成而后治之，譬犹渴而穿井，斗而铸锥……"，强调通过预防性治疗达到"防病"的目的。为了有效预防和解决心理疾病，心理干预至少应对不同群体实行三个层次的干预措施。

（一）健康促进与预防

健康促进（health promotion）即一级干预。针对普通人群进行健康促进是指在普通人群中建立适应良好的思想、行为和生活方式，以促进人们的心理健康水平和幸福感。在健康促进层面上，可通过促进积极的行为模式和促进健康来预防心理问题的发生。因此，健康促进包含着一些重要的概念，如积极的心理健康、危险因素和保护因素及与这些因素相应的预防性干预措施。

1. 积极的心理健康（positive mental health） 对个体具有保护功能，主要包括两个方面：保护个体免遭应激损伤的能力，个体为增强自我控制感和促进个人发展而有意识地培养自己参与各种有意义活动的能力。

2. 危险因素和保护因素 危险因素（risk factor）是指导致个体易感某种障碍的人格因素或环境因素，可能来自个体自身、家庭环境、教育经历、同伴或社会环境的影响。如父母经常吵架、不和，增加了子女行为问题的发生，且子女抑郁障碍的发生率增高。保护因素（protective factor）与危险因素相反，是指能使个体发生某种心理障碍的可能性低于一般人群的人格因素、行为方式或环境因素。

从健康促进的具体措施上看，医学心理学专业人员的任务是帮助人们养成健康的生活方式，如普及有关营养学的知识，使人们养成健康的饮食习惯；采用系统的行为矫正原理和方法对不良饮食习惯进行干预；制订促进儿童青少年心血管系统健康的干预措施，包括改善学校的学生饮食、加强学校体育锻炼的效果、开展对学生的禁烟活动等，以促进学生健康生活方式的形成。

（二）预防性干预

预防性干预（preventive intervention）属二级干预，是针对罹患心理障碍的高危人群进行的预防性干预。在防止心理障碍出现的各种措施中，预防性干预是最为有效的手段，通过采取降低危险因素和增强保护因素的措施，以阻断心理障碍形成和爆发，减少发生心理障碍的危险性。预防性干预包括以下三种方式。

1. 普遍性预防干预（universal preventive intervention）　主要是面向广大的普通人群，针对某些导致整个人群发病率增加的危险因素，进行心理教育或宣传性干预。例如，对整个青少年群体普及认知和行为技能的宣传教育，可以有效预防青少年的抑郁发作。

2. 选择性预防干预（selective preventive intervention）　干预对象主要是那些虽然还没有出现心理问题或障碍，但其发病的危险性比一般人群要高的个体。例如，离异家庭的子女在行为问题及抑郁症的发生率上明显增高，针对这类家庭的成员实施预防性干预。

3. 指导性预防干预（indicated preventive intervention）　干预对象是那些有轻微心理障碍先兆和体征的人群。预先筛查出已经存在情绪问题或障碍的个体，并对其进行干预，能防止重度抑郁的发生。

（三）心理治疗

心理治疗属于三级干预，是指运用心理治疗的手段对已经患有心理障碍的人进行临床干预（详见本章第二节）。

研究表明，在处理各种心理问题和躯体健康问题方面，各种干预方式都具有同等的重要性，很多心理问题或障碍实际上需要多种层面的综合性干预。

三、心理咨询与心理治疗的关系

心理咨询与心理治疗都是心理干预的重要组成部分，没有本质上的区别，在理论与实践上存在着密切的联系。一方面，二者理论体系相同，都是依据一定的心理学理论；另一方面，在临床实际应用过程中，心理咨询与心理治疗难以清楚地划分，且两者使用的技巧相同，都是应用心理学的方法解决问题，克服心理困扰，最终达到发挥潜能、促进成长的目的。

从内涵上看，虽然心理咨询与心理治疗没有本质的区别，但是在二者的研究领域和临床应用中针对对象和问题的严重程度等有所区别，依然存在一定的差异。

（一）工作对象不同

心理咨询的对象，即来访者，一般是有现实问题或心理困扰的正常人。通过心理咨询着重解决来访者的情绪不佳、人际关系矛盾、职业选择、教育求学、恋爱婚姻、子女教育等心理问题。而心理治疗的对象，即求助者，主要是需要矫正或重构的心理障碍患者，心理治疗的目的是帮助求助者弥补已形成的损害，解决发展过程中出现的心身障碍等，如神经症、性心理障碍、人格障碍、康复期精神病患者等。

（二）工作方式不同

心理咨询主要遵循教育和发展的模式，重视对来访者的支持、教育、启发、指导，费时较少，一次至数次不等；心理治疗是在临床情境中开展工作，遵循的是医疗模式，即生物－心理－社会医学模式，侧重于分析、矫正及症状的改善或消除，达到人格重建，费时较长，一般需数周至数年。

（三）实施者不同

心理咨询多为接受过心理学专业培训的心理咨询师，心理治疗多为心理治疗师、精神科医师、心理科医师、医学心理学工作者等。

随着疾病谱的变化和生物－心理－社会医学模式的发展，心理咨询与心理治疗越来越受到人们的重视，已被更广泛地应用到医疗领域。百年前，精神分析创始人弗洛伊德曾提到"现代的医生不能仅从解剖、物理和化学的观点来理解患者和疾病，不能漏掉心灵深层的东西，只有从深层心理的角度进行研究和理解才能达到对人和疾病认识的高峰……"。在医学发展过程中，正是因为弗洛伊德的精神分析疗法及其他心理疗法的出现，医生在治疗时除药物外多了一种选择，患者也有了面对自己心灵的机会。

第二节　心理治疗

一、心理治疗的概念

拓展阅读 11-1
西方心理治疗的历史

心理治疗（psychotherapy）是指心理治疗师对求助者的心理行为问题或障碍进行矫治的过程，不同的学者根据自己的理论取向和实践经验对心理治疗有着不同的定义。目前，我国医学心理学界将心理治疗定义为：由受过专业训练的治疗师，通过建立具有治疗意义的特殊人际关系，运用心理治疗的相关理论、方法和技术，使其心理行为甚至生理产生变化，促进其心理健康和人格发展，消除或缓解其心身症状的心理干预过程。心理治疗包括心理治疗师、求助者、治疗理论和技术、治疗方式、治疗目标五个基本要素。

从实际操作的观点来看，心理治疗是因求助者自己感到有心理问题或者情绪与行为上的困扰，以"求助者"的身份及求治动机与"治疗师"接触，经由明确或含蓄的契约关系，以一种规定的方式，采用言语及非言语的交流方式进行工作。

二、心理治疗的目标和基本原则

（一）心理治疗的目标

心理治疗的根本目的是激发求助者的潜能，消除或者缓解求助者的心理问题与障碍，促进其人格成熟。其中，促进求助者的人格成熟是心理治疗的终极目标，而缓解或者消除求助者的心理问题与障碍则是心理治疗的过程性目标，受各种因素的影响，心理治疗通常所能达到的更多的是过程性目标。

心理治疗目标的制订，受求助者和治疗师双方面因素的影响。

1. 求助者

（1）求助动机：动机强者希望达到比较完美的目标。

（2）求助者对自身问题的认识：认识越深刻，往往越希望实现更深层次的改变。

（3）求助者自身经济状况：经济不佳可能导致求助者更倾向于快速结束治疗。

2. 心理治疗师　主要与其专业背景有关。行为治疗学派的治疗师希望达到的治疗目标更多为外显行为的改变，认知治疗学派的治疗师希望改变求助者歪曲的认知，心理分析治疗师希望求助者产生深层次的心理改变。

（二）心理治疗的基本原则

心理治疗是一项专业性很强的技术，心理治疗师在临床的心理治疗实施中必须严格遵循其基本原则，否则将很难收到预期的效果。

1. 信赖性原则　即良好的医患关系原则，是指在心理治疗过程中，心理治疗师要以真诚一致、无条件的积极关注和共情与求助者建立彼此接纳、相互信任的工作联盟，以确保心理治疗顺利进行。真诚一致，对治疗师而言就意味着成为他自己，做一个可信的人。治疗师的真诚会使求助者变得诚实和自然，他也会像治疗师那样以一种开放、信任和毫无保留的方式呈现自己的想法和感受。

信赖性原则的实施，要求治疗师让求助者了解心理治疗的程序、方法、要求、费用、阶段性或长期可能产生的正面影响与负面影响，充分尊重求助者的选择。对超出治疗师自身能力范围的，应将求助者进行转介，同时应诚恳地说明理由，如实介绍所转介的治疗师的情况并提供相关的资料。

2. 整体性原则　在心理治疗过程中，治疗师要有整体观念，求助者的任何心理和行为问题都不是孤立的，总是与其整体的身心活动相联系。因此，治疗师要对求助者的心理问题做全面的考察和系统的分析。在实施心理治疗的过程中，针对求助者各个方面的心理活动，综合运用各种治疗技术和方法，满足不同层面的心理需求，必要时还可以与临床医师配合，适当使用药物，这都是整体性原则的体现。

3. 发展性原则　这一原则是指在心理治疗过程中，治疗师要以发展的眼光看待求助者的问题，不仅在问题的分析和本质的把握上，而且在问题的解决和效果的预测上都要具有发展的理念。在心理治疗过程中，求助者的需要、动机、态度、情绪、情感、思维方式、对问题起因的看法、对事件后果的预测及行为表现总是随着治疗的进程不断发生变化。如果治疗师能用发展的眼光捕捉到求助者细微的变化，因势利导或防患于未然，就会使治疗进程向着好的方向顺利发展。

4. 个性化原则　这一原则是指在心理治疗过程中，治疗师既要注意求助者与同类问题的人的共同表现和一般规律，又不能忽视每个求助者自身的具体情况，不能千篇一律地处理问题。也就是说，每个心理治疗方案都应具有它的特殊性，不能雷同。

5. 中立性原则　这一原则要求治疗师在心理治疗过程中保持中立的态度和立场。心理治疗师应对自身早期经历、个人的世界观及价值观有充分的了解，应注意避免将自己的世界观、价值观等带入临床工作之中。只有这样，治疗师才能对患者的情况进行客观分析，对其问题有正确的了解并有可能提出适宜的处理办法。

6. 保密性原则　这是心理治疗中最重要的伦理原则，要求心理治疗师必须尊重求助者的隐私权利。由于心理治疗的特殊性和求助者对治疗师的高度信任，他们常常把自己的隐私暴露出来，这些隐私可能涉及个人在社会中的名誉和前途，或牵扯到与其他人的矛盾和冲突，若得不到保护和尊重，会造成恶劣影响。

三、心理治疗的适应证

个体的人际关系问题、个人发展与成长有关的问题、婚姻家庭问题、神经症（恐惧症、强迫症、焦虑症）、癔症、创伤后应激障碍、某些性心理障碍（露阴癖、窥阴症等）、人格障碍、轻至中度的抑郁症、自杀、心身疾病、物质使用障碍、儿童行为障碍等均可进行心理治疗，对精神分裂症和躁狂抑郁症也可进行辅助治疗。

需要注意的是，不同的心理治疗技术，其适应证有所不同。需要根据专业人员所使用的具体疗法来判断其适应证。

视频 11-1
探索心理学：心理治疗

四、心理治疗的基本技术

心理治疗的基本技术与心理咨询有共同之处，不同学派有各自的治疗技术。在此，从治疗关系和会谈技巧两方面分别介绍。

（一）治疗关系

1. 治疗关系的概念　治疗关系是心理治疗师与求助者在心理治疗过程中产生的一种特殊的人际关系，其实质是一种工作联盟，是建立在心理治疗师与求助者互相信任、互相尊重和平等的基础上的工作关系，心理治疗师对求助者进行心理帮助，求助者通过这种关系中的支持性因素而发生改变。这种关系不同于一般社会关系，有可能在短时间内就达到人际关系中最为密切的程度，一般具有以下特征。

（1）独特性：治疗师与每一位求助者的治疗关系都是独特的，且这种关系不同于其他所有社会关系中的人际关系，是在特定的时间内，隐蔽的、具有保密性的特殊关系。这种关系有助于求助者获得安全感，并能促进其自我暴露和自我探索。

（2）主观性与客观性的统一：治疗师在治疗过程中表现出主客观的统一，有利于治疗关系的深入发展。治疗师应保持客观的立场，即要求治疗师在心理治疗的全过程对求助者的言行不加批判，不将个人的意见强加给求助者，保持中立的立场。主观性是指治疗师在治疗过程中以共情、真诚的态度对待求助者，尊重求助者，使之感到温暖。

（3）专业限制：包括治疗关系独特性的限制、职责的限制和时间的限制等。独特性的限制是指治疗关系的建立是因为求助者遇到了自己无法独立解决或者通过其他途径无法解决的难题，感到自己需要特别的帮助才产生和发展起来的，因此治疗关系的建立需要求助者有寻求帮助的动机。职责的限制是指治疗师必须明确自己的职责范围，改变的产生需要求助者自身的努力，治疗师不能越俎代庖。时间的限制是指每次治疗是有时间限制的，不能随意改变，这是保证治疗效果的重要设置。

2. 影响治疗关系的因素　良好治疗关系的建立，常常受治疗师及求助者两方面的影响。

一方面，好的治疗关系依赖于治疗师正确的态度与技能，治疗师被认为是治疗关系的决定因素。一般来讲，具备值得信任、善解人意、保持中立、宽容和关爱等特点的治疗师有助于治疗关系的建立和发展。治疗师的专业能力、吸引力和值得信任被认为是治疗关系的三个重要的增强因素。

治疗师需要在某种程度上对治疗关系投入感情，如表现太虚浮、疏远，会让求助者感到治疗师的冷漠、机械和漠不关心；反之，过分地投入，可能会使求助者退却，或者因此丧失客观性，降低他们自己的判断力。治疗师对求助者的情感与态度被称为反移情，是一种自然的反应，对治疗关系可能是有益的，也可能是有害的。

另一方面，求助者对治疗关系的影响也是显而易见的。求助者的需要、态度、价值观、信念、经验等都会被带入治疗关系中。一般来讲，影响治疗关系的求助者方面的因素包括：①吸引力和交际能力；②理解水平和认知风格；③关于心理治疗的信念和期望；④动机；⑤对治疗效果的满意度；⑥改变目标行为的投入程度；⑦性别、种族和文化背景。

对治疗师的情感反应——移情，常被认为对治疗关系有很大的影响。移情是求助者对治疗师的态度和情感反应，是求助者将过去生活中对某些重要人物的情感或态度投射到治疗师身上的过程。正性的移情反应，如喜欢、欣赏等，有利于积极的治疗关系的建立；反之，负性的移情反应，如敌意、抵触、失望等，容易对良好的治疗关系产生不利的影响。

对治疗关系中重要影响因素方面的研究，首推罗杰斯的工作与论述。罗杰斯认为，共情、积极关注、尊重及真诚可信等因素是对求助者进行帮助并使之产生改变的充分必要条件。此后，有研究者提出具体化、即时性、对峙三个因素，如运用得当，同样会影响治疗关系的建立与巩固，也会影响治疗的进展。

（1）共情（empathy）：又译为同感、投情、同理心。罗杰斯认为，共情是指治疗师体会求助者的内心世界，犹如自己的内心世界一般，可是却永远不能失掉"犹如"这个特质。共情并不是了解和同情，共情要求治疗师能体会到求助者的感受，理解求助者的精神世界，与其产生共鸣（图 11-1）。

拓展阅读 11-2
共情的原理及发展

（2）积极关注：是指治疗师以积极的态度看待求助者，注意强调他们的长处，即有选择地突出求助者的言语及行为中的积极方面，充分利用其自身的积极因素和资源。

（3）尊重：是指治疗师对求助者的接受，能够容忍、接纳求助者不同的观点、习惯等。尊重可以使求助者感受到自己的人生价值，学习自我尊重，促进求助者的自我成长。同时，来自治疗师的尊重会使求助者更加尊重治疗师，促进良好治疗关系的发展。

图 11-1 共情类似我们平常所说的"换位思考"

（4）真诚可信：是指在治疗关系中，治疗师是一个表里一致、真诚的人。

（5）具体化：是指治疗师要找出求助者问题及其相关事物的特殊性，事物的具体细节，使重要的、具体的事实及其情感得以澄清。

（6）即时性：是指治疗师帮助求助者注意"此时此地"的情况，分享正在发生的情感、感觉、认知等，有效帮助求助者澄清其问题。

（7）对峙：是指治疗师指出求助者存在的各种态度、思维、情感和行为之间的矛盾之处。对峙的使用具有一定的风险，必须建立在良好治疗关系的基础上。

（二）会谈技巧

1. 非言语行为的沟通　人的非言语行为包含非常丰富的信息。研究表明，当一个人的言语行为和非言语行为存在不一致的情况时，非言语行为有助于更准确地了解个体的心理活动。治疗师要注意观察求助者的非言语行为所传递的信息，以便更加准确地了解求助者。

（1）目光与面部表情：面部表情的改变、目光的接触与回避等都反映了求助者心理活动的改变。治疗师在会谈过程中应该与求助者保持目光的接触，在求助者谈话时，注视对方，表情专注，且面部表情应与求助者的表情匹配。

（2）身体移动和姿势：包括身体的运动、不同身体姿势的运用等。身体姿势在特定的文化背景中具有特定的含义，治疗师应注意了解特定身体姿势的含义（图11-2）。会谈中身体的移动常常具有心理学意义，这可能是求助者心理被触动的反应。在会谈中，治疗师的身体应微微向求助者倾斜，保持放松，但姿态专注，手和腿、脚的姿势应温文有礼，尽量减少其他动作。

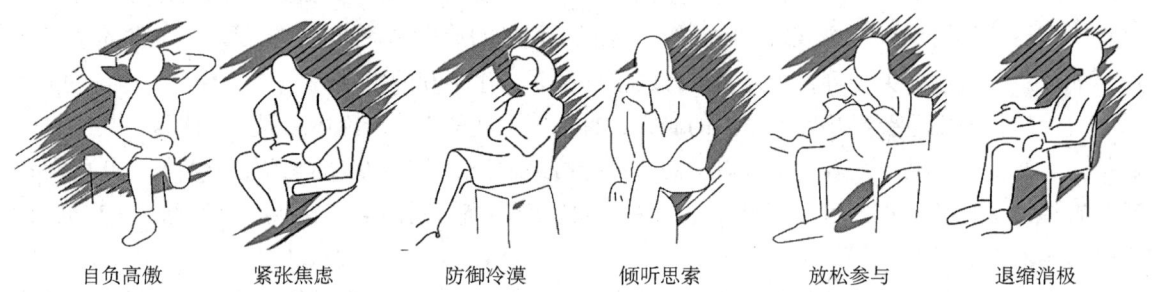

图 11-2　要关注来访者身体动作所代表的含义

自负高傲　　紧张焦虑　　防御冷漠　　倾听思索　　放松参与　　退缩消极

（3）声音特征：包括音量、音高、语气、语速和言语的流畅性等声音特征，常常反映了求助者的某些心理特点。治疗师要观察求助者音量的提高或降低、语速的改变等，这些常反映求助者内心体验的变化；同时，治疗师应注意运用自己的声音特征来增进与求助者的情感协调，传递出对对方的兴趣和共情，强调谈话的重点内容等。一般而言，治疗师的语音应柔和、坚定，音量与语速应与求助者的情况相配合。在求助者的情绪过于激动、语速和音量变化过大时，治疗师应以自己谈话的内容和声音，以及其他非语音信息的配合，来调整求助者的情绪和会谈的节奏。

拓展阅读 11-3
不同的沉默现象

2. 倾听技巧

（1）开放式提问：是心理治疗中最有用的倾听技巧之一。提问通常表达为"什么""怎么""为什么"等语句，让求助者对有关的问题或事件给予较为详细的回答。这是引起对方话题的一种方式，使对方能更多地谈到有关情况、想法和情绪反应等。

（2）封闭式提问：这类问题的特征是可以用"是"或"否"、"有"或"无"、"对"或"错"等个别字给予回答。这类问题在会谈中具有收集信息、澄清事实、缩小谈论范围、使会谈能够集中探讨某些特定问题等功能，还可以帮助治疗师把求助者偏离的话题引回到原来的话题上。但封闭式提问在会谈中不宜过多使用，易使求助者在会谈中处于被动回答的位置，对治疗关系有可能产生破坏性影响。

（3）鼓励与重复语句：鼓励是指治疗师对求助者所说的话仅以简短的词语进行反应，如"嗯……嗯""这样""后来呢？"等，来鼓励对方进一步讲下去。结合点头、目光注视等非言语行为，使求助者真正感受到治疗师在认真倾听，真诚希望他讲下去，并努力了解他的问题。重复语句是指治疗师对求助者前面所说的话给予简短的重复，是鼓励对方的一种反应。重复语句表明治疗师对求助者言语中关键词语的注意，同时，通过强调对方所讲内容的某一词语，可以引导求助者的谈话向着某一方向的纵深部位进行。

（4）简述（paraphrase）：是指治疗师对求助者在谈话中所讲的主要内容及其思想的实质内容进行复述，即对其谈话的实质性内容的说明。目的是觉察治疗师对求助者所谈问题、事物的理解程度，并把一些求助者分散说出的事情联系起来。在简述时，治疗师可以使用自己的词汇对求助者的话进行复述，但某些关键性的词语仍以采用求助者的原话效果更好。

（5）对感受的反应（reflection of feelings）：是积极倾听技巧之一。治疗师通过表述他所理解的求助者谈话中所包含的情绪体验，表达他对求助者情绪反应的理解。治疗师会采用"你感受到……""你觉得……"等词语对求助者的情绪反应进行描述。治疗师对求助者情感体验的正确理解，有助于增进治疗联盟；同时可以鼓励求助者更多地倾诉自己的感受，帮助其意识并识别自己的情感，有利于求助者自己调控情绪。

3. 影响性技巧

（1）解释（interpretation）：是最重要的影响性技巧，是指治疗师借助相关的心理治疗理论及个人经验，提出关于求助者情绪、行为等产生和持续出现的影响因素和可能的原因。解释能给求助者提供一种新的视角，使他们能够从另一个角度去了解和认识自己，可以帮助求助者明确其行为与问题之间的关联，对问题有更好的理解。最为重要的是，解释可以促使求助者的认知或行为产生改变。

解释是一项创造性的技巧，根据求助者的不同问题，治疗师可以创造出各种不同的解释。但解释的运用要谨慎，对于一次会谈而言，两个或三个运用得当的解释是求助者能够承受的上限，运用过多则会使求助者产生阻抗。

（2）指导：是最具影响力的技巧。简单而言，指导就是治疗师告诉求助者做某件事。最直接的形式是治疗师告诉求助者需要做某件事，或说某些话，引导求助者进行某种训练等。不同心理治疗学派对指导这一影响性技巧的使用有所不同。此外，指导应该在与求助者建立良好治疗关系的基础上使用。

（3）忠告：是指治疗师给求助者提供建议，或提供具有指导意义的思想观点来帮助求助者。提供忠告应以求助者的利益为出发点，并且应尽可能地使对方了解提出忠告的依据。提出忠告时应注意措辞，可以采用"如果我是你的话，我可能会……""如果……的话，可能会对你更好"的句式。

忠告的提出，在心理治疗的会谈中有时是必要的，但使用过多会失效；此外，也可能会因求助者对治疗师所提出的忠告持相反态度而给治疗带来潜在危害。因此，治疗师在使用时应持慎重态度。在通常情况下，治疗师一般不应主动提出过多忠告和建议，最好在求助者询问治疗师的意见或建议时再给予忠告。

（4）自我暴露（self-disclosure）：是指治疗师将自己个人的有关信息讲出来，使求助者了解的过程。治疗师的自我暴露有两种形式，一种是向求助者表明在治疗会谈的当时自己对求助者言语和行为的体验，另一种是治疗师告诉对方自己过去的一些情绪体验及经历或经验。

治疗师的自我暴露是以有利于治疗会谈的进行和求助者的改变为前提的。治疗师恰当的自我暴露具有增进治疗等作用。同时治疗师自身的经验对于求助者的改变常常有着积极的影响作用。治疗师的自我暴露过少，不利于求助者的自我暴露反应；暴露过多，也会对治疗不利（图11-3）。

（5）反馈：是指治疗师为求助者提供自己或他人会怎样看待求助者的问题的特殊信息。应用

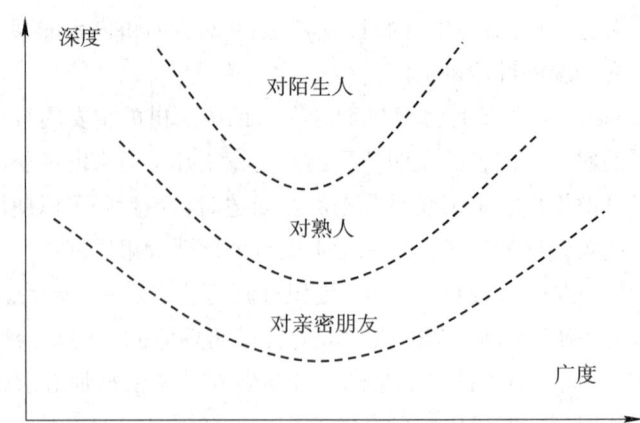

图 11-3 自我暴露的
深度与广度
人际关系中，自我暴露
随着关系的加强越来越
深，范围越来越广

反馈技巧的目的是帮助求助者开阔眼界，了解其他人是怎样想、怎样处理相同或相似事件的。通过反馈，治疗师为求助者提供了与其过去不同的感知、思维模式，以达到帮助对方改变的目的。

（6）逻辑推论：是治疗师根据求助者所提供的有关信息，运用逻辑推理的原则，引导求助者对其思维、行为可能引出的结果进行认识的影响性技巧。在运用这种技巧时，常常采用"如果……，就会……"这一类条件语句。

逻辑推理可以为求助者提供另一种思维方式，引导其从不同的角度、以不同的方式思考问题，预先想到事情发展可能的结果，进而使其意识到自己言行的不妥之处，促进其产生改变。

五、心理治疗的设置

（一）心理治疗室的设置
心理治疗要有专门的工作场所，简称为心理治疗室。一般设在安静、有安全感的地方。

1. 一般要求
（1）房间的大小：心理治疗室以 $6 \sim 8 \ m^2$ 为宜。房间太小，使人有压迫感；太大，则让人缺乏安全感，也不利于治疗师和求助者之间形成紧密的联系。

（2）风格：心理治疗室应简洁，给人温馨、舒适及家的感觉，利于求助者的放松。色彩则以淡雅为主，光线适中，不宜有较多的摆设。

（3）家具：治疗室应配有沙发、茶几或桌椅，也可以有书架等。沙发摆放成90°，茶几或桌子应放在沙发或椅子交叉位置的后面。

（4）应配备的物品：纸巾、水。

（5）装饰：治疗室可以用艺术画、绿色植物、工艺品等装饰，但不宜过多，以免显得杂乱（图11-4）。

2. 特殊要求
（1）不同理论学派在心理治疗室的布置上有所不同。例如，精神分析应设有用于自由联想的躺椅；家庭治疗要有较大的空间及足够的沙发和椅子，供较多家庭成员使用；音乐治疗应配有音乐治疗仪等。

（2）儿童心理治疗室应有特殊布置以体现儿童特点，可以使用较多的色彩和装饰。配有儿童玩的玩具或游戏治疗用卡通人物或玩具等。与儿童谈话用的桌椅应使用儿童桌椅，真正体现对儿童的关怀（图11-5）。

图 11-4　心理治疗室的基本布置

图 11-5　儿童心理治疗室

（二）心理治疗的预约和频率

1. 心理治疗的预约　在接受心理治疗之前应有预约。预约可以通过电话和面谈两种方式进行。预约时工作人员应向求助者介绍提供心理治疗服务的时间及机构里心理治疗师的基本情况，以供求助者选择治疗师和方便接受心理治疗的时间。预约时应简单填写情况表，如果是面谈预约，同时可以签署心理治疗协议。

2. 心理治疗的频率　心理治疗一般为每周一次，每次 40 ~ 60 min。如果是住院患者或者求助者有充裕的时间，根据需要可以每周进行 2 ~ 3 次治疗。原则上，心理治疗的频率要根据治疗的需要并通过治疗师与求助者协商而定。

（三）心理治疗协议的签署

心理治疗协议的签署，应安排在心理治疗正式开始之前。

1. 签署治疗协议的目的　治疗协议是求助者与其求助的治疗机构之间的协议，是为了保障求助者的利益，特别是确保保密原则的实行。同时治疗协议也保护治疗师的利益，如果出现因为心理治疗而发生的纠纷，治疗协议是处理纠纷的重要依据。

2. 治疗协议的主要内容　①介绍什么是心理治疗；②心理治疗的范围；③心理治疗的原则，特别是保密原则；④治疗师的权利与义务；⑤求助者的权利与义务；⑥签字。

3. 专门性协议　如果治疗过程中需要录音、录像等，要征得求助者的同意，专门签署有关协议。

（四）心理治疗的费用

接受心理治疗要交纳必要的费用。交纳费用不仅是治疗师的劳动价值体现，同时也有利于治疗双方对治疗的投入。交纳费用的条款应写进治疗协议中，费用一般按国家或地方物价局规定的价格标准或所在机构的规定办理。费用因心理治疗师的职业水平不同而有所不同。治疗前交纳或治疗后交纳按治疗师所在机构规定办理。

六、心理治疗的阶段

心理治疗一般分为初始访谈与信息收集、目标建立、制订方案与付诸行动、评估与结束四个阶段，每个阶段都有各自相应的任务。

（一）初始访谈与信息收集

此阶段治疗师的首要任务是了解求助者的情况，主动帮助求助者理出头绪，将问题澄清。与此同时，从治疗一开始，治疗师就面临另一个重要任务，即建立良好的治疗关系。

1. 了解情况，澄清问题　治疗开始，要尽量全面了解求助者的情况。收集资料是为理解和界定问题，同时也为目标和计划方案做准备。收集哪些方面的资料既与对问题的初步了解有关，也与治疗师的理论取向有关。

（1）收集的一般资料：包括求助者的基本情况、社会文化背景、个人发展情况等。

（2）对求助者所涉及的问题，要了解的资料：包括发生了什么事情，是在什么时间、地点、情景下发生的？事情的前因后果是什么？求助者是怎么知觉这个事件，怎么评价或看待的？又是怎么看自己和有关他人的？求助者在事件中和事件前后的情绪反应，以及求助者在谈话中此时此地的情绪体验，同时也可以注意求助者的情绪活动特点。事件过程中，求助者做了什么？事后做了什么？现在想怎么做？同时更要了解他的一般行为方式。关注环境因素，了解求助者所处的社会环境，以及事情发生过程中所面临的环境。

总之，了解情况，收集资料，澄清问题，既要寻找与问题直接有关的信息，同时又要了解属于一般人格特点方面的信息，必要时可使用心理测验。

2. 建立相互信任的治疗关系　建立良好的治疗关系是治疗过程的第一步，也是贯穿整个治疗过程的一个极为重要的工作，治疗的各个阶段对此都不可掉以轻心。美国心理咨询专家拉斯认为："治疗师和求助者之间建立一种坦率、信任的关系，是治疗过程中头等重要的事情，是有效治疗的前提条件"。在治疗的最初阶段，治疗关系从无到有，开头是个关键。

（二）目标建立

根据治疗师的治疗学派取向，结合对求助者问题的诊断形成较具体的治疗目标。

1. 建立心理治疗目标的意义

（1）为治疗提供方向，引导治疗的过程。

（2）便于对治疗进展和效果进行评估。

（3）督促双方积极投入治疗中。

2. 心理治疗目标

（1）一般目标和个别目标：一般目标是指某一学派或某一学派的治疗师所持的适用于该学派的所有求助者的目标。与该学派对健全人格的看法有关，并且与该学派对心理障碍的成因、人格结构及对心理运作规律的假设有关。个别目标即具体目标，是指针对特定的求助者所确定的目标。即根据求助者的问题特点，在一般目标的指导下，确定一个只适用于这一位求助者的目标。例如，同样使用精神分析疗法，每个求助者的目标也不一样。

（2）终极目标和过程性目标：终极目标是指某一个所要达到的目标，或者说是上面所讲的一般目标。过程性目标是指达到终极目标所要经历的一个个阶段性、过渡性目标。

不同治疗学派和不同的心理治疗师在目标的具体化上会存在差异。有的可能很具体，有的可能很笼统。但不管怎样，治疗师心中应明确眼前追求的是什么，最终追求的是什么。

3. 建立目标的要求

（1）具体：有程度上的差异。具体的目标有利于激发双方的投入，同时有利于对治疗进展进行评估。

（2）可行：依据心理学手段可以达到的，是心理目标而非生活目标。心理治疗应把目标限制在心理品质、行为特征的改变上；现实可行，既要考虑治疗师自身的能力，也要考虑求助者的问题性质、程度、已有的心理发展水平、环境条件等；有系统性，力求使目标成为一个有序的结构。

治疗的目标应由治疗师和求助者双方协商而定，不同的学派会对由谁来确立治疗目标有不同的倾向，一般来说，治疗师在目标的确定上起主导作用。

求助者的期望与治疗目标可能会一致也可能不一致。如果不一致，治疗师要与求助者进行讨论，尽量达成一致。因为目标的实现要靠求助者对目标负起责任，求助者自身越是愿意对改变努力负责，治疗的效果越好。

（三）制订方案与付诸行动

治疗目标一旦确定，就要着手解决问题。

1. 选择解决问题的方案　一般来讲，同一个问题有多种解决途径与方法，选择方案时要根据问题的性质、程度、求助者个人及其环境条件情况，同时根据治疗师的理论倾向、技术储备，结合已确定的治疗目标，设计一个行动方案或行动计划。具体包括如下工作。

（1）双方根据上述要求，设想多种可能的治疗方案。

（2）对治疗方案的优劣进行权衡、评估。

（3）确定一个适合的治疗方案。

2. 决策方案时要考虑的问题

（1）没有唯一的、最好的方案，可以有比较好的方案。

（2）评价方案的标准是：有效性、可行性、经济性。

（3）确定方案由治疗师和求助者共同制订。

（4）依据治疗师的理论取向和策略、技术储备来选择改变的策略和技术，这是方案的核心。

（5）方案的具体性取决于学派惯例和治疗师本身。通常行为治疗要有一个非常详尽的计划，而其他治疗可能只要求有个大致的纲要。

（四）评估与结束

评估与结束阶段是完整的心理治疗过程中重要的环节。这一阶段的主要工作是对整个治疗的结果或效果做一个总结性评价，同时终止治疗关系。

1. 评估与结束阶段的时间

（1）治疗双方都觉得所有治疗目标都已达到，因而结束治疗关系。

（2）治疗目标尚未达到，由治疗师主动提出终止治疗关系。原因有两种：一是治疗师因人事变动不得不终止；另一是治疗师觉察到自身的局限性，出于职业道德和对求助者负责，转介给其他治疗师。

（3）求助者提前终止治疗。可能的原因：一是求助者感到治疗存在某种威胁，产生阻抗，逃避治疗；另一可能是感到治疗没有达到预期的收获，因而中断治疗。

2. 评估与结束阶段的主要工作　如果治疗能在完成目标的基础上结束，在最后阶段有四项工作。

（1）评估目标收获：即对整个治疗结果进行总结性评价。这不仅有助于求助者巩固治疗效果，增强自信心，也有利于治疗师专业能力的提高。

（2）处理治疗关系，接受离别：在即将结束治疗关系之际，治疗师和求助者都会对对方及双方的关系产生一种分离焦虑，尤其是长期的、有良好治疗关系的治疗，求助者会为要失去这一关系而产生焦虑反应。治疗师在处理分离焦虑时，可以采取以下方式：与求助者讨论分离的问题；对求助者采取开放的态度，即以后如果需要可以再来求助；提前告知求助者结束时间，使求助者有一定的心理准备；可以逐步增加治疗时间的间隔，由每周一次增加为 2 周一次或 1 个月一次等，使分离有个逐渐接受的过程。

（3）帮助求助者运用所学的经验：即与求助者讨论在离开心理治疗以后如何自我调整，将治疗中学到的经验运用到现实生活中。可以帮助求助者做一规划并讨论社会支持系统的建立。

（4）最后一次会谈：在完成各项治疗任务之后，最后一次会谈可以是轻松的，带有社交色彩的交流。可以安排必要的随访，制订具体的随访日期。

七、心理治疗的主要变项

在心理治疗过程中，直接影响治疗效果的变项主要包括以下几个方面。

（一）求助者

求助者是心理治疗的重要变项，求助者心理异常的成因、求助动机、人格特点等都直接影响着治疗的效果。

1. 不适合做心理治疗的求助者　心理治疗并非适合所有想通过心理治疗获得帮助的人。不适合心理治疗的个体如下。

（1）以生物因素为主要病因导致心理和行为异常的，对这些患者而言，心理治疗只能起到辅助作用。

（2）心理治疗效果不理想的患者，如人格障碍患者。他们大多没有求助动机，或在治疗中难以合作。

（3）不同学派都有各自的适应证患者，一些治疗方法不适用于某些患者。

2. 求助者的心理特点　不同求助者之间存在较大的差异，求助者自身的心理特点影响治疗的效果。

（1）人格特质：诸多研究表明，求助者的人格特质是预测治疗成效的最重要指标，海伦和希尔指出以下几种人格特质对取得治疗效果尤为重要：①求助者对人际关系的敏感性。②求助者正处于心理痛苦之中。③求助者诉说的是心理痛苦而不是躯体痛苦。④有一定的应对能力和成功的应对经验。⑤正常的智力水平。

（2）态度和动机：求助者对心理治疗的信念及对获得帮助的期待，对治疗的效果有极大的预测作用。信念是指求助者是否相信及相信治疗有效性的程度；期待是指求助者预期自己能从治疗中获得好处，企盼通过心理治疗解除痛苦的程度。主动的求助者表现为坚信治疗的价值并热切盼望通过治疗结束痛苦，在治疗过程中更合作、更认真、更努力，更能接受指导和解释。非主动的求助者勉强应付甚至抵触心理治疗，没有求助动机，常表现为：有痛苦但不觉知，意识不到自己有问题；意识到有问题但不想通过心理治疗来解决；被其他人员动员或强制来求助；对心理治疗有顾虑和畏难情绪。

如果非主动求助者真的需要帮助，治疗师的首要工作是尽快与求助者建立相互信任的关系，将非主动求助者变成主动求助者。另外，有时动员或安排者是真正需要帮助的人，要慎重处理并让他们加入治疗过程当中。如父母安排孩子接受治疗时，有时需要把对孩子的心理治疗变成家庭治疗。

3. 求助者的心理准备　不同求助者对心理治疗的准备状况是不同的，对治疗也有着直接的影响。治疗师应设法了解他们的预期，并进行妥善处理，同时作为了解求助者的重要渠道。求助者一般的心理准备体现在以下方面。

（1）对治疗的预期和反应准备：预期包括对治疗活动形式的设想，对治疗师的态度、做派乃至形象的设想，对谈话内容的推测等。

（2）负面情绪和冲突：首先是畏惧、顾虑和冲突，既想得到帮助，又为治疗是不好的事情而焦虑，怕面对内心的痛苦。

（二）心理治疗师

心理治疗师个人的专业训练、专业经验、个人经历、人格特点乃至人生观和价值观等都对心理治疗的效果具有显著的影响。因此，心理治疗师应具备有关的专业理论知识和技能，良好的个人修养和较健全的人格，因为治疗师人格变量的影响常常大于他的专业经验，同时要求其严格遵守专业伦理及道德规范。心理治疗师应对自己和他人有良好的觉察能力，具备尊重并欣赏自己和他人，认同自我，理解自己的能力及局限，真诚、诚恳、诚实，勇于承认自己的错误，乐于改变自己，真诚地关心他人，认真地投入工作等特点。

1. 专业训练和经验　治疗师的专业训练和经验对心理治疗效果的影响是不言而喻的。专业的训练来自专门的学习。专门的学习包括正规的学历教育，如临床心理学硕士、博士课程的系统学习，也包括对某一学派或治疗方法的系统学习。心理治疗一定要接受实践性和操作性的培训，有实习和专门的督导指导，以保证学习效果。

2. 个人特点　什么样的人更适合做心理治疗，不同的学者有不同的研究。

3. 态度特质　严格地讲，态度特质是治疗师个人特征的一部分。所有的治疗学派均认为，治疗师的态度特质是对治疗效果影响力最大的治疗师变项，尤其是治疗师对待求助者的一般态度及在治疗互动中习惯性的反应方式。尊重、共情理解、真诚、积极关注等被认为是重要的态度特质。

4. 价值观 每个治疗师都有自己的一套价值取向，并且会自觉或不自觉地带入治疗过程。作为治疗师，其一，应对自己的价值观进行深入探讨，尤其要对金钱、权力、性、爱、生命、死亡等人生重要课题进行反思；其二，要在治疗过程中不断反省自己的价值观在如何影响着治疗；其三，在治疗中尽量做到价值中立不是一件容易的事，与治疗师的治疗学派取向有关。

（三）治疗关系

治疗关系是心理治疗能否取得成效的一个重要变项。心理治疗不同于药物治疗，最突出的特点是心理治疗不具备强制性生效的功能，如不能像医生给患者打针，即使患者不愿意也要接受一样。心理治疗最重要的是通过两者的信任关系去工作，治疗师与求助者的相互配合会对治疗效果产生影响。

（四）治疗过程

治疗过程是一个完整、动态的结构，任何治疗都是由一系列活动组成的，这些活动中各种变量发生实际的相互影响、相互作用。不同的治疗学派对心理治疗过程的看法和做法有着很大的差别。

（五）治疗以外的力量

治疗师要足够重视治疗以外的力量的影响。在整个治疗期间，求助者除了治疗时间外，其余的时间仍在家里、班级、单位及社区中。也就是说，求助者此时受到两种力量的影响：治疗内在的力量和治疗外在的力量，而且这两种力量会在求助者身上发生复杂的相互作用。治疗内的改变可能影响治疗外的改变，治疗外的改变也可能影响治疗内的改变。两种情况之间的相互作用一般有三种：彼此促进，彼此冲突，既有促进又有冲突，以第三种情况居多。

第三节 心理咨询

心理咨询是心理干预的重要组成部分，是实行健康促进、心理教育和心理指导的常用手段。

一、心理咨询的概念

（一）心理咨询

咨询（counseling）意为商谈、征询。心理咨询（psychological counseling）是指经过严格训练的心理咨询师协助来访者解决心理问题的过程。具体来讲，是心理咨询师运用咨询心理学的理论和技术，通过与来访者建立良好的咨访关系，运用语言、文字等媒介对其心理问题进行探索，找出心理问题的原因，分析问题的症结所在，进而寻求解决心理问题的方法和对策，恢复来访者的心理平衡，提高适应能力并促进个人成长及潜能发挥的一个深层心理互动过程。目的是使来访者能更好地适应环境，保持心身健康和谐。

（二）医学心理咨询

医学心理咨询（medical psychological counseling）是指在整个医学领域中，心理咨询工作者运用心理咨询的理论与技术协助来访者解决心理问题的过程。与普通心理咨询不同的是，该过程体现了生物－心理－社会医学模式，且医学心理咨询有自身的工作重点和任务目标，着重处理医学领域中的心理问题。工作对象除了相关的患者，还包括其他寻求医学帮助的个体等。医学心理咨询工作一般由医学心理学工作者或者是具有心理学知识和相关技术的临床医务工作者来承担。

（三）临床心理咨询

临床心理咨询（clinical psychological counseling）是医学心理咨询的重要分支，是指心理咨询在临床工作中的具体应用。从工作对象来说，医学心理咨询涉及整个医学领域中有心理问题的个体或团体，临床心理咨询工作对象包含在其中。临床心理咨询主要是针对具有各种心理症状和心理疾病的临床患者的心理咨询，常常与心理治疗一同进行。近年来，临床心理咨询及心理治疗发展迅速，应用广泛，已成为继药物、手术、物理治疗以后的第四大治疗疾病或临床干预的手段。

临床心理咨询的目标是帮助患者减轻痛苦，增强患者的自尊心和战胜疾病的信心，发展患者应对疾病及各种困难的能力，促进患者心理和行为障碍的矫治，使心身得到全面康复。

临床心理咨询与临床紧密联系，所面临的问题常常是与躯体疾病或症状有关的心理学问题，因此，临床心理咨询工作者必须具有丰富的医学、心理学及社会学知识才能胜任这项工作。一般由医学心理学工作者、精神科医生，或者是具备心理学理论知识和临床相关技术的医务工作者担任。

二、心理咨询的历史与现状

早在氏族社会，心理咨询这一形式就存在了。部落中有人生病，常被认为是大自然的"神灵"降灾所致，为此采取祭祀、还愿或赎罪的方式以求免除灾祸。这其实就包含心理咨询的成分。我国的中医理论和实践包含了丰富的心理咨询与治疗思想，两千多年前，《黄帝内经》就已认识到心理咨询的重要性。所谓"形与神俱，乃成为人；形与神离，则人死亡""精神不进，志意不治，病乃不愈"。在我国古代的很多医术中，都大多谈到气功吐纳，其实当今的很多心理咨询技术也都有气功吐纳的影子，如静坐、呼吸疗法，可以说是粗浅的气功入门功夫。

近代心理咨询起源于美国。起初，咨询活动主要涉及人类生活的两大部分，一是青年的职业发展（职业咨询），二是家庭的有效功能（家庭咨询）。西方心理咨询与治疗的兴起与16世纪流行的麦斯默通磁术（Mesmerism）有一定的渊源。1896年，韦特默在美国宾夕法尼亚大学建立了世界上第一个儿童行为矫治中心，从此，心理咨询开始正式与生活实践发生密切的联系。20世纪40年代，心理咨询得到了迅猛发展。1942年，人本主义心理学家罗杰斯出版了《咨询与心理治疗》一书，标志着现代心理咨询的开始。

现代心理咨询与治疗始于19世纪末弗洛伊德创立的精神分析疗法。20世纪五六十年代，随着行为治疗、人本主义心理咨询与治疗的产生，其他学科的知识和技术的渗入，呈现出心理咨询与治疗的理论与技术流派众多、形式多样的趋势。

在20世纪80年代，我国最初是在精神病院开设心理咨询门诊，随后，一些综合医院也开设了心理咨询门诊。20世纪80年代中期，高等院校开始陆续成立大学生心理咨询中心。1990

年 11 月成立了中国心理卫生协会心理治疗与心理咨询专业委员会，1991 年初成立了中国心理卫生协会大学生心理咨询专业委员会，这两个专业委员会的成立推动了我国心理咨询工作的开展。2001—2017 年，我国又推出了心理咨询师职业资格及认证制度，从此，心理咨询走上了科学、规范的职业化之路。近几年来，尤其中小学"减负"和素质教育任务的提出，学校心理咨询开始出现快速发展的势头。

三、心理咨询的方式

根据不同的实际情况，心理咨询可以采取不同的咨询方式。

（一）门诊咨询

门诊咨询是临床心理咨询的主要方式。在综合性医院、精神卫生中心设置心理咨询门诊，咨询师与来访者一对一面对面地交谈，有助于来访者倾诉内心的困扰，观察来访者的非言语行为，获得直接、具体的确切资料，便于及时进行双向信息反馈，咨询效果较好。门诊咨询一般是每周一次或两次，每次约 40 min，需要注意保证时间，符合心理咨询的相关设置和要求，注意保密并且要有完整的记录。

（二）信函咨询

来访者因条件限制或出于试探性心理，通过写信、邮件等方式针对感兴趣的话题或困扰的问题进行咨询。这种咨询形式无法面对面地沟通，了解的信息有限，难以深入和具体，且来访者的文字表达能力也会对咨询效果产生一定的影响，效果不理想。随着心理咨询的发展，该方式目前已逐渐减少，必要时可提醒预约门诊咨询。

（三）专栏咨询

在报纸、期刊、公众号等平台开设专栏，对要求咨询的典型问题进行归类，选择有代表性的、适合刊登且易于理解的心理问题进行解读，只能作一般性指导。这种方式影响范围大，对普及心理卫生知识、提高全民心理健康水平具有重要意义。

（四）电话咨询

为处理各种心理危机如急性情绪障碍、濒于精神崩溃或企图自杀的个体，设立专用电话。解决心理问题方便、迅速、及时，咨询师可以通过打进的热线电话处理其紧急情绪危象，安定情绪，制止意外事件的发生。电话咨询最大的优点是保密性强，在防止由于心理危机而酿成自杀与犯罪方面起到了较好的作用，也称为"生命线"或"希望线"。近几年来，我国一些精神卫生机构、教育相关部门也设立了电话咨询服务或危机热线，取得了良好的社会影响。

（五）互联网咨询

随着互联网普及，网络平台的心理咨询服务迅速发展。该方式与电话心理咨询有类似之处，往往存在交流的深度不够、保密性原则不易掌握等问题。

四、心理咨询的服务对象与内容

心理咨询的服务对象主要是在适应和发展上发生困难的正常人，主要解决的问题是人际关系、学业和学习、升学就业、婚姻家庭等方面的适应和发展性问题等。随着现代医学模式逐渐被广泛接受和应用，心理咨询的应用范围也越来越广。从医学心理学角度，心理咨询在医学临床实践中主要应用在以下几个方面。

（一）综合性医院各科患者

1. 急性疾病的患者　此类患者的特点是起病较急，病情较重，往往存在严重焦虑、恐惧、抑郁等心理反应。在对原发疾病进行紧急处理的同时，还需要进行一定的心理咨询，帮助患者改善心态与情绪，降低心理应激水平，增强治疗的信心及配合的积极性。

2. 慢性病的患者　一般病程较长，疾病症状复杂且多样，患者因无法全面康复，长期不适或衰弱，存在较多的心理问题，进一步影响了机体的康复，形成恶性循环。心理咨询对他们有很大的帮助，特别是支持性心理咨询、行为治疗、认知治疗等，整合的心理咨询效果较明显，如慢性疼痛患者的认知与行为治疗、康复患者的集体与家庭治疗等。

3. 心身疾病的患者　此类患者的整个疾病过程均有明显的心理社会因素参与，心理咨询更是必不可少。

4. 临终患者　心理咨询对于减轻他们的痛苦，最大限度地提高其生存质量起到非常重要的作用。

（二）精神科及相关的患者

心理咨询对精神科中的有些疾病如抑郁症、焦虑症、癔症、恐惧症、强迫症、疑病症等不可缺少，对某些疾病而言，心理咨询的疗效甚至优于药物治疗。此外，心理咨询在精神科的其他疾病如恢复期的精神分裂症中，也起到了非常重要的作用。

（三）各类行为问题

各类不良行为问题的矫正，包括性行为障碍、过食与肥胖、酒瘾、烟瘾、口吃、遗尿、各种儿童行为问题，可通过各类专业心理咨询起到矫治作用。

（四）社会适应不良

正常人在生活、学习及工作中遇到难以应对的心理社会压力，导致适应困难，出现焦虑、抑郁、自卑、自责、自伤、攻击、退缩、失眠等心理、行为或躯体症状，可使用心理咨询技术如支持疗法、放松训练、调整认知或危机干预技术等给予帮助。

五、对心理咨询人员的要求

心理咨询师的专业胜任力是一种从事心理健康服务工作所必需的专业知识、专业技能和个人特质的整合能力，与咨询效果密切相关。心理咨询是一份助人的工作，对咨询师的素质和能力有着很高的要求，在心理咨询过程中，咨询师自身就是最有效的工具。因此，要求心理咨询师不仅要接受严格的专业教育和训练，掌握较高的专业技能，而且应具备该工作所必需的个性品质及其他方面的要求。

（一）专业知识技能的要求

心理咨询是一项专业性很强的工作，咨询师必须是经过正规培训，掌握一定的专业理论和技能，具有合法身份的专业人员。2001 年，国家劳动和社会保障部颁布了《心理咨询师国家职业标准》，其中规定了培训、资格考核条件等内容，培养了一批心理咨询师。2002 年以来，国家卫生行政部门开始推动心理治疗向职业化发展，目前有医学和心理学教育背景的人可以参与卫生健康委员会的心理治疗师资格考试。

有很多专家认为，构建系统性知识体系的基础是学历教育，江光荣等认为，心理咨询成为一个高级专业活动的体现就是重视学历教育与正规训练。2007 年，在中国心理学会常务理事会的直接领导下，以中国心理学会临床与咨询心理学专业委员会为主，建立了"中国心理学会临床与咨询心理学专业机构和专业人员注册系统"。该系统包括六个细分的注册标准和办法：①临床与咨询心理学专业硕士培养方案注册标准；②临床与咨询心理学专业博士培养方案注册标准；③临床与咨询心理学实习机构注册标准；④心理师注册标准；⑤督导师注册标准；⑥继续教育或再培训项目的注册标准。

在注册标准第二版中指出，临床与咨询心理学专业本科、硕士、博士培养方案中的课程包含基础课程（如人格心理学、发展心理学、实验心理学、社会心理学等），还提出明确的时间、实习与督导的要求。

但从总体看，我国的心理咨询与治疗专业化水平还较低，从业人员较少，专业水平参差不齐。

（二）职业道德的要求

1. 职业要求　主要包括：①心理咨询师应向大众提供高标准的服务，承担因自己的行动带来的任何后果。②心理咨询师应具有高水平的业务能力，对自己能力的界限及治疗技术的局限性有充分的认识，只使用接受过专业训练或检验过的治疗技术。③心理咨询师自身行为应受社会公认标准的规范和约束。④心理咨询师有责任保护来访者的隐私，除非征得本人同意或特殊需要，不得泄露。⑤维护来访者的尊严，保护其利益。⑥尊重心理学界或其他行业的需要、特殊权限及责任义务。

2007 年，与注册工作配套，中国心理学会还公布了《中国心理学会临床与咨询心理学工作伦理守则》第一版，2018 年 7 月 1 日起正式实施修订版，这一举措对我国心理咨询专业的职业化无疑具有非常重要的意义，推动了我国临床心理咨询的职业化发展。

2. 精神卫生法对心理咨询师的职业道德要求　2012 年颁布，2018 年 4 月 27 日第十三届全国人民代表大会常务委员会第二次会议修正的《中华人民共和国精神卫生法》，第二十三条对心理咨询人员的职业道德作如下要求：①心理咨询人员应提高业务素质，遵守执业规范，为社会公众提供专业化的心理咨询服务。②心理咨询人员不得从事心理治疗或精神障碍的诊断、治疗。③心理咨询人员发现接受咨询的人员可能患有精神障碍的，应当建议其到符合本法规定的医疗机构就诊。④心理咨询人员应当尊重接受咨询人员的隐私，并为其保守秘密。

（三）心理品质的要求

心理咨询师应具备的心理品质包括较高的心理健康水平，敏锐的观察力，敏锐的感受性，较强的语言表达能力和清晰的自我意识。

六、心理咨询的程序

心理咨询与心理治疗的基本过程大体相同，一般经历以下几个阶段。

（一）初期阶段

心理咨询与治疗的初期阶段，主要任务包括信息收集、评估和确认问题、与来访者建立治疗关系等。

1. 信息收集　主要是深入收集与来访者及其问题相关的资料。在有限的时间内，最大限度地了解来访者的基本情况和心理问题，主要包括：来访者的过去、现在和未来，内在和外在信息，思维、情绪及行为等，除了语言信息，还要关注非语言信息。

2. 心理诊断　主要针对来访者的问题，确认心理问题及背后的原因，初步确定来访者心理问题的性质，做出诊断。

3. 建立关系　在收集信息的同时，要建立信任、真诚、接纳的咨访关系，这是心理咨询工作的起点和基础，有助于咨询师获取来访者的真实信息，准确确定咨询目标并有效达到目标。咨询师简明扼要地自我介绍，对心理咨询的性质、限制、会谈的相关设置、保密性等给予解释，以及对来访者的耐心倾听、热情、尊重、真诚、共情等进行表达，都是建立信任关系的必要条件。

（二）中期阶段

这一阶段是帮助改变阶段，是心理咨询与治疗最为核心、最重要的实质性阶段，对咨询效果有着重要作用。此阶段所占时间最长，咨询师通过领悟、支持、理解和行为指导等多种不同的方式协助来访者解决心理问题。该阶段的主要任务是依据治疗方案，采取来访者需要并能接受的目标行为，咨询师能熟练使用的措施，以帮助求助者解决心理问题，达到预期的咨询目标。中期阶段的主要任务如下。

1. 问题探究　咨询师与来访者的关系进一步稳固，进一步收集资料以全面了解来访者，明确心理问题的类型和性质，协助来访者进行自我探索。在这个过程中，来访者会对自我产生新的认识，这对完善自我人格能起到重要作用。

2. 目标与咨询方案探讨　根据来访者的心理问题，咨询师可以与来访者协商需要解决的主要问题，也就是来访者最关心、最受困扰的问题。有时来访者需要解决的问题可能不止一个，咨询师需要与来访者进行协商，选择来访者排序第一的，或者咨询师认为最为根本的问题作为咨询目标，原则上以来访者的意见为主。确定咨询目标后的任务就是探讨咨询方案，一般来讲，咨询方案主要依据咨询师最为擅长的理论和技术来确定。

3. 行动与转变　在良好的咨访关系和咨询氛围下，按照咨询方案，通过鼓励来访者讲自己的故事，帮助来访者澄清自己的想法和情感，促进情感唤醒，让来访者进行自我内部探索，并向行为模式探索转变，最终达到行为转变的目标。

（三）结束阶段

结束阶段属于心理咨询的后期阶段，不容忽视。这一阶段的任务主要有两个：一是结束咨询，二是巩固提高。结束咨询包括每次咨询的结束和整个咨询的结束。

对每次咨询的结束，要做好本次咨询效果的评估、小结和下次咨询的准备，如评估咨询效果，商定下次咨询的时间和主题，还可以布置家庭作业。

对整个咨询的结束，对咨询效果进行评估，处理结束咨询所产生的问题，同时整理资料，做好咨询的回顾总结，随访追踪。此外，咨询师要帮助求助者巩固咨询成效，把在咨询过程中学到的有关知识和分析问题、解决问题的方法运用到日常生活中去，不断提高自己的心理健康水平。咨询人员也可利用追踪随访总结经验，提高心理咨询的水平。

心理咨询是一个完整的过程，每一次咨询都是上次咨询的继续，它既是相对独立，又是完整咨询的组成部分，每一次咨询实现一到两个小目标，汇聚起来，就可以实现预期的咨询目标。

第四节　心理危机干预

一、概述

（一）心理危机干预的概念

心理危机（psychological crisis）是指个体在遭遇突发事件或面临重大的挫折和困难（属应激状态），自己既不能回避又无法用自己的资源和应对方式来解决时所出现的心理反应。心理危机干预（psychological crisis intervention）就是对处于心理危机状态的个体采取明确有效的紧急应对方法或措施，使其从心理上解除迫在眉睫的危机，症状得到缓解和消失，心理功能恢复到危机前的水平，并从中获得新的应对技能，以预防将来心理危机的发生。心理危机干预的主要目标是降低急性、剧烈的心理危机和创伤的风险，减少危机或创伤情境的直接严重后果，促进个体从危机和创伤事件中恢复或康复。干预的及时性、迅速性是危机干预的突出特点，有效的行动是危机干预成功的关键。

（二）心理危机干预的对象

在面临危机时，个体可能做出的反应有三种形式：第一种形式是当事人自己能够有效地应对危机，这属于比较理想的状态。该形式能使个体从危机中获得经验，真正将危险转换为机遇，产生积极的变化，使自己变得更为强大和富有同情心。第二种形式是当事人采用压抑等心理防御机制，虽然能够暂时度过危机，但只是将不良的后果排除在自己的认知范围之外，或者将不良的情绪进行压抑，由于并没有真正解决问题，在以后的生活中，危机的不良后果还会不时地表现出来。第三种形式是当事人在危机开始时心理状态就出现了崩溃，如果不提供立即的、强有力的帮助，就不可能恢复。第二种与第三种形式的当事人都是危机干预的服务对象。

具体的危机干预对象主要有以下几种。

（1）个人和群体性灾难的受害者，重大事件目击者，有伤害自身和他人企图的当事人。此外还包括火灾、地震等严重自然灾难，战争、社会动荡、重大传染病疫情等社会公共事件的当事人及相关群体。

（2）遭遇财产、职业、躯体、情感、地位、尊严等的严重丧失者，如亲人丧亡、失业破产、蒙冤入狱、躯体致残、失恋离婚、事业及追求受挫等。

（3）对新环境或状态的适应障碍者，如新生入学、退休、迁居、移民等。

（4）长期的、难以摆脱的人际紧张，或严重的、持续的人事纠纷遭遇者等。

（三）心理危机干预的意义

心理危机干预并不是被动地协助个体将"症状"消除，而是更积极地协助干预对象建立更健康的个人保护机制，适应外界压力。在危机中，个体或群体原有解决问题的方法和支持系统难以应对时，应及时提供心理援助，帮助他们恢复适应功能。从国内外心理危机干预的发展及应用可以发现，心理危机干预对于预防和缓解心理创伤带来的各种可能的消极后果具有很好的效果。

（1）积极预防、及时控制和减缓灾难的心理社会影响，防止过激行为如自伤、自杀或攻击行为等。

（2）通过交谈，疏解被压抑的情感，促进交流，鼓励当事人充分表达自己的思想和情感，使当事人树立自信心，建立正确的自我评价，为当事人提供适当建议，促使问题解决。

（3）帮助当事人认识和理解危机发展的过程及与诱因之间的关系。

（4）帮助当事人建立新的社交网络，鼓励人际交往。

（5）强化当事人新习得的应对技巧及解决问题的技术，同时鼓励当事人积极面对现实，加强对社会支持系统的利用，提高其心理弹性水平。

（6）维护社会稳定，促进各类危机事件后个人和群体心理健康体系的重建。

二、心理危机干预的步骤

1. 确定问题　危机干预的第一步是从求助者的立场出发，确定和理解求助者的问题。干预人员应使用积极的倾听技术，如共情、理解、真诚、接纳及尊重，尽量使用开放式提问，避免诱导提问，同时要求干预人员既要注意求助者的语言信息，也要注意非语言信息。

2. 保证求助者安全　在危机干预过程中，干预人员应将保证求助者安全作为首要目标。这里的安全是指对自我和对他人的生理和心理的危险性降到最低。在干预人员的检查评估、倾听和制订行动策略的整个过程中，安全问题都必须给予同等的、足够的重视。

3. 给予支持和帮助　危机干预强调在与求助者沟通和交流的过程中，通过语言、语调和躯体语言让求助者充分认识到危机干预人员是能够给予其关心和帮助的人，让求助者相信自己是能得到帮助的，相信"这里确实有很关心你的人"。

4. 提出应对的方式　帮助求助者探索可以利用的替代解决方法，促使求助者积极地探索可以获得的环境支持、可以利用的应对方式，启发其思维方式的改变。让求助者知道有哪些人现在或过去关心着自己，让求助者相信有许多可变通的应对方式可供选择。

5. 制订行动计划　帮助求助者制订现实可行的短期计划，包括通过另外的资源提供应对方式，最终确定求助者理解并自愿进行的行动步骤。计划应该根据求助者的应对能力，着重于切实可行、系统地帮助求助者解决问题。计划的制订应该与求助者合作，让其意识到这是他自己的计划。制订计划的关键在于让求助者意识到没有剥夺他们的权力、独立和自尊。

6. 得到求助者的承诺　帮助求助者向自己承诺采取确定的、积极的行动步骤，这些行动步骤必须是求助者自己的，并且从现实的角度是可以完成的。如果制订计划完成得较好，则得到承诺是比较容易的。在结束危机干预前，危机干预工作者应该从求助者那里得到诚实、直接和适当的承诺。

除以上六步之外，还应该启动社会支持系统，包括来自父母及其他亲人、老师和同学，以及其他方面（如朋友和社区志愿者）的支持等，这种支持不仅包括心理和情感上的支持，也包括一些实质性的救助行动。有调查表明，求助者从他人那里获得的社会支持具有可靠同盟、价值增进、陪伴支持、情感支持、提升亲密感和满意度等调节功能，这些功能对处于危机状态的个体具有极其重要的作用。

三、心理危机干预的主要技术

1. 支持技术　该技术的应用旨在尽可能地解决危机，使求助者的情绪状态恢复到危机前水平。由于危机开始阶段求助者的焦虑水平很高，应尽可能使之减轻，可以采用暗示、保证、疏泄、环境改变、镇静药物等方法，如果有必要，可考虑短期的住院治疗。

2. 干预技术　又称解决问题技术，帮助求助者按以下步骤进行思考和行动，常能取得较好效果：①明确目前存在的问题和困难；②提出各种可供选择的方案；③罗列并澄清各种方案的利弊和可行性；④选择最可取的方案；⑤确定方案实施的具体步骤；⑥执行方案；⑦检查方案的执行结果。在这里危机干预工作者的作用在于启发、引导、促进和鼓励，而不是提供现成的公式。进一步讲，危机干预工作者在干预过程中的职能是：①帮助求助者正视危机；②帮助求助者正视可能应对的方法；③帮助求助者获得新的信息或知识；④尽可能在日常生活中给求助者提供帮助；⑤帮助求助者回避一些应激性情境；⑥避免给予不恰当的保证或承诺；⑦督促求助者接受帮助。

3. 倾听技术　危机干预浓缩了一系列治疗技术和策略，要求危机干预工作者比日常心理咨询（治疗）工作者更加主动、积极和自信。准确和良好的倾听技术是危机干预者必须具备的能力，实际上有时仅仅倾听就可以有效地帮助求助者。为了做到很好地倾听，危机干预工作者必须全神贯注于求助者。有效倾听的重要因素：①危机干预人员在开始时就用自己的言语向求助者真实地说明自己将要做什么；②要让求助者知道，危机干预工作者能够准确地领会其所描述的事实和情绪体验；③要帮助求助者进一步明确自己的情感、内心动机和选择；④要帮助求助者了解危机情境的影响因素。

4. 心理晤谈技术　即通过系统的交谈来减轻压力的方法，以个别或者集体的方式进行，采取自愿参加的原则，公开讨论内心感受的方式，要求给予求助者充分的支持和安慰，帮助求助者在心理上（认知上和感情上）消化危机体验。晤谈时应注意以下事项：①对处于抑郁状态的人或以消极方式看待晤谈的人，可能会给其他当事人增加负面影响；②鉴于晤谈与特定的文化性建议相一致，有时文化仪式可以替代晤谈；③对于急性悲伤的人，如家中亲人去世者，并不适宜参加集体晤谈，因为时机掌握不好，如果参与晤谈，受到高度创伤者有可能会给同一会谈中的其他人带来更具灾难性的创伤；④世界卫生组织不支持只在求助者中单次实施晤谈；⑤求助者晤谈结束后，干预团队要组织队员进行团队晤谈，缓解干预人员的压力；⑥不要强迫求助者叙述导致心理危机事件的细节。

四、心理危机干预的注意事项

在心理危机干预初期，心理援助人员应注意保持较高的干预力度与频度，以保证干预效果逐步巩固，不致问题反弹。特别要防范已实施过自杀计划的当事人再次自杀。以科学的态度对待心理危机干预，明确心理危机干预是医疗救援工作中的一部分。非精神科医生在处理自杀行为的躯体后果（如中毒、外伤、窒息）等情况后，应对当事人酌情提供力所能及的心理帮助，或申请精神科会诊。

心理援助人员在处理危机干预过程中可能会唤起自身生活中遭受挫折的感受、思想、记忆和情感，引起强烈的情感共鸣。但这种情感的超负荷可能导致过多的危害和悲伤反应，因此，援助人员对当事人的情感投入应适当，避免把当事人的现状当成自己的现状。

心理危机干预需要具有专业知识和技能的援助人员参与。心理危机干预是借用简单心理治疗的手段，帮助当事人处理迫在眉睫的问题，因此心理援助队伍人员应由精神科医师、心理咨询师／心理治疗师、精神科护理人员等组成。心理援助人员除具备心理咨询与治疗职业的基本素质如道德素质、反省能力、诚实品质和专业素质如生活经验、镇静心态、灵活性、充沛精力、快速反应能力和换位思考能力等，还需要掌握心理危机干预技术，如关注、倾听、评估及某些具体的危机干预措施。

危机干预结束时，心理援助人员要给当事人传达一个信念：相信他在今后不会发生与过去类似的困难，即使遇到困难，也会有人帮他一起渡过。

五、自杀的心理危机干预

（一）自杀的概念

自杀（suicide）是指个体自愿／意图采取各种手段结束自己生命的行为。据不完全统计，每年有 80 万以上的人死于自杀，还有更多的人企图自杀。因此，每年有数以百万计的人经历自杀带来的丧亲之痛或受此影响。人为什么要自杀？对研究人类行为的心理学家和其他研究人员来说，自杀一直是个难解之谜，即使是最杰出的研究者也为此而迷惑。自我保护是人类最强烈的本能之一，那么促使人们走上自杀这条不归路的动机一定更为强烈。自杀的预防和干预是心理卫生工作的重要课题，自杀的危险因子包括个案的精神病理、个性特征、社会心理及经济文化等，具有快速变动与不易测量的特质，这使得自杀防范成为复杂而艰巨的任务。

在心理咨询治疗和危机干预工作中，经常遇到有自杀想法的干预对象。自杀的高危人群包括：①抑郁症患者，国内自杀和自杀未遂的人群中，50%～70% 是抑郁症患者。②重大躯体疾病患者，如癌症、艾滋病毒感染者等。③适应不良的青少年，主要是存在失去亲密伴侣、无法应对学业挑战、缺乏解决问题的技巧、自卑及性取向认同等方面困扰的青少年。④处于危机中的老年人，尤其存在独居丧偶、患慢性病、障碍失能等不良特征的个体。

自杀者的心理特征常表现为以下几个方面。

1. 认知方式　自杀者一般存在不良的认知模式，如非此即彼、以偏概全、易走极端等，在挫折和困难面前不能对自身和周围环境做出客观评价；易从宿命论的角度看待问题，相信问题所带来的痛苦是不能忍受的、无法解决的和不可避免的；对人、对事、对己、对社会均倾向于从阴暗面看问题，自卑或自尊心过强，心存偏见和敌意；缺乏洞察、分析、处理问题的能力。

2. 情感　自杀者通常有各种慢性的痛苦、焦虑、抑郁、愤怒、厌倦和内疚的情绪特征，他们对这种负性的情绪体验难以接受，缺乏精神支柱。多数自杀者存在情绪不稳定、不成熟的神经质倾向。

3. 意志行为　具有冲动性和盲目性、不计后果等特点，常缺乏持久而广泛的人际交往，回避社交，难以获得较多的社会支持资源，适应性差，对新环境适应困难，可具有一定的攻击性。

（二）自杀的心理危机干预

1. 自杀风险的评估　自杀行为是从想法到行动的渐进过程，从沟通的观点来看，自杀行为其实是自杀者所发出的一种强烈的求助信号，是当事人为了逃避痛苦不得不做出的无奈选择，或许对于当事人本身，其主观看到的全是痛苦与不幸，身陷自设的绝望旋涡而不自知。但即使是一位自杀者，心理上亦同时存在着求生与求死的矛盾挣扎，在自杀行为出现之前，当事人会透露某一形式的线索或信号，可能以口语或行为的方式表现，也可由其所处状态进行判断。因此，当我们发现有自杀风险时，应认真严肃地看待这种信号，并主动运用自杀评定量表，评估他情绪困扰的程度，用心倾听他所遭遇的困境，一旦确认当事人具有自杀意图，立即深入了解自杀危险程度。

2. 自杀的现场干预　是指干预人员运用有效的心理干预策略和技巧，对企图自杀的人员进行劝说，以最终让其主动放弃自杀行为的过程。干预人员应该事先对企图自杀者的相关信息加以收集，如当事人的姓名、年龄、职业及家庭状况、自杀原因、此前有无自杀行为、有无精神疾病或病史等，以便准确判断其想法，并有针对性地进行劝说和采取其他干预措施。

干预过程就是干预人员和自杀当事人的心理互动过程，干预人员的情绪会在相当程度上影响自杀者。干预人员应使用镇静的、柔和的、关切的、带有感情的语调来和自杀者交谈，使自杀者感觉就像是在和自己的亲密好友聊天一样无所顾忌，从而进一步激发其倾诉欲望。干预人员在干预过程中秉持的原则是除了接纳当事人的痛苦不幸外，更重要的是扩大当事人的求生信念，引导当事人发现并相信生命仍有意义，他仍有足够的理由继续生活下来。唯有如此，当事人才会奋力地往上游，终至脱离痛苦绝望的旋涡。

第五节　心理护理与心理康复

一、心理护理

（一）心理护理的概念

一个健康的人在进入患者角色后，往往由于疾病的折磨、医院诊疗环境的陌生、新的人际关系的出现等，会产生一系列的特有的心理活动，因此在医疗环境中对患者的心理护理问题就产生了。心理护理与心理治疗既有联系又有区别。心理护理强调运用心理学的理论和方法紧密结合护理实践，发挥护士与患者接触最密切的职业优势，注重心理护理，使之成为心身康复的增强剂。心理护理与躯体护理的目的都是促进康复和增进健康。实践证明，心理护理只有与躯体护理紧密结合，才能在护理的全过程中增进服务对象的心身健康。心理护理（psychological care）指在护理实践中，护士以心理学知识和理论为指导，以良好的人际关系为基础，按一定的程序，运用各种心理学方法和技术消除或缓解患者不良心理状态和行为，促进疾病转归和康复的方法和手段。

（二）心理护理的实施形式

1. 个性化心理护理与共性化心理护理 个性化心理护理是目标明确，针对患者的个性，解决个性化的心理问题。要求护士准确了解患者在疾病过程中表现的不良心理状态，采取因人而异的有效对策，如针对癌症手术康复期患者的心理问题，迅速解除患者的严重心理负担。共性化心理护理是用来解决患者的共性心理问题，如手术患者的心理护理、住院患者的心理护理、精神病患者的心理护理等。共性化心理护理要求护士善于归纳和掌握同类患者心理问题的规律，对潜在的心理问题做预防性干预，防止严重心理问题的出现。

2. 有意识心理护理与无意识心理护理 有意识心理护理是指护士自觉地运用心理学的理论和技术，通过设计的语言和行为，如有益的暗示、确切的保证、合理的解释等，实现对患者的心理支持、心理调控或心理健康教育目标。要求实施者必须具备心理护理的主动意识和接受过专业化培训。无意识心理护理是指在护理程序的每一个环节中，随时可能影响患者的一切操作和言谈举止。如建立了良好的护患关系后，无论护士本身是否能意识到，都可能发挥着心理护理的积极效果，因此要求护士的一切操作和言谈举止都力求成为患者身心康复的增强剂。

（三）心理护理的注意事项

心理护理的基本要点与心理治疗相似，但还要强调以下注意事项。

1. 建立良好的护患关系。良好的护患关系是心理护理成功的重要保证。与患者接触交谈时，应有目的地运用主动交往和沟通技巧，使患者自愿表达需要和想法；应注意将专业知识和技术运用到日常治疗、康复和保健中，使患者恢复健康。

2. 与患者正式交谈前要了解病情，计划交谈的具体目的和内容，使谈话内容具有针对性，并使患者愿意接受。

3. 要尊重患者人格，让患者对交谈有思想准备，不感到突然和勉强。如果患者因病情干扰无法集中注意力，或处于焦虑、抑郁、愤怒状态，或患者对护士不信任时，不宜实施正式交谈。

4. 要求护士在整个护理过程中善于运用沟通技巧，如运用倾听、保证和支持等基本的心理干预技术，耐心倾听患者的抱怨，对谈话内容表达兴趣，设身处地了解患者的情况和情绪，让患者觉得护士能了解他们的内心世界和感受。如果没有必要，不要随意打断患者的诉说，在谈话过程中保持适当的眼神交流和自然放松的姿势，以平静、友好和接受的方式进行交流。谈话的语气应该温和而有感染力。通过真诚的情感交流，逐步与患者建立并保持良好的护患关系。

心理护理是整体护理工作的一部分，体现在护士与患者交往的各个细节之中，它既可与其他护理操作同步进行，也可作为一种护理方法单独开展。心理护理应融于整体护理过程中，要以护理程序为框架开展系统的心理护理。

（四）心理护理的目标

心理护理的目标可分为阶段性目标和最终目标。阶段性目标是护士和患者建立良好的护患关系，实现有效沟通，使患者在认知方面、情感方面和行为方面逐步发生有益的改变；而心理护理期望达到的最终目标是促进患者的发展，包括患者的自我接受，提高自信心与个人完善水平，增强建立和谐人际关系和满足需要的能力，获得适应现实环境的个人目标。具体目标如下。

1. 提供良好的心理氛围 为患者提供适宜的治疗环境，建立良好的护患关系。护士需热情接待患者，态度和蔼可亲，尊重患者，平等对待患者，对患者的述说应认真倾听，让患者占"主导"地位，使患者觉得亲切，容易接受，从而使患者家属产生一种安全及信任感，以利于患者康复。良好的心理氛围是做好各项护理的必要前提。

2. 满足患者的合理需要　需要是人类心理活动的源泉，了解和分析患者的不同需要是心理护理的基本要求。当护士及时、恰当地了解到患者的需要并予以帮助解决时，患者会感到舒适，并可减轻躯体病痛。

3. 消除患者的不良情绪　早期识别患者的不良情绪，及早采取有效措施以减轻或消除负性情绪是心理护理的关键。许多研究表明，心理护理的措施开展得越早，对患者不良情绪的缓解效果越好。

4. 提高患者的适应能力　心理护理的最终目的是提高患者的适应能力，使其达到安适的状态。有效的心理护理能够调动患者战胜疾病的主观能动性，促进和维护健康行为。

（五）心理护理的原则

心理护理是一项专业性和科学性很强的工作，必须在一定原则的指导下进行。心理护理的原则如下。

1. 服务原则　心理护理是护理工作中重要的部分，它同其他护理工作一样具有服务性。护士是在救死扶伤和人道主义的指导下，为患者提供健康服务。因此，护士应以患者及其家属的满意为最高工作目标，积极主动地投入工作，及时发现患者的痛苦和不适，并为满足他们的各项合理需要提供服务。

2. 平等原则　在护理过程中，护患关系的好坏，心理护理是否成功，在一定程度上取决于护士能否与患者保持平等的关系。护士不能把自己视为高高在上的施舍者，而应秉承真诚、平等、友善的态度对待患者，做到一视同仁，公平对待。

3. 尊重原则　每个人的人格都是平等的，被他人尊重是人的基本需求。无论患者在住院前是何种社会角色，来自哪个行业，都仅仅是社会分工的不同，无高低贵贱之分。因此，护士在提供心理护理时，不论患者的性别、年龄、职业、文化程度、经济水平、社会地位、容貌如何，都需尊重患者的人格，真诚热情、措辞得当、语气温和、诚恳而有礼貌，使患者感到受尊重。切忌持轻慢、漠然、嘲讽、讥笑的态度，伤害患者的自尊心。

4. 自我护理原则　自我护理是 Qrem 提出的护理理论，指护士应依据患者的自理需要和自理能力的不同而采取不同的护理体系，突出患者在疾病预防、诊治及康复过程中的主体作用，强调健康的恢复应首先归于患者自我努力的结果，从而满足患者自我实现的需要。良好的自我护理是心理健康的表现。因此，在心理护理过程中，护理人员应引导患者以平等的身份参与到自身的治疗和护理活动中，这将有助于维持患者的自尊、自信。

5. 保密原则　由于心理护理过程常涉及患者的隐私和秘密，如生理缺陷、性病等，患者一般是在充分信任护理人员的前提下才会与其诉说和讨论，以便护理人员收集资料，正确判断，并采取有效的干预。因此，尊重患者的隐私，为患者保守秘密，既体现了对患者的尊重，又是有效进行心理护理的前提。

（六）心理护理的程序

心理护理的程序由心理评估、提出问题 / 诊断、制订计划、实施计划、效果评价五个步骤组成。

1. 心理评估 实施有效的心理护理必须掌握患者的个性特征，掌握患者的心理状态、行为习惯产生的原因和发展规律，这一过程即称为心理评估。

心理评估是实施心理护理的开始，是对患者心理活动状态及个性心理特征的评价和掌握。心理护理是一个完整的、系统的工作。护士、患者、护理计划及实施，构成了护理系统的三要素，其中护士是第一要素。心理评估的好与坏，直接关系到心理护理的成与败，好的心理评估能正确反映患者的心理状态，使护士有针对性地找出问题、制订计划、消除不利因素、加速康复；反之就不能取得好的效果。

2. 提出问题/诊断 经过有效的心理评估后就要进行心理诊断。人是一个具有自然属性和社会属性的统一体，只有当其与外界环境保持动态的平衡，才能维持心身健康。当一个人患病时，疾病就是一种不良的刺激，轻者可使患者感到挫折，重者可导致严重的心理应激反应，使患者的情绪发生波动。由于所患疾病类型、病情轻重程度的不同，个体对疾病的抵抗能力，以及个性、文化背景、价值观念不同，患者所产生的心理问题也就千差万别。但是，由于健康是人类的共同需要，当患者知道自己患了病，在心理上必然有反应，并有共同的心理活动表现，如焦虑、抑郁、孤独感、否认等。在心理护理过程中要对这些症状做出诊断，以便于后期心理护理计划的实施。

3. 制订计划

（1）明确心理护理的目标：根据不同患者的心理活动特点，制订计划，采取各种方法来满足患者的心理需求和有效消除各类心理症状，及时且适当地让患者与家属、同事、亲友会面，以满足患者对爱和对社会接触的需要。

（2）制订适合心理护理目标的具体措施：明确了心理护理目标后，护士就应根据情况制订具体的行动措施，以达到心理护理目标，这是非常关键的一步。

（3）写出切实可行的心理护理计划：满足患者心理需求的心理护理必须有一个周密的计划，根据患者的心理状态进行分析，制订出切实可行的计划，此计划应满足患者心理、生理需要。

4. 实施计划 在实施计划中，护士应以患者为中心，在与患者交谈时，鼓励患者多谈。吐露自己的真实想法，使心理护理更有针对性。在实施心理护理过程中，护士应将每一项结果及反应记录下来，在实施过程中不断修改计划，对计划进行评价，对不合理内容及时进行修正。

5. 效果评价

（1）主管护士长的评价：护士长根据患者的病情来评价，护士提出的心理问题是否准确、恰当，制订的措施是否有效，是否达到了预期目标。如果患者心理问题没有改善，要帮助护士一起分析，评估发现的心理问题是否恰当。

（2）护士自我反馈评价：护士在完成整个心理护理程序后，应从过程评估直至效果评价，逐步进行自我检验。要根据各种记录、患者家属的反应、护士长的评价，写出自我评价，找出原计划及计划实施中尚存在的不足，及时修正计划，更换实施方法。

二、心理康复

（一）心理康复的概念

康复医学作为一门年轻的学科，与保健、预防、临床共同组成一个完整的卫生保健体系，将人类的健康与生命带上了一个更新更高的发展阶段。但对康复而言，单纯的肢体功能、言语功能等功能性的康复是远远不够的，更重要的是心理康复，只有完好的心理康复和一定程度上其他功能康复，才能从真正意义上改善患者的社会功能，提高患者的生活质量，有效减轻患者的家庭及社会负担。

心理康复是运用系统的心理学理论与方法，从生物－心理－社会角度出发，对患者的损伤、残疾和障碍问题进行心理干预，以提高非健康人群的心理健康水平。心理康复对于帮助残疾人恢复身体功能、克服障碍，以健康的心理状态充分平等地参与社会生活具有十分重要的意义。

随着社会的发展，心理康复服务逐步从机构走向社区和家庭。目前心理学在康复领域的应用越来越多，两者的结合也越来越密切。很多国内外学者都采用了不同的心理康复方法和原则，治疗患者的各种心理困扰，包括情绪、认知与行为等问题，对患者所产生的情感障碍和行为障碍进行有效的干预。

（二）心理康复的对象

1. 残疾人　据世界卫生组织统计，全世界目前约有占总人数10%的各种残疾人，每年以1 500万人的速度递增。我国2020年的抽样调查表明，全国各类残疾人总数达到8 500万人，且这一调查不包括慢性病、老年退行性疾病导致的严重功能障碍者。

2. 老年人　截至2021年末，全国60周岁及以上老年人口26 736万人，占总人口的18.9%；全国65周岁及以上老年人口20 056万人，占总人口的14.2%。到21世纪中叶，老年人口比重将达到25%。老年人普遍有不同程度的躯体退变（包括内脏、肌肉、骨关节等）和功能障碍，这些障碍往往都与缺乏有效的康复训练有关，其中心理康复就是一个重要内容。

3. 慢性病患者　主要是指各种内脏疾病、神经系统疾病和运动系统疾病患者。这些患者往往由于疾病而减少身体活动，并由此产生继发性功能衰退，如慢性支气管炎导致的肺气肿和全身有氧运动能力降低，类风湿关节炎患者的骨关节畸形导致功能障碍等。

（三）心理康复的作用

首先，是让患者对自己的状况有一个全面、客观的了解，对康复过程及康复效果有一个明确的认识，消除患者认识上的心理误区，减少患者的焦虑和抑郁情绪，增加患者对康复治疗和康复训练的适应性，激发患者的康复热情和潜在的心理资源，协助患者度过危机、应对困境，使患者能以有效的方式去处理所面对的困难或挫折，有信心地去发挥自己的潜力，增强康复信心，从而主动加强功能训练，促进躯体功能的康复。而当患者以更好的心理状态和更加积极的态度去进行康复治疗时，康复训练会有更好的效果。

其次，是要根据心理评估结果，给予有针对性的心理干预和药物治疗，患者心理问题的减轻和消除，是康复治疗和康复训练的前提。注重观察患者康复过程中的心理变化，一旦发现心理问题，及时给予疏导和治疗。

最后，是辅助有效、有序地实现康复的三项基本原则，即功能训练、全面康复、重返社会。功能训练包括心理活动、躯体活动、语言交流、日常生活、职业活动和社会生活等方面能力的训练；全面康复指在心理上（精神上）、生理上（躯体上）及社会上实现全面的、整体的康复，也同样是指在康复的四大领域（医疗康复、教育康复、职业康复、社会康复）中全面地获得康复，又称为整体康复或综合康复；重返社会是康复最重要的一项目标，是通过功能改善及环境改变，促使康复对象力争成为独立自主和实现自身价值的人，达到平等参与社会生活的目标。

在躯体疾病和心理疾病同时存在时，躯体治疗和心理治疗应同时进行，二者在临床治疗当中可以相辅相成、相互促进。而且患者的整体康复应以心理康复为龙头，因为患者的心理问题直接影响康复效果。心理问题的持续存在，会使患者的治疗积极性、顺应性、主动性降低，从而影响生活质量和躯体功能的恢复，并使住院时间延长，经济负担加重。只有良好的心理状态和心理环境，才能积极配合其他康复的进行。患者只有得到了良好的康复效果，才能更进一步地增加康复信心，即使肢体恢复无希望，残疾无法避免，也需要积极治疗，尽可能独立生活，不灰心，不气馁，以达到良好恢复社会和家庭功能的效果。

因此，心理康复要始终贯穿于整个康复过程中，心理康复可以将相关的康复锻炼治疗带入一个良性的循环当中，使康复治疗取得良好效果，缩短患者的治疗时间，更快更有效地解除患者的疾病痛苦。

医学模式的转变最重要的就是强调人的主观能动性及社会因素对人体健康、疾病和疾病康复的影响，强调在疾病康复过程中身心之间的交互作用。因此，单纯的临床治疗和护理工作已不能全面满足患者的多样化需求，医务人员只有掌握一定的心理学知识，并在实践中灵活运用，才能取得事半功倍的效果。随着生物－心理－社会医学模式的日益普及，重视心理干预、提高患者生存质量将逐渐成为大家的共识。因此，心理康复将会在现代医学中发挥更大的作用。

（胡　燕　赵阿勐）

复习思考题

1. 心理干预的措施有哪些？
2. 心理咨询与心理治疗有哪些联系与区别？
3. 心理治疗的目标和基本原则是什么？
4. 心理治疗有哪些基本技术？
5. 心理咨询的性质是什么？
6. 心理危机干预的步骤有哪些？
7. 心理危机干预的主要技术有哪些？
8. 心理护理的注意事项是什么？
9. 心理康复的作用体现在哪些方面？

网上更多……

　本章小结　　　　自测题　　　　教学 PPT

第十二章
心理治疗主要方法与技术

关键词

心理治疗	精神分析疗法	行为疗法
认知疗法	以人为中心疗法	家庭治疗
暗示和催眠疗法	森田疗法	婚姻治疗
沙盘疗法	绘画治疗	叙事疗法
音乐疗法	团体心理治疗	中医心理治疗

心理治疗是临床心理学的重要内容，也是当前我国心理健康促进中的重要技术与方法，主要完成对人的思维、行为和人格的改造与纠正，其治疗过程不同于传统的医学治疗。本章是本课程学习的难点和重点。本章涉及概念较多，通过本章的学习，希望学习者能掌握精神分析疗法、行为疗法、认知疗法、以人为中心疗法、家庭治疗的概念、主要方法及技术、适应证等，熟悉其他疗法包括暗示和催眠疗法、森田疗法、婚姻治疗、沙盘疗法、绘画治疗、叙事疗法、音乐疗法、团体心理治疗及中医心理治疗的概念、基本技术与内容。学习本章的同时，可尝试结合临床案例，根据所学的课程内容选择合适的心理治疗方法及技术，进一步学会在临床实践中使用心理治疗。

知识导图

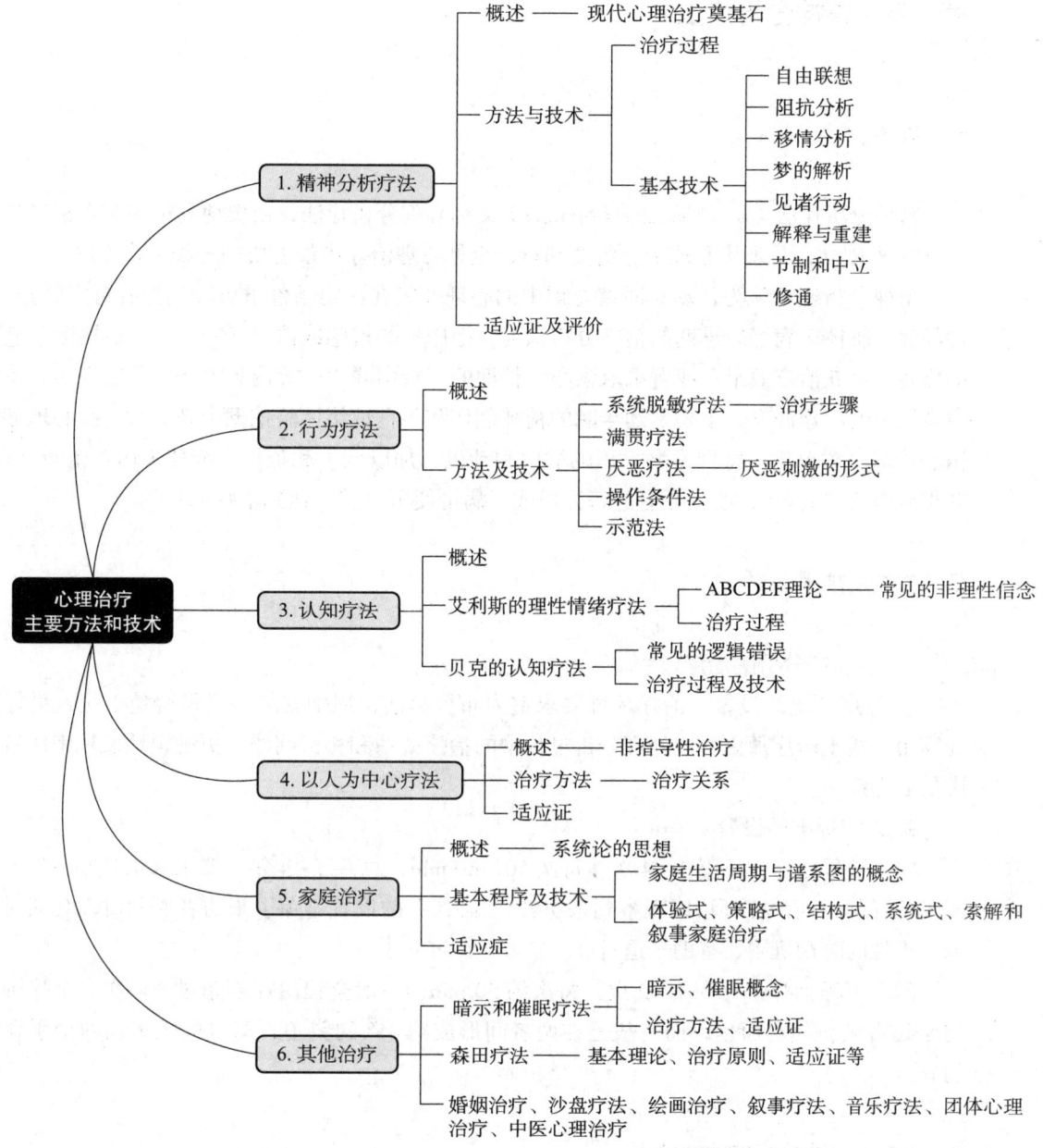

心理治疗主要方法和技术

1. 精神分析疗法
- 概述 —— 现代心理治疗奠基石
- 方法与技术
  - 治疗过程
  - 基本技术
    - 自由联想
    - 阻抗分析
    - 移情分析
    - 梦的解析
    - 见诸行动
    - 解释与重建
    - 节制和中立
    - 修通
- 适应证及评价

2. 行为疗法
- 概述
- 方法及技术
  - 系统脱敏疗法 —— 治疗步骤
  - 满贯疗法
  - 厌恶疗法 —— 厌恶刺激的形式
  - 操作条件法
  - 示范法

3. 认知疗法
- 概述
- 艾利斯的理性情绪疗法
  - ABCDEF理论 —— 常见的非理性信念
  - 治疗过程
- 贝克的认知疗法
  - 常见的逻辑错误
  - 治疗过程及技术

4. 以人为中心疗法
- 概述 —— 非指导性治疗
- 治疗方法 —— 治疗关系
- 适应证

5. 家庭治疗
- 概述 —— 系统论的思想
- 基本程序及技术
  - 家庭生活周期与谱系图的概念
  - 体验式、策略式、结构式、系统式、索解和叙事家庭治疗
- 适应症

6. 其他治疗
- 暗示和催眠疗法
  - 暗示、催眠概念
  - 治疗方法、适应证
- 森田疗法 —— 基本理论、治疗原则、适应证等
- 婚姻治疗、沙盘疗法、绘画治疗、叙事疗法、音乐疗法、团体心理治疗、中医心理治疗

第一节　精神分析疗法

一、概述

精神分析疗法（psychoanalysis therapy）又称心理分析疗法，由奥地利精神医学家弗洛伊德于19世纪末创立，是现代心理治疗的奠基石，也是心理治疗中最主要的一种治疗方法。

精神分析理论认为，幼年时潜意识中的心理冲突在一定条件下可转化为心身症状，如癔症、神经症、躯体疾病等。早期的精神分析认为，把压抑的情感或欲望，经由"吐诉宣泄"满足本我的需要，可获治疗效果；或者采取耐心、长期的"自由联想"等内省方法，帮助来访者将压抑在潜意识中的心理冲突，主要是幼年时的精神创伤和不良情绪体验挖掘出来，对自我心理症结的领悟、了解与意识化，特别是潜意识的欲望和动机，加以认识和疏导，能使来访者重新认识自己，获得所谓的"病识"，改变原有的行为模式，病情便可好转，达到治疗的目的。

二、方法及技术

（一）精神分析的治疗过程

1. 治疗环境的设置　治疗环境要求室内布置简洁，周围安静，尽量避免干扰，最好配有遮光窗帘，便于治疗师更好地处理分析过程中的治疗关系和移情问题，更敏锐地发现来访者潜意识中的心理症结。

2. 治疗标准的设置

（1）长程治疗：每周3~4次，每次50~60 min，总共3~4年。要求来访者躺在沙发上，看不见治疗师，而治疗师可以观察到来访者。"卧谈"的设置避免了来访者在面对面会谈时自动采取习惯性的防御机制，有助于退行。

拓展阅读 12-1
精神分析初始访谈的
操作指导

（2）短程治疗：每周1~2次，每次约50 min，一般全程治疗不超过300次。治疗师要避免与来访者正面相对而坐，而一般是在两者间形成约45°的斜角，双方的距离以两个手臂的长度为宜。

（二）精神分析疗法的技术

经典的精神分析技术是从弗洛伊德的自由联想技术开始的，后来又发展了移情分析、阻抗分析及梦的解析等技术。

1. 自由联想（free association）　让来访者自由诉说所想的任何事情，不要有任何隐瞒，不要在乎所说是否正确，或者是否合乎逻辑；鼓励来访者尽量回忆童年时期所遭受的精神创伤；让来访者尽量说出那些他不想说或者不好意思说的事。自由联想是精神分析疗法的重要技术。精神分析理论认为，通过自由联想，来访者潜意识的大门不知不觉地打开了，潜意识的心理冲突可以被带入到意识领域，治疗师从中找出来访者潜意识中的矛盾冲突，并通过分析促进来访者领悟心理障碍的"症结"，从而达到治疗的目的。

拓展阅读 12-2
自由联想的案例

2. 阻抗（resistance）分析　阻抗意味着对抗，是对分析的进展、治疗师和分析性方法及过程起反作用的力量，即阻碍来访者的自由联想、妨碍来访者试图回忆和达到对顿悟的理解领会、针对来访者的合理化自我及想改变的愿望起反作用的力量。其表现形式多种多样，可表现为意识的，如对治疗师不信任、担心说错话；也可表现为潜意识的，如在叙述过程中突然沉默，或转移话题等；可以是前意识的，用情绪、态度、观念、冲动、想法、幻想或行动的方式得以表达。无论阻抗的表现形式如何，阻抗会一直贯穿于治疗的全过程。

阻抗也可以被理解成防御机制在治疗中的表现。从大的背景上来说，一切妨碍治疗的进行和损害治疗关系的言行都是阻抗。常见的阻抗有不遵守治疗设置、在治疗中过度沉默或过度健谈、爱上治疗师（移情性阻抗）等。阻抗一方面是治疗工作的障碍，另一方面也是治疗的中心任务，精神分析无法回避潜意识的阻抗现象。精神分析理论认为，当来访者出现阻抗时，往往正是来访者心理症结所在。治疗师的任务就是不断辨认并帮助来访者克服各种形式的阻抗，将压抑在潜意识中的情感发泄出来。通常的方法是事先向来访者解释，使其对可能发生的反应做心理准备，并且鼓励来访者提出异议，避免有行动反应，甚至中断治疗。

3. 移情（transference）分析　移情是来访者的心理经历唤醒，倾向于将早期的对某些对象的情感转移到治疗师身上。移情为精神分析时所产生的冲动与幻想的新的样式或翻版，但它不属于过去，而是在治疗现场反映到治疗师的身上。它不恰当地代表着现时的带有个人感情、驱力、态度和幻想的体验，移情必须具有两个特点：对过去的重复和与现时的不相适宜。

移情有正移情（positive transference）和负移情（negative transference）两种表现形式。正移情是来访者将积极的情感转移到治疗师身上，负移情是来访者将消极的情感转移到治疗师身上。借助移情，来访者对早年形成的病理情结加以重现，重新"经历"往日的情感，进而帮助其解决这些心理冲突。移情并非对治疗者产生的爱慕，也不是有意识地恐吓，而是来访者无意识阻抗的一种特殊形式。治疗师通过移情可以了解来访者对其亲人或他人的情绪体验，引导他讲出痛苦的经历，揭示移情的意义，使移情成为治疗的推动力。

反移情指治疗师对来访者本人所产生的潜意识反应及相关移情的总和，是在分析性治疗中的"治疗师的状态"，来访者和治疗师是这一结构的两个要素，构成在分析情境下的移情和反移情性人际关系。反移情包括在治疗师的人格中有可能影响治疗的一切因素，可被理解为对另一人的移情反应。就技术角度来鉴别反移情有如下几点意义：①在自我体验中确认反移情，以使治疗中的移情成分更清楚地突显出来。②明确反移情相当于可以利用曾经是潜意识的成分，去探测来访者的潜意识成分。③反移情常带有情感的成分，作为潜意识的部分，它仍可为治疗师所利用，来了解自己的潜意识。

拓展阅读 12-3
"反移情"概念的演变

4. 梦的解析（dream interpretation）　梦是建构精神分析大厦的基石，弗洛伊德说，梦是我们了解潜意识的捷径。弗洛伊德在其著作《梦的解析》中认为"梦乃是做梦者潜意识冲突欲望的象征，做梦的人为了避免被别人察觉，常用象征性的方式以避免焦虑的产生""分析者对梦的内容加以分析，以期发现这些象征的真谛"（图 12-1）。要求来访者谈谈他的梦，并把梦中不同内容自由地加以联想，以便治疗师能理解梦的外显内容（即显梦，梦的可感知的部分）和潜在内容（即隐意，是显梦背后的潜意识冲突和愿望）。

视频 12-1
为什么我们会做梦？

显梦的背后是隐意，做梦者对隐意的本质是不知道的，要经过治疗师的分析和解释才能了解。对梦的解释和分析就是要把显梦的伪装层拨开，揭示隐意。连接显梦和隐意的是梦的工作。梦的工作有四种：凝缩、转移、象征和特殊表现力。凝缩是指把大量的潜意识的材料变成简单的显梦。转移是指用一种元素替代另一种元素，或者将重点转移到不重要的元素上。象征是指潜意识的内容往往会以一种隐晦的、间接的事物来表现。特殊表现力是指将思想变为视觉形象

拓展阅读 12-4
弗洛伊德关于释梦的论述

图 12-1　西班牙画家达利的油画《软表》
达利在这幅画中表达了一种由弗洛伊德所揭示的个人梦境与幻觉

的能力。

梦的解析就是通过显梦分析其背后的隐意，即分析其背后的潜意识冲突和愿望。

5. 见诸行动　各种以行动的方式而不是以语言的方式来表达潜意识冲突的，称为见诸行动。见诸行动可以发生在治疗关系中，一个常见的例子是，来访者对治疗师产生有敌意的移情时，不是采取讨论和控制这种情感的方式，而是拂袖而去。

广义的见诸行动也指发生在治疗之外的、潜意识层面针对治疗师的行为。例如，一个来访者爱上了治疗师，便通过草率地结婚来表达对治疗师拒绝自己的不满。所以弗洛伊德建议，在治疗期间，来访者应避免做出对生活有重大影响的决定。各种性心理障碍的来访者，也是通过行动来满足自己冲突性冲动的。此外，见诸行动对治疗也有消极影响，所以也是阻抗的一种形式。

6. 解释（interpretation）与重建　解释是精神分析中最常用的技术。治疗师的中心工作就是向来访者解释他的表达和行为的潜意识意义，来增加来访者对自己的认识，而这些认识是治疗师从来访者自己的思想、情感、言语和行为中提炼出来的。通过解释，帮助来访者克服抗拒，使被压抑的心理资料得以源源不断地通过自由联想和梦的解析暴露出来。解释的目的是让来访者正视他所回避或尚未意识到的东西，使潜意识的内容变成意识的。解释要注意时机，是逐步深入的，根据每次会谈的内容，用来访者所说过的话或事实作依据，用来访者能理解的语言，告诉他心理症结之所在，千万不可凭借治疗师主观的推测擅作解释。解释的程度随着会谈的进行和对来访者心理的全面了解而逐步加深和完善，而来访者也通过长期的会谈在意识中逐渐培养起对人对事的成熟心理反应和处理态度。

重建是指将来访者和他过去环境中的重要人物置于现实的背景下，包括重建在过去各个时期的自我形象。

7. 节制和中立　在来访者对治疗过程有了大概了解之后，治疗师就应该少讲话，更多地倾听来访者对于其内心世界的描述，这种技术称为"节制"。对来访者的一切情感、看法和行为，治疗师都不应该做诸如对和错、好和坏的评判，这种态度称为"中立"。

8. 修通　由领悟导致行为态度和结构改变的分析工作就是修通。这一工作的内容如下。

（1）重复的解释，尤其是对移情性阻抗的解释。

（2）打破情感和冲动与经验和记忆之间的隔离。

（3）解释的延长、加深和加宽，发掘一个行为的各种决定性因素。

（4）重建过去，将来访者和环境中其他重要人物置于活生生的背景下，包括重建在过去各个时期的自我形象。

（5）促进反应和行为的变化，使来访者在面对他曾经认为是危险的冲动和客体时，勇于尝试新的反应模式和情感模式。一般来说，来访者会首先在分析场景中尝试新的行为，然后在分析场景之外应用。这些新的行为较少受到婴儿期扭曲经历的影响。

三、适应证及评价

并非所有的心理障碍都适宜采用精神分析疗法。最适于精神分析疗法的是各种神经症（主要有癔症、强迫症和恐惧症）及心理创伤、性心理障碍、人际关系障碍、适应障碍等。情感性精神病、精神分裂症、病态人格、物质使用障碍、长期的严重人格障碍及器质性病变所致精神障碍不适宜采用精神分析疗法。

第二节　行为疗法

一、概述

行为疗法（behavior therapy）又称行为矫正或学习疗法，以行为学习理论为指导，按一定的治疗程序，来消除或纠正个体的不良行为的一种心理治疗方法。行为疗法注重对目标行为给予适当的奖赏或处罚，以便能有目的地消除非功能性行为或建立所需功能性行为。行为疗法是在行为主义心理学的理论基础上发展起来的一个心理治疗派别，是当代心理疗法中影响较大的派别之一。

拓展阅读 12-5
行为疗法的历史

二、方法及技术

行为疗法或行为矫正大致可分为两大部分，即外显异常行为矫正和内部自我调整。

1. 外显异常行为矫正　包括应答性行为疗法、操作性行为疗法、替代性学习疗法、认知行为疗法等。应答性行为疗法，是根据巴甫洛夫的条件反射原理，建立一个对抗的条件作用或去条件作用，把由于应答性条件反射机制所形成的异常条件反射（即病理症状）消除掉，并建立一个新的正常的条件反射。具体疗法有系统脱敏疗法、满灌疗法、厌恶疗法等。操作性行为疗法，是根据斯金纳的操作条件反射机制，用奖励的方法强化所期望的行为，用惩罚的方法消除不需要的行为而达到治疗的目的。常用的疗法有标记奖励法、塑造法、消退法等。对慢性衰退的精神病患者、智力落后和肢体残疾的儿童、行为障碍儿童，常用标记奖励法去建立新的良好行为并取得较好效果。所谓塑造法就是用奖励方法在患者身上塑造一种所要求的行为。所谓消退法，是指当患者出现不良行为时则停止奖励或不予理睬，待其停止任性行为，再与之对话并给予奖励强化其正常行为。替代性学习疗法，是让患者学习所示范的方法以替代旧的行为。认知行为疗法，是在行为疗法的内容中加进认知的因素，认为患者的病态行为是由于不正确的认知和评价所致，因此要改变患者的错误信念和情绪，才能纠正其异常行为。这一疗法中最著名的是理性情绪疗法。

基础链接 12-1
行为疗法的基本原则
和步骤

2. 内部自我调整　与前述各种疗法不同的是，该疗法重点放在调整身体内部各器官系统的

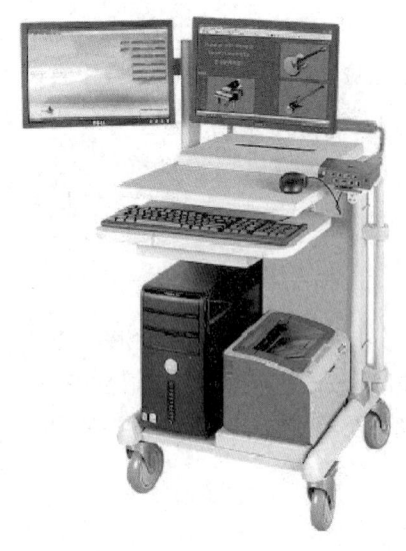

图 12-2　生物反馈治疗仪

功能。这些功能都受自主神经系统所支配，因此不像躯体骨骼肌那样可以受人的意识控制，随意改变其活动水平，但是经过自我训练，这些看来不能随意控制的内脏器官的"行为"，也会像骨骼肌那样受控于人的意识。这一方面的疗法可分为两个类型：一种是通过自我意识的调整达到全身骨骼肌、平滑肌和腺体活动的放松，称为放松疗法；另一种是通过仪器，将体内某一部分的生理活动或放松效果反馈给个体，帮助个体更好地调节这些运动，称为生物反馈疗法。生物反馈疗法是在放松疗法的基础上，借助现代化电子仪器设备，将体内不易感觉到的生理活动信息（如血压升降、心率快慢等）显示出来，让患者根据这一信息进行学习，使生理活动朝着要求的方向变化（图 12-2）。

（一）系统脱敏疗法

系统脱敏疗法（systematic desensitization）又称交互抑制法、对抗条件作用，是由美国学者沃尔普（Wolpe）创立和发展的，是行为疗法中最常用的方法。系统脱敏疗法的理论基础是行为学习理论中的经典条件反射。沃尔普认为：人的焦虑和恐惧表现只是一种行为习惯，可以通过控制其外界环境来加以改变。人的心理障碍和异常行为，可以通过建立新的条件反射来根除。

系统脱敏疗法的步骤如下。

基础链接 12-2
放松训练

1. 松弛训练　又称松弛疗法（relaxation therapy）、放松训练，是按一定的练习程序，学习有意识地控制或调节自身的心理生理活动，以降低机体唤醒水平，调整那些因紧张刺激而紊乱了的功能。

2. 制定不适层次表　将曾经引起来访者主观不适的各种刺激因素搜集并记录下来，来访者根据自己的主观体验评定每一种刺激的严重程度，然后依次排序。这种主观体验程度可用主观感觉尺度来度量，尺度为 0 ~ 100，一般分为 10 个等级，如图 12-3 所示。

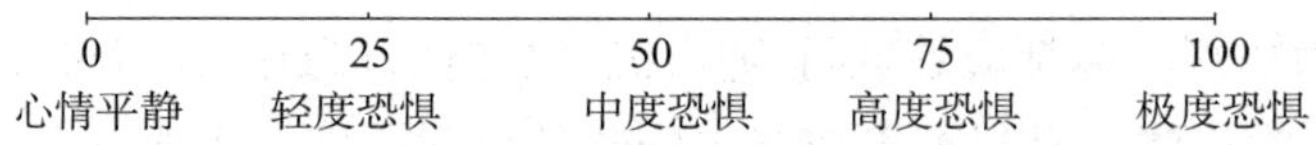

图 12-3　恐惧的主观感觉尺度

0	25	50	75	100
心情平静	轻度恐惧	中度恐惧	高度恐惧	极度恐惧

然后将来访者报告出的恐怖或焦虑事件按等级程度由小到大排列。如表 12-1 是一位害怕考试的学生的主观等级排列示例。

表 12-1　主观感觉尺度表

序列	事件	主观感觉尺度
0	没有考试	0
1	考试前一周想到考试时	20
2	考试前一个晚上想到考试时	25
3	走在去考场的路上时	30
4	在考场外等候时	50
5	进入考场时	60

续表

序列	事件	主观感觉尺度
6	第一遍看考试卷子时	70
7	和其他人一起坐在考场中想着必须进行考试时	80
8	自己一个人坐在考场中想着必须进行考试时	90
9	在考场中	100

3. 脱敏治疗　在完成以上两项工作之后，即进入系统脱敏练习，由最低层次开始脱敏，常用的脱敏有两种形式。

（1）想象脱敏：由医师做口头描述，并要求来访者在能清楚地想象此事时，便伸出一个手指来表示。也可以由来访者根据主观感觉尺度自行编写想象剧本。然后，让来访者保持这一想象中的场景 30 s 左右。想象训练一般在安静的环境中进行，想象要求生动逼真，像演员一样进入角色，不允许回避和停止行为产生，一般忍耐 1 h 左右视为有效。实在无法忍耐而出现严重恐惧时，采用放松疗法对抗，直到达到最高级的恐怖事件的情景也不出现惊恐反应或反应轻微而能忍耐为止。一次想象训练不超过 4 个等级，如果在某一级训练中仍出现较强的情绪反应，则应降级重新训练，直至完全适应。

（2）现场脱敏：通过接触现实刺激从低级到高级逐级训练，以达到心理适应。一级的训练需重复多次，直到情绪反应完全消除，才能进入下一等级。每周治疗 1~2 次，每次 30 min 左右。如对一个过分害怕猫的来访者，在治疗中，可以先让他看猫的照片，谈猫的事情；等到习惯不害怕了，再让他接触形象逼真的玩具猫；再让他靠近笼子里的猫；接着慢慢伸手去摸；最后去抱猫，逐渐消除怕猫的情绪反应。

（二）满灌疗法

满灌疗法（flooding therapy）又称"暴露疗法""冲击疗法"和"快速脱敏疗法"。这是一种让来访者直接接触引发强烈恐怖焦虑的刺激，并坚持到紧张感消失的行为疗法。

满灌疗法的实施，一开始时就应让来访者进入最使他恐惧的情境中。可以采用想象的方式，鼓励来访者想象使他最恐惧的场面；或医生在旁边反复、不厌其烦地讲述来访者感觉最恐惧的情境细节；或使用录像、幻灯片放映来访者最恐惧的情境，以加深来访者的焦虑程度。同时不允许来访者采取闭眼、堵耳朵等回避行为。在反复的恐惧刺激下，即使来访者因紧张而出现心跳加快、呼吸困难、面色发白等自主神经系统反应，但最终发现担心的灾难并没有发生，焦虑反应就会逐渐消退。

满灌疗法的疗程一般 2~4 次，每日或隔日 1 次，每次 0.5~1 h。

1. 满灌疗法治疗步骤　①确立主要治疗目标。找出引起来访者恐怖、焦虑的人、事或场景，以便安排系统的主攻方向。②向来访者介绍疗法的原理和过程、注意事项，如实告知在治疗中必须付出的痛苦代价，要求高度配合，树立信心和决心。尤其要求来访者暴露在恐怖情景中不能有回避的意向和行为，最好取得家属配合，并在治疗协议上签字。进行必要的体检，排除心血管疾病、癫痫等重大躯体疾病。让来访者学会肌肉放松法等训练方法，在做好充分思想准备的情况下进行治疗。③治疗、训练时要连续，治疗期间应布置"家庭作业"，不断训练，巩固治疗效果。医生可采用示范法，必要时与来访者共同进行治疗训练。

2. 满灌疗法注意事项 ①开始前要向来访者说明满灌疗法带来的焦虑是无害的。②治疗时不允许有回避行为，否则会加重恐怖反应，导致失败。来访者只有面对恐惧忍耐 1 h 以上，恐惧焦虑情绪才会逐渐消失。③必须对来访者的文化水平、理解能力、发病原因、身心状况有深入的了解。④对体质虚弱、心脏病、高血压和承受力低的来访者，不能应用此法。

3. 适应证 满灌疗法主要用于恐惧症。它的优点是简单、疗程短、收效快。缺点是无视来访者的心理承受能力，痛苦大，实施难。此法不宜滥用，也不作为首选疗法。

（三）厌恶疗法

厌恶疗法（aversion therapy）又称对抗性条件反射疗法、处罚消除法，是一种通过轻微的惩罚来消除适应不良行为的治疗方法。当某种不适行为即将出现或正在出现时，即刻给予一定的痛苦刺激。此疗法是根据巴甫洛夫的经典条件反射原理，将引起躯体痛苦反应的非条件刺激与形成不良行为的条件刺激结合，使患者发生不良行为的同时感到躯体的痛苦反应，从而对不良行为产生厌恶而使其逐渐消退，即利用回避学习的原理，把令人厌恶的刺激，如轻微电击、针刺、催吐、语言责备、想象等，与来访者的不良行为相结合，使来访者产生厌恶的主观体验，经过反复实施，不适行为和厌恶体验建立条件联系，形成一种新的条件反射，当来访者欲实施这一行为时，便立刻产生厌恶体验，为了避免这种厌恶体验，来访者只有中止或放弃原有的不适行为，从而消除这种不良行为。其特点是，治疗期较短，效果较好。

厌恶刺激的形式很多，应根据行为问题的性质和来访者的接受情况选用。

1. 物理刺激 如电击、橡皮筋弹击手腕等。电击厌恶疗法是将来访者习惯性不良行为反应与电击连在一起，一旦这一行为反应在想象中出现就予以电击。电击 1 次后休息几分钟，然后进行第二次。每次治疗时间为 20 ~ 30 min，反复电击多次。治疗次数可从每日 6 次到每两周 1 次，电击强度的选择应征得来访者的同意。

2. 药物刺激 如给予吐根制剂、阿扑吗啡等致吐剂及苦味酊等苦味剂。如用厌恶疗法治疗酒精依赖，先让来访者服吐酒药，或注射阿扑吗啡，在即将出现恶心、呕吐时，即让患者饮酒。如此每天 1 次，重复 7 ~ 10 次，直到患者单独饮酒也出现恶心、呕吐，对酒产生厌恶情绪而自动停止酗酒。以后每月仍可做 1 ~ 2 次巩固性治疗。药物厌恶疗法多用于矫治与饮食有关的行为障碍，如酗酒、饮食过度等，其缺点是耗时长，且易弄脏环境。

3. 想象刺激 想象痛苦、羞辱、恶心等情景或体验。这种方法是将医生口头描述的某些厌恶情景与来访者想象中的刺激联系在一起，从而产生厌恶反应，以达到治疗目的。如性心理障碍来访者，当其出现性的欲望或行为时，立即闭上眼睛，想象面前站着一个高大警察，面孔冷峻，手里拿着镣铐并盯着他。或是回忆过去被拘留、被群众愤怒申斥的场面，以达到减少与控制此种适应不良行为的效果。除此之外，有心理医生还设计用想象恶心、呕吐来抑制酒精成瘾或贪食症，但想象的刺激毕竟不如实际的、具体给予的刺激那样有效。此法操作简便，适应性广，对各种行为障碍疗效较好。

（四）操作条件法

操作条件法（operant therapy）又称奖励强化法、代币券法，是根据斯金纳的操作条件反射原理而设计的，即用奖励的方法强化所期望的行为，当来访者出现某种预期的良好行为时，马上给予奖励，从而使该行为得到强化，同时使其不良行为得以消退。

1. 治疗方法

（1）分析行为问题：一种不良行为往往由多种行为要素组成。分析、确定不良行为的主要要素，是解决问题的关键。在主要行为问题得到初步治疗后，随之开始对其他不良行为因素进行同样的强化训练。

（2）选择强化物阳性：强化物可用不同的形式表示。代币是最常用的阳性强化物，是一种内部流通的、印有一定价值的"货币"，也可用代币券或筹码。还可用红旗或红星样式的印章符号，或计分卡等。代币应该具有现实生活中"钱币"的功能，即可换取多种多样的奖励物品或来访者感兴趣的活动，从而获得价值。用代币作为强化物的优点在于不受时间和空间的限制，使用起来极为便利，还可进行连续的强化；只要来访者出现预期的行为，强化马上就能实现。用代币去换取不同的实物，可满足受奖者的某种偏好，可避免以实物本身作为强化物的那种满足感，而不致降低追求强化（奖励）的动机，并且在来访者出现不良行为时还可扣回代币，使阳性强化和阴性强化同时起作用，进而产生双重强化的效果。

拓展阅读 12-6
操作条件法的治疗举例

（3）强化训练：首先针对主要的行为问题，逐渐进行良好行为的强化训练。

2. 治疗要点　开始时只要有正确的反应就给予奖励，以后逐渐减少；逐渐由物质奖励转化为精神奖励；逐渐由外部奖励转化为内部的自我奖励，如随着儿童讲话能力的提高，应给予夸奖，并引导他向别的儿童讲故事，产生自豪感，这种自豪感对讲话的行为可产生更大的强化作用；要注意利用奖励促进条件反射的泛化，如逐渐使儿童在多种环境条件下愿意讲话，不仅是在要求他讲故事时开口说话，而且在新来一位邻居时也能开口说话。

（五）示范法

示范法（modeling）的理论根据是班杜拉的社会学习理论。班杜拉认为，人有复杂的文化背景，所以人的行为是极为复杂的。这种复杂行为不可能通过经典条件反射或操作条件反射来简单地加以控制或改变，而要通过观摩示范式学习即模仿来获得（图12-4）。

图 12-4　孟母三迁
中国古代的"孟母三迁"就是示范法的具体例子，即"近朱者赤，近墨者黑"的道理

操作方法：①选择模型，包括生活示范（life modelling）和替代示范（vicarious modelling）。生活示范是指以现实生活中具体的活体人物为模型，生活示范的效果好，但有时不易寻找；替代示范是指以电影或录像中的某一人物为模型，替代示范容易寻找，也便于重复使用。②示范方法，一是让模型人与模仿者直接见面，并现身说法，让模仿者观看示范者的切合时宜的行为，放弃自己的不适应行为，从而达到治疗的目的；二是组织模仿者观看与不良行为改变相关的电影。

第三节　认知疗法

一、概述

认知疗法（cognitive therapy）于 20 世纪六七十年代在美国产生，是根据认知过程影响情绪和行为的理论假设，通过认知和行为技术来改变来访者的不良认知，从而矫正不良行为的心理治疗方法。认知疗法的基本观点：认知过程及其导致的错误观念是行为和情感的中介，适应不良行为和情感与错误认知有关。认知疗法常采用认知重建、心理应对、问题解决等技术进行心理辅导和治疗，其中认知重建最为关键。具体治疗方法因认知心理学家所持的理论不同而不同，较具代表性的有艾利斯的理性情绪疗法、贝克的认知疗法等。

二、艾利斯的理性情绪疗法

（一）艾利斯的基本理论

该疗法是由美国临床心理学家阿尔伯特·艾利斯于 20 世纪 60 年代创立的一种心理治疗体系。他认为人有其固有本性，人的先天倾向中有积极的取向，也有消极的本性，换句话说人有趋向于成长和自我实现的内在倾向，同时也具有非理性的不利于生存发展的生活态度倾向。艾利斯更强调后一种倾向，他认为正是这种非理性的生活态度导致心理问题的出现。

艾利斯将人类常见的非理性信念归纳为以下几种：①倾向于进行畸形的思维（如强迫思维）；②倾向于易受暗示影响；③倾向于过度概括化，以偏概全；④倾向于要求尽善尽美，认为不是完美的就是无用的；⑤倾向于对他人的过分要求；⑥倾向于追求绝对化、肯定化，不能忍受不确定性；⑦倾向于夸大负性事件的危害性；⑧倾向于自暴自弃；⑨倾向于自我贬低；⑩倾向于过分关注自身的机体变化。

艾利斯将以上观点概括为 ABC 理论，A 代表诱发事件（activating event）；B 代表信念（belief），指人对 A 的信念、认知、评价或看法；C 代表结果（consequence），即症状。艾利斯认为并非诱发事件 A 直接引起症状 C，A 与 C 之间还有中介因素起作用，这个中介因素是人对 A 的信念、认知、评价或看法，即信念 B。在此基础上又进一步演变出 ABCDEF 理论，其中 D 代表劝导（disputing），通过 D 来影响 B，认知偏差纠正了，情绪和行为困扰就会在很大程度上减轻或解除，最后达到效果（E，effect）（图 12-5），此后个体就会产生积极的情绪及行为，个体也会产生愉快而充实的新感觉（F，feeling）。

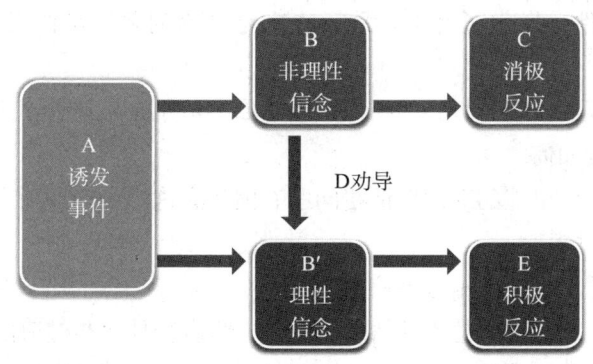

图 12-5 理性情绪疗法示意图

（二）艾利斯理性情绪疗法的过程

理性情绪疗法的基本过程，人们习惯于用 ABCDEF 来概括。具体而言，它包含动员、评估、准备治疗、执行治疗、效果评估和准备结束 6 个基本操作环节。

1. 动员　理性情绪疗法的第一阶段是动员来访者，其主要任务是了解来访者的问题，并在这个过程中建立积极的治疗关系，使来访者意识到改变是可能的，相信理性情绪疗法可以帮助他实现目标。

2. 评估　了解来访者对自己问题的看法，明确各种相关的临床问题及过去的治疗经历，获得来访者的个人成长史和人际背景，评估问题的严重程度，注意明显的个性因素，检查有无继发问题、非心理原因，如躯体疾病、物质滥用、生活方式或环境因素等。虽然艾利斯不赞同单纯使用过于概括化的精神病学的疾病分类来评估诊断来访者的问题，但是他认为疾病诊断还是有用的，特别是对于判断来访者问题的严重程度、预计花费时间的长短、选择最佳的治疗方案等方面很有帮助。

3. 准备治疗　此阶段的任务主要是商定治疗目标，评估改变动机，介绍理性情绪疗法的基本知识和治疗程序，讨论这种治疗方法的意义，签署治疗契约。

商定治疗目标十分重要，这决定了治疗的方向，也决定了治疗的时间长短。治疗的目标首先是帮助来访者改变不合理信念、减少负性情绪和功能失常的行为，这往往也是来访者的困扰所在。艾利斯认为要帮助来访者达到目标，就要帮助来访者更加积极、完全地体验幸福快乐，实现自身价值，使来访者成为心理健康的人。

除了商定治疗目标外，评估来访者的改变动机也很重要。有些来访者虽然求助，但并没有很强的改变动机，只是希望治疗师帮他解决一切困扰，自己并没有改变的愿望。因此，需要对这些来访者进行分析，寻找阻抗的来源。

拓展阅读 12-7
艾利斯提出的主要阻抗来源

在介绍治疗的基本知识、基本程序和治疗的意义之后，需要签署治疗契约。签署治疗契约时应该进一步明确治疗目标、治疗方法、治疗频率、治疗时间、收费形式、各自的责任和义务、保密原则及保密例外等。治疗契约应该一式两份，分别保存。签署治疗契约以后，双方就正式建立了治疗关系，但是治疗联盟的建立还需要在以后的治疗过程中不断加强。

4. 执行治疗　此阶段的主要任务是对目标行为进行分析，找出不合理信念，改变不合理信念，布置认知或行为治疗作业等。具体的治疗程序如下。

（1）了解上次的家庭作业完成情况，了解上次治疗之后发生的积极变化和对上次治疗进行回顾，如果没有完成作业，需要讨论是什么困难或阻碍。

（2）明确本次治疗的目标行为。

（3）评估诱发事件：发生了什么？最后一次是什么时候？来访者是如何评论的？结果是什么？

（4）评估事件导致的情绪与行为的结果，注意哪些情绪是来访者不想要的，强度如何；有何自我挫败的行为，强度如何。

（5）寻找并评估任何可能的继发性情绪问题。因为有这样的问题而产生的不健康的负性情绪（如羞耻或悲哀）有哪些？

（6）寻找引发不适当反应的不合理信念。

（7）将不合理信念和不健康的负性情绪相联系，将合理信念与健康的正性情感相联系。

（8）对治疗目标进行澄清并达成一致。来访者下次遇到类似的诱发事件，希望产生怎样的反应（包括情绪和行为）。

（9）利用认知技术、情绪和行为技术与不合理信念进行辩论，用合理信念取代不合理信念。

（10）鼓励来访者把合理信念应用到生活中去，布置认知与行为家庭作业，并讨论完成作业时可能遇到的困难和阻碍。

5. 效果评估　执行治疗之后要做的工作就是评估治疗效果。这一阶段的任务是评估来访者完成治疗程序后是否发生了积极改变，是否实现了治疗目标。检查来访者的改变是思维和信念改变的结果，还是偶然原因或环境改变产生的变化。

6. 准备结束　认知治疗的最后一个阶段是做好结束治疗的准备。这一阶段的任务是在治疗目标实现以后，使来访者意识到有许多问题可能复发，并使其知道一旦出现问题行为复发，应如何应对。同时，治疗师应和来访者讨论，如果将来需要帮助时，来访者应有的信念是什么，使其避免出现"我就应该永远治愈"或"我如果再回来求助的话，治疗师会认为我是个失败者"等不合理信念。

当然，治疗往往不是一劳永逸地以直线形进行的，而是螺旋形、波浪式前进的，不合理信念与不健康的负性情绪往往不会一次就改变，而会像野草似的经常复发。因此，治疗的准备结束阶段，需要帮助来访者学会自己处理故态复萌的情况。

拓展阅读 12-8
艾利斯提出的处理故态复萌的方法

三、贝克的认知疗法

（一）贝克的基本理论

贝克是一位常年从事精神分析的治疗者，他对于来访者的自动思维（指特殊的刺激会引发个人独特的想法，并因而导致情绪反应）很感兴趣。在他的精神分析研究中，曾探讨抑郁的来访者是如何将其愤怒投射到梦境中的。他要求来访者去观察这些宛如反射作用而且很难"关掉"的想法，并且这些负面的想法即使与客观的证据矛盾，还是会固执地存在。

情绪困扰的人倾向于犯"独有的逻辑错误"，即用自我轻贱的方式来扭曲客观的现实。贝克认知理论认为，心理问题的病因源于普通的心理过程，如有瑕疵的思考、根据不正确或不充分的信息就妄下不正确的推论，以及未能分清楚幻想与现实。它认为以下几个方面是人们在处理信息时常见的扭曲情形，这些情形很容易引起人们错误的假定与观念。

1. 随意推论　指没有充足及相关的证据便任意下结论。这种扭曲现象包括"大难临头"或对于某个情境想到最糟的情况。这些推断缺乏实际的依据，无法在现实中得到印证，但个体却备受这种推论的折磨。

2. 选择性断章取义　指根据整个事件中的部分细节下结论，不顾整个背景的重要意义。这么做的假定是，重要的事件是与失败和受挫折有关的事件，个体会以自己的错误及弱点来评估自己的价值，而不是以自己的成功来评判自己。

3. 过分概括化　指将某意外事件产生的不合理信念，不恰当地应用在不相干的事件或情况中。如你在帮助一位女性的过程中碰到困难，于是你便下结论说你对女性问题是不擅长的，你也可能下结论说你没有能力帮助任何人。

4. 扩大与贬低　指过度强调或轻视某种事件或情况的重要性。如你可能假定，在帮助他人的过程中即使是很小的错误都可能造成危机，甚至导致对方的心理伤害。

5. 个人化　指一种将外在事件与自己发生关联的倾向，即使没有任何理由也要这样做。如某个来访者第二次治疗未到，你就认为是自己第一次治疗不力所致。

6. 乱贴标签　指根据过去的不完美或过失来决定自己真正的身份认同。例如，你未能符合所有来访者的期望，你可能对自己说："我是个完全没有价值的人，应该立刻辞职。"

7. 极端化思考　指思考或解释时采用全或无，或"不是……就是……"等极端分类的方式。这种二分法的思考把事情只分为"好或坏"，如你可能认为自己不是一个完美的人，那么就不是完美的医生；或你可能认为自己是个完美而且有能力的医生（指你能成功地帮助所有的来访者），而一旦你发现自己并非全能时，你就会把自己看成彻底的失败者（根本不容许自己犯任何错误）。

在贝克的认知治疗中，治疗师会教导来访者如何通过评估过程去辨认扭曲与导致功能不良的认知，并通过双方的努力合作，使来访者学会分辨自己的想法和现实之间的差距，进而了解认知对个人感受和行为的影响。教导来访者去观察并监控自己的想法与假设，特别是那些负面的自动化思考。

当来访者通过自我观察，了解到不切实际的负面思考如何影响到自己之后，便会检验那些支持或反对自己认知的证据，将自动化思考与现实做比较。这个过程包括：与治疗师进行苏格拉底式的对话、做家庭作业，收集自己所作的假定的相关资料、活动记录，以及做各种不同的解释。最后他们会对自己的行为提出假设，并学会使用特定的解决问题的方法与应对技能。

（二）贝克认知疗法的过程

1. 基本程序

（1）让来访者对于治疗有正确的认知，消除治疗的神秘色彩。

（2）促使来访者去检验那些伴随的产生烦恼的想法。

（3）使用认知技术与行为技术进行自我训练。

（4）通过置身于问题想法的情境过程中，指出与挑战来访者的想法。

（5）借助现实世界测试信念与假设，教导来访者学会一些技能，避免问题的反复。

2. 治疗步骤

（1）找出病态信念：弄清楚来访者为什么会出现情绪障碍，如来访者为什么自卑沮丧？因为来访者最近遇到一位好朋友，但朋友与他擦肩而过时没有理他。实际上那位朋友正与别人谈话，没看见他。因而就觉得人们都在讨厌他，连最好的朋友也这样。

（2）"假设实验"：了解来访者的病态信念后不要急于否定它。而是告诉来访者，"假设"他的观点是正确的，"假设"人人都在讨厌他。如果来访者接受这种假设，再告诉来访者假设和事实还是有区别的。要弄清是不是事实，就需想个办法验证。例如，要证实来访者的那位好朋友是否真的讨厌他，方法十分简单，再次会面就可以了，其结果是可想而知的。

（3）布置家庭作业：每次治疗之后都应要求来访者在家里或工作场所做些练习，如练习察觉自动思维、自行验证"假设"等，以提高和巩固疗效。

3. 贝克提出的认知治疗技术

（1）识别自动思维：由于这些思维已构成来访者思维习惯的一部分，多数来访者不能意识到在不良情绪反应以前会存在这些思想。因此，在治疗过程中，治疗师首先要帮助来访者学会发掘和识别这些自动化的思维过程。更为具体的技术包括提问、指导来访者自我演示或模仿等。

（2）识别认知性错误：所谓认知性错误即来访者在概念和抽象性上常犯的错误。典型的认知性错误有前面提到的几种，如任意推断、过分概括化、"全或无"的思维等。这些错误相对于自动思维更难以识别。因此，治疗师应听取并记录来访者诉说的自动思维，以及不同的情境和问题，然后要求来访者归纳出一般规律，找出其共性。

（3）真实性验证：将来访者的自动思维和错误观念视为一种假设，然后鼓励来访者在严格设计的行为模式或情境中对这一假设进行验证。通过这种方法，让来访者认识到他原有的观念是不符合实际的，并能自觉加以改变。这是认知治疗的核心。

（4）去中心化：很多来访者总感到自己是别人注意的中心，自己的一言一行、一举一动都会受到他人的品评，为此他常常感到自己是无力、脆弱的。如果某个来访者认为自己的行为举止稍有改变，就会引起周围每个人的注意和非难，那么治疗师可以让他不像以前那样去与人交往，即在行为举止上稍有变化，然后要求他记录别人异常反应的次数，结果他发现很少有人注意他言行的变化。

（5）抑郁或焦虑水平的监控：多数有抑郁和焦虑的来访者往往认为他们的抑郁或焦虑情绪会一直不变地持续下去，而实际上，这些情绪常常有一个开始、高峰和消退的过程。如果来访者能够对这一过程有所认识，那么他们就能比较容易地控制自身的情绪。所以，鼓励来访者对自己的抑郁或焦虑情绪进行自我监控，就可以使他们认识到这些情绪的波动特点，从而增强治疗信心。这也是认知治疗常用的方法。

此外，在实际治疗过程中，贝克还特别重视挖掘来访者的潜能。他强调，治疗师应注意引导来访者去充分调动和发挥其内部的潜在能力，对自己的认知过程进行反省，发现自己的问题并主动改变。因为贝克相信，来访者情绪和行为上的不适应，是由于在某些特殊问题上错误地使用了共同感受这一工具，使其特定的认知方式与常人不协调，而不是其整个的认知系统都遭到破坏，在这些特定的问题之外，他们仍可能有正常的认知功能。因此，如何帮助来访者利用这些功能解决自己的问题，是治疗师的首要任务。贝克的这种观点对认知治疗也具有重要意义，已经成为治疗的重要原则之一。

4. 重要的行为技术方法　贝克的认知疗法除了主要采用前面介绍的言语检验方法外，还经常采用一些行为技术方法。它们不仅可用于检验和巩固新的功能性假设，还可以在言语检验原有假设的过程之前或在这一过程中匹配使用。这些方法的主要优点是增加来访者的活动，使之进入活动状态，以减少疲劳感，改善心境，帮助其了解认知、情绪和行为之间的关系，促进其思考和自我认识。

（1）活动安排表：帮助来访者以小时为单位安排一天的活动，如早锻炼、自修、早餐、打电话、会朋友、午休、读报等，鼓励他坚持按计划完成，且将完成情况一一记录，这不仅可促使其进入活动状态，还为评定活动积累了事实材料。

（2）进行行为评定：帮助来访者对每天执行和完成活动的胜任感和满意感进行自我观察，并及时进行记录和自我评定。对活动的难度也可同时进行自我评定，以相互对照。这种观察和评定既为来访者检验自动负性想法和功能失调性假设提供了真实的事实材料，还直接冲击了来访者原有的认知体系和认知行为逻辑序列。

（3）布置作业：作业是指根据来访者的能力和现实情况，有目的地设计一些活动，要求来访者努力完成（通常在作业布置之初，要求来访者做想象性演练，即想象作业完成的可能性及其引起的情绪感受。来访者通常倾向于想象作业难以完成，其情绪结果很糟糕）。然后，将活动分解为一个一个小单元，鼓励、指导来访者一步一步地、一个单元一个单元地完成，以检验其原有假设的不合理性。

另外，针对来访者认为自己是他人注意的中心这一情况，来设计去注意作业。如要求来访者在拥挤的商场行走，记录其受注意情况所发生的次数等，以此事实纠正其不良认知。

5. 贝克认知疗法的注意事项　贝克的认知疗法在原理、步骤和方法上与艾利斯的理性情绪疗法有许多相似之处。因此，在使用该疗法时，治疗师也应认识到治疗的关键在于认知重构，应以认知干预为核心，在此基础上吸取行为干预的方法，以作为辅助手段和方法。

与理性情绪疗法重视质辩不同，贝克认知疗法强调检验，更加重视推理和行为事实，以证实原有假设的不合理性，而不是简单地用积极观念取而代之。

研究进展 12-1
抑郁症患者与认知

第四节　以人为中心疗法

一、概述

以人为中心疗法（person centered psychotherapy）是人本主义最有影响的一种心理治疗方法，最初称为"非指导性治疗"，后来称为"来访者中心治疗"，20 世纪 70 年代起称为"以人为中心疗法"。以人为中心疗法被称为第三大阵营，可以与精神分析和行为疗法相提并论。其创始人是 20 世纪美国人本主义心理学家卡尔·罗杰斯。

拓展阅读 12-9
卡尔·罗杰斯简介

人本主义学派认为人基本上是真诚、善良和可以信赖的，与中国的"人之初，性本善"观点一致，也是该学派的理论立足点。具体来说，人具有主观性，总是朝着自我选择的方向发展，总要不断地实现自己的需要，相信人具有一种自我完善或自我实现的倾向。罗杰斯认为"发展其全部能力是生物体的一种遗传倾向，用以提高自己的生存状态"。据此，人本主义治疗的要旨是：由心理治疗师帮助创造一种充满关怀与信任的氛围，使来访者原已被扭曲的自我得到自然的恢复，使自我完善的潜能得到发挥，从而更好地适应生活。

二、治疗方法

（一）治疗目标

以人为中心疗法的治疗目标不仅是来访者目前问题获得解决，而且是要达到人格的转变、成长，实现深层次的整合。当个体丢弃了面对生活时的防御面具，充分体验到那些被隐藏或被否定的经验时，就获得了成长为一个新人的力量。随着对自己机体经验的更加开放，个体开始信赖敏锐的机体智慧，接受来自内部的评价，主动参与到一个流动前进的过程中，在自己的经验交流中获得新的自我的生成与变化，成为一个功能充分发挥的人。

视频 12-2
罗杰斯案例实录

（二）治疗关系

良好的治疗关系是治疗成功的关键因素。罗杰斯认为治疗是人与人的真诚相遇。正如马丁·布伯所说："与一个人真诚地交谈而不扮演某种角色，即两个人在一种深刻而有意义的水平上相会，这种深刻的相互体验有一种治疗的效果。"建立良好的治疗关系是治疗的主要任务。当这种关系建立并发挥效用的时候就是治疗产生效果之时，也就是治疗结束的时候。这是一种助益性的关系，指某个参与者意欲使另一方或者双方发生某种变化，使个体的潜力更多地得到欣赏、表达，更好地发挥作用。这个定义覆盖的范围极为广泛，包括所有通常用来促进成长的关系，如母子关系、父子关系、医患关系、师生关系、咨询关系。

建立良好治疗关系的基础是无条件的积极关注、真诚透明、共情理解，以及来访者对治疗师所做一切的感知。

（三）治疗过程

罗杰斯将治疗过程分成7个阶段，从紧闭的、不开放的体验开始，经历不自觉的自我知觉，消极的自我关注，直到相对公开的体验。自觉的自我知觉和积极的自我关注，这些变化是作为治疗关系的结果而出现的。

第一阶段：来访者处于不愿意暴露自己的问题和缺乏沟通的阶段，通常来访者不要求得到别人的帮助。即使他们以某些原因来求治，他们的表现也是刻板僵化的，并抗拒改变自己。他们意识不到自己的问题，并拒绝承认有任何个人的感情和情绪的困扰存在。

第二阶段：僵化状态的缓解。可以与来访者讨论其自身之外的各类问题，包括其他人的心理问题。但来访者对自己的情感仍拒绝触及。来访者更愿意将感情问题作为一种客观现象进行讨论和分析。

第三阶段：来访者可以自由讨论自己的问题，单纯将这些事情作为客观现象进行描述。将个人感情和态度与事件本身相互剥离开，按照过去时态去看待和分析自己的问题。

第四阶段：来访者开始谈及个人深层次的感情问题，但不涉及当前的个人体验，同时对于这些问题的理解和认识较为扭曲，认识上开始出现客观化趋势。

第五阶段：开始出现明显的改变和成长。来访者开始谈及自己当前的感情，但还不能正确地"符号化"。来访者开始根据来自内部的标准评价自己的感情，感情开始出现分化，情感体验更为细致。这一阶段自我选择、自我负责对来访者显得越来越重要。

第六阶段：来访者发生了重大的变化和自我成长。原来被否定和歪曲的经验现在更加自由地进入意识中，更加深入和充分地体验到当前的感情。来访者变得更加协调一致、真诚和恳切。这一阶段有身心问题的来访者其身心症状普遍得到缓解，对外界的体验变得更加积极乐观。

第七阶段：不需要治疗性谈话，来访者可以把治疗过程中概况的经验带到现实世界中，这时可以结束治疗过程。来访者能够独立地面对生活中的问题，对相关问题做出合适的判断和决策。

与精神分析疗法相反，人本主义治疗的着眼点是此地和现在。但如果把人作为一个具有整体性的结构体来看待的话，人本主义治疗与精神分析疗法则具有很好的一致性，它们都不孤立简单地面对人的某一行为问题。在人本主义治疗中所包含的治疗目标是，增加自我意识，增加自我接纳性，增加自我信赖感和人际关系的安慰感。

三、适应证

以人为中心疗法广泛适用于有各类心理问题的正常人或轻度心理障碍患者，如发展性心理问题、社会适应不良和部分神经症患者。此疗法还适用于教育、管理、婚姻等领域中一般性人际关系问题的处理。该疗法作为一种治疗思想可以有效引导治疗师关注来访者的问题，提升治疗的品质，增强其他心理治疗的效果。以人为中心疗法特别强调治疗师本人的态度和人格因素，不强调治疗技巧的过分应用。但因其针对性不强，忽视问题的诊断和具体问题的解决，也影响了其在临床实践中的应用。在治疗方式上以人为中心疗法除门诊个别治疗以外，还可扩大到来访者的配偶，也可采用集体治疗的方式。

拓展阅读 12-10
人本主义的教育观

第五节　家庭治疗

一、概述

家庭治疗（family therapy）是以整个家庭为对象来规划和进行治疗，属于广义团体心理治疗的范畴。家庭治疗起源于 20 世纪 50 年代，从个体心理治疗及某些团体心理治疗等形式发展而来。家庭治疗的特色是把焦点放在家庭各成员之间的关系上，不大注重各个成员的内在心理结构；其主要出发点是把家庭看成一个群体，需要以组织结构、交流、扮演角色、联盟与关系等观点来了解；并依"系统论"的观念来体会家庭系统内所发生的各种现象，即系统内任何成员所表现的行为，都受系统内其他成员的影响；成员的行为影响系统，而系统也影响成员。这种紧密相关的连锁反应，可导致许多所谓的病态的家庭现象；而一个人的病态行为，也常因配合其他成员的心理需求而被维持。基于这种观念，家庭治疗学者认为，要改变病态的现象或行为，不能单从治疗个人成员入手，而应以整个家庭系统为治疗对象。

拓展阅读 12-11
家庭治疗的历史与发展

二、基本程序及技术

（一）家庭治疗的程序

1. 了解家庭背景　了解家庭成员的交互作用模式，家庭的社会文化背景，家庭在生活周期中的位置，家庭的代际结构，家庭对问题的作用，家庭解决问题的方法，等等。

2. 治疗关系的建立　治疗关系是一种双方的甚至是多方的（如在家庭治疗中）人际互动关系，是一个治疗性合作的网络。这种人际的互动，其特点表现为它的情感性特征，即与依恋有关的一些心理过程。

在建立治疗关系时要考虑不同治疗学派的经验与特点，要考虑不同治疗对象的组合情况（一对、多个等）和对象的转换，考虑在不同治疗过程中发生的事情，以及治疗关系非线性的特点。关注此时此刻（here-and-now），处理好与治疗关系相关的问题，防止和处理脱落、关系不畅和阻力，不但使治疗可以顺利进行，还对解决来访者的情绪困扰有很大帮助。

3. 确定治疗目标与任务　家庭治疗的目标或是要打破某种不适当的、使"问题"或"症状"

维持下去的动态平衡环路，建立适应良好的反馈联系，以使症状消除；或是从根本上重建家庭结构系统，消除家庭中回避冲突的惯常机制，引入良好的应对方式，改善代际关系与家庭成员间的相互交流，提高解决问题、应对挑战的能力。

给来访的家庭布置治疗性家庭作业是常用的家庭治疗方式之一。这些作业一般都是针对访谈时采取的干预措施，为巩固效果、促进家庭内关系的改进而设计的。作业的设计因人而异，不同的治疗理论，也有自己相对成熟的治疗性作业。通常症状的消长及家庭的变化，往往是在两次治疗之间出现，由此可见治疗性家庭作业的重要性。

4. 治疗的时间安排　治疗性会谈也称定期访谈，指的是治疗师每隔一段时间，与就诊家庭中的成员一起座谈。一般历时 1~2 h。开始时两次座谈间隔时间较短，一般 2 周左右，以后可逐步延长至 1 个月或数月。总访谈次数一般在 6~12 次，亦有 1~2 次即可见效者。超过 12 次仍未见效时，应检查治疗计划，并重新确定该家庭是否适合此种形式的治疗。

5. 终止方式　通过一系列的家庭访谈和相应的治疗性作业，如果家庭已经建立起合适的结构，成员间的交流已趋明晰而直接，发展了新的有效的应对机制或解决问题的技术，代际间的等级结构、家庭内的凝聚力、成员中独立自主的能力得到了完善和发展，或是维持问题（症状）的动态平衡已被打破，已没有存在的基础，此时可以结束家庭治疗。

6. 疗程、预后与随访　家庭治疗的时间长度一般在 6~8 个月。具体来说减少家庭内的精神紧张，一般用 1~6 次家庭治疗；减少某特殊症状，治疗常常需要 10~15 次；改善家庭内部的人际交流情况，需要 25~30 次的治疗；而重建家庭成员之分化，常常要大于 40 次的治疗。总之，仅仅以解决症状为主，治疗需时较短，而希望重新塑造家庭系统，则往往是经年累月的事了。

（二）基本技术

1. 正常家庭进程　家庭是一个在心理与社会生活中平等、和谐的实体，它应该能够发展出自己稳定的结构与系统。这些结构和系统有助于家庭内个体的心理健康。并且，家庭应以其特有的交流方式和过程，来保证每个家庭成员的独立性与自我发展。

2. 家庭生活周期与谱系图　从时间的维度上来看家庭的一生，它也同生活在其中的每个个体一样，表现出既有连贯性、又有阶段性的周期性特点，称为家庭生活周期。

哈利首先将"生活周期"的概念引入家庭治疗领域，他认为所谓"问题"常常出现在家庭生活周期发生变化或中断之时，这常意味着家庭在克服某一阶段中的问题时遇到了麻烦。根据卡特尔（Carter）和麦高狄（McGodrick）的见解，家庭生活周期可以细分成六个阶段，每个阶段又对应着一个"情感过渡的过程"及"关键原则"。

谱系图（genogram）也称为家谱图或代际图，是一种用图示的技巧来表现家庭有关信息的方法（图 12-6）。在家庭治疗中，我们常常采用家庭中三代关系系统的结构示意图，它也是很好的家庭关系路线图。在了解家庭的现状、评价家庭的模式时，谱系图可以从生物、心理和社会方面提供有用的信息。同时，治疗师也可以用它来建立良好的治疗关系、规划治疗方法及评价治疗效果等。除了家庭治疗以外，谱系图在家庭医学、社会工作和其他领域中也都有较广泛的应用。

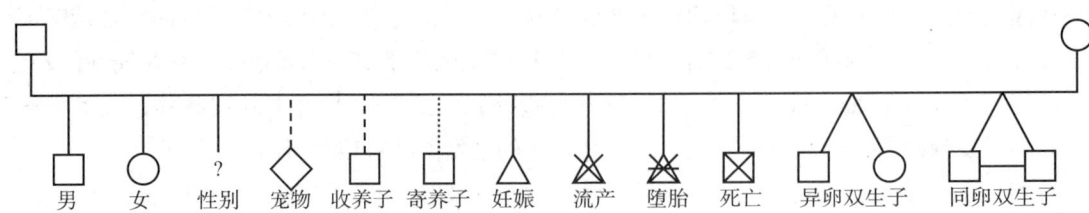

图 12-6　谱系图用各种符号来记录家庭成员之间的联系

3. 体验式家庭治疗 代表人物有萨提亚（Satir）、惠特克（Whitaker）等。他们认为家庭中发生的问题，是家庭在交流中出现的障碍造成的，是一种非语言信息表达的方式。它表现了家庭系统中的交流混乱、家庭规则不灵活和无韧性等特点。治疗就是要鼓励家庭成员间直接、清晰地相互交流，随时从交流中取得点滴经验并不断总结，促进个人和家庭的成长。

对于求治的家庭来说，体验式家庭治疗师认为：①来求治时，家庭成员描述的具体问题可能不一，但都是因为家庭成员的情感受到了压制或否认，相互逃避或自我保护。②家庭中原来正常的交往，已被负性的情感所阻抑，导致人际互动时可变性（韧性）和活力的丧失。③在家庭的气氛中常常缺乏热情，成员彼此之间较为冷淡，有一种情感消亡的氛围。④家庭成员只知道尽力寻求安全感而不是满意感，表现为过分地自我保护和自我封闭，同时又因为害怕失败而不敢竞争。

4. 策略式家庭治疗 注重以一定的策略来解决家庭中存在的问题。治疗师主要关注的是家庭中特定的相互关系格局内的交流方式，还注重解决当前存在的问题，如给客观存在的行为重新下定义，打破引起局限的反馈环路，进一步明确家庭内部的等级界限等。

策略式家庭治疗可因侧重点的不同再分为两种。

一种是以哈利（Halay）为代表的"结构或策略模式"。此模式认为"问题"或"症状"有类比或隐喻的意义，它们表现了家庭中人际交往的功能失调，常常是家庭问题解决不当所导致的。治疗师要在治疗中当家做主，用隐喻或悖论干预（如治疗师要求患者或家庭采取故意保持或加重症状的行为，促使患者和家庭的反抗而中止症状，或因症状被放大，患者或家庭感到症状荒谬而放弃）的方法，引起被治疗家庭中的互动模式发生变化。哈利还关注行为的人际奖惩效应，认为管理个体行为的规则有不同的层次，其中与家庭权威等级（hierarchy）有关的规则最关键。他认为家庭治疗的基本目标是改良家庭的等级结构和边界。可以经由一系列设计好的策略，来逐步改变被治疗家庭的结构。

另一种是短期或交流式，以加州精神研究所的贝特逊（Bateson）和杰克逊（Jackson）等为代表。他们认为所谓"正常家庭"只是一个神话，成功的家庭，是因为它们能够对变化做出调整和适应，并且不让日常的问题发展到不可收拾的地步。在治疗中，他们特别关注解决当前的问题，运用一系列的策略，而不是个人魅力来减少阻力和冲突。他们常常采取一种较为超然的方式，引导家庭产生功能良好的等级结构和代际边界。

5. 结构式家庭治疗 代表人物是米纽琴（Minuchin）。此模式认为家庭功能的失调及精神症状的产生是当前家庭结构失衡的结果。它表现为家庭中等级地位或界线的混乱，以及家庭对环境的变化适应不良。家庭治疗的主要目标是重新建立家庭结构，改变家庭成员间相互作用的方式，打破功能障碍的格局，建立起家庭成员间更为清晰、灵活的界限，以产生更为有效的新的结构格局。

结构式家庭治疗的三个基本概念，即结构、亚系统和边界。①结构（structure）：是指家庭中持续起作用的、对系统进行调控的、家庭成员间的互动行为模式；②亚系统（subsystem）：指在家庭系统中，以一定的方式建立起来的角色与功能的子系统；③边界（boundary）：是家庭中一种看不到的半透性屏障。它存在于个体与亚系统的周围，以此来分隔它们。

家庭功能失调时，其问题常常出现在不良的家庭结构上，即有一种越来越僵化的、没有韧性、不能适应变化的互动行为模式。此时需要通过治疗师的努力，使家庭结构恢复，使它变得有足够的稳定性，以保持家庭的连续性。同时又有足够的韧性，可以通过改变家庭结构，来适应变化了的外界环境。

6. 系统式家庭治疗 发端于意大利的米兰学派，在德国和美国有较大的发展。代表人物有帕拉佐莉和斯蒂林等。该治疗方式认为，在家庭这个系统中，每个成分（员）都有自己特定的认识模式，即内在构想（inner construction）。内在构想决定了某个人一贯的行为模式，反过来又受行为效果影响和作用，形成一个环形反馈。家庭中某个人的内在构想和外在行为，在影响家庭中其他人的时候，又受到他人的影响，无论是正常或病态的行为均是此循环反馈层层作用的结果。

基础链接 12-3
系统式家庭治疗的提问技术

在认识论上，他们认为所谓"真实"其实是相对的，只在有关的情境和相互关系中才呈现出意义。只有将"问题"重新"情境化"，才可能让家庭看到有新的意义的可能性。系统式家庭治疗的特点：治疗只是作为一种"扰动"（perturbation），对家庭中正在起作用的模式的一种干扰。治疗师仅仅是"游戏的破坏者"，而不是指导者或命令者。在家庭治疗的时候，通过改变游戏规则或信念系统，使家庭自己生发出新的观念或做法，来改变原来的病态的反馈环路。

7. 索解和叙事家庭治疗　进入 20 世纪 80 年代后，对话理论、建构主义等认识论和思维方法，对家庭治疗产生了不小的影响。突出表现在索解家庭治疗和叙事家庭治疗这两种治疗方式的发展中。

（1）索解家庭治疗：史蒂夫·德·沙泽尔（Steve de Shazer）是索解家庭治疗的创始人。他认为，对于同一事件，不同的人有不同的经验与理解。求助的家庭成员常常只看到问题，而忽视了他们自己内在的资源和潜能，也看不到解决问题的方向。在家庭治疗时，治疗师要把关注点放在怎样解决问题上，而不是去深究问题是什么，或问题背后有什么，意味着什么等。来访的家庭要与治疗师合作，通过肯定来访者的主观经验，一方面鼓励激发来访者的资源，相信目前的困境只是因为一叶障目；另一方面，用所谓"奇迹问题""例外问题"等特定的提问技巧，将患者的注意力和精力，由问题转移到解决问题的方法上来。此种治疗是短期的，一般 10 次为一个疗程。

（2）叙事家庭治疗：怀特（White）与艾卜思通（Epston）是叙事家庭治疗的代表人物。他们认为，在家庭治疗的时候，来访家庭描述的生活充满了问题，表现为一种无能为力之感。治疗师此时要以一颗谦卑炽热的心，帮助患者重新定义、重新组织、重新讲述一个新的故事。在治疗中，除了包容、尊重和肯定患者的经验外，治疗师要主动出击，用一些创造性的发问技巧，将困扰已久的问题经个人责任外化（externalization），变成大家共同要对付的敌人。问题外化的同时，也就意味着经过治疗师有组织和有目的的提问，使解决问题的资源内化。可使家人体会到：他们与问题是分开的，他们有力量去克服问题，他们并不像自己想象的那样无能。治疗的过程也就是一个家庭生活故事重新创作的过程。

拓展阅读 12-12
精神分析的家庭治疗

三、适应证

家庭治疗的适应证较广：①家庭成员有冲突，经过其他治疗无效。②"症状"在某个人身上，但反映的却是家庭系统有问题。③在个别治疗中不能处理的个人冲突。④家庭对患病成员的忽视或过分焦虑。⑤家庭对个体治疗起到了阻碍作用。⑥家庭成员必须参与某个患者的治疗。⑦个别心理治疗没有达到预期在家庭中应有的效果。⑧家庭中某个人与他人交往有问题。⑨有一个反复复发、慢性化精神疾病患者的家庭。

第六节　其他治疗

一、暗示和催眠疗法

（一）概述

暗示和催眠疗法是应用一定的催眠技术使人进入催眠状态，并用积极的暗示控制患者的心身状态和行为，以解除和治愈患者躯体疾病和心理疾病的一种心理治疗方法。最早对催眠术进行较系统研究的是 18 世纪维也纳医生麦斯默（Mesmer），她把催眠状态看作一种动物磁性感应现象，而把使人进入催眠状态的技术称为"动物磁气术"或"通磁术"。现代催眠术的真正创始人是英国的外科医生布雷德（Braid）。他不仅在 1843 年发表了《神经睡眠的理论基础》，提出了"神经催眠术"一词；而且重新评价了"麦斯默术"，提出了催眠是神经疲劳的结果，就是暗示的心理作用。

拓展阅读 12-13
催眠与麦斯默"通磁术"

暗示疗法与催眠疗法有着非常密切的关系，在某种意义上，催眠是暗示的一种形式。所谓暗示，即指人或环境以不明显的方式向个体发出某种信息，个体无意中受到这些信息的影响，并做出相应行动的心理现象。它是一种被主观意愿肯定了的假设，不一定有根据，但由于主观上已肯定了它们的存在，心理上便竭力趋向于这项内容。

暗示疗法分为他人暗示和自我暗示两类。他人暗示是治疗者利用患者对他的信赖和顺服给予暗示，以改变患者的心理状态，减轻或消除其心理的或生理的症状。自我暗示是患者通过自己的认识、言语、思维等心理活动调节和改变其心身状态。催眠疗法是运用暗示等手段让被催眠者进入催眠状态，并能够产生神奇效应的一种技术。催眠是以人为诱导（如放松、单调刺激、集中注意力、想象等）引起的一种特殊的类似睡眠又非睡眠的意识恍惚心理状态。其特点是被催眠者自主判断、自主意愿行动减弱或丧失，感觉、知觉发生歪曲或丧失。在催眠过程中，被催眠者遵从治疗师的暗示或指示，并做出反应。催眠的深度因个体的催眠感受性、治疗师的威信与技巧等差异而不同。

（二）方法

1. 暗示疗法

（1）言语暗示：通过言语的形式，将暗示的信息传达给被催眠者，从而产生影响作用。如临床工作中医务人员与患者交谈中施加的种种影响。

1）言语暗示加视觉刺激：此法又称为凝视法，是让患者聚精会神地凝视近前方的某一物体（一个光点或一根棒、一个怀表等，图 12-7），数分钟后，治疗师使用单调的暗示性语言开始进行暗示。"你的眼睛开始疲倦了……你已睁不开眼了，闭上眼吧……你的手、腿也开始放松了……全身都已放松了，眼皮发沉，头脑也开始模糊了……你更放

图 12-7　怀表是影视剧里表现催眠的经典道具

松……更舒服……"，如求治者暗示性高，则很快进入催眠状态；如患者的眼睛未闭合，应重新暗示，并把凝视物靠近求治者的眼睛以加强暗示，使两眼皮变得沉重。

2）言语暗示加听觉刺激：催眠时，让求治者闭目放松，注意倾听节拍器的单调声或水滴声，几分钟后，再给予类似上述的言语暗示，同时还可以加上数，如"一，一股舒服的暖流流遍你全身……二，你的头脑模糊了……三，你越来越放松了……四……五……"。

3）言语暗示加皮肤感觉刺激：治疗师首先在求治者面前把手洗净、擦干和烤热，然后嘱咐求治者闭目放松，用手略微接触求治者皮肤表面，从额部、两颊到双手，按同一方向反复地、缓慢地、均匀地移动，同时配以与上述类似的言语暗示。有时也可不用言语暗示，仅用诱导性按摩。这种按摩还可以采取不接触到求治者皮肤的方法，只是靠双手的移动而引起温热空气波动，给皮肤温热感而达到诱导性催眠按摩的目的。

（2）操作暗示：通过对患者的躯体进行检查或使用某些仪器，或实施一定的虚拟的简单手术，而引起其心理、行为改变的过程。此时若再结合言语暗示效果更好。

（3）药物暗示：给患者使用某些药物，利用药物的作用而进行的暗示。如用静脉注射 10% 葡萄糖酸钙的方法，在患者感到身体发热的同时，结合言语暗示消除症状。

（4）环境暗示：使患者置身于某些设置的特殊环境中，对其心理和行为产生积极有效的影响，消除不良的心理状态。

（5）自我暗示：是指患者自己把某一观念暗示给自己。例如，因过分激动、紧张而失眠者，选择一些能使人放松、安静的词语进行自我暗示，可以产生一定的效果。许多松弛训练方法实际上包含了自我暗示的过程。

2. 催眠疗法的标准程序

视频 12-3
受暗示性测试
基础链接 12-4
测试受暗示性的方法

（1）治疗的准备：治疗前，首先要向患者说明催眠的性质和要求，把治疗目的和步骤讲清楚，以取得患者的同意和充分合作。其次，要测试患者的受暗示性程度，这是催眠疗法成功的关键。

（2）治疗的环境：房内光线要雅淡，安静，室温适中。让患者坐在舒适的沙发上。先调整呼吸，使它平静有规律，进而使全身肌肉处于放松状态。在深度催眠状态，患者的感觉明显减退，对针刺不起反应，事后完全不能记忆起他在催眠中的言行，而实际上患者完全按照治疗者的指示回答和行动，故又称梦行。

（3）治疗的时间：开始时，每周进行 2~3 次，以后每周 1 次，一般不超过 10 次。每次治疗结束时，用言语暗示患者继续睡下去，之后转入自然睡眠。或告诉患者，听到计数 10 倒数至 1 后即可醒来，或让患者重复治疗者的计数，告诉他数到 5 时即可醒来，一直数到 1 为止。解除催眠状态不宜过于急促，最好慢慢地让患者醒来。

在人群中能进入催眠状态的占 70%~90%，仅有 25% 的能达到深度催眠。在有经验的治疗师指导下，轻度的催眠或觉醒状态下的暗示常能收到较好的疗效。由于这种疗法的实施是一件严肃的事情，选择患者要严格，治疗过程一般须由受过训练的精神科或其他临床医师和心理学家完成。

（4）治疗的步骤

1）询问解疑：了解被催眠者的动机与需求，询问他对催眠既有的看法，回答他有关催眠的疑惑，确定他知道在催眠的过程中哪些事情会发生，并消除其不合理的期待。通常情况下，治疗师需要较多的时间对催眠的原理和过程进行介绍，因为大多数人对催眠的了解很少并存在误解。

2）诱导阶段：治疗师运用语言引导，让对方进入催眠状态。一般而言，常用的诱导技巧有渐进放松法、眼睛凝视法、深呼吸法、想象引导、数数法、手臂上浮法及其他变形与伪装的方法。

3）深化阶段：引导被催眠者从轻度催眠状态进入更深的催眠状态。常用的深化技巧有手臂下降法、数数法、下楼梯法、搭电梯法、过隧道法等。除了这些常用技巧，这个阶段常常随机应变，创制新招。治疗师有多少想象力，就有多少新的技巧出现。

4）治疗阶段：视被催眠者的需求来治疗，治疗师需要相当好的心理治疗与精神病理学背景，并在宗教、哲学层面也有所涉猎。这个阶段是催眠疗法最重要的过程，治疗中存在很大的不确定性和随机性，治疗师合理的处理会引起患者积极的反应。

5）解除催眠：让被催眠者从催眠状态回到正常的意识状态，确保他对整个治疗过程有清楚的记忆。在催眠过程中给予合理的暗示，帮助他在结束催眠后建立良好的感觉，并且强化疗效，通常以数数法为主。

拓展阅读 12-14
催眠与睡眠的关系

（三）适应证

暗示和催眠疗法主要适用于神经症和某些心身疾病，如癔症性遗忘症、癔症性失音，或瘫痪、恐惧症、夜尿症、慢性哮喘、痉挛性结肠、痉挛性斜颈、口吃等。同时该疗法不仅可用于治疗某些精神疾病，而且可用于治疗某些躯体疾病，尤其是各类心身疾病。同时，还可用于止痛，辅助外科麻醉，解除患者的焦虑和抑郁，控制恶心、眩晕，又可用于消除胃镜、直肠镜、支气管镜等检查中患者的不适，还可用于妇产科降低产妇分娩时的疼痛和紧张。此外，该疗法在戒烟、戒酒，矫正不良行为习惯，以及治疗性功能障碍等方面，都有一定的效果。

二、森田疗法

森田疗法（Morita therapy）是由日本的森田正马博士于 20 世纪 20 年代在日本创立的。它是森田正马从事数十年精神治疗的探索以后，又以安静疗法、作业疗法、说服疗法、生活疗法为基础的合理结合和改进、创造的结果。

1. 基本理论　森田认为，神经症之所以发生，疑病素质是先决条件。当诱发因素出现时，具有疑病素质的人就竭力回避它，但越是如此，他变得越敏感，越感到焦虑，从而形成精神交互作用，发展为神经症。所以本疗法以"顺其自然"为原则，也就是要求来访者老老实实地接受症状，真正体验对它的抵制、反抗和回避、压制是徒劳的，不应把症状当作自己身心的异物，对其不加排挤抵抗。同时努力去做该做的事情，从而使来访者逐渐从症状的痛苦中解脱出来。

2. 治疗原则

（1）顺应自然：根据森田本人的解释，也含有放弃对自然的不可抗拒力的抵抗、自在为人的意思。顺应自然的原则是森田疗法的最基本的原则之一，它是森田疗法要求来访者通过治疗能达到的最佳状态和切实体会，也是希望来访者能掌握对待疑病性体验的症状和不良感受的最佳方法。

（2）思想矛盾，事实唯真：森田发现，很多来访者都表现为在个人症状上的主观感受与客观现实之间的矛盾，即"理应如此"与"如此现实"之间的矛盾。此外，类似的还有理智与情感、理解与体验之间的矛盾。一般情况下，人们的主观愿望和客观现实都会有一定距离，这是很正常的事情。但神经症来访者常常会过度注意个人的主观愿望和感受，而且敏感、悲观、感受丰富，甚至忽略客观现实，这就形成了所谓"思想矛盾"的基础。

（3）忍受痛苦，为所当为：在向来访者反复说明"顺应自然""思想矛盾，事实唯真"的道理以后，来访者对森田疗法的思想有了较多的了解，但长时间形成的症状不会很快消失。来访者仍然会被各种不良感受所困扰，或者顽固地认为自己不能或做不了某些工作或生活中的事情。甚至还有来访者坚持认为自己的症状是自己人生的最大障碍，只有先除掉症状才能安排自己的生活。森田指出这些都是错误的观点，并且指导来访者，在症状仍然存在的情况下，也要努力做好应做之事，这就是"忍受痛苦，为所当为"。

3. 实施类型　主要包括门诊治疗和住院治疗两类。

（1）门诊治疗：适合有轻度和中度强迫倾向和症状固着性的来访者。如果来访者的强迫倾向、症状固着性过强，则最好改为住院治疗。门诊治疗主要通过治疗师与来访者一对一的交谈方式进行，一般每周1~2次，疗程为2~6个月。治疗师首先要和来访者建立良好的人际关系，可以向来访者指出症状本身是属于功能障碍，但是不以症状为讨论的主要内容。要鼓励来访者面对现实，放弃神经质的抵抗症状的立场，认识到事物不以自己的主观意愿而转移，认识到接受症状的本来面目，不试图去控制，症状就会改观。治疗师要鼓励来访者承担生活中应该承担的责任，要带着症状去参加各种活动。治疗中，治疗师应尽可能用提问的方式启发来访者对问题的理解，而不是过多地采用说服的方式。

（2）住院治疗：对于症状较重、不能通过门诊治疗得到有效帮助者，需要住院治疗。住院治疗通常分为四个阶段：绝对卧床期、轻工作期、普通工作期和生活训练期。

1）绝对卧床期：一般为4~7天。来访者独居一室，除洗漱、吃饭、如厕外，不得下床，并禁止其他一切活动，绝对卧床休息。目的在于消除来访者的心身疲劳，增加来访者对于焦虑、烦恼等症状的容忍和接受程度，并激发来访者"生的欲望"。

2）轻工作期：一般为3~7天。禁止读书、交际，每天卧床时间保持7~8 h。白天进行户外活动，从事一些轻度劳动，并要求来访者写日记，不许写关于病的问题，只写一天干了些什么，有什么体会。治疗师每天检查日记并加评语，引导来访者避开对病的注意而关心外界活动，使来访者认识到不注意症状、坚持行动与减轻症状之间的关系。

3）普通工作期：一般为3~7天。此期不问来访者症状，只让来访者努力工作。其劳动强度、作业量逐渐增加，还可以让来访者阅读历史、人物传记、科普读物，记日记。目的在于纠正神经质的行为，养成按目的去行动的习惯，带着症状，面对现实，并投入到现实生活中去。

4）生活训练期（回归社会准备期）：一般为7~14天。此期为来访者出院做准备，要指导来访者回归原社会环境，恢复原社会角色。可根据来访者的具体情况，允许来访者离开医院进行较为复杂的社会活动。无论参加何种活动，都要求晚上仍回病房，并坚持写日记。其目的是使来访者在工作、人际交往及社会实践中，进一步体验"顺其自然"的原则，为回归社会做好准备。

拓展阅读12-15
森田疗法关于失眠的治疗

4. 适应证　森田疗法治疗的症状主要是神经症，即神经症中的神经衰弱、强迫症、恐惧症、焦虑症。据日本的研究报道，采用森田疗法的痊愈率（无论主观上还是客观上症状均消失）达60%，好转率（主观上还残留症状，客观上对社会的不适应多少还存在）达30%。近年来，森田疗法的适应证正在扩大，除神经症外，药物依赖、酒精依赖、抑郁症、人格障碍、精神分裂症的恢复期等，通过治疗也具有一定的效果。

三、婚姻治疗

婚姻治疗（marital therapy）或称夫妻治疗（couple therapy），是指针对夫妻关系及婚姻问题进行的治疗。

19 世纪初婚姻治疗在欧洲兴起，它源于现代家庭结构的变迁和男女两性地位的变化。1970 年美国婚姻咨询协会更名为美国婚姻和家庭咨询协会，标志着婚姻与家庭治疗有重叠，婚姻是一个小的系统，家庭治疗方法可以应用于婚姻治疗。

在实施婚姻治疗时，治疗师应清楚地了解和识别功能性与非功能性的夫妻关系，辨析导致夫妻关系异常的内部根源。治疗师首先要帮助夫妻理解婚姻的目的，婚姻是以家庭为基本形式的社会生活单位，在其中一男一女建立亲密感情、相伴生活，维持合法的性关系，共同养育下一代并遵守自己特定的角色。结婚以后还需要不断适应已建立的婚姻关系，尽量去了解和理解相互的感情，包括感情的内容、强度、表现等几方面的内容。认可夫妻关系是一种亲密而特殊的私人、长久、进展、契约性的人际关系，是在所有家庭成员的关系之中对婚姻质量影响最大的因素。学会形成既具有稳固的夫妻联盟，又能适当地保留个人生活空间的相处模式。在不同的情况下，夫妻的角色及相互关系是不同的，成熟的夫妻知道在何时何地扮演何种角色，以适应社会生活需要。夫妻之间的沟通非常重要，在沟通上常见的一种问题是一方误认为另一方不用言语表达就能知道、体会自己的想法；另一种是认为生活时间长了，彼此已经非常了解，无须沟通；还有一种就是互相隐瞒观点造成隔阂。性关系是影响夫妻关系的重要因素，一般而言夫妻间性生活有问题，常是夫妻感情有问题的表现；如果能适当地享受性关系，也能增加夫妻感情。

一般婚姻发展都会经历如下阶段：婚前阶段、婚姻初期阶段、生育子女阶段、养育子女阶段、子女分离阶段、婚姻后期及婚姻的终尾阶段等。现在出现了一些丁克家庭，虽然不会经历生养子女及子女分离阶段，但并不意味着问题就相应减少，其他阶段的调适更加重要。子女既是家庭问题滋生的温床，也是解决问题的调和剂。婚姻发展的不同阶段所表现出的重点问题不同。多数问题来自不健全的婚姻动机，夫妻性格不协调或一方、双方有性格问题，夫妻间角色问题，与子女关系及管教问题，随婚姻制度带来的问题，原有家庭对现有家庭的影响，来自父母的影响或干涉，最后还有婚外关系的发生。

四、沙盘疗法

沙盘疗法（sand-play technique）又称箱庭疗法或沙盘游戏，是在欧洲发展起来的一种心理疗法。1939 年，受威尔斯"地板游戏"的启示，英国伦敦的儿科医生劳恩菲尔德将收集的各式玩具模型放在箱子之中，让孩子们在箱子中游玩。孩子们将这个箱子称为"神奇的箱子"，并将这一儿童心理治疗方法命名为"世界技法"。

沙盘疗法在所营造的"自由和保护的空间"气氛中，把沙子、水和沙具运用在富有创意的意象中，便是沙盘心理治疗的创造和象征模式。一系列的各种沙盘意象，反映了来访者内心深处意识和无意识之间的沟通与对话，以及由此而激发的治愈过程、心身健康发展和人格的发展与完善。沙盘疗法是分析心理学理论同游戏及其他心理学理论结合起来的一种心理治疗方法，通过创造的意境和场景来表达自己，直观显示个体的内心世界，并可以巧妙化解心理治疗过程中的阻抗。

拓展阅读 12-16 沙盘疗法操作过程

五、绘画治疗

绘画者在绘画的创作过程中，通过绘画工具，将潜意识里压抑的感情与冲突呈现出来，同时，在心灵上、情感上、思想上，将获得负能量的释放、解压、宣泄情绪、调整情绪和心态、修复心灵上的创伤、填补内心世界的空白，获得满足感、成就感、自信心，从而达到诊断与治疗的良好效果。绘画治疗对象不限制年龄，成人或儿童都可以通过绘画治疗获得良好的心理慰藉。绘画是一种复杂而神奇的语言，心理咨询师可以通过绘画解读受访者的心灵密码，透析深度困扰人们的"症结"，从而对症解题，让受访者在一定的时间内得到帮助和缓解，是心理健康恢复的手法之一。

六、叙事疗法

叙事疗法是受到广泛关注的后现代心理治疗方式，它摆脱了传统上将人看作问题的治疗观念，通过"故事叙说""问题外化""由薄到厚"等方法，使人变得更自主、更有动力。通过叙事疗法，不仅可以让当事人的心理得以成长，还可以让咨询师对自我角色有重新的统整与反思。叙事疗法是应用比较广泛的现代心理治疗技术，具有操作性强、效果显著等特点，推广价值较高。

叙事疗法的治疗技术如下。

1. 问题　叙事疗法的治疗师所询问的问题一般都与特定的对话嵌套用，这些对话的目的可能是未来探讨特定事件、主流文化的规则或禁令等。

治疗师会通过问题引发来访者的感受，而不是依靠问题去收集信息。治疗师会以"不知道"的态度为出发点去询问问题。在问问题的过程中，治疗师将帮助来访者探索生活情境的不同维度。

2. 外化和解构　叙事疗法的治疗师帮助来访者解构那些关于事件的想当然的假设，从而达到解构问题性故事的目的，这将为来访者打开通往新可能的大门。

外化是叙事疗法中解构过程的一个部分。这一过程会将个体与问题分开。如果来访者认为问题并不存在于自身，他们就能够理解自己与问题的关系。例如，认为一个人酗酒和认为一个人的生活被酒精所干扰就是完全不同的视角。

3. 发掘独特的事件　在叙事疗法中，外化的问题之后一般会紧跟着发掘独特事件的问题。治疗师要求来访者谈及自己对抗问题的成功经历。这样做可以让来访者把注意力放在那些与问题相反的情境中。

4. 替代性的故事和再创作　治疗师要求来访者通过独特事件来重新创作故事，新的故事中不应包括那些以问题为中心的故事。

替代性的故事或叙述的最终目标是帮助来访者建立这样的认知：今天就是我余生中的第一天，也是新的一天。

5. 记录证据　叙事疗法的治疗师认为，只有在有听众支持和鼓励的情况下，新产生的故事才可能延续下去。要使替代性故事有生命力，来访者需要有意识地寻找一个愿意对正在发生改变的消息充满欣赏的听众。

巩固来访者收获的其中一项技术便是写信。叙事疗法的治疗师率先创造出了写信的治疗方式。在信中，治疗师会记录每次的治疗过程、对问题进行外化性描述，其中可能涉及问题对来访者的影响及来访者在治疗过程中所体现出来的能力和才能。

七、音乐疗法

音乐疗法（music therapy）也称为心理音乐疗法。自 20 世纪 40 年代起，人们已逐渐将音乐作为一种医疗手段。音乐疗法适用范围广泛，包括医疗性的、发育障碍儿童的音乐治疗，以及身心康复的音乐治疗。音乐能够治疗多种疾病，这已是不争的事实。

音乐疗法通过生理和心理两方面的途径来治疗疾病。音乐声波的频率和声压会引起生理上的反应。音乐的频率、节奏和有规律的声波振动，是一种物理能量，而适度的物理能量会引起人体组织细胞发生和谐共振现象，能使颅腔、胸腔或某一个组织产生共振，这种声波引起的共振现象，会直接影响人的脑电波、心率、呼吸节奏等。

音乐疗法的适应证是神经症、严重精神疾病、心身疾病、综合医院有关心理疾病、各类行为问题、社会适应不良、某些老年病、各种心理障碍、人格障碍、亚健康状态等一般心理问题，还包括智力障碍、心智障碍、生理残疾（视听和言语障碍、外形缺陷及脑瘫和肢体瘫痪）、解毒、怯场、临终关怀、孤独症等。

拓展阅读 12-17
常用的音乐治疗曲目

八、团体心理治疗

（一）概述

团体心理治疗（group psychotherapy）是指将心理治疗原理同时应用于一组人中，主要通过他们之间的相互影响而达到治疗目的的心理治疗方法。通常情况下，由一位或两位团体治疗者主持一个治疗小组（一般为 6～10 人，也可多至 20 人）。团体心理治疗的目的主要是利用由众人形成的社会情境和团体成员间的互动、互知、互信来增进治疗效果（图 12-8）。

拓展阅读 12-18
团体治疗的历史和发展

（二）方法

1. 治疗目标

（1）一般目标：减轻症状、培养与他人相处及合作的能力、加深自我了解、提高自信心、加强团体的归属感和凝聚力等。

（2）特定目标：每个治疗集体要达到的具体目标。

图 12-8　团体治疗活动室

（3）每次会面目标：增加信任、自我认识、价值探索、提供信息、问题解决等。

2. 操作形式　由 1~2 名心理治疗师担任组长，根据组员问题的相似性，组成治疗小组，通过共同商讨、训练、引导，解决组员共有的发展问题或相似的心理障碍。

3. 治疗过程　团体心理治疗经历起始、过渡、成熟、终结的发展过程。团体的互动过程会出现一些独特的治疗因素，产生积极的影响机制。

4. 操作技术

（1）确定团体的性质，如结构式还是非结构式，小组是开放式还是封闭式，组员是同质还是异质。

（2）确定团体的规模。团体的规模少则 3~5 人，多则 10 余人。

（3）确定团体活动的时间、频率及场所。活动次数可以是几次或 10 余次。每周 1~2 次，每次时间 1.5~2 h。

（4）招募团体心理治疗的组员。

（5）协助组员投入团体，促进团体互动。

（6）团体讨论的技术，如脑力风暴法、耳语聚会、菲利普六六讨论法、揭示法等。

九、中医心理治疗

"形神一体"和辨证论治是中医心理治疗的基本原则，中医心理治疗运用阴阳学说、五行学说和精气神学说来解释心理治疗，其常见方法有如下几种。

1. 情志相胜法　原理是五行相克相胜说，用一种情志有效地纠正另一种过激的情志。肝木志为怒，脾土志为思，肾水志为恐，心火志为喜，肺金志为悲，它们依次相胜，即怒胜思、思胜恐、恐胜喜、喜胜悲、悲胜怒。如来访者喜气过旺，喜属火，按五行相生相克原理，水能克火，恐惧属水，故使来访者产生恐惧，恐以胜喜，喜气消散，病就得以转愈。

2. 激情刺激法　医生根据来访者的具体情况，用某种强烈刺激，利用来访者应激时产生剧烈的心身变化，而调理脏腑气血，达到治病的目的，这种治病方法叫激情刺激法。其原理是阴阳学说，阴性疾病用阳性情绪刺激，而阳性疾病用阴性情绪刺激。《古今图书集成·医部全录》收录了华佗激情刺激法的医案，华佗根据掌握的权贵者自尊易怒的心理特点，不开药方，反刺其短处，"留书骂之"，这样就大大激怒了郡守，"怒则气上"，血随气逆，瘀血吐出而病愈。

3. 假借针药疗心病　实际上是一种暗示治疗。清代医家张亦仙正确地掌握了患者的心理特点，借来访者酒醉之际，假以药物吐"虫"，意在治心。"虫"吐后，来访者心疑所得疾病就自然转愈。

4. 移精变气治疗　移精变气出于《素问·移精变气论》，核心理论是转移注意治疗，故有人称之为移心法、移情易性治疗。移精变气可以有两种方向，一种是把心理疾病转移到躯体上加以排除，另一种则是将躯体疾病转移于心理。

5. 按压穴位调治法　中医独特的经络学说用于对精神症状的调理和治疗。这些症状有注意力不能集中，记忆力下降，失眠多梦，儿童多动，幻听、幻觉，头痛、眩晕，胸闷、心烦，腰痛困乏。可教来访者按压内关（管理内部行为的机关）、神门（精神门户）、合谷等手部穴位，按压适当可有立竿见影的效果。

（刘可智　刘　健）

复习思考题

1. 心理治疗的目标和基本原则是什么?

2. 心理治疗有哪些会谈技巧?

3. 精神分析疗法有哪些基本技术?

4. 举例说明系统脱敏疗法的基本步骤。

5. 艾利斯理性情绪疗法的基本原理是什么?

6. 家庭治疗分哪几个派系?

7. 催眠疗法适用于何种情况?

网上更多……

 本章小结　　　📝 自测题　　　⬇ 教学 PPT

参考文献

［1］姚树桥，杨艳杰.医学心理学［M］.7版.北京：人民卫生出版社，2018.

［2］季建林.医学心理学［M］.上海：复旦大学出版社，2020.

［3］赵旭东.心身医学［M］.北京：人民卫生出版社，2022.

［4］陈福国.医学心理学［M］.上海：上海科学技术出版社，2012.

［5］戴维·迈尔斯.心理学［M］.9版.黄希庭，译.北京：人民邮电出版社，2013.

［6］库恩.心理学导论［M］.郑钢，译.北京：中国轻工业出版社，2015.

［7］郝伟，于欣.精神病学［M］.7版.北京：人民卫生出版社，2013.

［8］刘新民.变态心理学［M］.2版.北京：人民卫生出版社，2013.

［9］刘新民，程灶火.医学心理学［M］.合肥：中国科学技术大学出版社，2012.

［10］马存根.医学心理学与精神病学［M］.3版.北京：人民卫生出版社，2013.

［11］王伟.人格心理学［M］.北京：人民卫生出版社，2011.

［12］杨凤池，催光成.医学心理学［M］.3版.北京：北京大学医学出版社，2013.

［13］杨世昌，黄国平.大学生心理健康教育教程［M］.北京：人民卫生出版社，2014.

［14］杨世昌，王国强.精神疾病案例诊疗思路［M］.2版.北京：人民卫生出版社，2012.

［15］杨世昌，杜爱玲.家庭教养与儿童青少年心理［M］.北京：人民卫生出版社，2011.

［16］严由伟.心理咨询与治疗流派体系［M］.北京：人民卫生出版社，2011.

［17］苑杰.医学心理学［M］.北京：清华大学出版社，2013.

［18］张明园，何燕玲.精神科评定量表手册［M］.长沙：湖南科学技术出版社，2015.

［19］ADLER R H，HERZOG W，JORASCHKY P，et al. Psychosomatische Medizin［M］. 7th ed. Muenchen：Urban & Fischer，2011.